JN415485

한국 정치의 해부와 대안

관습의 정치

이은영

박 영 사

PREFACE

머리말

저자는 2004년 5월 31일 17대 국회의원으로 취임했다. 법대를 졸업하고 독일에서 법학박사를 받고 25년간 법학교수로 일하면서 법률이 무엇인가를 연구하고 가르치다가 겁도 없이 현실 정치에 뛰어든 것이었다. 하지만 현실 세계의 법은 책 속의 법과 아주 달랐다. 처음에는 법률이 부족한 것이 문제라고 오판했다. 부지런히 법률을 만들어 낸 결과 국회에서 제일 열심히 법률을 만드는 국회의원으로 평가되기도 했었다. 하지만 2년이 지난 후부터는 이건 아닌데 하는 회의가 들기 시작했다. 법률을 아무리 많이 만들어도 한국 정치의 고질적인 문제는 해결되지 않을 것이라는 깨달음이 뒤통수를 쳤다. 그런 회의와 함께 무기력에 빠져 허우적거리는 사이 세월은 빠르게 흘러갔다. 무능하게 느껴 자책감에 빠진 사람이 저자뿐만은 아니었다. 진보세력이 모두 침체의 늪에 빠져 들었고 저자가 속해 있던 열린우리당이 휘청거리며 만 4년을 다 채우지 못하고 소멸을 목전에 둔 시한부의 운명에 빠졌다. 며칠 전 개원 3주년 기념식 현판을 바라보며 저자는 3년 동안 과연 무엇을 했나 하는 자괴감에 빠졌다.

얼마 전 저자는 나름대로 그 해답을 찾았다. 한국 정치를 움직이는 것은 법률이 아니라 관습이라는 것을 알아냈다. 저자는 관습의 정치에 빠져 허우적거렸으면서도 그 관습을 바로 보지 못했다. 관습 중에는 마약과 같은 관습이 있다는 사실과 한국 정치를 망치는 것은 그 나쁜 관습이라는 사실도 알았다. 관습의 정치를 가볍게 보아서는 안 되겠구나 하는 것을 깨달으면서 철이 들기 시작했다. 저자가 정치인으로서 했어야 할 일은 관습을 바로잡는 것이었다. 국회의원이 되자마자 좋은 관습을 살리고 나쁜 관습을 없애는 작업을 해야 했던 것이었다.

이 책에서는 한국 정치를 움직이는 관습을 국회, 정당, 선거의 세 영역으로 나누어 분석하였다. 한국 정치를 망치는 관습을 없애기 위해 시급히 해결해야 할 과제도 몇 가지 제시하였다. 그리고 여성에 대한 편견으로 뭉친 한국 정치의 관습도 지적하였다. 이 책은 주로 저자의 17대 국회의원으로서의 경험을 바탕으로 쓰여졌다. 따라서 고찰대상이 되는 정치관습의 시간적 범위가 2004년 5월부터 2007년 5월까지로 집중되었다. 이 시기는 개혁입법이 가장 강하게 시도되었던 한국 정치의 전환기였고 정당의 새로운 모델을 제시한 실험정당인 열린우리당이 집권하던 시기였다.

한국 정치의 관습을 파악하기 위해 자료를 수집하고 여론조사를 실시하고 원고를 작성해 준 김수현, 김형준, 박기영, 송창욱, 윤지원, 이중현, 허동혁 국회보좌관, 그리고 이 책의 출판을 맡아 준 박영사의 안종만 회장, 조성호 차장, 편집부 홍석태 차장에게 깊은 감사를 드린다.

2007년 6월

여의도에서 이 은 영

CONTENTS

차례

Politics of Custom

1

한국 정치를 움직이는 관습

| 1 |

관습의 정치를 넘어서

나는 17대 국회의원으로서 현실정치에 참여하면서 한국 정치를 움직이는 것이 관습이라는 것을 깨달았다. 법학자로서 연구하던 때에는 국민들의 투표가 정치를 바르게 이끌어 가는 방향타이고 이에 따라 만들어진 법률이 국가를 다스린다고 굳게 믿었다. 하지만 실제 정치권 안으로 들어온 후에는 관습의 보이지 않는 손이 얼마나 큰 위력을 갖고 현실 정치를 지배하는가 하는 사실을 절감했다. 그리고 현재 한국 정치를 지배하는 축이 두 개의 대립된 사상이라는 것도 발견했다. 여기까지 말하면 사람들은 흔히 '보수'와 '진보'를 상상할 것이다. 하지만 내가 발견한 것은 '관습'과 '개혁'이 현실정치의 장에서 첨예하게 대립하는 모습이다. 보수와 진보의 차이는 관습과 개혁 중 어느 것에 더 비중을 무겁게 두느냐의 차이라고 여겨졌다. 국민은 관습하면 곧 기존 정치관습에 젖은 구태의연한 정치인을 떠올렸고, 기존의 정치관행을 따르는 정치인을 불신했다. 나는 정치에 참여하면서 과거의 잘못된 정치관행을 떨쳐 내야 한다고 생각했지만 그것은 함락되지 않는 요새와 같이 견고해서 한 사람의 힘으로는 무너뜨릴 수 없었다. 나 자신도 점차 낡은 관습에 젖은 정치인으로 전락하는 것이 아닐까 하는 두려움이 들기 시작했다.

한국 정치는 아주 변화무쌍했다. 그래서 볼거리가 많았다. 볼거리가 많으니 아주 재미있었다. 기발한 사건들이 일주일이 멀다하고 터졌다. 한 주일만 해외여행을 하고 돌아와도 어리둥절해지고, 한 달 해외여행을 하고 오면 아주 바보가 된다고 어느 정치선배가 말해주었다. 그래서 정치인들은 해외여행 중에도 매일 국내뉴스를 찾아서 읽어야 안심하고 잠들 수 있다. 하지만 아주 빠르게 변하는 한국 정치에도 가만히 들여다보면 변하지 않고 면면히 내려오는 관습이 있었다. 변화만을 좇는 사람은 그대로 있는 것이 하나도 없는 듯 보이지만, 실은 관습에 묶여 있기 때문에 그 관습이 보이지 않을 따름이었다. 보이지 않는다는 것은 그것에 대해 문제의식을 갖고 있지 않다는 것을 의미했다. 관습은 목소리를 높이지도 않고, 강한 척 하지도 않는다. 조용히 한국 정치의 숨통을 조여드는 무서운 존재이다.

개혁주의자들은 관습을 너무 얕보았다. 개혁입법에만 골몰해서 관습을 바꾸는 일에는 힘을 기울이지 않았다. 돈을 받고 뒤를 봐주는 정치인을 처벌하기 위해 정치자금법을 개정했고, 돈으로 표를 사는 선거풍토를 바꾸기 위해 선거법을 개정한 것으로 할 일을 다 한 것처럼 말했다. 하지만 지난 지방자치선거에서 공천을 받기 위해 돈가방을 싸들고 정치인을 찾아다니고 그렇게 공천을 받아서는 유권자에게 몰래 돈봉투를 돌리는 선거부정이 다시 판을 치고 있었다.

개혁을 높이 부르짖던 진보정당들이 제대로 개혁을 이루어내지 못한 이유는 한국 정치에 뿌리 깊게 박혀 있는 관습을 보지 못한 때문이 아닐까 하는 생각이 든다. 개혁을 자처하던 어떤 사회운동가가 국회의원으로 당선되자마자 구태의 관습에 자기를 맡기고 그 안락함에 안주하는 모습을 보면서 국민들은 정치인 모두를 싸잡아 혐오

했다.

나는 한국 정치의 관습이 바뀌어야 정치가 바로서고 나라가 발전한다고 믿는다. 한국 정치를 망치는 관습이 무엇인가를 낱낱이 드러내어 그 관습을 하나씩 하나씩 깨부수어 나가는 일이 나의 임무라고 생각했다. 17대 국회에서 일하면서 마주친 관습에 안주하기를 거부하면서 힘들 때가 많았지만 그 관습들과 싸우면서 정치인으로서의 보람을 느꼈다. 한국 정치를 망치는 관습이 깨끗이 사라지는 날 아름다운 정치문화가 꽃피고, 정치인은 국민들의 사랑을 받게 될 것이다.[1)]

1) 정치문화는 정치에 관하여 국민들이 갖는 규범, 관습, 신념체계, 사고방식으로 만들어진다.

| 2 |

합리적 진보를 향하여

우리나라가 정치적으로 지향해야 될 방향은 합리적 진보라고 생각한다.[2)] 합리적 진보는 군사독재 시절의 저항정신을 담고 1987년의 민주화정신을 기초로 하면서 장래 우리나라의 균형 있는 발전을 도모할 수 있는 정치이념이라고 믿는다.[3)] 과거 우리나라에서 정치이념을 이야기하면 반공이데올로기를 수용하느냐 거부하느냐, 그리고 권위주의를 청산의 대상으로 삼느냐 아니냐 하는 문제를 가지고 극단적으로 갈라져 있었다.[4)] 이제 과거와 같은 보수와 진보의 경직된 정치 도그마는 사라져야 한다. 그렇다고 정치적 이념 자체를 거

2) 유팔무, 《한국의 시민사회와 새로운 진보》, 논형, 2004, p.186에서는 노무현 정권이나 민주당은 좌파가 아니라 중도개혁적인 정당이라고 분류했다.

3) 김원식, "한국 사회의 진보와 민주주의의 발전," 사회와 철학 연구회, 《진보와 보수》, 이학사, 2002, p.57. "진보는 보수주의와 혁신주의 모두가 지향하는 공동의 목표라고 보아야 한다. 진보는 퇴보와 반대어이며, 보수주의와 혁신주의는 모두가 역사적 진보를 지향한다."

4) 강원택, "한국의 이념 갈등과 진보 · 보수의 경계," 한국정당학회, 《한국정당학회보》, 제4권 제2호 통권 7호(2005.8), 2005, p.209. "우리 사회에서 나타나는 진보-보수의 이념적 속성은 '반공이데올리기의 거부-수용(혹은 과거 발전국가 유산의 청산-존치)' 라는 하나의 축과 '자유주의-권위' 라고 하는 또 다른 축이 교차하는 2차원의 문제로 이해할 수 있다."

부하려는 것은 아니다. 모든 사회문제가 그 해결책을 찾기 이전에 이념의 문제로 다루어져서 정치적 대립으로 귀결되는 것을 피하려는 것일 뿐이다. 국민은 이념과 현실 사이에 가교를 찾기를 원하며 합리적 진보는 이러한 요청에 응하여 펼치는 정치이다.

2007년 5월 한겨레신문사에서 실시한 '국민 이념성향 조사' 보고서에 의하면 응답자들은 외국인 노동자 인권보호 등 사회적 약자에 대한 태도에서는 진보 성향이 강한 반면, 경제 분야에서는 분배보다 성장을 더 중시하는 등 보수적 성향을 보였다.[5] 2007년 5월 중앙일보사에서 대선 주자 11명을 상대로 정책이념 조사를 한 결과 2007년의 유력한 대선 주자들은 2002년에 비해 실용노선이 뚜렷해진 것으로 나타났다. 사회발전 전략에서도 국가보다 시장의 역할을 중시하는 태도가 두드러졌다. 선거를 앞두고 대선 주자들의 실용적인 면모가 강화되고 있으며, 이번 대선에서는 "좌우를 넘나드는 '실용적 좌파' '진보적 우파' 리더십이 나타날 가능성이 있다"고 전망했다.[6]

21세기에 들어 진보의 개념은 과거의 이념적 대립에서 떠나

5) 한겨레신문, 2007년 5월 21일자, 제1면. "이번 조사에서 '분배보다 성장에 더 치중해야 한다'는 쪽에 78.3%가 찬성 견해를 밝혔다. '불이익을 당하더라도 외국인 노동자의 인권을 반드시 보장해야 한다'는 견해에 찬성한 응답비율도 82.8%로 반대 견해(17.2%)보다 압도적으로 높았다. (중략) 이러한 경향은 주관적 이념지표 조사에서도 동일하게 나타나 '나는 진보'라고 자평하는 사람들은 34.6%였다. 스스로 보수적이라고 평가한 사람들은 이보다 적은 29.9%였고, 중도라는 대답은 35.5%였다."

6) 중앙일보, 2007년 5월 22일자, 제1면. "국가-시장 영역에서 한나라당 박근혜 전 대표가 가장 보수적인 시각을 보였고(8.1), 이명박 전 서울시장(7.6)과 범여권의 손학규 전 경기지사(6.2)가 뒤를 이었다. 열린우리당 김혁규 의원은 중도보수(5.2), 정동영 전 열린우리당 의장(4.8)은 중도진보 성향을 보였다. 열린우리당 천정배 · 한나라당 원희룡 의원(3.8), 열린우리당 김근태 전 의장(3.3)은 다소 진보였다. 민주노동당 주자들인 권영길 · 노회찬 · 심상정 의원은 국가-시장 영역의 7개 질문 모두에서 '국가가 개입해야 한다'고 답변해 이념 점수가 0점이 나왔다."

우리 모두가 지향해야 될 혁신과 역사적 발전을 의미하는 쪽으로 변화하고 있다.[7] 하지만 아직도 우리나라 사람들 사이에는 사상적, 이념적, 세대간, 계층간, 지역간 대립과 갈등이 너무 커져서 정치에 대하여 이야기하다가는 곧 싸움으로 번지곤 한다. 국민들은 지역과 소득수준으로 나뉘고, 보수와 진보 또는 통일과 반통일로 갈라져 대립하고 있다. 이러한 국론의 분열은 국가의 발전을 방해한다. 그래서 국민들 사이의 대립과 반목을 하나로 묶는 사회통합이 절실히 필요하다. 이렇게 사회통합이 필요한데도 불구하고 정치인들은 앞장서서 국론을 분열시키고 국민을 여러 갈래로 분열시키는 과오를 저지르고 있다.[8]

우리 정치인은 이제 젊은 청년세대와 손을 잡고 미래를 이끌어 나가고자 한다. 청년세대는 과거의 상처에 집착하는 정치세력보다는 미래를 향하여 새로운 비전을 제시하는 정치인을 원하고 있다. 그들에게는 민주화의 열정보다는 합리적인 사회설계가 더 설득력을 갖는다. 이제 무엇이 합리적인 사회설계인가 하는 문제를 청년세대와 더불어 차분히 검토해 나가려 한다. 자칫 의욕적으로 개혁의지만을 지나치게 앞세우다가는 합리적인 대안을 찾지 못하게 될까 우려된다. 우리 사회를 객관적으로 분석하여 정확히 점검하는 일부터 시작해야 할 것이다. 상황점검은 합리적 대안 모색을 위한 기초를 제공할 것이다.

---

7) 박세일, 《대한민국 선진화 전략: 누가 선진화를 이끌 것인가?》, 북이십일, 2006, p. 388에서는 "산업화세력과 민주화세력의 결합, 개혁적 보수와 합리적 진보의 결합은 21세기 국가도약을 위한 필수전제다. 냉전 종식을 계기로 20세기적 의미의 진보와 보수의 시대, 즉 20세기적 좌와 우의 시대는 끝났다. 한마디로 20세기적 이념 대립의 시대는 끝났다. 이제 21세기적 이념통합, 이념융합의 시대가 열리고 있다"고 한다.

8) 같은 취지; 박세일 · 장훈 공편, 《정치개혁의 성공조건: 권력투쟁에서 정책경쟁으로》, 동아시아연구원, 2003, p.52.

합리적 진보는 국민의 통상적인 상식과 일치하는 판단을 지향한다. 지금 우리의 정치현실에서 보이는 이념의 쏠림현상을 탈피해야 국민의 상식에 도달할 수 있을 것이다. 한국에서 민주화를 향한 정치적 사명은 거의 완결되었다. 이제는 정치적 영역에서도 효율성을 고려하여 국민의 대립된 주장을 하나의 목소리로 다듬어서 발전적 대안을 제시하는 쪽으로 갈등해소와 국론통합을 이루어 내야 한다. 국론통합을 이루어 내지 못한다면 정치는 계속해서 과거와 같은 진흙탕 싸움에 빠져들 것이다. 갈등을 조화롭게 해소하지 못하는 정치권은 국민에게 외면당하고 정치무대에서 밀려나게 되며, 거듭되는 소모적 정권교체로 진정한 의미의 정치는 사라지게 될 것이다. 다른 목소리를 합쳐서 하나의 조화로운 대안으로 만들어 내는 일은 정치인의 몫이다. 이러한 상생정치만이 국가의 발전으로 이어질 수 있다.

합리적 진보는 경제의 발전을 추구하는 동시에 취약계층에 대해 세심한 배려를 한다. 근래 한국은 경제발전의 속도가 떨어지고 새로운 경쟁자를 맞아 미래가 불투명해지고 있다. 중국과 일본의 틈새에서 한국이 당면한 문제는 낙오되지 않고 국제경쟁력을 증진하여 '작지만 강한 나라' 가 되는 것이다. 과거 1960년 내지 70년대의 경제발전 지상주의와 다른 모양의 경제발전을 도모해야 한다. 균형 있는 발전 정책을 통해 중산층과 서민이 함께 삶의 질을 높여야 되고 노인 · 장애인 등 사회적 약자가 보호받는 정책을 펼쳐야 한다.

Politics of Custom

2

국회 들여다 보기

1
본회의

국회권력의 중심

국회의 기능 중 가장 핵심을 이루는 것은 의사결정기능이다. 그리고 의사결정을 하는 데 있어 가장 중요한 것은 국회 본회의이다. 정치권에서 이루어지는 논의는 모두 최종적으로 본회의 의결을 거쳐 반영되기 때문이다. 아무리 정치권의 논의가 뜨거웠다고 하더라도 본회의에 오르지 못하고 식어버리는 예[1]가 허다하다. 또한 언론에서 이미 다 된 일처럼 보도한 일들이 실상은 본회의에서 부결되어 버린 예[2]도 많다. 즉, 어떤 사안이든 본회의에 상정되고 가결되지 않으면 결실을 맺지 못하게 된다.

---

1) 2004년 12월 정치권과 온 국민이 반으로 나뉘어져 치열한 격론을 벌였던 국가보안법도 본회의에 상정되지는 못하였다. 또한 2004년 11월 부패방지를 위해 공직부패수사처를 설치하기 위한 논의가 있었으나 역시 정치권의 공방 속에 해당 상임위에서 잠자고 있다.

2) 국민연금개혁법안은 2004년 6월에 제출되어 오랜 기간 논의에 논의를 거듭하다 해당 상임위와 법제사법위원회를 통과하고 2007년 4월 19일 열린우리당과 한나라당이 잠정합의에 이르러 통과가 거의 기대되었으나 4월 임시회 마지막 날 본회의 표결에서 부결되고 말았다. 법학전문대학원 도입을 골자로 하는 로스쿨법안도 사학법 재개정과의 교환조건 때문에 몇 년간 처리되지 못하였으나, 2007년 7월 3년 극적으로 타결되었다.

본회의는 '국회의원'이라는 각각의 헌법기관이 모두 모여 그 권한을 행사하는 공식적인 자리이다. 본회의는 재적의원(299명) 전원으로 구성된다. 본회의에서는 법률이 최종적으로 의결을 거쳐 제정되거나 개정되며, 각종 결의안 또는 예산안이 의결을 거쳐 채택된다. 법률과 예산안은 상임위원회에서 충분한 심의를 거쳐 의결된 후에 본회의에 상정되는 것이 원칙이지만 의장의 직권상정[3]이 있으면 바로 본회의에 상정되어 심의될 수 있다. 그밖에 대통령의 시정연설, 교섭단체 대표연설, 대정부질문 등 국정 전반이 논의되는 곳 또한 본회의이다. 그래서 국회 본회의를 '대의민주주의의 꽃'[4]이라고 한다.

전자국회의 등장

권력은 생래적으로 변화를 싫어하는 속성을 갖고 있지만 어쩔 수 없이 자주 변화하게 마련이다. 권력이 변화하면서 그에 상응해 국회의 모습도 변화한다. 새 국회의원이 선출되어 국회에 입성할 즈음이 되면 국회는 늘 새 단장을 하느라고 분주하다. 17대 국회에 달라진 모습 중 가장 대표적인 것은 본회의장의 컴퓨터 설치를 비롯한 국회업무의 전자화[5]였다.

---

3) 국회법 제85조에 규정된 것으로 정상적인 절차를 따르기에는 시간이 촉박하거나 여야간 합의가 안 되어 정상적인 심사가 어려울 때 국회의장이 직권을 이용해 본회의에 상정하기도 한다. 2005년 12월 사립학교법, 2006년 4월 부동산 후속관련법안 등 4개 법안, 2006년 11월 비정규직관련 3법 등이 직권상정을 통해 본회의에 상정되었다. 그러나 한나라당은 직권상정은 상임위를 무력화시킨다며 국회의장 직권상정을 제한하는 국회법 개정을 주장했다.

4) 국회의원들의 '본회의 투표'는 대의 기관인 입법부가 각종 법안 등 국가의 대소사를 직접 처리하는 절차로서 대의민주주의의 꽃으로 꼽힌다. 인천일보, 2006년 1월 14일자 참조.

5) 정부혁신지방분권위 산하 전자정부전문위원회가 최근 분석한 '전자정부 로드맵

<table>
<tr><th colspan="2">구 분</th><th>내 용</th><th>비 고</th></tr>
<tr><td rowspan="4">입법지식</td><td>입법통합지식 관리시스템</td><td>국회의정활동과정에서 생산된 정보(의안, 법률, 예결산, 국감, 회의록 등)의 축적을 통한 지식공유</td><td>2002. 3 운영개시</td></tr>
<tr><td>주요 법률 지식 시스템</td><td>헌법, 국회/정치관계법규 관련지식의 체계적 축적 · 공유</td><td>2001. 1 운영개시</td></tr>
<tr><td>법제지원 시스템</td><td>법률안 심사과정의 전자화 및 관련지식 공유</td><td>2005. 4 운영개시</td></tr>
<tr><td>법률지식 정보시스템</td><td>입법관련 정보와 조문 연계 서비스를 통한 통합적 · 포괄적 정보제공</td><td>2006. 5 운영개시</td></tr>
<tr><td rowspan="4">행정지식</td><td>전자문서 시스템</td><td>각종 결제문서의 전자적 유통 및 기록물 보존체계 구축</td><td>2004. 9 운영개시</td></tr>
<tr><td>인적자원관리 시스템</td><td>국회구성원의 인사/급여/교육 · 훈련/복지 등 인사정보의 통합 · 실시간 관리체계 구축</td><td>2005. 4 운영개시</td></tr>
<tr><td>국회관계법규 시스템</td><td>국회관계법규의 공유 및 활용시스템</td><td>2000. 2 운영개시</td></tr>
<tr><td>국회전자자료 시스템</td><td>국회보, 교육훈련교재 등 부서별 발간자료의 축적 및 공유시스템</td><td>2003. 9 운영개시</td></tr>
</table>

지식국회 정보화사업 현황, 국회보 2006년 여름호.

예전 뉴스에 등장하는 정기국회 폐회의 모습은 국회의원 마다 분홍색 보자기에 싼 서류꾸러미를 들고 본청의 빨간 카펫을 내려오는 행렬이었다. 전자국회로 바뀌고 난 후 본회의장에서만큼은 서류꾸러미가 사라지게 되었다.

본회의장에서 국회의원들은 자기 좌석에 설치된 모니터를 통해 회의안건을 열람하고 표결할 수 있게 되었다. 그리고 문서의 작

과제 추진현황' 자료에 따르면 31개 로드맵 과제 가운데 의정활동 전자화와 국회의정 참여포털 구축 등이 포함된 전자국회 구현과제가 이미 사업을 완료했거나 시스템 구축에 착수해 가장 빠른 진척을 보이고 있는 것으로 파악됐다. 전자신문, 2004년 8월 16일자 참조.

전자국회의 모습.

성 및 전송과 인터넷 검색도 할 수 있게 되었다.

한편, 본회의장에서의 전자시스템의 도입은 새로운 문제를 일으키기도 했다. 본회의장의 방청석에서 의원석을 내려다보면 의원들이 컴퓨터로 무엇을 하는지 그대로 보이기 때문에, '돌발영상' 같은 TV 프로그램과 인터넷 패러디사이트는 본회의장 좌석에서 앉아 안건과 관계없이 컴퓨터에 빠져 있는 의원들의 모습을 뉴스의 소재거리로 삼기도 했다. 물론 대다수 국회의원들은 본연의 임무를 충실히 수행하기 위해 국회전자시스템을 사용하지만, 법안설명 중에 여자 연예인 사진에 빠져 있는 사람, 쇼핑몰 사이트에서 물건을 고르는 사람, 주식시세표를 훑어보는 사람 등 몇 명의 미꾸라지가 본회의장의 물을 흐리는 경우[6]가 있었다.

6) "인터넷에 올라오는 의원들의 뒷모습 사진을 보면 도대체 여기가 전자국회인지 아니면 동네 PC방인지 분간을 못할 지경이다. 본회의 시간에 엉뚱하게 여자 연예인 사진을 띄워 놓고 몸매 감상을 하는 의원이 있는가 하면 쇼핑몰 사이트에 들

국회업무의 전자화는 종이문서의 양을 줄이고 의사진행이나 투표 등 처리절차를 간소화시켜 종전의 비효율적인 국회를 효율적인 전자국회로 탈바꿈시켰다. 또한, 전자문서를 통한 자료의 축적으로 국회활동과 관련된 콘텐츠를 풍부하게 만든 점도 장점으로 들 수 있다. 이러한 자료들은 실시간으로 국민들에게 공개됨으로써 국회의 활동을 더욱 투명하게 만들었다. 나아가 전자메일의 활성화는 국회활동에 국민의 참여를 가능하게 하여 참여민주주의를 확대시키는 데 도움이 되고 있다.

표결에서의 쪽지와 자유투표

본회의장 컴퓨터 설치 이전부터 의원들이 개인별 투표기계를 이용하여 투표를 하고, 본회의장 앞면에 설치된 커다란 모니터를 통해 국회의원들의 재석 및 표결상황을 즉시 보여주는 전자투표제도가 도입되어 있었는데, 컴퓨터를 설치한 후에는 모니터에서 지시하는 대로 손가락 접촉을 통하여 표결을 진행하고 그 표결결과를 확인할 수 있게 되어 표결은 더욱 신속하고 정확하게 진행될 수 있게 되었다. 이러한 컴퓨터를 이용한 전자표결장치의 신속성 덕분에 의결해야 할 법률안이 잔뜩 밀려 있는 연말의 본회의에서 하루에 백 개 이상의 법률안을 표결[7]하여 통과시키는 것도 가능하게 되었다.

어가 열심히 물건을 고르는 의원도 있었다. 그 중에는 자기 웹사이트 관리를 열심히 하는 의원의 사진도 있었는데, 그걸 꼭 본회의 시간에 해야만 했는지 의문이 아닐 수 없다. 심지어 어떤 의원은 미모의 당구 선수 자넷 리의 사진을 보며 자기 가슴 부위에 손을 얹고 묘한 포즈를 취하고 있는 사진이 인터넷에 올라오는 바람에 네티즌들로부터 호된 질타와 조롱의 대상이 되기도 했다." 디지털 타임즈, 2006년 11월 27일자 참조.

7) 2006년 12월 22일 본회의에서는「게임산업진흥에 관한 법률 일부개정법률안(대

한편, 본회의장의 표결 풍경 중에는 표결하기 직전에 의원석에 쪽지를 돌리는 모습이 가끔 있었다. 그 쪽지는 원내대표가 자기 당 소속 의원들의 이탈을 막기 위해서 당론에 따른 표결을 은연 중에 강요하는 것이었다. 때에 따라서는 본회의에 상정된 법률안, 그에 대한 수정동의안,[8] 또다른 내용의 수정동의안 등 하나의 법안에 대해 여러 번 표결해야 하는 경우[9]도 있기 때문에 어떤 것이 당론인지 헷갈리는 것을 방지하기 위해 쪽지를 돌리는 경우도 있었다. 어찌되었든 쪽지는 당론에 따른 표결을 독려하는 것이지만 쪽지가 돌았음에도 불구하고 늘 이탈표가 생겼다. 이탈 가능성이 있을 때에만 쪽지를 돌리는 데

안)」 등 무려 152개의 안건이 처리되었다.

8) 본회의에 상정된 법안에 대해 수정동의안을 발의하기 위해서는 국회법 제95조에 규정된 절차를 따라야 한다. 통상적으로는 의원 30인 이상의 찬성이 있으면 가능하다.

9) 2005년 5월 3일에 본회의에서 통과된「진실 화해를 위한 과거사정리 기본법안」의 경우, "진실규명과 화해를 위한 기본법안(원혜영 의원 외 150인 발의)"과 "진실 · 미래를 향한 과거청산 통합 특별법안(이영순 의원 등 10인)"이 해당 상임위에서 논의된 후 원혜영 의원안이 본회의에 상정되었다. 이에 대하여 박기춘 의원 외 149인으로부터 "진실규명과 화해를 위한 기본법안에 대한 수정안," 이원영 의원 등 32인으로부터 "진실규명과 화해를 위한 기본법안에 대한 수정안," 정세균 · 강재섭 · 김부겸 · 임태희 · 문병호 · 유기준 의원 외 228인으로부터 "진실규명과 화해를 위한 기본법안에 대한 수정안" 등 3건의 수정동의안이 발의되었다. 철회된 박기춘 의원안을 제외하고 원안과 2건의 수정동의에 대해 표결이 붙여졌는데 정세균 의원 등으로부터 발의된 본회의수정안이 가결됨에 따라 나머지 수정동의안과 원안은 표결하지 않았다.
이렇게 원안과 수정동의안이 다수인 경우에는 국회법 제96조의 표결순서에 따른다.
국회법 제96조 (수정안의 표결순서) ① 동일의제에 대하여 수 개의 수정안이 제출된 때에는 의장은 다음 각 호에 의하여 표결의 순서를 정한다.
1. 최후로 제출된 수정안부터 먼저 표결한다.
2. 의원의 수정안은 위원회의 수정안보다 먼저 표결한다.
3. 의원의 수정안이 수 개 있을 때에는 원안과 차이가 많은 것부터 먼저 표결한다.
② 수정안이 전부 부결된 때에는 원안을 표결한다.

그럼에도 불구하고 이탈한 사람이 생겨 지도부를 당황시키곤 했다.

쪽지 돌리기는 국회의원의 수치이고 청산해야 할 구태 정치 중 하나이다. 국회의원은 개개인이 헌법기관으로서 자기의 소신에 따라 표결을 할 권리와 의무가 있다. 그런데도 대개는 소속 정당의 방침에 따라 집단적으로 투표한다. 정치적 성향이 같은 사람끼리 모인 것이 정당이니, 같은 정당의 소속원으로서 자발적으로 의견이 같아지는 것은 바람직한 현상이다. 하지만 만약 정당이 소속 국회의원에게 특정의견을 선택하도록 강요한다면 이는 문제이다. '권고'는 무방하지만 '강요'는 안 된다. 소속 국회의원이 특정한 의견을 지지하기를 바란다면 정당은 그들을 설득[10]해야 한다. 그렇지만 "이 법안에 찬성하세요"라고 결론만 간단히 적은 쪽지는 진정한 설득이 아니다.

17대 국회에서는 쪽지나 당 지도부의 하향식 당론결정에 휘둘리지 않고 국회의원 자신의 이념과 소신에 충실하게 투표를 하는 자유투표(cross-voting)가 종종 발생했다.[11] 본회의 직전에 의원총회를 통해 당론을 정한 경우에도 소신투표가 행해지는 것을 막을 수 없었다. 당 소속 의원들의 이념성향이 비교적 균일한 한나라당과 민주노동당에서는 소신 투표가 적었고 이념성향의 분포가 상대적으로 다양한 열린우리당에서 자주 일어났다. 열린우리당의 운동권 출신 국회의원들은 이념성향이 뚜렷하고 강했기 때문에 당론이라 하더라도 자

10) 본회의 직전에 열리는 임시의원총회 또는 정책의원총회에서 해당 상임위소속 의원들의 보고 및 의견을 청취하고 이에 대한 토론을 거쳐 당론을 정하는 상향식 의사결정과정이 필요하다.

11) 16대 국회까지는 자유투표가 활성화되지 못하였기 때문에 각 의원들이 자유투표를 할 수 있는 정치환경이 조성되어 국회의원의 표결권이 회복되어야 함이 정치개혁과제로 거론되었다. 양상훈, "자유투표의 활성화," 이윤정 편, 《정치개혁과 국회개혁: 현장에서의 회고와 전망》, 동아시아연구원, 2003, pp.128-129.

신의 소신에 어긋나거나 현실에 타협한 부분이 포함되면 그에 대한 추종을 거부하는 것이 다반사였다.[12] 그 외에도 소속 정당의 당론과 자신이 선출된 지역의 요청 사이에서 고민하다가 지역이익을 취하기 위해서 당론에서 이탈하는 경우도 많았다. 지역민심을 외면하고는 다음 선거에서 표를 얻을 수 없기 때문이었다.

당론을 무시하고 자유투표를 했다고 해서 어떤 제재가 뒤따른 것은 아니었다. 열린우리당의 경우 자유투표가 워낙 자주 일어났기 때문에 당지도부는 매번 그것을 문제 삼을 기력조차 없었다. 본회의 투표 직전에 반대투표를 할 만한 의원을 붙들고 당론에 따라달라고 사정을 하는 정도였고 그에 따르지 않은 경우에도 별다른 제재를 하지도 않았고 제재수단도 가지고 있지 않았다. 지도부와 다른 성향을 가진 의원은 보통 당직이 주어지지 않았지만 당직을 맡은 의원조차 당직을 버리더라도 일정 부분만큼은 소신투표를 하겠다고 고집하는 경우도 있었다.[13]

국회의원의 본회의장 표결상황이 텔레비전과 인터넷으로 실시간 중계되고 언론에 의해 종합적으로 집계 분석되어 통계가 나오면서 국민들은 각 국회의원의 투표성향을 즉각 파악할 수 있게 되었다. 이 또한 전자국회의 도입으로 가능하게 된 것인데 국회의원의 입법활동은 하나도 숨길 것 없이 투명하게 공개된다는 장점이 있는 반면에

12) 2005년 5월 3일 과거사법 표결에서 열린우리당 참석의원 과반수가 당론과 달리 반대표나 기권표를 던졌다. 법안추진 초기의 취지와 달리 매우 유약해진 과거사법안에 대해 거부하려는 것이었다. 지도부 중에서 다수의 중진의원이 반대표를 던져 충격을 주었다. 연합뉴스, 2005년 5월 29일자 참조.

13) 2007년 2월 28일 출자총액제의 제한에 관한 법률의 당론채택을 위해 열린 열린우리당의 의원총회에서 해당 정책조정위원장이 정부제출법률안을 따르려 하는 지도부의 방침엔 동의하지 않는다며 당직사표를 내면서까지 당론에 반발하는 사태가 있었다. 한겨레, 2007년 3월 2일자 참조.

투표결과가 실시간 공개됨에 따라 국회의원들이 곧바로 쏟아지는 국민들의 항의에 맞닥뜨리는 등 단점도 있다. 특히, 이라크 파병, 쌀시장 개방 등과 같이 국민들의 의견이 양분되는 사안의 경우에는 어느 쪽을 찍었든 간에 항의전화가 빗발쳤다.

요컨대 국회의원은 개개인이 헌법기관으로서 자신의 소신에 따른 투표를 할 권리와 의무가 있다는 점을 잊어서는 안 될 것이다. 국회의원의 클릭 한번의 무게는 자신을 선출해 준 국민들의 무게이다. 자신의 소신을 버린 정치인은 결국 지지집단과 국민으로부터 외면을 받게 된다는 현실을 잊지 말아야 할 것이다.

본회의장 의석 배치

17대 국회 본회의장 의석 배치는 국회의장석을 중심으로 열린우리당이 중앙, 한나라당이 오른쪽, 민주노동당과 민주당이 왼쪽을 차지하는 모습이었다. 사람들은 본회의장 자리 배치도 당의 성향에 따라 좌우를 나누어 배치한 것 아니냐고 농담 삼아 말하기도 했다. 하지만, 본회의장의 자리 배치는 한국 정치의 오래된 관행의 산물이다. 원내 제1당이 중앙, 그 다음 원내 제2당이 오른쪽, 제3당과 비교섭단체가 왼쪽으로 배치되는 것이 국회의 관행이다.

본회의장의 자리 배치의 관행과 관련하여 한국에 독특한 것은 높을수록 뒷자리에 배치된다는 사실이다. 선진국의 경우에 본회의장에서의 자리 배치는 앞자리를 좋은 자리로 삼는 경우가 대부분이고, 우리나라의 경우에도 각 정당의 의원총회에서는 제일 앞자리에 지도부가 자리를 잡는다. 그럼에도 불구하고 정작 본회의장에서는 뒷자리를 좋은 자리로 삼아서 원내대표, 정책위의장 등 당의 지도부와

외국의 본회의장 의석 배치 형태[14]

독일의회	의장을 향해 반원형 정당별 배정 정당지도자는 최전열에, 각료석은 의석을 향해 배치
영국의회	의장 앞 좌우 대칭형 정당별 배정 각료 및 야당지도자는 전열에 배치
미국의회	의장을 향해 반원형 정당별 배정 총무 등 정당지도자는 의석 전열에 배치

최고참의원은 제일 뒷자리에 배치된다. 자리 배치의 근거는 뒷자리에 앉아야 자기 당 의원들의 상황을 한눈에 점검하고 일사불란하게 의원들을 지휘할 수 있다는 이유를 들곤 한다. 사실은 뒷자리에 앉아야 눈에 띄지 않게 자주 출입할 수 있고 또 자리를 오래 비워도 흉하지 않기 때문일 것이다. 그러나 모든 의사 진행이 국회의장석과 그 앞의 발언대에서 이루어지는 것을 감안하면 요직을 맡은 지도부가 앞에 앉는 것이 책임 있는 자세가 아닌가 하는 생각이 든다.

의원들은 좌석이 자신의 위치를 그대로 드러내어 주기 때문에 본회의장의 의석 배치에 관심이 많다. 정당의 지위가 바뀔 때마다, 소속 상임위가 바뀔 때마다, 그리고 지도부의 교체가 있을 때마다 자리가 바뀌니 본회의장의 자리는 열차좌석처럼 잠시 앉았다 일어서는 곳이라고 할 수 있다.

국회 본회의장에서는 투표결과뿐만이 아니라 의원들의 행동 하나하나도 텔레비전과 인터넷으로 국민들에게 생중계된다. 중계되는 회의진행 장면을 보다보면 종종 뒷자리에 앉아 있는 원내대표나 중진의원들이 메모지에 무언가 열심히 써서 앞자리의 의원에게 전달

14) 국회사무처 섭외국,《주요국(독일, 덴마크, 영국, 미국)의회 연구시찰보고서》, 국회사무처 섭외국, 1993.

하는 모습을 볼 수 있다. 원내대표나 중진의원으로부터의 메모는 그때 그때의 상황에 맞는 의사진행 지침이다. 첨예하게 대립되는 사안일수록 돌발적으로 발생할 수 있는 상황이 많아지므로 메모의 수는 증가한다. 또한, 뒷자리에 앉아 있는 중진의원에게 다른 정당 소속의 중진의원이 다가가 서로 귓속말로 국정을 상의하는 모습도 종종 볼 수 있다. 이러한 모습은 국민들도 궁금하겠지만 기사거리를 필요로 하는 기자들에게는 더욱 큰 궁금증을 가져와서 그러한 상황[15)]이 일어나면 즉각 카메라 플래시가 터지고 녹음기가 돌아간다.

웬만한 작은 소리도 다 녹음된다는 사실을 아는 의원들은 아주 작게 속삭이거나 아니면 필화로 서로의 신속한 회담을 진행한다. 어떤 패러디사이트에서는 의원들의 귓속말을 녹음해 들었더니 "오늘 점심은 어디로 할까?" "○○ 음식점이 좋겠습니다"라는 내용뿐이었다고 빈정대기도 했다.

국민들은 같은 정당끼리 모여 앉아 있는 국회의원들의 모습에서 각 당의 분위기를 한눈에 알아볼 수 있다. 그리고 국민들은 뒷자리에 앉은 중진의원이 앞자리의 의원에게 메모를 전달하거나, 몇몇 의원들끼리 귓속말을 주고받으며 의사진행을 협의하는 모습을 추악한 과거 정치의 유산으로 평가한다. 본회의 중에 각 당의 노선에 맞는 대응 전략을 모색할 필요가 있다는 점은 인정한다. 하지만 국민들이 바라는 신뢰할 수 있는 국회의 모습은 국회의원들이 자기 자리에 진중하게 앉아서 의안처리에 집중하는 소신 있는 모습임을 잊어서는 안

15) 의원들 간에 이루어지는 사적 대화는 취재진에게 항상 좋은 먹잇감이다. 2006년 6월 열린우리당 어느 의원이 본회의장에서 동료의원들과 상임위 배정에 대해 불만이 가득한 이야기를 하는 장면이 YTN 돌발영상에 보도되어 논란을 일으키기도 했다.

경제 분야 대정부 질문하는 국회 본회의장에 많은 의원들이 이석을 한 채 자료만이 자리를 지키고 있다. 연합뉴스, 2004년 11월 16일.

될 것이다.

교섭단체와 국회운영

국회운영의 중심에는 교섭단체가 있다. 국회법을 보면 의석 배정, 연간 국회운영 기본일정 조정 등 합의가 필요한 경우 항상 교섭단체 대표의원 간의 협의를 통해서 하도록 되어 있다. 모든 국회의원이 모여 앉아 매 사안마다 국회의 운영에 관해 협의한다는 것이 현실적으로 불가능하기 때문에 일정규모 이상 정당의 대표단으로 하여금 국회운영을 협의하게 하는 것이 교섭단체제도이다. 우리나라는 교섭단체 구성의 최소기준을 20석으로 제한하고 있다.

1961.5.16 군사쿠데타 이후 국회 의사운영에 대한 권한은 전적으로 국회의장에게 주어져 있었고, 이는 국회운영 및 의사결정에

있어 집권 여당의 전횡을 가능케 했다. 이후 1987년 군사독재가 종식되고 나서 1988년 국회법 개정을 통해 교섭단체 대표의원 간의 협의에 의해서 국회 의사운영을 결정하도록 함으로써 비로소 정당 간의 협의에 의한 균형 있는 국회운영이 가능하게 되었다.

법안 통과에 있어서 교섭단체 간의 사전합의는 매우 중요하다. 교섭단체 간 합의로 상정된 법안과 합의 없이 상정된 법안은 그 처리과정에 상당한 차이가 있다. 정치적 쟁점의 여지가 있거나 정략으로 이용될 수 있을 정도로 주요한 법안은 교섭단체 간의 합의 없이 국회를 통과하기 어렵다. 예외적으로 교섭단체 간 합의 없이 국회의장의 직권상정을 통해 본회의에 상정되고 표결로 통과되는 법안도 있는데, 여당 단독으로 통과시킨 사립학교법 개정안은 통과를 둘러싼 갈등도 극심했고 통과 이후에도 야당의 반대가 계속되어 그 시행에 험난한 길을 걸었다. 또한 그 이후 야당은 사립학교법 재개정을 추진하며 모든 민생 법안에 대해 사립학교법 재개정을 연계로 발목잡기에 나서 한 동안 국회의 입법활동은 거의 중지되다시피 했다. 2005년 12월 사학법 개정 전후를 비교[16]해보면 개정 전에는 법안 처리비율이 정부법안 9.8%, 의원법안 24.7%였으나, 개정 이후에는 쟁점이 없거나 통과가 시급한 법률 중 일부만이 합의로 처리가 되어 정부입법 4.7%, 의원입법 10.9%로 거의 절반 가량의 수준으로 떨어졌다.

교섭단체제도[17]는 시간이 지나면서 많은 문제점을 노출시키

16) 국정브리핑, 2007년 5월 8일자 참조.

17) 교섭단체에 주어진 특권에 대한 비판은 주로 소수당에 의해 제기되고 있다. 민주노동당은 국고보조금, 기관운영비 지원, 사무실 배정 등에 있어서 정당득표율과 의석수 등을 고려한 합리적 기준을 마련해 배분되어야 하며, 교섭단체 소속 의원만이 정보위원회 위원으로 선임될 수 있도록 하고 있는 특례조항을 삭제할 것과 교섭단체 정책연구위원제 폐지를 요구했다.

2005년 12월 사학법 개정 전·후 국회 생산성 비교

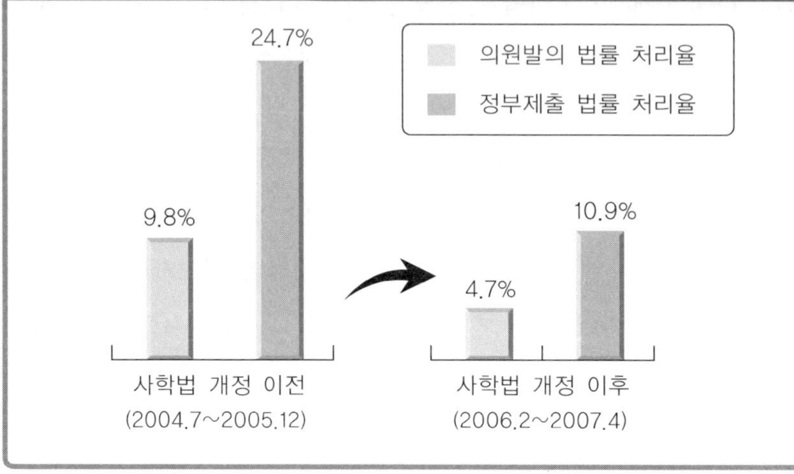

고 있다. 가장 대표적인 문제점이 카르텔 정치의 폐해가 드러난다는 점이다. 카르텔 정치란 교섭단체를 구성하지 못한 정당 소속이나 무소속 의원들이 의회운영에서 소외되는 것으로, 교섭단체를 구성하지 못한 정당 소속의 의원들 또는 무소속 의원들은 언제 국회가 열릴 예정인지 어떤 안건이 상정이 되는지도 모르는 상태로 막막하게 기다리고 있다가 출석요구통지를 받고서야 비로소 회의 개최를 알게 된다. 의사진행 중에도 툭하면 정회를 하고 교섭단체 사이의 협의에 들어가니 답답하기 짝이 없으며 의사진행에 미치는 영향력[18]도 매우 작다.

원만한 의회운영을 목적으로 도입된 교섭단체제도는 오히려

18) 상임위 회의장에서 안건에 대한 반대의견이 있거나 의사진행발언을 하더라도 이미 교섭단체 간의 합의로 결정된 부분에 대해서는 반론이 받아들여지지 않으며 고작 회의록에 몇 줄 남을 뿐이다. 교섭단체를 구성한 정당의 경우에도 협의는 원내대표단에 의해 이루어지며 개별의원들은 의회 운영에 수동적으로 임할 뿐이다. 물론 비교섭단체 의원들에 비해 나은 사정임에는 틀림없다.

의회운영을 방해하는 도구로 악용되는 폐해를 낳았다. 17대 국회 초기에는 여당인 열린우리당과 제1야당인 한나라당의 의석수에 큰 차이가 없다 보니 사안마다 한나라당의 반대가 극심하여 합의에 이르지 못하는 경우[19]가 많았다. 협의가 된 안건이라 할지라도 비교섭단체의 의견은 거의 반영이 되지 않거나, 오히려 비교섭단체의 의견에 반대되는 경우가 많아 비교섭단체의 불만이 매우 컸다. 민주노동당은 법안상정 저지를 위해 회의장을 점거[20]하기도 했는데 이럴 경우 교섭수단이 없어서 곤란을 겪기도 했다.

이처럼 교섭단체제도의 문제점이 계속 지적되자 교섭단체의 구성기준을 낮추어 소수당도 다수 참여할 수 있도록 하는 것이 바람직하다는 의견이 제시되었다. 민주당과 민주노동당은 현행 20인 기준에서 10인 기준으로 낮추자는 요구를 끊임없이 했으나 다수당인 열린우리당과 한나라당은 국회 의사운영 협의가 어려워질 것이라는 우려 때문에 기득권을 포기하려 하지 않았다. 열린우리당이 중도에 의석을 잃어 과반수에 못 미치게 되어 비교섭단체 의원들의 도움을 얻어야 법안 통과가 가능하게 되면서 이러한 요구는 더욱 강해졌다. 소수당들은 쟁점법안에 대해 캐스팅보트로서 영향력을 발휘하면서 지

19) 열린우리당이 내건 4대 개혁법안에 한나라당은 정면으로 반대하고 나섰으며 그 결과 2004년 국가보안법은 결국 처리가 되지 못한 채 흐지부지 되었다. 또한 다른 개혁입법 중 신문법과 과거사법을 여당이 통과시키려고 하자 한나라당은 2004년 12월 31일에 아예 본회의장을 점거해버리기도 했다. 한나라당은 2006년 9월 19일과 11월 15일에 전효숙 헌법재판소장 후보자 임명동의안 처리를 저지하기도 했다.

20) 앞서 말한바와 같이 국회 회의장 점거는 민주노동당의 전유물은 아니다. 한나라당의 회의장 점거도 수 차례 있었으며, 열린우리당은 회의장이 다른 당에 점거되지 않도록 미리 점거하기도 했다. 다만 민주노동당의 점거만을 거론하는 것은 점거의 부당성을 말하기 위함이 아니라 국회 의사운영에 있어서 그만큼 비교섭단체의 설움이 많았음을 보여주고자 하는 필자의 의도이다.

17대 국회 민주노동당의 국회 회의장 점거 일지

날 짜	점거장소	점거 이유
2005. 2. 23.	환노위장	비정규직 관련 3법의 심의 저지
2005. 6. 22.	환노위장	비정규직 관련 3법의 심의 저지
2005. 10. 13.	통외통위장	쌀 관세화 유예협상에 대한 국회비준동의안 처리 저지
2005. 11. 23.	본회의장	쌀 관세화 유예협상에 대한 국회 비준을 저지
2006. 2. 8.	법사위장	비정규직 관련 3법의 심의 저지
2006. 3. 2.	법사위장	비정규직 관련 3법의 심의 저지
2006. 4. 3.	법사위장	비정규직 관련 3법과 금산법의 심의 저지
2006. 4. 14.	법사위장	비정규직 관련 3법과 금산법의 심의 저지
2006. 11. 29.	법사위장	기간제와 단시간근로자보호법과 파견근로자보호법, 노동위원회법 등 비정규직 관련 3법의 심의 저지
2006. 11. 30.	본회의장	기간제와 단시간근로자보호법과 파견근로자보호법, 노동위원회법 등 비정규직 관련 3법의 통과 저지
2006. 12. 8.	본회의장	노사선진화법 반대

지의 조건으로 외국과 같이 교섭단체 기준을 10명 이하로 낮출 것을 요구했다.[21)]

---

21) 교섭단체 기준 20명은 우리나라 국회의원 정수 299명의 6.7% 수준으로 외국에 비해 높은 편이다. 스페인 15석, 캐나다 12석 등 대부분의 나라가 우리나라보다 적은 의석수를 요구하고 있으며 영국, 미국, 호주처럼 교섭단체가 아예 없거나 덴마크, 네덜란드, 노르웨이, 스웨덴, 포르투갈의 경우처럼 1명이 하한선인 나라도 있다. 또한 독일 34석, 프랑스 20명, 이탈리아 20명 등 우리와 비슷하거나 많은 나라도 있긴 하지만 의원총수 대비 구성기준 비율로 보면 독일 5%, 프랑스 3.5%, 이탈리아 3.2%로 우리나라에 비하면 훨씬 낮은 편이다. 임동욱 · 함성득, 원내교섭단체 요건 및 지위의 변화 필요성과 실천전략: 의석수와 정당득표율을 중심으로," 《사회과학연구》 제13집 1호(2005. 2), 서강대학교사회과학연구소, pp. 310-311.

교섭단체제도는 칼날의 양면과도 같은 것이다. 교섭단체 간 합의에 의한 원만하고 효율적인 의사운영의 이면에는 합의의 장에서 배제된 소수정당의 피해가 존재한다. 지나치게 교섭단체 간의 합의에 의존하고 있는 현행 제도를 고쳐 그 의존도를 최소화하고, 교섭단체가 누리는 특권도 줄일 필요가 있다. 민주주의가 제대로 유지되기 위해서는 비록 다수자의 의사에 따라 결정하는 경우라도 반대하는 소수자의 의견을 완전히 무시하지 않도록 배려해야 할 것이다.

회의장 점거와 국회 파행

17대 국회는 '대치국회' 라고 할 정도로 상임위 회의장과 본회의장을 둘러싼 정당 간의 물리적 대립이 종종 있었다. 이에 따라 국회는 정치투쟁의 최전선이 되었다. 교섭단체 간 협상이 결렬되면 여당의 의사일정 독주를 방해하기 위하여 야당은 회의장 점거라는 비상수단을 동원하곤 했다.[22] 이에 대해 국민들은 단상 점거와 몸싸움이 반복되는 국회에 대해 '길거리 싸움판' 과 똑같다는 비난을 하기에 이르렀다.[23]

17대 국회가 개원한 직후부터 여야 교섭단체 간에 협의가 원만히 타결되지 못해 국회는 열려 있으나 일정이 진행되지 못하고 시간만 흘러간 사례가 많았다. 2004년 첫 임시국회가 원구성문제로 6월 7일부터 29일까지 23일간 공전하였고, 9월 정기국회는 이해찬 국

22) 2006년 한해만 보아도 2005년 12월 '개방형이사제' 도입을 골자로 한 사립학교법 개정안이 국회를 통과한 이후 1년 내내 사학법 공방으로 파행이 빚어졌고, 이후 쟁점 현안이 생길 때마다 사학법과 연계한 국회 파행은 계속되었다.

23) 김민전, "원내파행 방지와 민주적 국정운영을 위한 개선방향," 《국회파행 방지와 국회의정활동 활성화를 위한 토론회》, 참여연대, 2005.

무총리의 차떼기 발언에 대한 한나라당의 항의로 10월 28일부터 11월 11일까지 15일간 공전되었다. 이밖에도 예결위 13일간 공전, 정무위 12일간 공전, 한나라당 법사위 회의장 점거(12월 8일부터 22일, 14일간)에 따른 공전 등이 있었다. 여야 간의 대립은 여기서 그치지 않고 야당이 의사진행을 물리력으로 막는 상황이 계속되었다. 국가보안법, 사립학교법, 신문법 등 여당이 당론으로 발의한 개혁법안이 논의될 때에는 야당은 어김 없이 물리력을 동원해 의사진행을 방해하였다. 이러한 야당의 의사진행 방해는 국회를 식물국회로 만들어 국회가 굴러가지 못하게 만들었다. 이로 인해 회의장에는 상생정치를 위한 대화와 타협은 오간 데 없고 욕설과 구호만이 범람하였다.

본회의장 점거로 입법기관인 국회는 말 그대로 무법천지가 되어 버린다. 점거가 시작되면 국회 본청은 전쟁터를 방불케 한다. 각 당의 지도부들은 본 회의장 상황을 살피고 대책을 마련하기 위해 분주히 움직인다. 상대 정당의 의안 단독처리를 저지하기 위해 의원들이 전날 밤에 기습적으로 본회의장 의장단상을 점거하기도 한다. 의원 보좌관들은 이를 엄호하기 위해 회의장 밖에서 농성을 시작하며 상대 정당 의원들의 회의장 진입을 원천적으로 봉쇄한다. 한편, 본회의장을 완벽히 점거하기에는 인원수가 부족한 소수당[24)]은 본회의장의 완벽한 점거가 어렵기 때문에 단식투쟁, 피켓시위 같은 수단을 주로 활용한다.

위와 같이 물리적 대치가 빈번하게 되자 각 당의 전략과 물리적 전투력도 점차 향상되었다. 본회의장에는 국회의원만 입장이 가능하기에 회의장 밖에는 당직자, 의원 보좌진을 동원해 방어진을 구축

24) 실제로 소수당은 본회의장을 점거하는 데 그다지 성공을 거두지 못하였다. 대신 본회의로 안건이 상정되지 않도록 법사위를 점거하는 경우가 많았다.

하는 데 집중하기도 하며 의원들 간에도 물리적으로 격돌할 때 나름대로의 수칙에 따라 움직이게 되었다.

- 우선 말로써 상대를 제압한다. 상대방의 기세를 꺾기 위해 정치적 야유를 하여 상대방을 화나고 흥분되게 만든다.
- 의원들 간에 구타나 폭행은 하지 않는다. 최소한 의원들 간의 예의를 지키려는 것이다.
- 성추행이나 부상을 방지하기 위해 여성국회의원은 여성국회의원이 상대한다.
- 보도카메라가 오면 몸싸움을 시작하고 카메라가 떠나면 휴식을 취한다.

본회의장 점거의 마지막이자 결정판인 본회의장의 표결순간에는 말 그대로 난장판이 벌어진다. 의원들 간의 몸싸움은 기본이고, 서류뭉치와 명패 던지기,[25] 욕설과 고성 등이 난무한다. 이러한 난장판을 텔레비전을 통해 바라보는 국민들이 정치를 혐오하고 정치인을 수치스럽게 여기는 것은 너무나도 당연하지 않은가.

과거 독재하의 억압된 정치상황 아래에서는 독재정권의 횡포에 맞서는 야당의 정치투쟁이 국민들로부터 지지를 얻었지만 지금은 시대가 바뀌었다. 법에 따라 국가 시스템이 작동되고, 언론은 비판의 자유를 충분히 보장받고 있다. 민주주의의 기본원리에 충실하게 국회를 운영해야 함에도 불구하고 국회 본회의장 의장석을 점거해서 국회의 의사진행을 방해하는 행위는 어떠한 이유를 대더라도 정당화

25) 2005년 3월 행정도시법 처리과정에서 명패를 집어던졌다는 이유로 5일간 국회 출석정지라는 중징계를 받은 한나라당 김 모 의원은 지난해 대통령 탄핵 당시 열린우리당 의원들은 마이크와 집기를 던지고도 징계를 받지 않았다며 '내가 하면 민주주의고 남이 하면 깽판이냐' 고 따지기도 했다.

될 수 없다.

대정부질문의 허와 실

우리나라 대통령은 다른 대통령제 국가에서 인정되지 않는 막강한 권한을 가지고 있어 입법부와 사법부에 대하여 실질적으로 우월한 지위에 놓여 있기 때문에, 국회는 행정부에 대한 견제와 감시를 위해 대정부질문, 장관 인사청문회, 국정감사 등의 제도를 두고 있다. 국회가 행정부를 효과적으로 견제하기 위해서는 우선 전문성[26]이 필요하다. 예를 들어 대정부질문자로 나선 국회의원은 국무총리나 장관을 불러내어 전문성에 바탕을 둔 정책질의를 통해 행정부의 잘잘못을 따져야 한다.

실제로 대정부질문은 정쟁에 악용되는 경우가 허다하다. 어떤 국회의원은 행정부 견제와 감시라는 본연의 임무에서 벗어나 국무총리나 장관을 불러 놓고 정책과 관련 없는 소속 정당의 홍보를 펼치기도 했다.[27] 질의는 전혀 하지 않고 자신의 주장만 펼치거나, 총리나 장관에게 자신의 주장에 동의하라고 강요하거나, 일부 장관을 질문대상에서 의도적으로 제외시켜 무안을 주거나, 질의를 통해 총리나 장관을 길들이려고 하는 경우도 있었다.[28] 이러한 잘못된 대정부질문

---

26) 그러나 의회의 전문성에 대하여 김유남은 "경제, 재정, 과학기술, 외교안보 제분야에서 의회는 정부의 관료주의적 눈속임을 효율적으로 통제하지 못하는 경우가 허다하다"고 경고하고 있다. 그 이유는 "의회가 행정부서가 가지고 있는 정보와 지식에 바탕한 전문가의 횡포에 압도당하기 때문"이라고 하였다. 김유남, 《의회정치론: 비교의회연구》, 삼영사, 2000, pp.117-118.

27) 장황한 정치선전을 줄이기 위해 국회법 제122조의 2에 대정부질문시간을 20분으로 한정지어 놓았다. 발언시간의 제한은 보다 많은 의원들의 참여를 보장하는 측면도 있다.

28) 이해찬 국무총리가 대정부질문 중에 "한나라당은 차떼기 정당"이라는 발언을 한

이 계속되다보면 본회의장이 원색적 언어가 난무하는 시장바닥으로 변하기도 한다. 또한, 대정부질문이 있는 날이면 국회의원의 좌석이 텅 비어 회의정족수를 채우지 못해 회의가 개시되지 못하고 마냥 기다리는 한심한 모습이 나타나기도 했다.

국회에 대한 국민의 요구는 높아만 가는데, 전문성 대신 막말이 난무하는 국회의 대정부질문 풍경을 보고 국민들은 실망감만 높아지는 것이다. 국회의원이 스스로 입법부의 품위와 권위를 떨어뜨리는 망신스러운 행위[29)]를 할 때 국민들은 정치인을 경멸한다. 어떠한 상황에서도 폭언이나 저질 발언은 정당화될 수 없다. 대통령과 행정부의 국정운영이나 정책 등에 잘못이 있으면 문제점을 논리적으로 지적하여 비판하고 개선책이나 대안을 제시해야 할 것이다.

국회의 전문성 부족은 선거로 뽑힌 국회의원의 태생적 한계이다.[30)] 행정부 관료들과 행정부 조직에 비해 상대적으로 전문성이 부족할 수밖에 없는 것은 사실이다. 물론 지역구 의원 중에도 해당 분

후 한나라당 의원들은 "총리는 정치적으로 이미 파면되었다"고 하며 질의에서 철저히 무시한 사례가 있었다.

29) 2007년 2월 12일, 국회 교육문화사회분야 대정부 질의 현장에서는 다음과 같은 막말이 있었다.

"한나라당 이 모 의원: 이 정권은 개혁을 외치면서 민생을 깽판 쳤다. 앞에서 개혁을 외치면서 뒷구멍에서 하는 일이 다르니까 민심이 등을 돌렸고 40대 0이라는 대참변이 일어났다. 우리당은 주체사상 신봉자를 비롯해 친북좌파에 휘둘림을 당했다."

"국무총리: 이 자리는 정책을 하는 자리지, 색깔론이나 정쟁으로 가서는 안 된다."

"한나라당 이 모 의원: 언제나 남의 탓, 조 · 중 · 동 탓, 한나라당 탓만 하고 개판을 쳤다."

30) 김유남은 이에 대하여 "선출직 공인 중에는 본래의 바탕이 현실사회가 요구하는 전문적 그리고 기술적 해결사의 자질을 가진 사람이 그리 많지 않다"고 말하고 있다. 김유남, 같은 책, p.118.

야에 특출한 전문성을 가진 의원도 많고, 또 전문성을 위해 비례대표도 있지만 행정의 모든 영역에 걸쳐서 치열한 전투를 벌일 수 있을 정도로 의원의 전문성이 충분하지는 않다.

대통령 탄핵과 국무위원 해임

국회가 행정부에 대하여 갖고 있는 견제권력 중에서 가장 막강한 힘을 발휘하는 것은 대통령 탄핵과 국무위원 해임과 같은 행정부의 최고위층 인사에 대한 영향력이다. 17대 국회의 형성과정은 16대 국회 말기에 행해졌던 대통령 탄핵소추(2004. 3. 12)에 대한 국민의 응징이라고 말해도 좋을 정도였다. 탄핵은 대통령을 몰아낸다는 측면에서 영향력이 크지만 다른 한편 국민들이 그 탄핵에 대해 커다란 관심을 보여 강력한 정치적 바람몰이를 일으킨다는 점에서 양날의 칼이 될 수 있다.

2004년 3월 12일에 이루어졌던 노무현 대통령 탄핵소추안 가결 사건은 헌정 사상 초유의 사태였다. 이 탄핵은 다수 국회의원의 정략적인 정치행위였을 뿐 국민의 뜻에 부합한 것은 아니었다. 결국 탄핵은 이를 추진한 정당에게 커다란 정치적 상처를 주었고 탄핵을 반대한 정당은 그 반사적 이익으로 국민의 표를 얻어 새로운 정권을 창출하는 결과를 가져왔다.

반면에 국무위원 해임건의는 야당이 행정부의 장관들을 위협하는 최대의 무기로 이용되었다. 야당은 대통령의 장관 인선에 대해 당의 이해관계와 맞지 않으면 어떤 이유를 갖다 붙여서라도 반대를 하거나 주요 이슈가 터질 때마다 해당 장관에 대해 국무위원 해임건의안을 협박용으로 사용하였다. 16대 국회에서는 김두관 행정자치부장관이 국회의 해임건의안 통과(2003. 9. 3)로 사퇴하였고, 17대국회[31]에서도 2005년 6월 윤광웅 국방부장관의 해임결의안이 제출되었으나 부결되었다.[32] 국회가 이처럼 해임건의를 남발하는 경우는 국회의 행정부에 대한 견제와 감시의 수준을 벗어나서 국회 내의 다수당이 국회에게 부여된 힘을 정략적으로 악용하는 것으로 국민들로 하여금 국회와 다수당을 불신하게 만든다. 힘들게 이루어 낸 민주화에 따른 권력견제장치를 사실상 무기력하게 만드는 것은 국회를 민주화 이전으로 퇴보시키는 것이다.

행정부와 입법부는 균형과 견제의 관계에 있어야 한다. 어느 한 쪽이 힘을 내세워서 우위에 서려고 해서는 안 된다. 독일과 프랑스에서는 정부가 안정적으로 국정을 수행하도록 국회의 불신임 건의를 매우 까다롭게 제한하고 있다. 국회가 행정부에 대해 발목잡기나 딴지걸기를 하는 동안 행정능력이 저하되어 국가경쟁력이 퇴보될까 우려된다.

프랑스와 독일의 불신임제도

프랑스 5공화국체제 하에서 의회의 불신임동의안은 그 요건이 까다롭게 제정되었다. 의원 절대다수의 동의에 의해서만 불신임안이 가결되도록 하였으며, 불신임건의안의 제출에 의원 10분의 1의 서명을 요건으로 하였다. 그리고 한번 서명한 의원은 남은 회기동안 또 다른 불신임동의안에 서명할 수 없도록 하였다.

독일도 국회의 행정각료에 대한 불신임제도를 건설적으로 개정하여 개별 각료에 대한 해임건의안제도 대신 내각 전체에 대한 불신임건의만이 가능하도록 하였다.

---

31) 2003년 9월에는 윤성식 감사원장 임명동의안이 제출되었으나 부결되기도 했다.

32) 그밖에 천정배 법무부장관 등 다수의 장관이 야당의 해임건의안 제출협박에 시달렸다.

위헌소송의 범람

국회의 입법권을 견제하기 위한 강력한 수단으로 헌법재판소의 위헌결정이 있다. 헌법재판소는 국회가 정당한 절차에 따라 통과시킨 법률이나 기타 결의에 대하여 헌법에 위배된다는 이유로 그 효력을 부인할 수 있다. 이러한 점에서 헌법재판소는 국회보다 우위에 있다. 다만 국회는 인사청문회를 통해 헌법재판소장 및 헌법재판관의 임명에 관여함으로써 상호견제를 하게 된다.[33)]

17대 국회는 '위헌소송의 홍수시대'를 맞이했다. 2005년 행정수도를 충청도로 이전하기 위한 신행정도시법에 대해 관습헌법에 위반한다는 이유로 위헌판결이 내려진 이래 국회를 통과한 쟁점법안에 대하여 위헌소송의 제기가 뒤따르게 되었다. 특히 야당은 위헌결정으로 자신의 정치적 입지가 좋아질 것을 기대하고 정부의 정책이나 여당의 입법에 불만이 있을 때마다 헌법소원으로 맞섰다. 17대 국회를 통과한 법률 중 신문법 개정, 사립학교법 개정, 호주제 폐지의 민법 개정 등 열린우리당이 개혁의지를 담아 추진한 법안에 대해 한나라당은 헌법소원을 제기하는 방식으로 방해를 한 것이다. 나아가서 법원에 소송을 제기하고 나서는 자신의 입지를 높이기 위해 헌법재판소에 소원을 내곤 하는 이중소송의 풍조가 생겼다. 이러한 위헌소송 남발시대[34)]의 도래로 인해 국회는 '위헌 노이로제'에 걸렸다. 법안이

33) 2006년 국회는 전효숙 헌법재판소장의 임명동의안을 놓고 여야 간에 몇 개월에 걸치는 줄다리기를 하다가 결국 전효숙 후보가 자진사퇴하는 방식으로 결말이 났다. 대통령은 헌재소장을 자신이 임명하고 그 임기를 자신의 퇴임 이후에까지 계속되도록 함으로써 정치적 영향력을 확장하려 했으며, 야당은 이를 막기 위해 모든 법리와 물리적 수단을 동원하여 국회인사청문회를 파행으로 만들었다.

34) 헌법소원의 유행은 다른 나라에 비해 현저히 헌법재판관의 수가 적은 우리나라의 현실에서 5년 만에 헌법재판관 1인당 연간 사건 배당 건수를 2배로 만들었다.

제출될 때부터 반대자들이 법안이 국회를 통과하더라도 위헌소송을 낼 것이라는 것을 미리 협박하는 사례가 많아졌기 때문이다.

이렇게 정부 또는 여당이 추진하는 주요 정책이나 법안에 대해 위헌소송이 남발되고 또 실제로 위헌판결을 받는 경우가 많아지자 헌법재판소의 위상은 높아지게 되었고 이로 인해 헌법재판소는 입법, 행정, 사법을 모두 견제하는 '제왕적 사법부'[35]로 군림하게 되었다.

국회의원이 위헌소송을 남발하는 것은 국회가 갖는 권력을 스스로 부인하는 잘못을 범하는 것이다. 국민이 헌법소원[36]을 통해 헌법에 어긋난 법률의 적용을 막고 그로 인하여 침해받은 권리를 구제받는다는 헌법재판의 긍정적 효과는 인정되어야 한다. 그러나 정치인이 자기 정당의 이해에 어긋난다고 해서 또는 자기 정당이 반대했던 것이라고 해서 정당한 절차에 의해 국회를 통과한 법률에 대해 위헌결정을 기대하는 것은 분명 잘못된 관행이다.

그 결과 헌법재판소에 업무가 과중하게 되어 실제로 침해된 기본권을 구제받아야 할 국민들이 불이익을 받게 되었다. 헌법재판관 1인당 연간 사건 배당 건수는 2002년 126건, 2003년 145건, 2004년 152건, 2005년 184건, 2006년 213건으로 매년 증가하였다.

35) "헌법재판소의 정치적 독립을 위해 최선을 다하겠다"라는 2006년 헌법재판소장 취임사는 이미 헌법재판소가 정치적 돌풍에 휩쓸리고 있으며 헌법재판관들이 정치적 힘의 달콤한 맛에 젖어들고 있음을 거꾸로 알려주고 있는 것은 아닐까.

36) 정식으로는 헌법소원심판청구라고 한다. 공권력의 행사 또는 불행사로 인하여 헌법상 보장된 기본권을 침해받은 자가 제기하는 권리구제형 헌법소원과 법원에 위헌법률심판제청신청을 하였으나 기각된 경우에 제청신청을 한 당사자가 헌법재판소에 제기하는 규범통제형 헌법소원으로 나뉜다.

2

위원회

위원회의 종류와 위상

국회에는 17개의 상임위원회와 예산결산특별위원회, 윤리특별위원회, 인사청문특별위원회, 기타 특별위원회 등 여러 개의 특별위원회[37]가 설치되어 있다. 법률안과 기타 안건을 분야별로 나누어 각 국회의원이 깊이 있게 토론하고 민의를 수렴하는 절차를 갖기 위하여 위원회를 두는 것이다. 만약 국회의원이 모두 한자리에 모여서 국정 전반에 걸친 다양한 정책을 놓고 깊이 있는 토론을 하자면 국회 회기가 지금의 열 배라도 부족할 것이다. 그렇다고 본회의에서 단순히 법안에 대한 찬성과 반대 여부를 확인하고 넘어가는 방식을 취한다면 국회는 과거로 회귀하여 몇몇 정책입안자의 독선과 전횡에 휘둘리게 될 것이다.

37) 특별위원회는 예산결산특별위원회, 윤리특별위원회 등 상설특별위원회와 비상설특별위원회로 이루어져 있다. 비상설특별위원회는 수 개의 상임위원회소관과 관련되거나 특히 필요하다고 인정한 안건을 심사하기 위한 위원회이며, 활동기한 종료시까지 존속하며, 심사한 안건이 본회의에서 의결될 때까지 존속하는 것으로 본다.

17개 상임위원회의 종류

- 국회운영위원회: 국회운영, 국회법 기타 국회규칙, 국회사무처 소관, 국회도서관 소관, 국회예산정책처 소관 등에 속하는 사항
- 법제사법위원회: 법무부, 법제처, 감사원, 헌법재판소 사무, 법원 군사법원의 사법행정, 탄핵소추, 법률안 국회규칙안의 체계 형식과 자구의 심사 등에 관한 사항
- 정무위원회: 국무총리실 소관, 국가보훈처 소관, 공정거래위원회 소관, 금융감독위원회 소관 등에 속하는 사항
- 재정경제위원회: 재정경제부 소관, 한국은행 소관에 속하는 사항
- 통일외교통상위원회: 통일부 소관, 외교통상부 소관, 민주평화통일자문회의 사무에 관한 사항
- 국방위원회: 국방부소관, 국가안전보장회의 사무에 관한 사항
- 행정자치위원회: 행정자치부 소관, 중앙선거관리위원회 사무, 지방자치단체에 관한 사항
- 교육위원회: 교육인적자원부 소관
- 과학기술정보통신위원회: 과학기술부 소관, 정보통신부 소관에 속하는 사항
- 문화관광위원회: 문화관광부 소관, 국정홍보처 소관, 방송위원회 소관에 속하는 사항
- 농림해양수산위원회: 농림부 소관, 해양수산부 소관에 속하는 사항
- 산업자원위원회: 산업자원부 소관에 속하는 사항
- 보건복지위원회: 보건복지부 소관에 속하는 사항
- 환경노동위원회: 환경부 소관, 노동부 소관에 속하는 사항
- 건설교통위원회: 건설교통부 소관에 속하는 사항
- 정보위원회: 국가정보원 소관, 국가정보원법 제3조 제1항 제5호에 규정된 정보 및 보안업무의 기획 조정, 대상부처 소관의 정보예산안과 결산심사에 관한 사항
- 여성가족위원회: 여성가족부 소관에 속하는 사항

과거에는 국회 운영 및 입법과정에서 국회의장이 전권을 행사하는 경우가 많았다. 국회법 개정을 통해 이 권한을 대폭 위원회로 옮김으로써 위원회의 활성화가 이루어졌다. 위원회의 활성화는 개별 국회의원의 전문성 확충[38]과 발언 기회의 확대 등에 기여를 하였고, 소수정당의 참여 기회를 확대[39]하여 국회운영의 민주화에 기여를 했다. 또한, 위원회에서 합의나 표결을 통해 가결된 안건만이 본회의에 상정되도록 함으로써 국회운영의 효율성에도 기여를 하였다.

각 위원회는 소관별로 의안 및 청원 심사, 기타 법률에서 정하는 직무를 행한다. 그런데, 정치적 영향력의 그물이 마치 거미줄처럼 위원회 주위를 끈끈하고 촘촘하게 둘러싸고 있기 때문에 위원회에서의 법안이나 예산안을 통과시킬 때는 각종 로비가 행해지곤 한다.

위원장의 정당간 배분

새로운 국회가 구성되면 각 정당은 '좋은 위원회 위원장 차지하기 경주'를 시작한다. 법안의 최종심사권을 갖는 법제사법위원장과 언론에 대한 영향력을 갖는 문화관광위원장의 자리는 17대 국회에서 여야 간에 제일 자리다툼이 심했던 위원장 자리였다.

17대 국회가 개원하고도 몇 개월 동안 정상적인 운영이 되지 못했는데 그 원인은 위원회 위원장 배분을 놓고 다수당 간의 힘겨루기에 결론이 내려지지 않았기 때문이었다. 위원장 배분에 대해서는

38) 국회의원들은 법안을 검토할 때, 국회 및 정당의 전문위원의 전문적인 안목에서 나온 의견을 참고할 수 있게 되었고, 또한 필요한 경우에는 외부전문가의 도움을 얻을 수 있게 되었다.

39) 위원회에서는 각 정당 간의 입장 차이를 좁히기 위해 장시간의 토론을 하며 이 토의과정에서 소수정당은 참여의 기회를 비교적 많이 갖게 된다.

종래부터 두 가지 방식이 이용되어 왔으며 나라마다 관행에 따라 그 중 하나의 방식을 취하고 있다. 하나는 원내과반수를 차지한 정당이 모든 위원장 자리를 독점하는 것이다. 이 방법은 여당이 책임정치를 펼치고 정당 간의 소모적 대립을 줄일 수 있다는 책임성과 효율성의 장점을 가진다. 다른 하나는 정당 간 균형배분을 위해 득표수에 따라 위원장 자리를 배분하는 방식으로 근래 우리나라도 이 방식을 따르고 있다. 17대 국회에서도 직전의 관행에 따라 정당별 득표비율에 따라 위원장 자리나 권한을 배분하는 방식을 취했다. 이 방법은 정당 간에 공평성과 균형을 확보할 수 있고 국민의 투표에 더 충실하다는 장점을 갖는다.

위원장은 위원회의 진행에 관한 최종적인 권한을 가지고 의사를 진행해 나가기 때문에 그 분야의 최고 권력자라고 할 수 있다. 위원장 혼자서 어떤 법안을 처리할 수는 없지만 위원장이 마음만 먹으면 어떤 법안이 잘 처리되게 할 수 있고 반대로 어떤 법안이 상정조차 안 되게 막을 수 있다. 그러니 관계부처나 기타 이해당사자는 위원장을 찾아가 관심법안을 빨리 처리해 달라고 사정을 한다. 어떤 위원회에 속하는 정책을 관철하고 싶은 정당은 반드시 그 위원장 자리에 자기 정당 소속 의원을 앉혀야 한다. 그렇기 때문에 국회 개원 초에 위원장 자리를 차지하기 위한 권력다툼이 격심한 것이었다. 위원장이 어느 당 소속이 되는가 하는 문제는 해당 위원회의 소관 정책이 어떤 방향으로 나아갈 것인가 하는 국정운영의 문제와 직결된다.

위원장을 어느 당에서 차지할 것인가를 놓고 정당 간의 권력투쟁이 벌어지는 일은 앞으로 없어져야 한다. 18대 국회부터는 분쟁의 소지를 없애기 위해 국회법에 위원장의 배분에 관한 명문의 규정을 신설해야 할 것이다.

위원의 배치

각 국회의원은 배지를 달자마자 '좋은 위원회에 배정되기 위한 경주'를 시작한다. 인기 위원회, 기피 위원회는 시대에 따라 그리고 정당의 성격에 따라 조금씩 달라진다. 17대 국회에서의 인기위원회는 진보정당의 경우 교육위원회, 복지위원회였고 보수정당의 경우에는 재정경제위원회, 산업자원위원회였다. 개인 국회의원의 선호와 정당 차원의 선호는 조금 달랐는데, 해외출장이 잦은 통일외교통상위원회를 비롯한 교육위원회, 건설교통위원회는 누구에게나 인기 있는 위원회였지만, 격무에 시달리는 법제사법위원회와 환경노동위원회는 기피 위원회였다.

위원회는 실제로 각 소관 분야에 관해서는 최고의 권력기관이 된다. 본회의에서 의안이 최종적으로 처리되지만 각 의안을 심도 있게 심사하고 수정하는 곳은 위원회이기 때문이다. 국회의원은 자신의 관심 분야에 속하는 위원회로 배정받고자 원내대표를 찾아가 호소하는 등의 노력을 기울인다. 기업인 출신은 재정경제위원회 또는 산업자원위원회, 의사나 약사 출신은 보건복지위원회, 교육자 출신은 교육위원회, 환경운동가나 노동운동가 출신은 환경노동위원회에 배정받기를 원한다. 이처럼 자기가 잘 아는 분야의 위원회에 배정받아서 전문성과 경험을 살려 일하는 것은 좋지만, 때에 따라서는 자신이나 인접집단에게 불공정한 이익을 배정해 주거나 인접집단으로부터 후원금을 챙기려는 사사로운 목적을 위해 위원회 배정에 신경 쓰는 경우도 있어서, 위원회 배정에서 이익충돌을 배제하는 문제가 대두되어 17대 국회에서는 국회개혁특별위원회가 신설되어 위원의 직무관련 영리행위를 금지하고 또한 이해관계 있는 위원으로 구성된 위원회로 관련 안건을 회부하는 것을 제한하는 내용을 담은 국회법 개정안을 통과시켰다.

위원회가 국회의원의 개인적 이해관계를 실현하는 수단으로 이용되는 경우가 있다. 국회의원은 위원회에서의 법안이나 예산 처리에 있어서 개인의 이익은 접어 두고 공공의 이익을 위해서 일해야 할 책무를 진다. 그러나 많은 국회의원들이 자기를 후원하는 집단이나 로비나 청탁을 해 오는 집단의 이익을 반영하기 위해 일한다. 지역구 의원이 출신 지역을 위해 노력과 봉사를 하는 것은 바람직하지만 공익은 제쳐 두고 출신지역의 이익에 치중하는 핌피현상[40]을 보이는 것은 옳지 않다. 심한 경우엔 출신지역과 유권자 또는 지지집단에게만 특혜가 발생하는 법안을 마련하고 이에 정부예산을 쏟아 붓게 만들어 국민의 세금을 낭비하는 경우[41]도 있다.

국회 운영의 중심에 있는 위원회의 실질적 위상을 높이기 위해서 의원의 전문성과 책임성을 높여야 한다는 점에 관해서는 아무 이견이 없다. 위원회의 정책전문성을 높이기 위해서는 국회의원이 되기 전에 축적한 직업적 경험과 전문지식, 그리고 오랜 기간 동일 위원회에서 활동함으로써 축적된 경험이 긍정적인 방향으로 활용되어야 한다. 아울러 위원회 위원 배정을 둘러싼 신경전, 위원회 활동에 자신이나 인근 집단 또는 출신 지역구 이익을 지나치게 반영하려고 하는 행위 등 실제 운영에서 나타나는 문제점을 해소할 방책이 필요하다.

---

40) PIMFY (Please in my front yard)란, 자기 지역의 발전에 이득이 되는 시설을 유치하기 위해 적극적인 활동을 한다는 의미이다.

41) 김유남은 "의원 또는 정부가 제출한 입법안이 의회의 여러 상임위원회와 소위원회 및 입법 공청회 그리고 여야 총무회담의 협상과정을 거치는 동안 원안과 다른 엉뚱한 내용으로 바뀐 법이 최종적으로 통과된다"며 이를 의회제도가 만들어 낸 "제도적 산물"로 표현했다. 김유남, 《의회정치론 - 비교의회연구》, 삼영사, 2000, p. 47.

작은 국회로서의 위원회

위원회는 '작은 국회'라고 불린다. 위원회의 운영은 위원장과 교섭단체별 간사 간의 합의에 의해 정해진 의사일정에 따라 운영되는데, 그 운영방식이 본회의와 유사하다. 실제로는 위원회에서의 토의 및 결정이 사안을 판가름하는 결정적인 역할을 하며 본회의의 결정은 대개 형식적 절차를 갖추는 단계로 작동된다.

간사 간 합의에 기한 운영방식은 원만한 위원회 운영을 도모한다는 점에서는 상당한 효과가 있다. 과거 국회의 고질병이었던 특정 정당에 의한 날치기 통과를 막고 정당 간의 민주적 협의절차를 통해 의사가 진행되도록 작용하기 때문이다. 하지만 교섭단체 간사 간의 합의에 의한 운영방식만이 능사는 아니어서 여러 부작용을 낳았다. 어떤 법안을 통과하기로 교섭단체 간에 합의가 이루어지면, 정작 위원회 회의를 열어도 그 법안에 대한 대체토론을 간단히 줄이거나 생략해 버리고 법안 통과를 위해 의사봉만 치고 끝내버리는 경우가 생겼다. 어떤 때에는 하루에 수십 건이 넘는 법안이 상임위원회를 통과하기도 하는데, 이 경우 졸속심사에 대한 우려도 있었다.

반면에 교섭단체 간에 합의가 이루어지지 않으면 위원회 회의는 아예 개의조차 되지 않거나 회의의 정상적 운영이 어렵게 되기도 한다. 예를 들어 어떤 법률을 개정하는 것이 특정 정당의 지지자들의 반대를 불러와 그 정당에게 도움이 되지 않는다고 판단되는 경우에 해당 정당의 지도부가 국회를 파행시키기로 결정하거나 심한 경우에는 모든 위원회의 활동을 중단시키는 경우가 종종 있었다. 이 때 그 정당 소속의 국회의원이 시급한 법안이 있으니 자기가 속한 상임위만은 열어 달라고 사정하는 경우도 있었다. 교섭단체를 꾸리지 못한 소수당 소속의 국회의원은 간사 간 협의에 참여하지 못해 언제 위원회가 열리는지 사전에 예측하지 못하고 자기 관심 법안이 다루어지도록 요구할 힘도 없게 되는 문제가 생겼다.

요컨대, 위원회의 간사 간 합의제는 당지도부의 정략적 결정으로부터 자유롭지 못하며 이로 인해 개별의원들의 의사가 무시되는 부작용을 낳고 있다. 이는 위원회가 나아가야 할 바람직한 방향과는 거리가 먼 것이다. 국회운영이 교섭단체를 꾸린 정당에 의해서 전적으로 좌우되고 그렇지 못한 소수정당이나 무소속 국회의원은 그저 수동적으로 그에 따라야 하는 요즘의 국회를 볼 때 각 국회의원이 국민의 대표자로서 가지는 권력의 크기는 동일해야 하는데 정당 소속에 따라 실제 권력의 크기가 다른 것 같다는 생각이 든다.

회의장 풍경

위원회의 회의는 실시간으로 방송과 인터넷을 통해 공개되고 있고, 일반인의 방청이나 언론의 접근도 가능하다.[42] 그래서인지 처음 상임위원회 회의에 참석했을 때 느꼈던 회의장에 대한 첫인상은 매우 붐빈다는 것이었다. 회의가 열리면 회의장에는 의원들 이외에도 많은 사람들이 들어온다. 위원장을 중심으로 양쪽으로 배치된 의원들의 책상 주위로는 언론사의 기자, 리포터, 촬영기자 등이 포진하며, 위원장 좌석의 맞은편엔 상임위 소관 부처의 장관과 고위직 공무원들

42) 국회법 제149조의 2는 위원회의 비공개의결이 없는 한 위원장은 회의장 안에서의 녹음 · 녹화 · 촬영 및 중계방송은 허용할 수 있다고 규정하고 있다. 위원회의 회의가 비공개가 되는 것은 극히 드문 경우이다. 회의장 방청은 국회법 제152조에는 의장이 발행하는 방청권을 받도록 하고 있는데, 의원의 소개를 받으면 가능하기 때문에 특별히 회의장에서의 난동 등이 예상되지 않으면 대부분 허용된다.

이 자리잡고 있다. 그 뒤에는 방청권을 얻은 이익단체 관계자들과 의정 감시를 위한 시민단체들이 앉아 있다. 그러나 이것이 전부는 아니다. 상임위 앞 복도에는 소관 부처 장관의 답변을 준비하기 위해 중하위직 공무원과 방청권을 얻지 못한 시민들이 진을 치고 있으며 중요한 법안인 경우에는 의원들이 회의실을 벗어날 때마다 기자들이 인터뷰 공세를 퍼붓기도 하여 그 좁은 복도의 번잡함은 마치 시장판을 방불케 한다.

의원들이 날카로운 질문을 던지고 장관들이 그 질문을 비켜나가거나 우회하는 답변을 하는 모습은 모든 상임위 회의장에서 공통적으로 볼 수 있는 장면이다. 이러한 장관의 우회적 답변 뒤에는 관련 부처 공무원들의 밤잠 못자고 준비하는 노력과 고충이 숨어 있다. 공무원들은 회의 며칠 전부터 각 의원들로부터 예상 질의서[43]를 얻기 위해 여러 번 각 의원실을 방문하여 보좌관들에게 부탁한다. 공무원들이 회의 전날 질의요지를 미리 얻으면 장관의 예상 답변서를 만들기 위해 밤새도록 일한다. 그리고 나서 회의 당일엔 장관이 예상대로 잘 답변하는지 돌발적인 질문은 없는지 살피기 위해 회의 내내 복도에서 대기한다. 상임위장에 마땅한 대기실이 붙어 있지 않아서 복도에 가득 대기하면서 준비된 텔레비전 모니터를 통해 회의상황을 점검하고 있다가 국회의원들이 예상 질의서에 없는 질문을 던지면 장관이 실수하거나 허둥대지 않도록 즉시 적절한 답변을 찾아 장관에게 쪽지를 건네준다.[44]

43) 드물기는 하지만 소관부처에서 미리 질의서를 대신 작성하여 의원실에 전달하는 사례도 있다. 이는 수험생이 시험지를 만드는 것과 다를 바 없다. 심지어 의원실에서 질의서의 대리작성을 요구하는 경우도 있다고 하니 참으로 한심한 일이다.

44) 소관부처의 장관 중에는 형식적이거나 상식적인 얘기에만 답변하고 조금만 어려운 내용이 나오면 담당공무원으로 하여금 답변하게 하는 경우도 있었다. 물론 장

국정감사 기간에는 중앙부처가 텅 빌 정도로 관련부처의 고위직들이 국회에 총출동해 대기하는 모습을 볼 수 있다. 요즘에는 짝수 달마다 열리는 임시회에서 업무보고나 현안보고를 할 때에도 이와 유사한 모습을 볼 수 있다. 오죽했으면 상임위원장이 국회에는 몇 사람만 남기고 나머지 공무원은 부처로 복귀시키라고 장관에게 충고까지 했겠는가. 공무원들이 온통 국회에 매달려 있으면 정작 행정업무는 언제 처리하는가라는 의문이 들 때가 많았다.

공무원의 책임 있는 답변 준비와 국회에 대한 높은 관심은 민주화가 진행되면서 국회의 행정부에 대한 감시와 견제기능이 되살아난 결과 생긴 현상이다. 이런 현상은 국회 기능의 내실화라는 측면에서 환영할 만하다. 그러나 지나치게 많은 공무원이 국회에 나와 장관을 보좌하는 것은 행정부의 업무공백을 가져올 수 있다. 자칫 공무원의 국회업무 중시현상이 형식적으로 흐르면서 국회가 권위적인 모습만을 드러내고 내실은 없게 되는 것은 아닌지 경계해야 할 것이다. 하나 덧붙이자면 국회를 방문하여 회의를 방청하는 사람들을 위한 대기실, 기타 편의시설이 부족한 점도 개선되어야 할 것이다.

소위원회 구성

상임위원회 내에는 대개 법안심사소위원회, 청원심사소위원회, 예산결산소위원회 등 몇 개의 소위원회가 설치되어 있다. 소위원회의 위원장 선임을 놓고도 앞의 부분에서 묘사한 힘겨루기의 정치가 존재한다. 원래 소위원회는 의안을 깊이 있게 토의하기 위해 각 위원

관이라고 해서 모든 내용을 파악할 수는 없겠지만 의원실로부터 예상질의서까지 받아간 만큼 충실한 답변을 준비해 왔으면 하는 생각이 들 때도 많았다.

들이 업무를 분담하여 검토하려는 목적에서 설치된 것이다. 그러나, 상임위원회에 상정된 중요한 의안의 내용에 관해서 간사 간 합의가 쉽게 이루어지지 않는 경우에 일단 소위원회로 회부하여 협의에 필요한 시간을 확보하기용으로 이용되는 경우가 더 많다. 그러다 보니 소위원회 위원장은 자기가 속한 정당의 전략에 따라 쟁점 법안 처리를 의도적으로 늦추는 경우가 많았다.[45]

소위원회 위원의 구성을 놓고도 간사 간 합의가 쉽게 이루지지 않는 경우가 많았다. 어떤 법안이 소위원회를 통과하면 반드시 전체회의에 상정되어야 하는데 실질적으로 소위원회의 위원 구성이 미치는 영향력이 크기 때문이었다. 소위원회는 대개 그 상임위원회의 각 정당별 의석수에 비례해서 배분되지만, 간사 간 합의에 의하여 이와 달리 정하는 것도 가능했다. 그러나 소위원회 구성에 정당별 비례원칙의 예외를 인정할 것인가가 종종 문제되었다. 17대 국회 전반기에 교육위원회는 소위원회의 구성을 놓고 6개월 동안 간사 간 줄다리기를 했으며, 하반기의 경우에도 법안심사소위원회 구성을 놓고 열린우리당과 한나라당이 3:3으로 할 것인가 아니면 민주노동당 한 석을 포함시켜 3:2:1로 할 것인가를 두고 팽팽한 의견대립을 보이다가 9개월이 지나서야 3:3으로 구성되었다.[46] 그 동안 교육위원회는 시급

45) 소위원회에서의 대체토론을 위해 안건을 결정할 때에도 교섭단체별 간사와 위원장이 협의를 하게 되나 위원장, 위원장과 같은 정당 소속의 간사가 고의로 안건채택을 미루거나 처리를 하지 않고 계속 논의가 필요하다고 하는 경우에는 상임위 위원장의 직권상정 외에는 방법이 없다.
상임위원회 심사과정: 위원회는 회부된 법률안에 대하여 위원회 상정 → 제안자 취지설명 → 전문위원 검토보고 → 대체토론 → (소위원회 회부 시 → 소위원회 대체토론 → 전체회의 상정 → 소위원회심사보고) → 축조심사 → 찬반토론 → 의결(표결)의 순서로 심사한다.

46) 소위원회 운영에 있어 위원 수가 3:2:1과 3:3은 상당한 차이를 가져올 수 있다.

한 법안에 한정하여 간사 간 합의를 통해 상임위원회 전체회의에서 극소수의 법안만 통과시키는 비상사태를 겪었다. 정당별 득표에 의한 인원 배분의 원칙이 소위의 구성에 받아들여졌더라면 소위원회 구성에 그러한 어려움을 겪지는 않았을 것이다.

법제사법위원회의 특수성

법제사법위원회는 속칭 '상원'이라 불릴 정도로 다른 상임위원회와는 차별되는 위원회이다. 법제사법위원회는 법무 영역의 법안심사와 법무부, 법원, 검찰, 감사원, 헌법재판소에 대한 업무감독 및 예산안 심사 등을 그 소관으로 하는데, 이들 기관은 모두 국가의 공권력을 행사하는 권력기관이니 이 기관들을 관장하는 국회 법사위의 권한 또한 막강하다. 그러나 법사위가 다른 상임위원회와 비교하여 가지는 가장 큰 특징은 다른 상임위원회를 통과한 법안에 대해 법적인 체계·자구를 심사하는 기능[47]에 있다. 모든 법안이 법사위의 법적 심사를 거쳐야 본회의로 상정될 수 있다는 법안심사절차로 인해 법사위는 다른 상임위보다 우위에 서게 되며 모든 법안에 대해 영향력을 행사할 수 있게 된다.

17대 국회 초기에 법사위원장 자리를 차지하려는 여야 간의 공방으로 상임위 구성이 두 달 이상 지연된 적이 있는데, 그 이유는

3:2:1은 비교섭단체 1명의 의사가 충분히 반영될 수 있다는 장점도 있고, 야당의 무리한 국정파행도 방지가 가능하다. 그러나, 3:3이 되면 어느 한 당이 반대할 경우 거의 모든 의사결정이 미루어질 수 있다는 문제점을 내포하게 되는 것이다.

47) 법제사법위원회에 타상임위 소관 법안의 체계와 자구심사 기능이 부여된 것은 제2대 국회 때인 1950년대부터이며 의회 안에 법률 전문가가 드물던 상황에서 법률전문가가 많은 법사위에서 법안을 최종적으로 검토하는 역할이 부여되었다.

앞서 말한 바와 같이 법사위원장을 차지하는 정당은 국회를 통과하는 모든 법안에 대한 정치적 영향력을 갖기 때문이다. 자기 정당이 기획하는 법안을 통과시키는 것이 가능하기 위해서는 법사위원장의 도움이 필요하고, 또한 법사위원장은 다른 정당의 전략법안의 통과를 막는 차단장치의 역할도 담당한다. 17대 국회에서 여당은 법사위원장 자리를 제1야당에게 내어 줌으로써 법안 통과마다 어려움을 겪었고 결국 국민으로부터 무능한 정당으로 평가받는 수모를 겪어야 했다.

열린우리당이 법사위원장을 한나라당에게 내어 준 이유는 다음과 같다. 17대 국회 구성 직후 원구성을 놓고 벌인 교섭단체 협상 과정에서 열린우리당 원내대표는 위원장의 숫자냐 중요도냐를 놓고 고민하다가 두 자리를 더 받는 쪽을 선택했다고 한다. 그리고 열린우리당은 언론개혁법을 추진하기 위해서는 문화관광위원장을 확보하고자 했고 그 대신 법사위원장을 한나라당에게 양보했다고 한다. 이러한 위원장 배치결과 열린우리당은 언론개혁법은 통과시켰으나 국가보안법의 폐지안은 좌절되었고 그 밖의 쟁점법안 처리에서도 번번이 한나라당에 사정을 해야 했다.

정당 차원에서 법제사법위원회를 욕심내는 것과는 대조적으로 개별 국회의원은 법제사법위원의 자리를 기피[48]하는 현상이 많다. 그곳에는 권력만 있고 밥그릇이 없기 때문이다. 법사위는 고유 업무 이외에도 타 상임위 법안까지 다루어야 하기 때문에 본회의를 앞둔 날에는 마라톤 회의를 통해 수십 건에서 백 건씩 안건을 처리하는 격무에 시달린다. 그런데도 지역구에 배정해 줄 선심성 예산은 거의 없

48) 17대 하반기 열린우리당의 경우를 보면 법사위 구성의 어려움이 심각하였다. 법제사법위원회 지원자가 없어서 원내대표가 1년간 활동하면 원하는 상임위원회로 바꾸어 주겠다는 약속을 하고야 배치할 수 있었다.

어 재선에 도움이 되지 않는다. 2005년부터는 개정된 국회법[49]에 따라 법사위 위원은 변호사직을 겸직하지 못하기 때문에 전문성 있는 변호사들조차 기피하게 되었다.[50] 비법률가들은 안건의 난이도 때문에 업무를 수행하기 곤란하여 부득이 변호사들이 휴직을 하고 법사위에서 일했다.

법제사법위원회의 타상임위 소관 법률에 대한 체계·자구 심사기능은 법제사법위원회 본연의 기능을 왜곡시키고 정치적으로 악용될 수 있는 여지가 있으므로 폐지되어야 한다는 의견이 높아지고 있다. 우리나라는 단원제 국회임에도 불구하고 법제사법위원회에 양원제 하의 상원과 유사한 권한을 부여하는 기형적 구조를 취했는데 이는 과거 국회의원들의 법률에 대한 전문성 부족에 기인한 것이다. 그러나 이제 국회의원 중에 법률가도 많아졌고 전문성도 높아졌다.

법사위의 개선방안으로서 △ 법안의 체계와 자구 심사기능을 법제사법위원회가 아닌 국회사무처의 법제실에 맡기는 방안, △ 별도의 법제위원회를 만들어 중요 법안에 대해서만 체계·자구 심사를 선택적으로 맡기는 방안 등이 검토되고 있다.[51] 체계와 자구 심사는 기능적 작업이므로 법률전문가로 구성된 입법지원기구가 담당하는 것이 더 바람직하다고 본다.

49) 국회법 제40조의 2(상임위원의 직무관련 영리행위 금지) 상임위원은 소관 상임위원회의 직무와 관련한 영리행위를 하지 못한다. [본조신설 2005년 7월 28일

50) 종전에는 변호사를 겸하는 의원들은 실제로 로펌의 법률고문이나 대표로서 수입을 얻어 다른 의원들에 비해 자금 여유가 있었다.

51) 우리나라 법제사법위원회와 비슷한 제도를 갖춘 폴란드나 스위스에서는 입법위원회나 법안기초위원회를 선택적으로 운영하고 있다.

예산결산특별위원회

특별위원회 중에 가장 중요한 역할을 하는 것이 예산결산특별위원회이다. 예결위의 예산결산 심의기능은 국회의 3대 권한인 입법권, 대행정부 견제권, 국가재정권 중 한 축을 담당하는 것이다. 예결위는 일반 상임위와 겸직이 가능한 겸임위원회로서 50인 이내의 위원으로 구성된다.

여당에게는 예산안 심의 및 통과가 제일 어려운 과업이 된다. 왜냐하면 야당이 깊이 있는 논의를 통해 재정축소를 요구하는 경우도 있지만 대부분의 경우 국민들에게 인기를 얻기 위해 예산감축목표를 과도하게 설정하고 무조건 삭감할 것[52]을 주장하기 때문에 여당은 이에 맞서 예산안을 지켜내기 위해서 혼신의 힘을 다해야 한다. 한편, 정부는 부처별로 할당된 예산 범위에서 자율적으로 예산편성 하는 방식(Top-down 방식)[53]을 취하고 있어 예산의 삭감이 종전보다 더 어려워졌다.

예결위는 법사위처럼 정치공방의 장소로 악용되고 있다. 국회에서 예산에 대한 심의가 끝나지 않으면 그 다음해 국가의 예산 운

---

52) "정부가 제출한 예산안을 꼼꼼히 따져 목적과 규모가 적절한지 판단하는 게 아니라, 여야의 이해관계에 따라 삭감규모를 미리 정해 놓고 숫자만 끼워맞추는 관행은 올해도 계속됐다. 열린우리당과 한나라당은 남북협력기금, 일자리 창출 예산 삭감 규모를 놓고 밤 늦도록 공방을 벌이다 밤 늦게야 1조 3,500억원 순삭감에 합의했다. 그러나 이 규모에 맞춰 세부항목을 조정하느라, 예결위 예산안조정소위는 27일 새벽 2시가 다 돼서야 예산안을 확정했다." 한겨레, 2006년 12월 26일자 참조.

53) Top Down방식의 예산편성이란 총액배분, 자율결정이 주요한 골자이다. 기획예산처가 각 부처에 예산의 할당금액(ceiling)을 명기한 예산요구지침을 시달하면 각 부처는 할당금액의 범위 내에서 사업의 우선순위에 따라 예산을 편성 제출하는 방식이다.

용에 곤란을 겪게 되기 때문에 여당은 예산안을 12월 중에 통과시켜야 할 임무를 띤다. 야당은 이러한 약점을 이용하여 예산 통과와 굵직한 정치쟁점을 교환하려는 흥정을 벌인다. 정치흥정이 계속되느라 정부의 예산안은 정기국회에서 통과되지 못하고 임시국회를 다시 열어 12월 말일 경에야 간신히 통과되는 것이 관례[54]처럼 되었다.

대부분의 국회의원들은 임기 4년 동안 예결위원을 한 번 정도는 겸임하게 되는데, 대개 임기 초반엔 기피하는 경향이 있다. 임기 말기에는 예결위원이 되어서 지역구에 재정지원의 선물을 가득 안겨주어야 하기 때문에 이를 토대로 재선의 가능성을 높이려 한다. 예결위원이 아닌 다른 의원들도 자기 지역을 위한 사업예산을 따내서 재선에 유리한 상황을 연출하고자 예결위원들을 상대로 분주히 움직이기 때문에 일단 예결위에 배치된 의원은 동료의원들로부터 많은 청탁을 받는 우위에 놓이며 이익단체나 친지로부터 청탁이 끊이지 않는다. 어떤 청탁보다 중요한 것은 당지도부로부터 전달되는 지침이다. 이 지침에는 그 정당의 중요한 정책방향이 내포되어 있거나 주력사업의 예산이 포함되어 있기 때문에 각별히 신경써야 한다.

국회 개혁의 일환으로 예산결산특별위원회 상설위원회에 대한 논의가 17대 국회 개혁특위에서 논의된 바 있다. 이 논의는 국가예산을 총괄 심사하는 중대한 권한을 가지고 있음에도 특별위원회 형태로 기능함으로써 예산 감시의 기능을 원활하게 수행할 수 없다는 비

54) 12월 말에 예산안이 통과되는 것이 거의 관례이긴 하지만 "역대 국회에서 회계연도 말인 12월 31일까지 예산안이 국회 본회의를 통과하지 않아 준예산을 편성한 사태는 한 차례도 없었다"는 것은 그나마 다행한 일이다. 역대 예산안 중 가장 늦게 본회의를 통과한 것은 17대 국회의 2005년 예산안으로 12월 31일 새벽이었다. "17대 국회는 정부 수립 이후 가장 늦게 예산안을 처리한 국회로 기록"되는 불명예를 안게 되었는데 이 기록이 언제 깨어질지는 두고 봐야 할 일이다. 한겨레, 2005년 1월 1일자 참조.

판에서 출발하였다. 이에 대해 현재 국회가 예산편성권이 없는 상황이므로 아직은 시기상조라는 의견도 있으나 정부 감시와 견제라는 국회 고유 기능에 비춰 관련 규정과 정부 역할과의 관계를 고려하여 신중히 검토해야 한다는 의견도 있다.

국회는 올바른 예산규모의 확립과 적절한 예산 배분을 위해 국민을 대표해서 심의할 임무를 진다. 적정한 국가예산은 국가경쟁력을 높이고 국민의 복지 수준을 향상시키는 초석이 된다. 국회의원들에게 예산은 자칫 서류상의 숫자놀음으로 보일지 모르지만, 행정부가 국민과 나라를 위해 일하는 데 필요한 재원이며 이러한 예산의 낭비는 말 그대로 '국민의 혈세'가 낭비되는 것임을 잊어서는 안 될 것이다.

3

국정감사

의정활동의 중심

국정감사는 입법권과 예산심의권과 더불어 국회의 독립적 기능 중의 하나로 매년 정기국회가 열리는 9월과 10월 사이에 행해지는데, 원내교섭단체의 협의에 따라 정확한 날짜가 정해진다. 진행기간은 법률에 의해 20일로 정해져 있다. 국정감사는 제헌의회에서부터 도입되었으나, 제4공화국에서 관련조항이 삭제되었고 제5공화국에서 국정조사만 부활하였다. 그러다가 제6공화국 1987년 헌법에서 국정감사와 국정조사[55]로 변경됨에 따라 1988년에 국정감사가 다시 부활하게 되었는데 유신헌법에 의해 사라진 지 16년만의 일이었다.

국정감사는 의원들 사이에서 의정활동의 꽃으로 불린다. 국정감사는 국회의원이 자신의 정책방향을 제시하고 홍보하는 수단으로서 의정활동의 필수요소가 되었다. 여야를 막론하고 정책정당을 표방하면서 각 정당은 국정감사를 중요한 정책활동으로 꼽고 정당의 정

55) 「국정감사 및 조사에 관한 법률」에는 국정감사와 국정조사가 규정되어 있는데, 국정감사는 매년 정기국회에서 국정전반에 관하여 소관 상임위원회별로 감사를 행하는 것이며, 국정조사는 재적의원 4분의 1 이상의 요구가 있는 때 특별위원회 또는 상임위원회로 하여금 국정의 특정사안에 관하여 조사하는 것이다.

공화국	조 문	제정일
제헌국회	제43조 국회는 국정을 감사하기 위하여 필요한 서류를 제출케 하며 증인의 출석과 증언 또는 의견의 진술을 요구할 수 있다.	1948. 7. 17 헌법 제1호
3공화국	제57조 국회는 국정을 감사하며, 이에 필요한 서류의 제출, 증인의 출석과 증언이나 의견의 진술을 요구할 수 있다. 다만, 재판과 진행중인 범죄수사 소추에 간섭할 수 없다.	1962. 12. 26 헌법 제6호
4공화국	삭 제	1972. 12. 27 헌법 제8호
5공화국	제97조 국회는 특정한 국정사안에 관하여 조사할 수 있으며, 그에 직접 관련된 서류의 제출, 증인의 출석과 증언이나 의견의 진술을 요구할 수 있다. 다만, 재판과 진행중인 범죄수사 소추에 간섭할 수 없다.	1980. 10. 27 헌법 제9호
6공화국	제61조 ① 국회는 국정을 감사하거나 특정한 국정사안에 대하여 조사할 수 있으며, 이에 필요한 서류의 제출 또는 증인의 출석과 증언이나 의견의 진술을 요구할 수 있다. ② 국정감사 및 조사에 관한 절차 기타 필요한 사항은 법률로 정한다.	1987. 10. 29 헌법 제10호

책팀을 총동원해서 이에 임하였다.

국회의원들은 국정감사를 통해 행정부에 대한 견제와 감시의 권한을 마음껏 누린다. 이 기간에 국무총리와 장관을 비롯한 행정공무원은 국회의원들의 자료요구와 질책에 납작 엎드린다. 언론을 통해 국민들은 국정감사를 흥미있게 지켜본다. 특히 업무와 관련이 있는 기업이나 이해관계를 갖는 사람들은 국정감사를 참관하거나 텔레비전 중계를 통해 꼼꼼히 살펴본다. 이렇게 관심을 끄니 국회의원으로서는 자신이 갈고 닦은 정책 역량을 과시할 수 있는 절호의 기회이다.

20일이라는 짧은 기간에 각 상임위에 속한 행정기구와 산하 단체의 업무를 모두 감사하자면 매우 분주하다. 감사기간 중에 이 주제 저 주제 옮겨 다니면서 행정부를 무작정 비판만 하는 의원도 있지만 관심 분야를 정하여 집중적으로 비판하고 자신의 정치적 소신에 따른 정책적 대안을 내놓는 의원이 많아졌다.

국정감사에 대한 비판도 있는데, 피감기관이 준비에 너무 시달리게 된다는 점, 감사원의 감사와 중복해서 감사받는 경우가 있다는 점 등이다. 국정감사는 국민들의 알 권리를 충족시키는 등 국민의 대표로서 객관성과 공정성을 갖고 행해져야 한다는 점도 지적되고 있다.

허위 제보의 유혹

국회의원들은 여름부터 국정감사를 준비한다. 피감기관도 힘들지만 감사하는 국회의원도 매우 힘든 것이 사실이다. 감사 두 달 전이 되면 본격적인 준비로 국회 의원회관은 밤 늦게까지 불을 환하게 밝힌다. 각 상임위마다 매달려 있는 피감기관들이 수십 곳에 달하는데 각 피감기관의 문제점을 찾아내자면 우선 업무를 파악해야 하니 할 일이 산더미처럼 많게 된다. 각 의원실은 서류더미로 뒤덮이고 의원과 보좌관은 그 서류더미를 뒤적이며 감사거리가 없나 고심한다. 어떤 부처는 국감기간 동안 국회의원이 요구한 자료를 트럭으로 몇 대 분을 실어 보냈다고 하는 불평이 보도된 적도 있었다.[56)]

56) 2004년 국감 직전 전교조 경북본부가 '1만원짜리 실로폰이 10만원에 납품되는 등 엄청난 납품비리가 있다'는 진정서를 경북경찰청에 접수하였고, 그에 대한 수사결과가 사실로 밝혀졌다. 이에 민주노동당의 최순영 의원은 그에 대한 자료를 요구하여, 제출받았으나 제출된 자료가 부족하다고 판단한 최 의원은 다시 추가 세부자료를 요구하였다. 게다가 회의장에 함께 있던 열린우리당 복기왕 후보도

그런가하면 피감기관의 행정부처는 이 기간 국회의원이나 보좌직원보다 더 피 말리는 시간을 보내게 된다. 감사기관인 상임위원회 소속 의원실에서 요구하는 자료를 만들어 내느라 피감기관 공무원들은 녹초가 되기 일쑤다. 그러다 보면 해당 고유 업무도 미뤄가면서 국정감사 준비[57]에 매달려야 하기 때문에 언론의 따가운 질타를 받기도 한다. 부처의 모든 공무원이 국감 자료준비에 매달려 있느라고 평상시의 업무가 몇 달간 중지되어 불편을 겪었다는 민원인의 불만이 제기된 적도 있었다.

공무원들이 교묘하게 자신의 허물이 감춰지게 작성해 놓은 서류 속에서 비리를 찾아내기란 거의 불가능하다. 국민들은 충격적인 비리를 찾아내 터뜨려 주기를 기대하는데 그런 것은 좀처럼 눈에 뜨이질 않으니 의원들은 국감기간이 가까워지면 매우 초조해진다. 이때 자신이 겪은 비리를 국감에서 폭로해 달라고 요청하는 제보자들의 전화가 오면 의원들은 쉽게 유혹에 빠진다. 그 중에는 객관적으로 쓸모있는 제보도 있지만 대개는 제보자의 개인적인 원한을 앙갚음하려는 경우가 많다. 어떤 제보가 들어오면 그것이 약이 될지 독이 될지 식별해 내는 직관력이 국회의원의 능력 중에 하나이다. 초선의원들은 대개 이런 식별능력이 없어서 허위제보의 그물에 걸려 신뢰를 잃거나 항의에 직면해 허우적거리곤 한다.

같은 자료를 달라고 요구하여 교육청은 A4 30만장, 2.8t 무게의 자료를 두 의원에서 각각 제출하여 세간에 화제가 되었다. 오마이뉴스, 2005년 2월 2일자 참조.

57) "50여 명의 의원으로부터 자료제출 요구를 받은 대전시는 대다수 공무원들이 수년씩 묵은 자료를 찾아내고 복사하느라 퇴근도 미룬 채 밤을 지새우고 있다. 경북도와 전남, 강원, 대구시 등도 국가와 지방사무 구분이 없는 데다 똑같은 사안에 대한 중복된 자료 요구로 복사서류가 산더미처럼 늘어나고 있다." 세계일보, 2004년 9월 6일자 참조.

2006년 위원회별 피감기관 통계표 (*는 겸임위원회)

구 분 위원회	위원회 선정기관			본회의 승인기관	계 (기관수)
	국감조법 제7조 제1호	국감조법 제7조 제2호	국감조법 제7조 제3호	국감조법 제7조 제4호	
국회운영*	6				6
법제사법	58			4	62
정 무	8		1	34	43
재정경제	6		2	25	33
통일외교통상	3			21	24
국 방	9			35	44
행정자치	5	9		9	23
교 육	7	15		27	49
과학기술 정보통신	30			28	58
문화관광	4		1	28	33
농림해양수산	6	4	3	5	18
산업자원	4		4	28	36
보건복지	4			5	9
환경노동	5	2		31	38
건설교통	3	2	5	14	24
정 보*	2			3	5
여성가족*	1			1	2
계 (기관수)	161	32	16	298	총계 507

지식국회 정보화 사업 현황, 국회보 2006년 여름호.

국정감사 백태

2005년 법제사법위원회 국정감사장은 팽팽한 긴장감이 감돌았다. 1995년 대선자금 수사 이후 다시는 검찰 포토라인에 서지 않겠다는 말을 남겼던 이건희 삼성 회장을 증인으로 신청한 의원이 있었기 때문이다.[58] 이 증인신청을 채택할 것인가를 놓고 법제사법위원들은 오랜 공방을 벌였다. 이건희 회장의 국감 증인채택을 둘러싸고 이를 막기 위한 삼성 측의 로비가 어마어마했다. 공식 · 비공식적 채널을 막론하고 상당한 수준의 로비가 다방면으로 이루어지는 것을 보면서, 힘 있고 권력 있는 사람을 증언대에 세우는 것이 얼마나 어려운 일인가 하는 것을 느꼈다.

증인채택을 위해 의원들은 기업 측의 방해로비와 언론의 높은 관심을 피해서 비밀장소에 모였다. 당시 수 차례의 설전이 오고간 끝에 가까스로 증인채택 결의가 결행되었다. 이로 인해 이 회장은 '대선자금 X-파일' 사건과 관련, 법사위 국정감사 증인으로 출석해야만 했다. 그러나 이 회장은 질병을 이유로 출석을 거부한 채 해외에 머물렀으며 국감현장에는 나타나지 않았다. 국회의원과 언론, 그리고 증언을 기대했던 국민들은 매우 실망했고, 재벌의 힘에 비해 자신이 얼마나 무기력한가를 새삼 느끼게 되었다.

국정감사를 치르며 가장 큰 난관에 부딪히는 것은 바로 증인을 소환하는 대목이다. 부르고 싶었으면서도 실제 소환하기 어려웠던 증인은 기업인과 유명 연예인[59]이었다. 이는 국회의 증인출석을 거부

58) 법사위뿐만 아니라 재경위에서도 이건희 회장의 증인 채택 여부를 놓고 논란에 빠졌다. "재경위에서는 이 회장 일가의 편법 증여, 금융산업구조개선법 개정안 마련 과정 중 '입김' 의혹, 삼성의 기아자동차 인수 로비 의혹, 삼성차 부실에 따른 공적자금 투입문제, 2002년 불법대선자금 문제 등이 규명되어야 할 부분이다. 법사위에서도 노회찬, 선병렬 의원이 이른바 'X 파일'과 관련해 이 회장을 증인으로 채택해야 한다고 주장한다." 오마이뉴스, 2005년 9월 23일자 참조.

59) 국회 정무위는 2006년 국감에서 코스닥기업인 스펙트럼 DVD 주가조작 의혹과 관련해 연예인 하지원 씨를 국감 증인으로 채택했으나 응하지 않았다. 세계일보, 2006년 10월 27일자 참조.

할 시에 제재수단이 유명무실하다는 한계 때문에 발생하는 문제이다. 국회법에는 증인소환에 불응할 때에 검찰고발조치 등을 취할 수 있게 규정되어 있지만, 실제 적용된 사례는 없다. 그러다보니 힘 있고 로비력 있는 사람들은 국회 증인출석을 거부하는 것이다.

국정감사에는 구경거리도 많고 말도 많다. 2006년 교육위원회 국정감사장에서는 감사 중 욕설이 튀어 나와서 물의를 빚은 적이 있다. 증인으로 출석했던 모 교육장이 해당 교육청 비리관련 여부를 놓고 의원에게 호되게 질타당하고 방청석으로 퇴장하는 도중 큰 소리로 욕을 했다. 의원들은 피감기관 쪽에서 나온 "상놈의 ○○"라는 육두문자를 듣고 분개하여 정회를 하고 신성한 국감장에서 국회의원을 상대로 욕을 한 범인을 찾아내려는 색출작전이 펼쳐졌다. 텔레비선 녹화장치를 통해 범인을 찾아내어 사과를 요구했지만 정작 해당 교육장은 욕 좀 한 것이 뭐가 나쁘냐는 식으로 버텼다. 결국 그 교육장은 국감을 방해하고 감사위원을 모독한 잘못으로 징계당했다.[60]

국정감사 기간 국회의원들은 전화와 방문에 시달린다. 피감기관의 공무원들이 질문을 사전에 알아내어 답변을 준비해 두려고 의원실을 찾아 질문지 초안을 달라고 졸라댄다. 평소에 친해 둔 보좌관을 찾아 통사정을 하는 '읍소파' 공무원들이 있는가 하면 연줄을 동원해서 협조를 요청하는 '네트워크파' 등 그 모습은 다양하다. 보좌관들의 어깨에 가장 힘이 들어가는 시기는 바로 국감기간이다.

국정감사 모습은 정당별로 특색이 있다. 과거에는 야당 의원

60) "2006년 10월 19일 교육위원들은 해당 교육장을 형법 제138조 '국회회의장 모욕죄' 에 따라 ○ 교육장을 검찰에 고발하기로 하였으며 해당 교육청도 그 교육장에 대해 검토 뒤 징계조치를 하고 교육인적자원부에 통보하기로 했다." 데일리서프라이즈, 2006년 10월 19일자 참조. 그 후 해당 교육장은 정직 1개월이라는 중징계를 받았다.

들은 당리당략에 따라 정부를 흠집 내고 공무원에게 노골적인 모욕을 가했지만 여당 의원들은 정부의 허물을 덮어 주고 정책을 홍보해 주는가 하면 필요한 비판조차 전혀 하지 않았다. 그러나 17대 국회에서는 종종 과거와는 거꾸로 된 현상이 나타나곤 했다. 여당 의원들의 성향이 개혁적이고 비판적이다 보니 국정감사에서 따끔한 질책을 하는 쪽은 대개 여당 의원들이었다.[61] 야당 의원들은 학연이나 지연 등을 통해 공무원집단과 오래된 유착관계를 갖고 있어 공무원의 허물을 감싸 주는 경우가 많았다. 그리고 여당 의원들은 질의의 방향을 정부에 대해 종래의 관행을 깨고 개혁적인 정책을 펼쳐 달라는 주문에 초점을 맞추었기 때문에 변화를 싫어하는 공무원집단으로부터 여당 의원들이 더 부담스럽다는 볼멘소리가 나오게 만들었다. 다른 한편 국민들은 야당이 야당 역할을 제대로 하지 않는다고 불만을 터트렸다.

시민단체는 국회에 대한 견제와 감시를 위해서 국정감사 기간 동안 많은 활동을 전개했다. 국회에 대해 의견 제시를 활발하게 하고, 국정감사기간에는 국정감사 모니터단을 꾸려서 각 국회의원의 감사활동에 대한 평가를 하여 우수국회의원에 대해 상을 주기도 했다. 시민단체의 국감모니터단의 활동에는 국회의원을 긴장시키는 긍정적인 측면이 크지만 문제점도 있었다. 모니터단이 의정활동을 비교 분석할 모델을 갖고 있지 않았기 때문에 단순한 빈도나 수치의 분석을 통해 국회의원의 순위 매기기를 할 뿐이었다. 국회의원의 국정감사 회의장 출석률, 국감 질의서와 보도자료의 횟수, 정책자료집 배포 수

61) "여당, 야당이 뒤바뀐 것 아니냐는 의혹의 눈길을 받은 여당 의원들도 적지 않았다. 4일 농해수위의 농림부 국감에서는 피감기관을 호령하는 의원이 야당이 아니라 열린우리당 간사인 조일현 의원이었다. 7일 정통부 국감에선 자료제출이 미흡하다며 진대제 장관을 윽박지른 의원도 열린우리당 강성종 의원이었다." 서울신문, 2004년 10월 21일자 참조.

등을 비교했다. 이러한 평면적 분석방법으로는 질적인 분석이 어려워웠다. 이는 오히려 국감활동을 숫자 채우기로 형식화시키는 부작용을 낳았다.[62]

중복감사 시비

국가의 감사체계는 정부의 행정감사, 감사원 감사, 국회의 국정감사 등 대표적인 '3대 감사'로 구성되어 있다. 의회의 국정감사권에 대해서는 3권 분립에 따른 견제와 균형의 원리를 구현하는 가장 강력한 수단이라고 긍정적으로 보는 의견도 있는 반면에 감사원이 행하는 감사와 국회 국정감사가 중복됨으로써 행정관계기관의 행정력과 시간 등이 낭비되는 결과를 초래한다는 부정적인 의견도 있다. 부정적 입장에서는 의회의 감사권은 견제와 감시의 기능을 넘어 행정부 자율성을 침해하고 권력분립 원칙에 위배된다고 주장한다.[63]

중복감사의 대표적 사례로 감사원 감사에서 지적된 사항이 시정되지 않은 채 국정감사에서 똑같이 지적되거나 거꾸로 국정감사 지적 사항이 그 다음 해의 감사원 감사에서 그대로 지적되는 경우를 들 수 있다. 이 경우 불필요한 중복감사가 이루어진 것으로 보는 견해도 있지만 행정부가 감사에서의 지적사항을 성실히 시정하지 않는 관행을 바로잡는 데에 효과가 있다고 보는 시각도 있다.

행정부에 속하는 감사원 감사와 의회기관인 국회의 감사는 그

---

62) 의원들 중에서는 시민단체의 국감 평가 기준에 의문을 보이거나, 신뢰성 면에서는 전문가들의 평가보다 낮게 평가하거나, 국정감사 회의장에서 질의 및 답변에 대한 이해도 등에 의문을 가지는 경우도 있었다. 내일신문, 2004년 10월 19일자 참조.

63) "국정 감사가 국정을 마비시킨다," e-조은뉴스, 2006년 10월 24일자 참조.

기능이 다르다. 국정감사는 국회가 행하므로 민의감응적 · 대의적 책임을 중시한 반면, 감사원 감사는 객관적 · 법률적 책임이 강조된다.[64) 국회 감사는 국민의 해당 시기에 가장 궁금해온 사회적 사안에 대한 정보 제공과 사안의 책임 소재 등을 밝혀 내고자 하는 데 그 목적이 있다. 반면에 감사원 감사는 행정부 공무원들이 감사 주체가 되어 사안의 법적 책임을 묻는 데 더 주안점을 둔다. 감사원 감사는 공무원이 하는 만큼 대법원과 국회에 대한 감사는 아무래도 형식적으로 그치게 된다. 또한 감사원 감사는 예산 회계검사 성격이 강한 것도 국회 국정감사와 다른 점이다.

2003년 노무현 대통령은 국회연설에서 감사원의 회계감사기능을 국회로 이관하는 문제를 언급한 바 있다. 미국 등 주요 국가들이 회계검사기능을 의회 소속기관에 맡기고 있는 사례를 검토하여 반영하고자 한 결과로, 전반적인 국가감사체계가 재검토되어야 한다는 취지였다. 그 주요 내용으로는 국정감사권에 속한 지방행정사무 감사나 자치사무 등을 지방의회나 감사원 감사청구로 이관하고 국가회계검사를 의회로 넘기는 방식 등이었다.[65)

국정감사가 이미 발생한 문제의 책임 소재와 원인을 추궁하는 경고적 성격보다는 앞으로 존재하게 될지 모를 문제를 막는 이른바 예방 감사 성격을 강화하자는 의견도 경청할 만하다.[66) 감사원 감

64) 국회법제사법위원회, 《국회 감사기능 제고를 위한 제도개선》, 국회법제사법위원회, 2005, p.23.

65) 국회법제사법위원회, 같은 책, p.113.
반면에 감사원 감사를 국회로 이관하거나 국회 국정감사를 폐지하는 방안 이외에 양자의 기능을 효율적으로 보완하는 방안도 검토되고 있다.

66) 신유섭, "국회 국정감사 기능 개선방안: 예방적 성격의 국정감사를 중심으로," 김영래 외, 한국정치학회 편, 《한국 의회정치와 제도개혁》, 한울아카데미, 2004, p.318.

사는 주로 예산감시 기능을 통한 사후감사 성격이 강한 만큼 2003년 개정된 국회법에 따른 국회의 감사청구권 제도의 실효성을 높여야 한다는 것이다. 감사청구권 활용은 인력 운용 제한이 큰 현행 국회의원들로서는 많은 인원과 전문 인력이 있는 감사원의 전문성을 이용할 수 있고 감사의 중복과 낭비를 피하는 데도 도움이 되기 때문이다.

한편, 지방자치단체 감사에 대하여는 의견이 분분하다. 중복감사의 문제점을 지적하는 측에서는 지방자치제도가 실시되고 있는 상황에서 지자체 행정 감시의 역할은 지방의회가 수행하는 것으로 충분하다고 한다. 지방의회의 감사가 행해지고 있는데 국회가 지자체를 또 감사하는 현행 중앙감사체계는 지방자치제도의 본래 취지에 어긋난다고 한다.[67] 정부의 행정감사, 감사원 감사, 국회의 국정감사 등 중복적인 감사로 지방자치단체의 공무원들은 대민서비스 업무에도 빠듯한 시간을 감사 준비를 위한 자료 준비에 써야 한다는 불만을 늘어놓는다. 하지만 이에 반대하는 측에서는 지자체의 감사가 제 식구 감싸기의 성격이 있고 그 감사의 관점이 국지적이라는 한계를 갖는 등 불완전한 측면이 있다는 것을 강조하고 있다. 실제 지자체에 대한 국정감사의 현장을 살펴보면 국회가 국익의 관점에서 지자체에 대한 국정감사를 할 필요가 있음을 발견하게 된다.

67) 경기개발연구원은 지방자치단체에 대한 국회의 국정감사가 국정감사 대상도 아닌 자치사무에 대해서까지 국감을 벌이는 등 중복과 과잉감사를 초래하고 있으며 이로 인해 지방자치단체가 행정서비스 제공을 소홀하게 할 우려가 있다고 주장하였다. 또한, 연구원은 지방의회의 기능을 침해하는 국정감사와 중앙과 지방의 관계를 수직화하는 정부합동감사는 폐지하고 감사원 감사는 중앙에 국한시켜야 한다는 의견을 밝히기도 했다. YTN, 2007년 1월 9일자 참조.

특별감사와 국정조사의 확대

국회는 국정감사와 유사한 권한으로서 국정조사권[68]을 갖는다. 감사 기능과 관련한 17대 국회의 특징은 정기적 국정감사 이외에 특감과 국정조사가 자주 실시되었다는 사실이다. 서민생활과 관련된 특감 사안의 한 예로 '신용카드 대란' 에 대한 특감이 있었다. '국민의 정부' 시절 내수진작을 통한 경기부양을 목적으로 추진된 당시의 신용카드 정책의 결과 수백만의 신용불량자가 생겼고 국민들을 양극화시켜 놓는 결과를 초래한 것에 대한 감사였다. 국민적 공분을 달랠 특별감사로 '바다이야기' 라는 사행성 게임시설의 보급에 관한 감사도 행해졌다.

특별감사는 일반 상임위원회가 아닌 '특별위원회' 가 담당하며 말 그대로 특별한 조사에 해당한다. 국회는 '카드대란' 이나 '바다이야기'와 같은 전국적 사태에 관해 그 실체를 규명하고 의혹을 검증하려는 노력을 기울이고 있음을 특별감사를 통해 보여준다. 그러나 '바다 이야기'처럼 의혹의 대상이 국회의원에까지 확대되는 등 조사범위가 광범위 해지는 경우에는 개별 국회의원이 이를 조사하는 데에는 한계가 있다. 이런 경우 특감에서 사태의 원인이나 실체가 그대로 드러나기 보다는 정치적 이해관계에 휘둘려 실체가 왜곡되거나 특감이 정치적 공세의 도구로 악용될 우려가 있다.

17대 국회에서 특별감사가 빈번히 행해짐으로써 국회가 국가적 스캔들의 실체를 파헤쳐 불의를 척결했다고 평가하기는 곤란하

68) 헌법 제61조 ① 국회는 국정을 감사하거나 특정한 국정사안에 대하여 조사할 수 있으며 이에 필요한 서류의 제출, 증인의 출석과 증언이나 의견의 진술을 요구할 수 있다.

다. 경우에 따라서는 특감이 검찰의 수사방향을 바꾸게 하려는 의도로 이용되기도 했고, 정치권이 특감을 정쟁의 장으로 활용하였다는 측면이 강하여 국민들은 점차 특감에 대해 지겨움을 느끼게 되었기 때문이다.

4

인사청문회

스타 의원의 등용문

인사청문회는 국회가 삼권 분립에 의거하여 대통령이 행정부의 고위 공직자를 임명할 때 국회의 검증절차를 거치게 함으로써 대통령을 견제하는 장치이다. 인사청문회에서는 공직에 지명된 사람이 자신이 맡을 공직을 수행해 나가는 데 적합한 업무능력이나 인간적 자질이 있는지 없는지 여부를 검증한다. 우리나라의 인사청문회는 제16대 국회가 2000년 6월 인사청문회법을 제정함으로써 제도적으로 도입되었다.

정치적 쟁점이 첨예하게 맞붙는 청문회의 속성 때문인지 청문회에 대한 세간의 관심은 다른 정치적 절차에 비해 더욱 뜨겁다. 그렇기에 의원들은 국민들의 눈과 귀가 쏠리는 청문회를 기회삼아 지명도를 높이고자 노력하고 또 알게 모르게 서로 경쟁하는 모습을 보인다. 국회의원들은 '인사청문회에서 튀어보자' 는 속내를 드러낸다. 이러한 현상은 노무현 대통령이 국회의원 시절이던 '5공 청산 청문회' 에서 국민의 사랑을 받으며 정치적 입지도 강화하는 등 '스타 의원' 열풍을 일으키면서 시작되었다. 노무현 대통령은 1998년 '5공비리와 광주민주화운동 유혈진압에 대한 청문회' 때 5공 비리를 낱낱이 고발하며 5공 청산의 주역이 되었다. 청문회장에 출석한 전두환 전(前) 대통령에게 "살인마 전두환"을 외치며 국회의원 명패를 집어던진 일화는 유명하다. 이때 노무현 대통령은 당시 청문회를 지켜보던 국민들의 맺힌 가슴을 시원하게 하며 정치인으로서 깊은 인상을 남겼고 이것이 후에 대통령의 자리에 오르는 정치적 첫 걸음이 되었다.

법제사법위원에게는 헌법재판관, 대법관, 법무부장관, 검찰총장, 감사원장 등 유난히 청문회가 많다. 국민들에게 이름을 알릴 기회가 적은 초선의원의 경우에 법사위 활동을 하며 청문회에 많이 참여하다보면 언론에 많이 알려지고 인지도도 올라가는 효과가 생긴다. 특히 17대 국회에서는 민노당이나 민주당과 같은 비교섭단체 소속 의원들이 청문회 스타로 떠오르는 경향이 두드러졌다. 2006년 7월 보궐선거로 다시 금배지를 단 조순형 의원이 '전효숙 인사청문회'로 화려하게 정치 복귀신고를 한 것도 그 예이다. 조 의원은 이 청문회에서 최대 쟁점이 된 후보자 임명절차의 위법성 여부에 대한 문제를 맨 처음 제기하여 17대의 청문회 스타로 떠올랐다.

국회의원들의 전문성이 심화되고 잦은 국정감사, 임시회, 대정부 질문 등을 통해 청문기법이 개발되면서 '스타 의원'의 출현빈도는 낮아지게 되었지만 청문회가 '정치 스타 등용문'으로 인식되는 현상은 더욱 심화될 것이고 이것이 반드시 나쁜 일만은 아닌 듯하다. 과거에는 국정감사가 의원들의 인지도를 높이는 장이 되었는데, 17대 국회에서는 국회의원들이 자신을 알리는 장으로서 국정감사보다는 청문회를 더 적극적으로 활용하고 있다. 국회의원들은 인사청문회에서 국민을 대변하여 공직후보를 검증하게 되며, 이 과정에서 정치활동에 있어 필수적인 대중적 인지도를 높이는 효과를 볼 수 있다.

청문회의 확대

17대 국회에 들어서는 청문회 대상자가 급격히 많아졌다. 국무총리와 각 부처 장관뿐만 아니라 감사원장, 대법관, 헌법재판소 재판관, 국가정보원장, 검찰총장, 경찰청장까지 많은 고위공무원이 청문회를 거쳐야 임명된다. 이렇게 청장급까지 청문회를 해야 하는지에 대해, 국회가 늘 청문회로 분주하고 행정부에게도 비효율적이라는 비판이 제기되고 있다. 그럼에도 불구하고 청문회를 통해 국가 권력기관에 대한 검증과 견제가 가능하기에 청문회는 국회의 의의가 살아나는 기능이라고 본다. 그리고 각 부처 장들이 청문회를 거치며 '국회와 국민의 무서움' 을 처음으로 배우게 되는 보너스 효과도 있다.

국회의 인사청문회를 거쳐야 하는 사람은 다음과 같다.

- 국회의 동의를 요하는 직: 헌법에 의하여 그 임명에 국회의 동의를 요하거나 국회에서 선출하는 직은 대법원장, 헌법재판소장, 국무총리, 감사원장, 대법관 및 국회에서 선출하는 헌법재판소 재판관 중앙선거관리위원회 위원 등이다.
- 국가정보원장, 검찰총장, 국세청장, 경찰청장: 2003년 1월 국가정보원장, 검찰총장, 국세청장, 경찰청장을 인사청문 대상에 포함시키는 인사청문회법 개정안이 국회를 통과했다. 이에 따라 대통령은 이들을 임명하려면 반드시 국회의 인사청문 절차를 거쳐야 한다. 그러나 국회는 이들에 대해 청문회만 열 뿐 국무총리 후보와는 달리 임명동의안 표결은 하지 않는다.[69] 헌법상 이들에 대

69) 이들의 인사청문회는 '인사청문특별위원회' 가 아닌 소관 상임위원회에서 실시한다. 국정원장은 정보위, 검찰총장은 법사위, 국세청장은 재정경제위, 경찰청장은 행정자치위에서 한다. 국회는 청문 요청을 받으면 20일 안에 청문회를 마치고 청문회 결과를 문서로 작성해 본회의에 보고한 뒤 대통령에게 통지하도록 돼 있

한 임명은 대통령의 고유 권한이며 국회가 관여할 수 있는 근거 규정이 없기 때문에 임명동의안 표결을 할 경우 위헌소지가 있기 때문이다.

- 모든 국무위원: 2005년 7월 관련법 개정을 통해 인사청문회 대상이 모든 국무위원(장관)으로 확대되었다. 또한 국회에서 선출하지 않는 헌법재판소 재판관, 중앙선거관리위원회 위원에 대해서도 소관 상임위에서 인사청문회를 실시하도록 했다. 이에 따라 정부는 국무위원 내정자를 발표한 후 국회에 인사청문을 요청하면, 국회는 해당 상임위에서 청문절차를 완료해 20일 내에 그 결과를 정부에 통보해야 한다. 국무위원 인사청문회는 국회 인준 절차는 없으며, 국회 소관 상임위가 청문회를 마친 뒤 내정자의 적격 여부에 대한 의견을 담은 경과보고서를 내지만 대통령이 이에 따를 법적 의무는 없다.

청문회의 절차와 요령

정부가 국회에 임명동의안을 제출하면 국회는 인사청문회를 거쳐 20일 이내에 국회 본회의에 회부 · 처리한다.[70] 인사청문회를 위해 구성되는 '인사청문특별위원회' 는 13명이며, 교섭단체 등의 의원수의 비율에 의하여 각 교섭단체대표의원의 요청으로 국회의장이 선임한다.[71] 인사청문특별위원회는 청문회 결과를 문서로 작성해 본

다. 이 기간 내에 청문회를 마치지 못하면 대통령은 추가로 10일을 국회에 더 줄 수 있다. 그래도 결과 보고서가 나오지 않으면 대통령은 청문회 없이도 이들을 임명할 수 있다.

70) 정부는 임명동의안에 임명동의 요청사유서 또는 의장의 추천서와 함께 학력 · 경력에 관한 사항, 병역신고사항, 재산신고사항, 최근 3년간의 소득세 · 재산세 및 종합토지세의 납부실적에 관한 사항, 범죄경력에 관한 사항을 첨부해야 한다.

71) 위원회는 임명동의안이 회부된 날부터 15일 이내에 인사청문회를 마치되, 인사청문회의 기간은 3일 이내로 한다.

회의에 보고하며, 국회 본회의에서 과반수의 출석과 출석의원 과반수의 찬성이 있을 경우 임명동의안이 통과된다.

인사청문회는 공직후보자를 출석하게 하여 일문일답 형식으로 질의를 행하고 답변과 의견을 청취한다. 위원회는 필요한 경우 증인·감정인 또는 참고인으로부터 증언 진술을 청취하는 등 증거조사를 할 수 있다. 청문회는 국가안전보장을 위해 필요한 경우, 사생활을 부당하게 침해할 우려가 있는 경우, 금융 및 상거래 등에 관한 정보가 누설될 우려가 있는 경우, 재판 또는 수사 중인 사건의 소추에 영향을 미칠 우려가 있는 경우, 다른 법령에 의해 비밀이 유지돼야 하는 경우를 제외하고 공개로 진행된다.

초선의원들은 처음에 인사청문회를 어떻게 준비해야 하나, 어떤 질문을 던져 후보자의 자질을 검증해야 할까 막막해 한다. 하지만 많은 청문회를 치르면서 점점 요령이 생긴다. 후보들의 자질과 능력을 검증할 때 상임위에서의 경험이나 지식을 활용하되, 청문회를 지켜보고 있는 국민들이 갖고 있는 궁금증을 해소하겠다는 생각을 바탕에 깔고 시민의 언어로 수위를 맞추어 질문해야 한다는 것이 그 요령이다. 국회의원 자신의 시각이 아닌 국민의 시각과 언어로서 질의를 준비하고 후보자들을 검증해 답을 얻어 내는 것이 청문회를 성공적으로 이끄는 비결이 아닐까 한다.

청문회 대상자의 답변모습은 그 유형이 다양하다. 읍소형, 모르쇠형, 강공형, 미꾸라지형, 어리버리형, 동문서답형 등이다. 한때 'B형 남자' 담론이 유행하며 혈액형에 의해 사람의 성격을 파악하는 것이 세간에 회자되었다. 이에 따라 청문회에 임하는 후보자들의 모습을 몇 가지로 유형화하는 농담도 떠돌았었다. 청문회에 임하는 후보자들의 면면을 보면 평소 성격과 업무 스타일을 엿볼 수 있는 것

같아 이를 관찰하는 것도 청문회 준비의 힘든 과정을 잊게 하는 즐거움의 하나이다.

인사청문대상자의 입장에서 청문회를 볼 때 가장 중요한 것은 '때'를 잘 만나야 한다는 것이다. 청문회를 치르다보면 운이 나쁜 경우, 운이 좋은 경우로 나누어 볼 수 있을 정도이다. 예를 들어 여름철 태풍이 불어온다든가 큰 산불이 발생하는 등 국가적 재난이 발생하거나 북핵문제로 한반도에 전쟁위기가 고조되는 시기 등, 시운을 잘 만나 조용하게 무사히 넘어간 후보자도 있는 반면에 특별한 정치적 이슈가 없는 시기에 청문회를 치르게 되어 신상의 사소한 것까지 거론되며 격랑을 만난 후보자도 있다. 예전에 한 후보자는 중고등학교 생활기록부까지 낱낱이 공개되어 개인적 자질이 부족하다는 인신공격성 질타를 받기도 하였다.[72] 그러나 역시 시운을 탓하기보다는 '진인사대천명'의 자세로 공직을 담당할 사람으로서의 자질과 품성을 갖추며 정면 돌파하려는 노력이 청문회를 무사통과하는 비법이 아닐까 한다.

코드인사에 대한 비판

17대 국회에서 인사청문회를 대폭 확대한 것은 국민들의 정치에 대한 관심을 모으는 데 어느 정도 성공적이었다. 국회방송이나 지상파TV를 통해 각종 청문회장이 실시간으로 생중계되면서 국민들

72) "아주, 양가 아저씨야! 양가 아저씨" 자민련 조 모 의원이 2003년 9월 24일 당시 감사원장 후보자에 대한 인사청문회에서 한 발언이다. 조 의원은 이날 중고등학교 학생생활기록부를 들먹이며 후보자의 성적이 '양' 하고 '가' 뿐이라면서 비아냥거리는 등 인신공격을 하였다. YTN 돌발영상, 2003년 9월 24일자; 오마이뉴스, 2003년 9월 27일자 참조.

의 청문회에 대한 접근성이 확대된 것도 성공의 요인이 되었다. 또한 언론의 힘이 매우 막강해져서 국회 청문회 전날, 마치 언론이 후보자에 대한 청문회를 독자적으로 치르듯이 그 도덕성이나 경력을 검증하여 발표하는 일도 흔했다. 청문회 후보자들에 대한 신상과 정보가 언론에서 미리 공개되면서 청문회를 실시하기도 전에 언론의 집중포화를 맞으며 미리 언론재판을 받는 경우가 많아진 것이다. 그러나 이러한 언론의 청문회에 대한 관심은 가끔 국회에서 객관적이고 엄정한 청문회가 진행되는 것을 방해하는 측면도 있다.

17대 국회 청문회의 또 하나의 특징은 인사청문회가 노무현 대통령의 '코드인사'에 대한 비판의 장으로 기능했다는 점이다. 노무현 대통령의 코드인사 논란은 그의 집권기간 동안 끊이지 않고 계속되었다. 2006년 8월 김병준 교육부총리 후보자 인사청문회에서는 야당이 노대통령의 측근을 각료로 임명하는 '코드인사'를 막으려는 의도로 매우 정치적인 청문회를 진행했다. 대통령이 청와대 정책실장으로 일했던 사람을 교육부총리로 기용하고자 하자 야당은 '코드인사'라며 청문회 이전부터 강력히 반발했지만 결정적인 흠결을 찾아내지 못해 그 인사는 실행되었다.[73] 그러나 임명 이후에도 비방은 끊이지 않았고 결국 교육부총리는 논문 중복 게재·표절 논란 속에서 여론의 퇴임압력을 받게 되었다. 그는 퇴임은 하겠지만 자신의 학자로서의 도덕성에 상처를 입고 싶지 않다고 하면서 또 한 번의 청문회를 요구했고 그의 희망대로 청문회의 성격을 띤 국회질의에서 해명을 하고 나서 바로 취임 13일 만에 사임했다. 2006년 1월 유시민 보건복지부

73) 노무현 대통령은 2006년 8월 교육부총리 임명과 관련해 '코드인사' 논란이 일자 '대통령의 인사권은 책임 있는 국정 운영을 위한 핵심적인 권한'이라며 국민들에게 이를 존중해 달라고 호소했다.

장관 기용의 경우에는 오히려 여당과 대통령 사이에 갈등이 표출되었다. 여당이 '유시민으로는 힘들다' 고 반발했음에도 불구하고 대통령은 이 인사를 강행했고, 이는 여당과 청와대 사이에 갈등의 앙금을 남겼다.

2006년 법제사법위원회에서 이루어진 청문회 중에 전효숙 헌법재판소장 후보자의 청문회는 오래 동안 정치권의 표적이 된 사건이었다. 야당은 전효숙의 인선에 대해 대통령의 코드인사라며 반발했다. 후보자가 노 대통령과 사법연수원 동기생이라는 점, 2004년 탄핵 파문 때 헌재재판관으로 있으면서 현 정부에 유리한 입장을 밝혔다는 점 등이 야당 측의 실질적 반대 이유였다. 하지만 공식적인 이유로서는 청문회절차에 미비가 있다고 하는 주장을 내세웠다. 헌법재판소장의 인사청문회는 먼저 헌법재판관으로서의 청문회를 거친 후 다시 소장으로서의 청문회를 거쳐야 한다는 것이 야당의 주장이었고, 여당은 "큰 청문회는 작은 청문회를 포괄한다"는 원칙을 내세우며 헌법재판소장 청문회 한 번으로 충분하다고 하였다. 청문회에 관한 국회법이 쟁점이 되어 치열한 공방이 오가는 과정에서 후보자는 몇 달씩 대기해야 했고 그 공방 중에 눈물을 보이기도 했다. 노무현 대통령은 "인사권은 대통령 고유 권한이다"라고 말하며 야당에 굴복하지 않으려했다. 하지만 헌재소장의 공백이 장기화되고 정치권의 갈등이 격화되자 후보자가 자진사퇴하는 것으로 사태는 매듭 지워졌다. 이 사건은 대통령의 인사에 대한 야당의 견제권이 격렬하게 발휘된 경우로서 노무현 대통령의 임기 후반기 레임덕이 심화되는 데 상당한 영향을 미친 것으로 평가된다.

야당이 인사청문회 때에 대통령의 '코드인사'를 문제 삼기 시작하면 그때부터 청문회는 후보의 객관적 자질 검증이나 도덕성 문제와 관계 없이 소모적인 정치논쟁으로 흐르곤 했다. 자격을 갖춘 후보에 대해 객관적인 근거나 기준 없이 '코드 인사'로 몰아붙이는 것은 그저 비판을 위한 비판에 그쳐 국정을 혼란에 몰아넣는다. 임명권자의 고유권한인 인선 부분은 존중하면서 해당 후보자의 자질과 능력을 객관적으로 검증하는 인사청문회의 모습이 바람직하다.

청문회의 개선방안

청문회를 자주 보다 보면 들이는 공에 비해 얻는 것이 너무 적다는 회의가 들 때가 있다. 청문회 본연의 기능을 살려서 후보의 자질을 검증하는 것보다 각 당의 당리당략에 치우쳐 정쟁으로 휩쓸리는 경우가 많았기 때문이다. 인사청문회는 후보자가 일할 자질과 자리에 적합한 능력을 갖추었는가를 검증하는 장이 되어야 한다. 이러한 기능에서 벗어나 후보에 대한 인신공격이나 흠집내기에 치중해 후보자의 명예를 실추시키거나 정략적인 계산으로 청문회를 이용하는 것은 청문회의 의의를 퇴색시키는 일이다.

청문회 대상자들이 청문회를 그저 어떻게 해서든 그 순간만 모면하면 되는 형식적 절차로 생각하는 것도 지양해야 할 부분이다. 청문회 기간에는 답변준비에 신경을 쓰고 자세를 낮추고 성의 있는 태도를 보이려 애쓰지만 청문회가 거의 끝나가면 시간 때우기 식의 무성의한 답변을 하는 모습을 쉽게 볼 수 있다. 이런 모습은 국민을 얕잡아 보는 행동이다.

이러한 청문회의 폐해 때문에 종종 청문회 폐지론이 불거져 나온다. 하지만 청문회는 대통령과 행정부에 대한 국회의 견제 기능이라는 긍정적 의의를 갖는다. 청문회를 통해 공직을 담당할 후보자의 부적절한 자질에 대한 검증효과도 갖는다. 이에 더하여 장차 공직에 나설 사람들이 미리부터 청렴성을 갖추며 조심하게 되는 예방효과도 있다.

청문회의 폐지를 논하기 이전에 절차를 간소화하고 그 대상을 적정하게 줄이는 등 청문회를 효율적으로 운영할 필요가 있다. 성급한 폐지주장보다 우선 불필요한 소모를 막고 청문회 본연의 기능을 살리는 개혁방안을 모색하는 것이 바람직하다. 정치인이 청문회를 소모적인 정쟁의 장으로 활용하거나 막말이 오가는 모습이 빨리 없어져야 국민들이 정치에 대해 불신과 피로감을 갖게 되는 것을 막을 수 있다.

5

국회의원의 윤리

국회의원과 비리

국회의원이 범하는 비리의 유형은 다양하다. '경제적 비리'로는 본인의 경제적 이익을 위하여 사행성 게임장 인·허가와 상품권 발행에 개입하는 등 이권에 개입하는 경우가 가장 빈번하다. '정치적 비리'로서는 선거의 공천과 관련해서 뇌물을 주고받는 사건[74]이 가장 많다. '직무수행의 비리'로서는 비공식적 의사결정을 하거나 국회의원 사이에 담합을 하는 행위가 있다.

또 다른 기준으로 구분해보면 '작위적 비리'로서 국회의원이 경제적 이익추구, 공천비리 등 적극적인 행위를 통하여 비리를 저지르는 경우가 있고, '부작위적 비리'로서 국회의원의 본연의 임무를 방기하는 방법으로 비리를 저지르는 경우도 있다. 부당하게 기업을 비호하거나 이익집단을 대변하고 편의를 봐주는 행위는 그것이 작위이든 부작위이든 비리에 해당한다. 상임위원회에 상정된 현안을 이익

74) 2006년 지방자치단체선거의 공천을 앞두고 한나라당의 중진의원들이 공천청탁 뇌물수수 혐의로 수사를 받았다.

집단의 로비[75]를 받아 결정하는 경우가 허다하다.

국회의원이 정부의 예산안을 통과시킬 때 출신 지역의 이권과 관련지워 처리하는 경우도 빈번하다. 2007년 예산안을 통과시키면서 보여준 행태는 그러한 예를 여실히 보여준다. 국민을 위한 복지 예산은 대폭 깎고, 국회를 위한 예산은 지난해보다 증액된 안을 그대로 통과시켰다. 국회의원들의 '외유성 시찰'이 적지 않다는 비판에도 불구하고 의원들의 해외시찰 등을 지원하는 의원외교 예산은 71.6%나 늘려 배정했으며, 반면에 '출산 양육환경 개선'을 위한 예산은 그 절반을 삭감한 것이다.

국회는 주요 공공기관 가운데 외부의 감사를 받지 않는 유일한 기관이다. 독립성을 보장한다는 취지에서 국민 세금으로 충당하는 예산을 스스로 편성 · 승인 · 집행한다. 자체적인 감사 외엔 외부의 감시가 없기 때문에 국회의원 본인들의 도덕적 의식과 자체정화 능력이 절실하게 요구된다.

성추행 사건

상임위원장이자 소속 정당의 사무처장이었던 한 야당 국회의원이 저녁식사 후 이어진 술자리에서 여기자의 가슴을 만지는 성추행 사건이 터져 사회적으로 큰 물의를 일으킨 적이 있었다. 이 밖에도

---

75) 2007년 4월 KBS에 의해 대한의협 강원도협회 대의원대회 녹취록이 공개되면서 의사협회의 대 국회 금품 로비에 대한 논쟁이 시작되었다. 녹취록에는 한나라당 모 의원이 (의협에 유리한) 연말정산 대체법안을 만들기로 했는데 1,000만 원을 현찰로 줬다는 부분도 있었고, 법안소위 한나라당 의원 3명을 우리 편으로 만들었으며, 4명만 잡으면 의료법도 법안소위에서 폐기할 수 있다고 말한 부분도 포함되어 있어 의사와 약사 간 첨예한 이해관계가 대립하고 있는 의료법 개정을 둘러싼 '돈 로비'에 대한 의혹은 더욱 커졌다. 프레시안, 2007년 4월 24일자 참조.

심심치 않게 국회의원의 성추행 사건[76]이 발생했다. 남성 국회의원들은 성추행을 범하면서도 그것이 죄가 된다는 사실조차 인식하지 못했다. 사건 직후 잘못된 행동을 사죄하기보다는 오히려 술김에 남들 다 하는 희롱을 좀 했기로서니 무엇이 크게 잘못되었는가라고 항변하다가 사건을 더 크게 만들기도 했다.

우리나라에서는 남성의 성적 범죄에 대한 사회적 인식이 매우 관대한 편이다. 특히 권력을 가진 남성의 성범죄는 별로 문제 삼지 않는 관행이 있다. 우리나라 남자들이 가지고 있는 이중적 정서가 여전히 잔존하고 있는 공간이 국회이기도 하다. 내 딸, 내 아내가 아니면 추행당해도 상관없다고 생각하는 관행이 남성 정치인들의 이러한 행태에서 고스란히 드러난다. 국회의원의 성범죄가 터질 때마다 한국 정치에서의 가부장적 성문화가 아직도 높은 벽으로 자리 잡고 있는 현실이 드러난다.

세계일보 정치부 취재팀이 모 의원의 성추행 사건을 계기로 17대 국회 여성의원 41명 전원을 대상으로 국회 내 성희롱 실태를 조사한 결과 설문에 응한 의원 24명(열린우리당 12, 한나라당 9, 민주당 1, 민주노동당 2) 중 11명이 "동료 남성의원 등에게서 성희롱을 당한 경험이 있다"고 대답했다.

17대 국회에 와서는 국회의원의 성범죄에 대한 인식이 매우 달라졌다. 종전 같으면 그냥 넘어갈 성추행사건이 커다란 정치적 이

76) "충북도당 여성 옷 벗기기 강요 사건, 사무총장 여기자 성추행 사건, 의원 술집 추태 동영상 사건, 지역 당원협의회장 대학교 제자 강간미수 사건 등 지난 한해 한나라당에는 유독 성관련 사고가 끊이지 않았다. 올 초에는 당대표까지 성적 발언 구설수에 올라 공식사과를 해야 했고, '성나라당'이라는 비아냥까지 들었다." 오마이뉴스, 2007년 4월 12일자 인용.

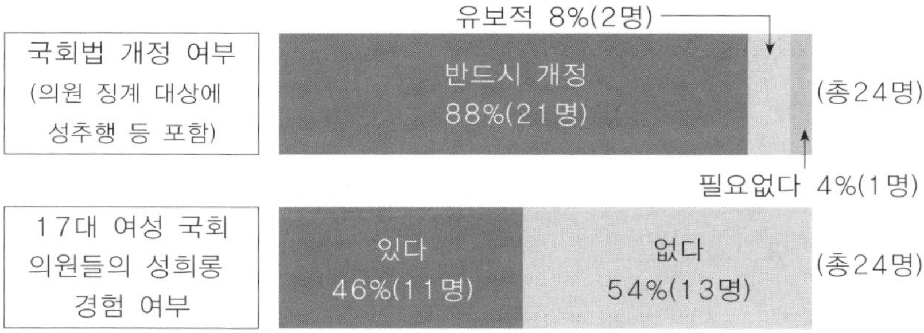

세계일보, 2006년 4월 9일.

슈[77]가 되고 정당에서의 제명사유가 되거나 국회의원이 성추행을 이유로 수사와 재판을 받는 일이 생겼다. 여성의원의 비율이 늘어나면서 국회 내의 가부장적인 분위기도 조금씩 바뀌고 있다.

국회의원의 해외여행과 골프

국회의원의 해외여행의 경우 보통 의정활동과 연관이 있는 공무출장으로서 행해진다. 공무출장비용으로 개인적 여흥을 즐기는 것 또는 후원 받아서는 안 되는 돈으로 해외여행을 다녀오는 것은 허용되지 않는다. 하지만 관련업체의 협찬을 받아 해외박람회에 다녀와서는 그 단체에게 이권을 챙겨주는 등 국회의원의 해외여행과 관련된 비리도 종종 문제된다. 종래부터 해외 공관이 국회의원을 접대하는 역할을 해 오던 관행이 있었는데, 참여정부에서는 이 관행을 없애라고 각 공관에 지시한 바 있다. 근래 지방자치단체장 및 의회의원들의

77) 한나라당은 자체적으로 특강을 통해 성교육을 하기도 했다. 그러나 "강연을 끝까지 들은 의원은 4명이었고, 이 중 남성 의원은 이성권 의원뿐이어서 행사의 취지를 무색케 했다." 오마이뉴스, 2007년 4월 12일자 참조.

해외여행 및 골프가 여론에 오르내리고 있는 현실을 볼 때, 국회의원들의 행태가 그대로 지방자치단체장들의 행태로 이어지고 있음을 알 수 있다.

국회의원이 국경일에 기념행사에 참가하지 않고 골프장에 갔다든가 지역에서는 수해로 고통 받고 있는데 의원은 골프장에서 빈둥거리고 있었다든가 하는 비난이 종종 신문지상에 나타난다. 이와 같이 정치인은 종종 골프와 관련된 문제로 비판받는다. 여당 · 야당 가릴 것 없이 국회의원의 골프 파동은 항상 여론의 주목을 끌게 되고, 국회의원의 자질을 판단하는 윤리적 기준이 된다. 17대 국회에서는 국회의원들이 수해 중 골프를 쳤거나 피감기관의 골프장을 이용[78]했다는 이유로 징계위원회에 회부된 적이 있었다. 이렇게 정치인의 골프가 사회적 물의를 일으키는 것은 서민들이 가까이 할 수 없는 운동이기 때문일 것이다.

국회의원의 면책특권

면책특권[79](privilege of speech)이란 국회의원이 국회에서 직무상 행한 발언과 표결에 관하여 국회 밖에서 책임지지 않는 특권

78) "한나라당 국회 국방위 소속 세 의원이 국회개회 중 평일인 12일 피감기관인 해병대사령부 안 골프장에서 골프를 친 것으로 보도됐다. 이들은 경기도 평택 제2함대사령부내 해군숙소에서 열리는 '국방위 소속 한나라당 의원 합숙 연찬회'에 참석하는 길이었다고 한다. 더욱 황당한 것은 물의를 빚은 '골프의원들'의 해명이다. 피감기관의 복지시설 점검 차원에서 골프를 쳤다는 것이다. 국민 무서운 줄 모르는 발언이라 하지 않을 수 없다." 연합뉴스, 2006년 9월 13일자 인용. 단 특정 이름은 삭제.

79) 면책특권은 1689년 영국의 권리장전에 의하여 처음으로 인정되었으며 국회의원이 자유롭게 발언 표결하는 것을 보장하여 의원의 국민대표성을 확보하려는 제도이다.

(헌법 제45조)으로 '의원의 발언 · 표결의 자유'라고도 한다. 이는 의원의 발언 · 표결의 책임을 면제해 주는 제도로서, 민사상 손해배상책임을 지거나 형사처벌을 받지 않는다는 것을 의미하는데,[80] 본회의장과 상임위원회 등에서 한 발언이나 국정감사 등을 위해 다른 국가기관을 방문해 발언한 경우가 포함된다.[81] 또한 국회에서 직무상 문서로 하는 의사표명도 면책특권이 인정된다. 직무상 행위에는 직무집행 그 자체뿐 아니라 직무행위에 부수된 행위가 포함된다.[82]

헌법에 규정된 국회의원의 면책특권은 3권 분립에 입각하여 행정부와 사법부의 부적절한 법 집행을 견제하는 데 그 근본적인 목적이 있다. 그러나 현재 국회의원들은 이 면책특권의 범위와 한계를 남용하고 있다.[83] 특히 면책특권에 기대어 '아니면 말고' 식의 성지적 폭로를 일삼는 일은 국회의 고질적인 병폐로 지적받고 있다. 면책특권을 근거 없는 폭로성 발언을 쏟아 내거나 상대를 비방하는 데 악용한다면 원래 취지를 잃게 된다.

면책특권은 과거 권위주의 정권 시대에 권력의 부당한 억압에서 벗어나 국회의 자주적인 입법활동을 보장하는 기능을 했었다.

---

80) 국회내 징계, 의원에 대한 소속정당의 징계, 정치적 책임 추궁은 가능하다.

81) "현역 국회의원이 정부 전산망의 오류 의혹을 파헤치는 과정에서 보좌관에게 지방자치단체 전산망을 해킹하도록 지시한 혐의로 기소돼 재판을 받게 됐다. 서울중앙지검 형사3부는 자신의 보좌관에게 국가기관의 정보통신망에 침입하도록 지시한 혐의(정보통신망이용촉진 및 정보보호 등에 관한 법률 위반)로 민주노동당 모 의원을 불구속 기소했다." 쿠키뉴스, 2007년 4월 29일자 인용. 단, 특정 이름은 삭제.

82) 그러나 야유 · 폭행 · 상해 등의 경우는 해당되지 않는다.

83) 2006년 8월 24일 한나라당 모 의원이 국회 통일외교통상위 대정부질의 과정에서 '세간의 말'이라며 이종석 통일부 장관을 세작(TV드라마 '주몽'에서 간첩이라는 뜻)이라 비유해 물의를 빚었다. 이에 대해 통일부가 성명을 통해 '면책특권을 빌려 국무위원에 대한 국민적 불신을 야기했다'고 비난했다.

그러나 현재와 같이 이 특권을 자신의 정치적 입장을 위해 남용하는 일이 지속된다면 그 의의는 퇴색될 수밖에 없다. 이와 같은 행위들은 국민들의 시대적 정서와 괴리되어 있으며, 국민 의사에 반하고 민주적 질서를 파괴하기 때문에 국회의원들의 면책특권에 대해 재고해야 할 필요가 있다. 현재에는 면책특권을 포함한 국회의원의 특권을 제한하는 것이 추세이다. 특히 명예훼손에 관해서는 면책특권 적용에 예외를 인정한다. 독일기본법(헌법)은 "국회 내의 행위라고 하더라도 명예훼손적인 경우에는 면책되지 않는다"고 규정하고 있으나 우리 법에는 이런 명문 규정이 없다.

윤리위원회의 유명무실화

국회의원이 업무상 또는 사생활에서 비위·비리를 저질렀을 때, 국회윤리위원회에서 심사하고 처벌하도록 되어 있다. 국회의원 윤리규정으로는 '국회의원 윤리강령'과 '국회의원 윤리실천규범'이 있다.

17대 국회에 들어와서 윤리위원회에 계류된 징계·윤리 심사안은 57건이 넘는다.[84] 16대 국회 때 16건에 비하면 3배 이상 늘어난 수치이다. 이렇게 많은 심사안이 계류된 이유로서는, 성인오락실 '바다이야기' 파문 당시 의원들이 게임업자에게서 돈을 받았는지 여부에 대한 폭로로 인하여 서로 맞제소한 것이 다섯 건에 해당하는 등, 국회의원 사이의 고소가 빈번히 발생했기 때문이다. 그러나 윤리위원회에 제소된 57건 중에서 '처리'된 안건이 8건에 불과했다는 것은 현

84) 2006년 말 문제된 국회의원 윤리 이슈 중 하나는 국회의 내부문건 유출로서 한미 FTA 협상문건 유출, 청와대 문서 유출 등이 문제되었다.

재 윤리위원회가 안고 있는 한계를 그대로 보여주고 있다.

국회윤리위원회는 그 위원이 모두 국회의원으로 구성되어 있으며, 제소된 국회의원을 징계한 예가 매우 드물다. 윤리위원회의 처벌수단도 사실상 미비하다. 검찰의 수사를 받거나 기소된 비윤리적 사건이 있어도 윤리위원회는 방관만 하는 경우가 대부분이었다. 동료 의원을 징계하기를 꺼려하는 의식구조와 사건의 실체를 파헤치기 위한 조사능력을 갖추지 못한 점이 윤리위원회를 있으나 마나한 기관으로 만들어 놓았다.

국회의원이 동료를 처벌하는 것이 과연 가능한가 하는 문제를 생각해 볼 필요가 있다. '팔은 안으로 굽는다' 는 속담이 있듯이 국회의원들이 동료의 잘못을 감싸고 드는 경우가 허다했다. 같은 집단의 소속 의원에게 관대한 한국적 정서를 고려할 때 국회윤리위원회가 실질적 기능할 것은 기대하기 어렵다.[85] 그 대안으로 외부위원이 포함된 윤리위원회의 구성이나, 윤리위원회 내에 외부 전문위원을 두는 제도도 생각해 볼 수 있다. 국회의원의 윤리의식이 더 느슨해져서는

85) "국회 윤리특별위원회 전체회의가 열렸다. 제소된 두 의원은 성인용 게임 '바다이야기' 파문에 연루돼 물의를 빚은 바 있다. 지난해 국회 문화관광위원회 소속이던 이들은 게임관련 협회로부터 여행 경비를 받아 미국 라스베이거스 게임박람회에 다녀왔다. 그런데 이들에 대한 징계안건은 표결도 못해 보고 폐기됐다. 의결하려면 윤리위원 15명 중 8명 이상이 참석해야 하는데 7명밖에 없었기 때문이다. 당초 이날 회의는 8명 이상이 참석해 개회됐으나 정작 표결 때는 8명이 자리를 비운 것. 이에 앞서 윤리심사소위는 1일 두 의원에 대해 만장일치로 '윤리위반' 결정을 내린 뒤 2일 전체회의에 상정했다. 하지만 국회 윤리규정상 지난해 9월 5일 윤리특위에 제소된 두 의원의 심사기한(6개월)은 일요일인 4일이었다. 윤리특위가 두 의원의 징계 안건 의결을 질질 끌다가 사실상 심사기한 내에 회의를 열 수 있는 마지막 날인 2일 전체회의에 안건을 상정했다는 의혹을 지울 수 없다. 그것도 여론을 의식해 일단 회의는 열었다가 표결 때만 자리를 비워 안건이 자동 폐기되도록 교묘한 수법을 썼다는 비판을 피하기 어렵다." 동아일보, 2007년 3월 5일자.

안 된다. 바로 지금이 국회의 자정기능을 강화할 때이다.

유권자의 감시

국회의원을 평가할 때 도덕성에 문제가 있어도 지역의 이익을 증대할 수 있는 사람이라면 상관없다는 유권자들의 도덕불감증은 아직도 팽배해 있다. 유권자의 무관심은 국회의원들의 도덕적 해이를 불러온다. 지역구에서 높은 지지를 받고 있는 국회의원들은 중앙의 국회활동은 뒷전으로 하고 개인적 이권이나 지역의 민원을 주로 챙기는 모습을 보인다.

"대중은 자신들보다 반 발짝 앞선 정치인(리더)을 선호한다"라는 말에서 볼 수 있듯이, 대중들은 인격적으로 존경할 만한 훌륭한 지도자를 외면하고, 자신과 비슷하게 현실 타협적인 정치지도자를 선출하는 경향을 보인다. 국회의원의 윤리가 바로잡히기 위해서는 무엇보다도 대중의 의식변화가 필요하다.

국회의원의 비리에 대해 따끔한 응징을 가하기 위해서 '국민소환제' 등 제도적인 제재방안이 도입되어야 한다.

6

국회 개혁의 성과와 한계

17대 국회의 특징은 개혁 화두의 전면적인 등장이었다. 노무현 정부의 등장 자체가 그 열망을 상징적으로 보여주며 이후 치러진 국회의원 선거 또한 의회정치를 선진화하고자 하는 국민들의 강한 의지를 보여준 사건이었다. 이런 열망에 부흥하고자 17대 초기 정치권은 여야를 불문하고 강한 정치개혁안을 내놓았다. 그 시작이 바로 국회개혁특위의 신설이다.

국회개혁특위는 의정활동의 책임성 · 투명성 강화 및 의안심사의 효율성 · 전문성 제고 등을 통해 생산적인 국회상을 정립하는 것을 특위활동 및 심의원칙으로 삼았다. 2004년 5월 3일 당시 여야 대표인 정동영과 박근혜 사이에 이루어진 협약을 근거로 설치된 국회개혁특별위원회는 2005년 7월 28일 국회법 개정안을 통과시킬 때까지 공청회 2회를 포함하여 전체회의 8회, 소위 15회의 활동을 하였다. 국회개혁특위의 주요 성과를 살펴보면 다음과 같다.

불체포 특권 제한

- 의원체포동의는 본회의에 보고된 때부터 24시간 이후 72시간 이내에 표결

- 의원석방요구안의 발의요건 현행 의원 20인 이상에서 재적의원 4분의 1로 강화

15대 국회 이후 '방탄국회'를 소집하거나 합리적 이유없이 체포동의안을 부결시키는 등 국회의원의 불체포특권이 남용되어 왔다. 지난 8년간 모두 27건의 체포동의안이 제출됐으나 가결된 것은 단 한 건도 없었으며, 17대 국회에서도 체포동의안을 부결한 적이 있다. 2004년 체포동의안 부결 직후부터 열린우리당 안팎에서는 개혁의 후퇴, 정치개혁을 기치로 내건 창당정신 위배 등 당원과 지지자들로부터 수많은 비판에 시달렸다. 이 때를 열린우리당의 개혁적 정체성 상실 시작으로 지적하고 있는 이들도 많다.[86)]

이처럼 국민적 분노가 들끓자 국회의원의 불체포특권 남용을 제한하기 위하여 처리시한을 신설하였다. 민관 합동으로 만든 투명사회협약은 '불체포특권을 비리의원의 보호장치로 악용하지 아니하도록 제도를 개선'해야 한다고 권고하였는데 이는 국민적 여론이 비등했던 것을 반영한 것이다.

직무관련 영리행위 금지

- 상임위원은 소관 상임위원회 직무관련 영리행위 금지됨
- 이해관계 있는 위원으로 구성된 위원회로의 안건 회부 제한

---

86) 유시민 의원은 2005년 어느 인터뷰에서 핵심지지층 이탈 원인 중 하나로 '박창달 의원 체포동의안 부결'을 꼽았고(프레시안, 2005년 6월 18일자 참조), 열린우리당을 탈당한 김성호 의원도 '박창달 의원 체포동의안 부결'을 열린우리당 정체성 상실의 시작으로 보았다(오마이뉴스, 2006년 10월 12일자 참조). 2006년 6월 국회법 개정으로 늦게나마 불체포특권이 제한되었다.

변호사, 의사 등의 전문직 출신 국회의원들의 해당 상임위 위원 선임으로 인한 문제는 그 동안 쭉 제기돼 왔던 문제이다. 변호사·의사 등 전문자격증 소지자의 의정활동을 제약하여 공무담임권 제한이라는 반대여론도 있으나, 공적 업무와 사적 업무의 '이해충돌'을 막기 위한 불가피한 면을 주로 고려한 것이다. 개정 전 국회법에도 '공정을 기할 수 없는 현저한 사유가 있다고 인정될 때'라는 단서가 붙어 있고 기업체나 단체의 임·직원을 겸하고 있는 의원을 해당 상임위 위원으로 선임하지 못하도록 하는 규정이 있었으나, 지난 16대 국회에서 이해당사자들이 관련 상임위에 대거 포진해 사적 이익과의 이해 충돌 소지들이 많았던 점을 고려해 포괄적으로 규정한 것이다.

17대 국회가 깨끗한 정치를 표방한 만큼 국회의원의 겸직금지는 시대적 당위이다. 이는 법에 앞서 윤리의 문제이다. 국회의원 스스로가 공정한 의정활동 및 깨끗한 정치 실현을 위해 임기 동안에는 사익의 추구를 깨끗이 포기하겠다는 의지의 표현인 것이다.

인사청문 대상 확대

- 국회 인사청문 대상 확대: 모든 국무위원과 대통령, 대법원장 지명의 헌법재판소 재판관 및 중앙선거관리위원회 위원

모든 국무위원과 대통령, 대법원장 지명의 헌재 재판관과 중선관위 위원들까지 인사청문 대상에 포함시킴으로써 국민의 민의를 반영하는 국회의 행정, 사법부의 기능을 보다 폭넓게 감시하고자 하는 시대적 요구를 반영한 것이다. 입법부가 행정부와 사법부에 대한 인사권을 제약하는 측면이 있긴 하지만 이는 권력감시라는 시대적 흐름에 따른 것이다. 대통령 개인의 이해관계에 따른 국무위원 임명 등

과 같은 과거 관행을 극복하기 위해 인사청문회의 대상 확대는 바람직했다고 평가된다.[87]

87) 정상화 교수는 "한국에서는 김대중 정부를 포함하여 과거 정부의 통치기간 동안 때로 적절한 국정수행이 곤란할 정도로 장관이 자주 교체되어 왔다. 이러한 현상은 장관의 임명이 행정적 합목적성이 아니라 임명권자인 대통령 개인의 정치적 이해관계에 따른 지위적 가치분배의 성격을 지녔기 때문인 것으로 판단된다"며 "대통령의 고유권한이라 하더라도 통치영역 내에서 고위급인사에 대해서는 일정한 검증제도를 도입하는 것이 정치권력의 남용을 위하여 필요"하다고 밝혔다. 정상화, "고위공직후보자 인사청문회 제도의 현황과 의의." 김영래 외, 한국정치학회 편,《한국 의회정치와 제도개혁》, 한울아카데미, 2004, p.288.

Politics of Custom

3

정당 뒤집어 보기

1

우리 시대의 정당

실험정당의 운명

2006년 9월 열린우리당 원내대표 김한길 의원은 지방자치선거와 보궐선거 연이은 참패를 맛보고 난 후 언론 앞에서 "열린우리당은 실험정당일 뿐이었다"고 그것도 '실패한 실험'이었다고 말했다. 실험정당이라는 정치학용어가 있는지는 모르겠지만, 한국의 정당이 아직도 실험을 계속하고 있는 것은 분명한 사실인 것 같다. 창당되었다 해산되고, 통합되었다가 분당되는 정당의 변화무쌍함은 다른 나라에서는 보기 드문 현상이다.

열린우리당은 선거에서의 참패 이후 국민들의 지지도가 급격히 떨어지는 쓰라림을 맛보아야 했다. 당지도부는 이러한 위기국면을 탈피하기 위해 외부세력과의 통합을 통해 당의 활력을 불어 넣고자 통합신당의 창당을 계획했다. 2007년 1월, 열린우리당의 통합신당파는 계속해서 두 개의 강한 펀치를 맞고 극심한 혼돈에 빠졌다. 고건 전 총리가 2007년 대통령 선거에 출마하지 않겠다는 선언을 해서 통합신당파의 유력한 대통령후보가 사라지는 황당함을 맛보았다. 그런데 며칠 후 당헌개정의 무효와 집행정지를 선언한 가처분판결이 나오면서 통합신당파가 도모하는 전당회의의 성사가 불투명해졌다. 두 사건 모두 당의 지도부가 전혀 예상하지 못한 타격이었다.

이에 따라 열린우리당 국회의원의 탈당이 이어졌다. 2주일 동안에 30명의 의원이 탈당하여 열린우리당의 의원 수는 108명 남게 되었다.[1] 열린우리당은 최초 154명의 의원으로서 원내 제1다수당이었으나 제2당으로 전락하고 한나라당이 제1다수당이 된 것이다. 게다가 2007년 2월 선출된 대통령이 열린우리당을 탈당함으로써 여당의 지위도 상실하게 되었다. 17대 국회 초 드높은 팡파르를 울리며 제1다수당과 여당의 위치에서 당당히 입성했던 당이 3년 후에 여당의 지위를 상실하고 제2당으로 내려앉게 된 것이다.

시대를 앞서간 정당

사실상 열린우리당의 창당과정은 이러한 한국 정당의 개혁을 위한 하나의 실험적 과정이었다고 볼 수 있으며, 한국 정치의 개혁이라는 면에서 그 의의를 찾아볼 수 있다.

열린우리당의 창당의 의의는 표면적으로는 정치개혁을 지향하고 과거정치를 청산하고자 하는 실험적 시도였다고 볼 수 있다. 그러나 그 이면에는 김대중 정부 이후에 펼쳐질 정권교체과정에 있어서 구 동교동계와 친 노무현계 사이의 헤게모니 싸움의 시작이었다고도 볼 수 있다. 즉, 열린우리당 창당이라는 일련의 과정은 한국 정치사에 있어서 또 하나의 권력이동의 과정이었던 것이다.

---

1) 열린우리당을 탈당한 의원들은 일부를 제외하고 원내교섭단체를 구성하여 독자적인 정치활동을 개시했다. 흥미있는 것은 탈당의원들이 그 직전까지 원내대표, 정책위의장, 정책조정위원장, 부대표 등 열린우리당의 요직을 맡았던 의원들이라는 사실이었다.

많은 이들이 기억하듯이, 구체적인 컨텍스트는 2002년 대통령 선거 전 상황들과 함께 살펴볼 수 있다. 열린우리당은 대통령 선거 전후에 드러난 한나라당의 정치자금 비리 수사로 인하여 정치 개혁과 부정부패 척결을 열망하는 시민들의 뜻을 모아 깨끗한 정치를 펼치고자 하였다.

> 열린우리당은 항일독립운동의 애국애족정신과 상해임시정부의 법통을 이어받은 건국정신 그리고 4·19혁명, 5·18과 6·10 국민항쟁 등 반독재 민주화 운동의 숭고한 가치들을 계승한다. 열린우리당은 중산층과 서민의 정당으로서 민주평화개혁세력과 양심적 산업화세력 그리고 지식정보화세력과 함께 하고자 한다. 열린우리당은 남과 북, 해외동포 8,000만 민족이 더불어 잘사는 통일신진 강국, 지식문화대국의 꿈을 실현하고자 모든 국민의 한결같은 염원을 받들어 제2창당을 선언한다.[2]

이와 같이 시작하고 있는 열린우리당의 신강령 속에는 당이 지향하는 방향이 들어 있다. 첫째, 열린우리당은 선진민주주의를 지향하며 다양한 문화적 가치와 사회경제적 권리가 절차에 따라 조화롭게 반영되는 선진 정치를 구현하고자 한다. 둘째, 열린우리당은 하나의 민족공동체를 지향한다. 남북 교류와 협력을 통해서 평화와 공동번영을 진전시키고, 나아가 점진적인 통일을 이루고자 한다. 셋째, 열린우리당은 사회통합적 시장경제의 발전을 지향함을 표방하고 있다. 기업하기 좋은 여건을 만들며 다양한 경제주체들이 함께 성장하고 국민의 다수가 더 많은 복지를 누릴 수 있는 사회통합적 경제질서를 구축한다는 것을 강령에 넣음으로써 시장경제 질서를 기반으로 하고 있

2) 열린우리당 신강령 첫 문구, www.uparty.or.kr 열린우리당 웹사이트 참조.

음을 명확하게 하고 있는 것이다.

정당의 명멸

우리나라에서는 1963년 정당법이 제정된 이후 115개의 정당이 생겼는데, 평균 수명은 3년 27일에 그쳤다. 민주공화당(1963~80)은 17년 5개월 존속하여 최장수를 기록했다. 반면 미국에서는 민주당이 215년, 공화당이 153년의 존속기간을 자랑하고 있다.

한국은 전통적으로 복수정당제 국가이지만 한국의 군소 정당의 여의도 입성은 힘들다. 2000년 4.13 총선(16대 총선) 당시 자유민주연합은 전국적으로 170명의 후보를 내고 12명의 당선자를 냈는데, 자민련은 군소정당과 주요 정당의 중간형이며 결코 순수한 중소정당도 아니었다. 군소정당인 민주국민당은 124명의 후보를 내고 오로지 1석을 얻었다. 또한 희망의 한국신당은 21명의 후보를 내고 1명을 당선시켰다. 24명의 후보를 낸 청년진보당, 21명의 후보를 낸 민주노동당, 4명의 후보를 낸 공화당 등은 1석도 당선시키지 못했다. 또한 무소속은 전국적으로 202명이었지만, 한 명도 당선되지 않았다.[3)]

한국에서는 왜 이렇게 정당이 생겼다가는 얼마 안 있어 사라지게 되는 것인지, 정당을 새로이 결성하는 동력은 어디에서 나오는지, 그리고 정당은 어쩌다가 국민의 외면을 받는 실패를 저지르게 되는 것인지. 한국인 스스로 우리의 정당은 왜 일회용 반창고처럼 가벼운지를 걱정하고 있다.

---

3) 김유남, 《의회정치론: 비교의회연구》, 삼영사, 2000, "제4절 선거체제의 정치적 영향력" 참조.

정당제도의 정착

한국의 정당제도는 외부로부터 도입된 것으로서 한국 정치에 뿌리박기까지 오랜 시간이 걸렸다. 어떤 정치학자는 한국의 의회제도의 특징이 "외부로부터 주어졌다"는 것이라고 하였다.[4] 그렇다면 한국의 정당제도 역시 "외부로부터 주어졌다"는 특징을 가질 수밖에 없었을 것이다. 한국에서 정당의 역사가 시작된 것은 대한민국 건국 이후이니 어느덧 육십여 년의 역사가 쌓였다.

정당이 국민들의 의사를 진정으로 '대표'하기까지도 시간이 꽤 오래 걸렸다. 건국 후 정당들은 국민을 통치하기 위한 기구로서의 역할을 했으며 민주적 구조를 갖지 못하였다 민주주의가 외부로부터 주어진 것이었기에 국민들은 처음에는 주어진 투표권조차 자기 마음대로 행사하지 못했고 정당에의 자발적 참여를 통한 정치적 활동은 대부분의 국민에게는 생소했다. 건국 후 반공이데올로기와 군사독재 아래에서 민주주의가 성숙하기에는 장애가 너무도 많았고 이에 상응해 정당제도도 시련을 겪으면서 발전해 왔다.

군사독재시대에는 통치자와 시민 사이의 간격이 커지고 갈등이 높아짐에 따라 정당도 권위적으로 운영되었고 민주적인 정당활동은 탄압되었다. 특히 유신시대부터 1987년 6월 항쟁 시기까지는 한국 정당정치의 암흑기였다. 이 시기에 독재정권은 경제발전을 최고의 과제로 내세우는 반면 민의를 반영하는 정당의 본연의 업무는 철저히 억압했다. 정당은 민의를 대변하는 대표기능을 수행하지 못하고 국가발전을 가로막는 견제기구로 폄하되었다. 이런 억압적 상황 아래

---

4) 백영철, "한국의 의회정치," 백영철 외, 한국정치학회 편, 《한국의회정치론》, 건국대학교출판부, 1999, p.14.

에서 정당들은 하나의 친정부 여당과 하나 또는 둘의 반정부 야당의 구도를 나타냈다.[5] 당시 민주공화당과 민정당은 여당으로서 독재정권을 보조하는 역할을 하였다.

한국의 정당은 근대정당이 성립한 이래 여러 가지의 정치실험을 시도하였고, 아직도 그 실험은 끝나지 않았다. 4.19 혁명 이후 수립된 제2공화국은 의원내각제를 도입해 개선해보고자 하였으나 정당정치의 왜곡현상을 해결하지 못하고 국민의 기대에 부응하지 못한 채 결국 실패한 실험으로 끝났다.

과거의 정당은 현재의 정당과 같은 체계가 없었다. 불과 20년 전만 해도 정당은 그저 선거를 치르기 위한 조직 정도의 개념으로 생각되어 왔다. 하지만 1990년대 이후 정당은 그 체계를 갖추어 현재는 당헌과 당규에 의해 운영되는 시스템으로 정착되어 체계적 안정성을 갖게 되었다.

세대와 이념

2002년 대선 과정에서 유권자들은 지지 후보를 결정하는 기준으로서 세대와 이념을 매우 중요성하게 여겼다. 정치학자는 2002년 대선에서의 소위 '노풍' (노무현 대통령후보 지지 움직임)을 분석하면서 이는 세대별로 지지하는 대선후보가 뚜렷하게 차이가 나타나는 '세대 정치' 를 등장시켰다고 했다.[6]

17대 총선에서는 이념과 세대균열에 의해 정당체제가 재편

---

5) 안희수, 《한국정당정치론》, 나남, 1995, p. 72.

6) 이내영, "세대와 정치이념," 《사상》, 제14권 제3호 통권 54호(2002 가을), pp. 53-55.

제17대 총선 주요 정당별 획득 의석수[7]

	열린우리당	한나라당	민주노동당	새천년민주당
지 역 구	129	100	2	5
비례대표	23	21	8	4
합 계	152	121	10	9

성되는 현상이 나타났다. 대선 2년 후 치러진 제17대 총선(2004년 4월)에서 노무현 대통령이 속한 열린우리당이 과반수 의석을 얻은 것이었다. 열린우리당은 한국 정당 역사상 최초로 정당한 절차에 따라 여대야소를 이루었다. 열린우리당은 총선 후 보수정당인 한나라당과 민주당, 진보정당인 민주노동당 등 다양한 이념을 가진 정당들과 원내에서 경쟁하게 되었다. 한국 정치체제와 정당체제에 있어 중대한 변화가 시작된 것이다. 17대 총선에서 특기할 만한 것은 선명한 진보정당인 민주노동당의 의회입성이었다. 민주노동당은 17대 총선에서 총 10석의 의석을 확보해 제3당으로 원내진출을 이루었다. 이는 새로이 도입된 1인 2표제의 효과가 나타난 것으로, 기존 지역정당인 민주당과 자민련이 저조한 정당투표를 보인 것과 상당히 대비되었다.

열린우리당의 이념성향이 과연 진보적이었는가에 대하여는 처음부터 논란이 많았다. 열린우리당의 색깔이 바뀐 것은 당내 소규모 모임들의 '파워 게임'과 연관이 있다. 진보개혁 성향의 모임들이 태동할 때는 왼쪽에 치우쳐 있다가, 중도보수 성향의 모임이 시작하면서 조금씩 오른쪽으로 이동하고 있는 것이다.[8] 17대 총선 직후에는

7) 동아일보, 2004년 4월 16일자 참조, "열린우리 152석-한나라 121석…총선 최종 투표율 60.6%"

8) 〈신동아〉, 2004년 12월 1일(통권 543호), pp.130-135. "여당 내에는 다양한 이념을 지닌 소규모 모임들이 존재한다. 좌로부터 개혁당 출신들이 주축이 된 참여

이념균열의 정당구도가 안정성을 갖고 지속될 것이라고 전망되었지만 이러한 구도는 열린우리당의 침몰로 위기를 맞이하게 되었다.

지역정당의 탈피

21세기에 접어들어 한국의 정당은 지역정당의 한계를 털어내고자 애를 썼지만 아직도 각 정당의 지역색은 사라지지 않고 있다. 17대 국회에서는 각 정당이 독자적인 정강정책을 수립하고 그에 따라 정치를 할 것을 맹세했다. 특히 진보를 표방하는 열린우리당과 민주노동당은 지역주의를 강하게 비판했다. 처음에는 지역주의가 사라진 듯 보였지만 그것은 사라진 것이 아니라 잠복하고 모습을 드러내지 않았던 것뿐이었다. 진보적 입장을 취하는 정치인들은 평상시에는 지역주의의 폐해에 대해 높은 강도로 비난했지만, 막상 선거 때가 다가오면 지역주의와 집단정서에 호소하는 이중적 행태를 보였다. 정치인이 부추기는 지역정서에 휘둘려서 표를 던지는 행태도 사라지지 않았다. 반면에 한나라당과 민주당 등 보수정당은 각 지역을 분점해 자기 당의 지지기반으로 삼음으로써 진보정당의 반지역주의 확산에 맞섰다.

한국 정치사에서 지역주의는 1987년 민주화 이후 한국 정당의 특징을 결정하는 주된 요인으로 지적된다. 1987년 민주화 이후 의회민주주의가 부활되었고, 이와 더불어 시민사회도 형성되었고 점차 정당도 사회적 대표성을 갖게 되었다. 그러나 민주화 이후에 등장한 김영삼, 김대중, 김종필의 '3김 시대'는 이념이나 정치적 성향의 차이

로운 모색(새모색)', 비상조치 세대인 40대가 주축이 된 '아침이슬', 노무현(盧武鉉) 대통령 직계 386들이 만든 '신의정연구센터', 장·차관 및 청와대 출신 의원들 모임인 '일토삼목회(一土三木會)', 당내 중도보수 성향의 '안정적 개혁을 위한 의원모임(안개모)' 등이다."

제17대 총선 주요 정당의 지역별 비례대표 득표율[9)]

	한나라당	민주당	열린우리당	자민련	민노당
서울/경기	36.7%	7.3%	40.4%	2.1%	13.5%
충청	26.3%	2.5%	42.7%	16.7%	11.7%
대구/경북	49.3%	1.5%	26.7%	11.5%	11.0%
부산/경남	48.7%	1.7%	33.7%	0.8%	15.1%
광주/전남	2.6%	34.0%	50.3%	0.8%	12.3%
전북	3.6%	14.2%	69.8%	0.9%	11.5%
강원/제주	39.6%	4.1%	41.4%	1.3%	13.5%

에 의한 구분이 아니라 영남, 호남, 충청이라는 지역적 기반을 바탕으로 한 정치활동의 차이를 보여주었다. 3김 시대에 국민들의 정치적 의사는 자기가 속한 지역에서 지도자를 배출하려는 경쟁으로 치달았고 이에 따라 한국의 정치는 지역정치로 변화되었다. 이러한 정치적 상황에서 정당은 각 지역을 대표하는 곳으로 전락하였다.

2002년의 대통령 선거에서는 지역주의가 약화되고 이념적 지형이 확장되었다. 이러한 바람에 힘입어 탈지역주의자들은 호남지역의 색채가 강했던 민주당으로부터 벗어나 새로운 정책지향 정당을 창당하게 되었다. 열린우리당은 3김 정치 청산과 지역주의 탈피를 표방하고 창당되었다.

<표>에서 볼 수 있듯이 열린우리당은 대구·경북 지역에서만 20%의 지지를 받았고, 나머지 지역에서는 30% 이상의 높은 지지를 획득했다. 특히 부산·경남지역에서의 변화가 갖는 의미가 컸다. 지역구에서는 3석을 얻는 데 그쳤으나, 정당투표에서는 33.7%를 얻는 성과를 거두었다. 이는 이 지역에 기반한 정당인 한나라당이 얻은

9) 국민일보, 2004년 4월 17일자 참조.

48.7%와 비교해 크게 뒤지지 않는 결과였다. 이로써 열린우리당은 전국정당이라는 창당목표에 한발짝 다가선 것으로 평가되었다.

열린우리당은 총선 승리 3년 후 지역주의 탈피의 창당정신이 퇴색되는 위기를 맞이하였다. 열린우리당의 선거참패는 결국 지역주의 정치풍토의 부활에 기인한다고 분석될 수 있다. 열린우리당은 처음부터 자신을 맹목적으로 지지해 주는 고유한 지역기반을 갖지 못했다. 창당할 때에 주장했던 진보성이 여당으로서의 정치타협의 과정 속에서 엷어지게 되었고, 이러한 이념탈색은 지역주의 정치가 부활하는 소용돌이를 막아내지 못하고 스스로 그 탁류에 휩싸여 떠내려가게 되었다. 결국 열린우리당은 진보진영도 잡지 못하고 특정한 지역도 잡지 못하는 양면에서의 취약함을 드러내게 되었다.

열린우리당이 그 지지기반의 한계를 드러내어 붕괴 직전에 놓이게 되자, 일부의 당지도부와 당원들은 민주당과의 합당이 시급하다고 주장했고 다른 일부는 민주당과의 합당은 지역주의를 부활시키는 것이므로 피해야 한다고 주장하는 당내 분열이 생겼다. 호남지역의 민심을 얻기 위해 당의 지역주의적 색채를 보완해야 할 현실적 필요성과 초지일관하여 지역주의를 극복하려는 이념중심의 당 방침이 서로 충돌하게 된 것이다. 결국 열린우리당 의원 중 일부가 탈당하였고 이들은 2007년 6월 민주당과 통합했다.

정치인이 국민들의 지역정서를 자극하여 표를 얻고자 하는 현실적인 욕구가 사라지지 않는 한, 현실 정치세계에서 지역주의를 완전히 극복하기는 어려울 것이다. 하지만 영남, 호남, 충청의 세 갈래로 나누어진 지역주의를 극복하려는 의지가 없이는 한국 정치가 더 발전하지 못하리라는 점도 명심할 필요가 있다.

지역정당의 문제는 국민이 정당을 선택하는 기준이 그 정책

방향에 있지 않고 지역기반에 있다는 점이다. '지역'은 정치적 경쟁을 반영하는 균열선이 아니라 국민들의 의사를 정치에 반영하는 과정을 왜곡시켜 민주정치의 걸림돌로 작용했다. 이런 상황에서는 정당의 정강정책은 중요하지 않고 오로지 주민들의 지역감정을 자극하는 것만이 정치적 승리를 얻는 길이 된다.

계보정치의 쇠퇴

한국 정치를 지배해 왔던 정치문화 중 가장 뿌리 깊은 것이 아마도 계보정치일 것이다. 예전 정치는 보스가 돈과 공천권을 가지고 의원들을 관리하고, 보스의 지도 아래 일사불란하게 움직였다. 그런 연줄이 계보였다. 하지만 지금 그런 식의 계보는 사라졌다. 정치자금의 투명한 운영시스템 아래에서 돈을 나누어 줄 수 없게 되었고 공천권도 독점하지 못하게 된 당의장은 과거 계파를 거느리던 절대적 지배권을 상실하게 되었다.

계보정치의 구습은 사라졌지만 다른 의미의 계보정치는 아직 잔존하고 있다. 정치적 결단력 있는 리더와 뜻을 같이 하는 정치인들이 있고 그들이 무리를 지어 단일한 의사를 표명하고 있어 새로운 의미의 계보를 구성하고 있다. 기자들은 종종 국회의원들을 무슨 계 무슨 계로 분류해서 그들의 정치적 성향을 식별한다. 언론은 열린우리당 소속 의원들을 정동영계, 김근태계, 노무현 직계 등으로 구분하였고 한나라당 의원들은 박근혜계, 이명박계 등으로 분류했다. 인물을 중심으로 한 계파적 요소가 여전히 존재하는 것은 사실이지만, 세밀히 관찰하면 각 의원의 정치적 성향과 이념을 대표하는 사람을 정점으로 정치세력을 형성하고 있는 것을 알 수 있다.

지금의 계보는 예전의 계보와 그 성격이 달라졌다. 대선후보를 중심으로 그들을 추종하여 대권을 손에 쥘 꿈을 꾸는 실리적인 계산이 깔려 있는 경우가 많다. 열린우리당 창당 초기에는 개혁, 중도, 실용과 같이 의원들의 이념 성향에 따라 계파를 구분했다. 그러나 이 계파는 지속적이지도 않고 단선적이지도 않았다. 한 명의 의원이 동시에 여러 리더를 추종하는 경우도 있고 정치상황이나 안건에 따라 추종세력을 바꾸는 경우도 흔히 있었다.

서민적 당사

과거 정치의 중심이 국회가 아니라 당사였다는 비판이 있었다. 정치부에서는 국회를 담당하는 기자를 정당출입기자라고 불렀다. 당 3역과 대변인 모두가 국회가 아닌 당사로 출근하고 기자들도 당사로 갔다. 국회의 회기가 시작되어도 이러한 현상은 같았다. 그래서 정당은 당사를 폐지하고 국회 내부로 들어가야 한다는 지적이 있었다. 중앙당사를 폐지하여 국회를 국정의 중심부로 만들어야 한다는 것이었다.

17대 국회에는 이러한 당사정치가 많이 사라졌다. 당대표를 비롯한 당직자들은 국회에 머무르며 의정활동과 정당활동을 병행하는 것이 편리하다고 여겼다. 정치부 기자들도 국회에 더 많이 머물렀다. 하지만 당사정치가 없어진 것은 아니었다. 당직자도 원내대표 및 원내직과 당의장 및 당직자로 구분되어 당의 활동은 원칙적으로 당사에서 행해졌다. 당에도 기자실이 마련되어 기자들은 국회와 당사를 왕래했다. 당의장이 국회의원일 때에는 국회의 당의장실을 자주 이용했지만 정동영 열린우리당의장, 민주노동당의장과 같이 국회의원이 아닌 당의장의 경우에는 당사를 애용하였다.

각 정당들은 17대에 들어와 당사를 시장 등 서민적인 장소로 옮기거나 천막을 치고 야외당사에서 추위를 견디는 등 국민들에게 백의종군하는 모습을 보이기 위해 노력했다. 17대 총선의 선거이슈가 된 것이 대선 불법자금의 모금과 은닉의 문제였기에 각 정당은 불법 정치자금으로 마련한 호화스러운 당사에 대해 죄의식을 가지고 그 건물에서 나올 것을 약속했다.[10)]

열린우리당과 한나라당 당사 비교

10) 한나라당의 당사는 한때 서울 여의도 중소기업종합전시장이 있던 자리에 천막으로 가설한 가건물이었으며, 열린우리당 역시 여의도를 떠나 영등포구 문래동의 시장 옆 당사로 자리를 옮겼다.

2

정당의 인적 구성

세대교체와 386

21세기에 접어들어 한국 정치계의 새로운 이슈는 386세대의 정치 전면 등장이었다. 이와 더불어 386세대가 급격히 권력의 이미지와 중첩되는 현상을 보였다. 노무현 대통령의 당선 이후 참여정부가 출범하게 되자 386세대가 정권을 장악했다는 이야기들이 공공연히 나왔다. 그러나 2002년 당시에는 30대의 1980년대에 대학을 다닌 1960년대 출생한 세대를 일컫는 386세대가 무엇인지 알지 못하는 사람들도 많았고, 그러한 세대의 존재 자체를 부정하는 사람도 많았다.

한 사회학자는 386세대가 존재한다고 말하면서, "386세대의 진정한 의미는 직접 권력으로 진입하는 단순회로에 있는 것이 아니라 이를 우회하는 보다 풍부한 상징과 문화, 인간 주체의 형성에 있다" 고 하며 그 특징을 다음과 같이 분석하였다.

> "386세대의 자아정체성이나 사회에 대한 기본태도는 연속성을 보이나 고민의 내용이나 문제해결방안 등은 옛날보다 훨씬 유연해진 것으로 볼 수 있다. 즉 이들은 사회의 부조리나 권력의 비민주성 등에 관해서는 아직도 강한 도전의지를 공유하는 데 비하여 과거의 이념

적 편향이나 이로 인한 실천방식 등으로부터는 많이 자유로워졌다는 것이다."[11]

386세대 정치인들은 사회의 새로운 지평을 열고 정치인의 세대교체를 이루었다는 점에서 의의를 가진다. 또한 합리적 사고와 개혁성을 반영하였다는 것에서 기존 정치를 변화시켰다는 평가를 받는다. 그러나 386세대는 아(我)와 피아(彼我)의 구분을 명확히 하여 정치영역에서도 이를 적용하는 성향이 있다는 한계를 보였다. 또한 가치지향성을 가지고 있어서 가치실현을 위한 타협이 불가능하며, 시민단체와 진보학계와의 연대가 많아지면서 정책을 속도감 있게 추진하지 못 한다는 한계를 가지기도 한다. 앞으로 이 정치인들이 기존 질서와 타협하고 순응하기보다는 다시 한번 자신들의 지향점을 향해 갈 수 있기를 바란다. 또한 비전을 제시하고 현실적인 대안을 만들어 내는 실력을 더불어 갖추는 것이 필요할 것이다.

17대 총선결과를 놓고 볼 때 가장 큰 특징으로 꼽을 수 있는 것은 초선의원의 비율이 188명으로 전체(299명)의 63%에 달했다는 것이다.[12] 특히 50대 이하 젊은 의원이 무려 250명에 달하는 급격한 세대교체가 이루어졌다. 이러한 젊은 세대의 원내진출은 이들의 참신함과 순수성에 기대를 걸고 기성 정치인들과는 다른 새로운 정치를 펼쳐나가기를 바라는 국민들의 열망이 모인 결과였다. 특히 언론은 1980년대에 한국 민주화 운동의 중심을 이루었던 40대들을 가리켜

---

11) 진정 외, 한상진 편, 《386세대, 그 빛과 그늘: 암울했던 80년대 대학생들의 순수와 열정과 방황의 기록》, 문학사상사, 2003, p.13.

12) '초선 63%' 물갈이 거셌다, 한겨레, 2004년 4월 16일자, http://www.hani. co.kr 참조. 13대 국회의 초선의원 비율은 55.9%, 14대는 39.1%, 15대는 46.2%, 16대는 40.7%였다. 초선의원 비율은 열린우리당이 71.7%(109명)로, 한나라당의 50.4%(61명)보다 훨씬 높았다.

'386세대' 라고 불렀다. 국민들은 민주화 투쟁의 역사적 경험을 지닌 '386세대' 를 제도권으로 들여보냄으로써 그들이 지닌 민주적 가치와 역사의식이 정치에 긍정적으로 반영되기를 기대했다.

이러한 세대교체의 바람은 17대 국회가 본격적으로 개원하면서 국회 내에 많은 변화를 몰고 왔다. 386정치인들은 형식과 격식을 따지기보다 탈권위주의적인 모습을 보였으며 각자 소신껏 행동했다. 의원들의 옷차림에서부터 국회 본회의장 표결형태에 이르기까지 상당한 변화와 혁신을 가져왔다. 과거에는 국회의원하면 운전기사가 딸린 검정색 대형세단을 떠올렸지만 이들은 의원 개인의 사정과 편의에 따라 소형차나 승합차를 이용하는 경우가 많았다.[13] 그래서 개원일에 소형 중고차를 몰고 등원한 의원이 의사당 입구에서 출입을 통제당하는 해프닝이 있었다. 그들은 국회의원 전용 엘리베이터를 폐지하는 등 종전의 국회의원들이 누렸던 크고 작은 특혜들을 스스로 없애고 과거의 권위적 자세에서 벗어나려는 노력을 기울였다. 이로 인해 국회에는 탈권위의 바람이 곳곳에서 부는 등 긍정적인 변화가 시작되었다.

대통령과의 단절

과거 대통령은 입법, 사법, 행정의 모든 영역에서 제왕적 지위를 누렸다. 군사독재 시절 대통령에의 권력집중현상은 많은 폐해를 가져 왔고 민주화 이후에도 이러한 현상이 일시에 사라진 것은 아니었다. 과거 대통령은 여당 총재를 겸직했다. 대통령이 정당의 총재를 겸직하면 권력의 집중현상이 매우 심해진다. 행정부와 입법부를 동시

13) 연합뉴스, 2005년 5월 29일자, '17대 국회 1년 달라진 풍속도' 참조.

에 장악하게 되면 그 시너지효과로서 권력은 걷잡을 수 없이 강해지기 때문이다. 거대권력에 대하여는 헌법에 규정된 견제와 균형의 원칙이 허물어지게 된다. 과거에는 대통령의 집권기간 동안에 그 측근에 비리가 있어도 수사나 처벌을 할 수 없었다. 집권기간이 종료되거나 종료될 즈음이 되어서야 대통령과 그 측근의 비리에 대한 수사가 시작되어 대통령이 임기를 마치면 감옥으로 거처를 옮겨가는 일이 반복되었던 역사가 이를 말해 준다.

대통령은 정당의 이익에 구애받지 않고 국가원수로서 국정운영에 전념하는 것이 바람직하다. 정치학자들은 대통령이 당적도 가져서는 안 된다고 말한다. 대통령이 당적을 갖지 않을 때 정치발전이 온다고 한다. 선거 당시부터 당 총재의 지위와 대통령 후보자의 지위를 분리함으로써 정당 내부조직의 민주화, 분권화를 달성할 수 있다고 한다.[14)]

노무현 대통령의 경우 대통령이 여당 당의장을 겸하지는 않았다.[15)] 그는 열린우리당의 당원이었다가 2007년 2월 6일 탈당하여 당적을 정리했다.[16)] 2004년 5월 20일 열린우리당에 입당한 지 2년 9

---

14) 신진, 《정당과 선거제도 개혁》, 충남대학교출판부, 2004, p.48.

15) 노무현 대통령은 지난 5월 29일 첫 번째 고위 당 · 청 협의회의에 이어 두 번째로 가진 오늘 회의(대통령 참석은 처음)에서 먼저 당 · 청 관계와 관련 당 · 정 분리 원칙을 재확인하고 "당과 국회 운영에는 불간섭 원칙을 견지하겠다" 면서 "평당원으로서 당을 지원하는 일은 하되 간섭은 하지 않겠다" 는 점을 밝혔다고 윤태영 청와대 대변인이 전했다. 오마이뉴스, 2004년 6월 4일자 참조.

16) 노무현 대통령은 28일 오전 열린우리당에 탈당계를 제출하며 공식으로 당적정리 절차를 밟았다. 또 '열린우리당 당원 여러분께 드리는 글' 을 통해 (중략) "저는 비록 지금 당적을 정리하지만 열린우리당의 성공을 바란다. 저는 저에게 주어진 소임을 마지막까지 최선을 다해 수행하겠다. 임기가 끝나는 그 순간까지 국정운영의 끈을 놓지 않기 위해 노력하겠다. 한국 정치발전이라는 역사의 큰 길에서 언젠가 여러분과 다시 함께 어깨를 같이 하게 되기를 기대한다" 고 적었다. 중앙일보, 2007년 2월 28일자 참조.

개월여 만이다. 현직 대통령이 여당 당적을 포기한 것은 1992년 노태우, 1997년 김영삼, 2002년 김대중 대통령에 이어 4번째다.[17)]

당의장과 최고위원

정당이란 정치적인 주의나 주장이 같은 사람들이 정권을 잡고 정치적 이상을 실현하기 위하여 조직한 단체이다. 정치학에서는 정당을 정치권력의 획득을 목표로 공통된 정책에 입각하여 일반적 이익을 증진시키고자 결합한 정치결사체로 본다. 대부분의 정당은 당원들의 의결기구인 전국대의원대회(전당대회)를 정점으로 집행기구는 중앙위원회 등 위원회와 당의장(당대표)을 정점으로 한 사무처로 구성되어 있다.

정당의 당의장(당대표)은 그 정당의 성격을 나타내 준다. 정당이 민주화된 이후 당의장(당대표)은 전국대의원대회에서 선거를 통해 선출되는 것이 원칙이다. 정당에 따라 당의장이 자주 바뀌기도 하고 장기집권하기도 한다. 대개 보수정당의 경우에는 당대표의 리더십이 지속적 · 안정적인 편이고, 반면에 진보정당의 경우에는 당의장이 단명하는 경향이 있다. 17대 국회 동안 한나라당은 박근혜 당대표로 출발한 후 그녀의 대권출마 때문에 강재섭 대표로 교체되었을 뿐 매우 안정적인 리더십을 보여주었다.[18)] 반면에 열린우리당에서는 3년 동안에 열 명의 당의장이 바뀌는 변화를 겪었으며 그 과정에서 당의장의 리더십은 매우 약화되었다.[19)]

---

17) 조선일보, 2007년 2월 28일자 참조.

18) 한나라당은 2004년 3월 6차 전당대회를 통해 박근혜 당대표가 선출되었고, 2004년 7월 7차 전당대회를 통해 박근혜 의원이 대표최고위원으로 계속 선출되었으며, 2006년 7월 8차 전당대회를 통해 강재섭 대표최고위원으로 교체되었다.

당의장(당대표)의 실질적 권한은 정당의 성격에 따라 다르다. 당헌에 나타난 권한을 보면 당마다 큰 차이는 없다. 당의장은 당을 대표하고 당무를 총괄하며, 집행의결기구인 중앙위원회의 의장이 된다. 당의장은 각종 회의를 주재하며, 당무 전반에 대한 조정 및 감독 권한을 가진다. 또한 정치결사체로서 가장 의미 있는 권한인 공직선거의 후보자를 추천할 권한을 갖는다. 그러나 당의장이 제왕적 총재로서 군림하는가 아니면 권력분산의 집단지도체제의 의장 역할을 맡을 뿐인가에 따라 그 실제 권한에는 큰 차이가 있다. 보수정당에서는 당대표가 정치자금과 선거후보 공천에 상당한 영향력을 가지는 한편, 진보정당에서는 집단지도체제를 취하여 당의장의 권한이 그리 크지 않다.

최고위원회는 당의장과 더불어 당의 최고의결기관을 구성한다. 최고위원은 당의장과 마찬가지로 전당대회에서 선거를 통하여 선출된다. 열린우리당에서는 투표에서 1위 득표자가 당의장이 되고, 차순위 순으로 최고위원에 선출되었다. 그리고 당의장이 궐위된 경우 최고위원이 순위에 따라 그 직을 승계하게 되어 있다.

중앙위원회와 지역대표

열린우리당의 창당으로 인한 정당개혁 중에는 중앙위원회의 권한강화가 포함되었다. 중앙위원회는 과거 정당의 당무위원에 해당하는 의결기관으로서 참여정치의 산물이라고 할 수 있다. 지역의 중간급 대표로 구성된 중앙위원회는 당 운영의 새로운 활력이 되었다.

---

19) 열린우리당은 2003년 11월 11일 창당 이후 2007년 2월 14일 전당대회까지 열 번째 당의장이 선출되었다. 지방선거 참패와 창당주역의 탈당 등 시련을 겪을 때마다 당의장과 지도부는 그 책임을 지고 물러나거나 비상대책위원회로 권한을 이양하였다.

이로써 "당의 힘은 당원으로부터 나온다"는 이상적인 정당구도가 정착되었다.

열린우리당의 중앙위원회는 지역대표로 구성된 당무 집행에 관한 최고의결기관이다. 각 정당마다 명칭은 다르지만 중앙위원회와 같은 의결기관을 통해 집행기능을 하고 있다. 중앙위원회는 전국의 시도별 지역대표로서 선거를 통해 선출되며, 각 직능대표성을 살려 청년, 여성, 노인 등 대표성에 따라 선출 또는 임명되기도 한다. 각 시도당 경선에서 당원의 직접선거를 통해 선출된 중앙위원은 과거보다 훨씬 강한 권한을 가졌다. 중앙위원회는 강령과 기본정책의 유지를 위한 투표부의권, 당헌개정안의 발의, 당헌·당규의 유권해석, 예산과 결산의 심의 의결, 전국대의원대회의 위임사항 처리 등 당의 집행권한을 가지고 있다. 열린우리당의 주요 당무집행은 중앙위원회를 통해 최종적으로 결정되고 집행되었다.[20)]

대의제 민주정치의 축소판인 중앙위원회는 효율성 면에서는 뒤졌다. 당무집행이 회의체에 의존하다보니 자주 중앙위원회를 소집해야 했다. 각 지역의 위원들이 중앙에 모이기가 쉽지 않아 의결정족수를 채우기가 어려웠으며, 이념과 관련된 의제에 관하여는 격한 토론이 벌어져 당론을 하나로 모으기가 어려웠다. 또한 중앙위원회의 토론에서는 이념적 선명성을 주장하는 사람이 갈채를 받기 마련이었고 현실과의 타협점을 모색하려는 지도부의 권고는 번번이 거절되었다. 토론에서는 국회의원인 위원과 그렇지 않은 위원 사이의 의견대립이 매우 심해져 갔다. 의원들을 중심으로 한 현실 정치세력과 이념성이 강한 당원들 사이에 간격이 생긴 것이 중앙위원회를 통해 표출

20) 중앙위원회는 정기적으로 소집되지만, 당의장 또는 지도부가 필요하다고 인정하면 소집할 수 있다.

되기 시작한 것이다. 점차 당의 지도부는 중앙위원회를 소집하는 것을 번거롭게 여기게 되었고 중앙위원들은 지도부가 자기들을 소외시킨다고 불만을 품게 되었다.

2006년 열린우리당 지도부는 지방자치제의 선거에 이어 보궐선기에도 패배하자 중앙위원회의 권한을 박탈하고 당을 효율적으로 운영하기로 결심했다. 당 소속 국회의원들은 당의 비상사태를 선언하고 비상대책위원회를 꾸려 그곳에 중앙위원회의 권한을 모두 이양하였다. 비상대책위원회는 열린우리당의 특성이었던 기간당원제를 폐지하는 당헌 개정안을 통과시켰다. 이 당헌 개정은 국회의원이 아닌 중앙위원들의 분노를 샀고 이들은 비상대책위원회의 결정에 불복하여 법원에 그 무효의 확인 및 가처분을 청구하여 법원에 의해 받아들여지는 사태에 이르렀다. 결국 열린우리당에서 시도했던 지역대표에 의한 대의제 민주정치는 유감스럽게도 시행착오를 겪다가 쇠퇴하고 말았다.

전당대회의 활기

전국대의원대회(전당대회)는 참여민주주의를 실천하는 통로이자 마당이다. 전당대회에는 많은 당원들이 직접 참여하여 당의 어제와 오늘, 그리고 내일의 모습을 정리하고 결정한다. 당이 어려울 때 당이 새롭게 서는 장으로, 당이 좋을 때는 더 노력하자는 의기투합의 장으로 당의 진로를 잡아 나간다.

전당대회는 대개 대의원들이 모인 축제의 자리로 꾸며진다. 각 정당은 민주정당을 표방하므로 주요한 정책은 당원대표가 모여 결정하게 되며, 당원대표가 모인 회의를 전국대의원대회(전당대회)라고

전당대회의 모습

한다. 전당대회는 명실공히 당원을 대표하는 당의 최고대의기관이다. 정치적인 시각에서 전당대회는 당의 정치적인 힘과 의지를 볼 수 있는 자리이다. 그래서 각 당은 전당대회에서 자신의 활기 있음을 보여주려고 여러 행사를 기획한다. 우선 많은 대의원을 참여시키는 일이 중요하므로 전국에서 대의원을 참석시키기 위한 노력이 벌어진다. 각 시도당은 전세버스를 동원하여 대의원을 전당대회가 열리는 대형체육관으로 실어 나른다. 정치자금법의 제약으로 과거와 같은 음식제공은 받을 수 없지만 대의원들은 체육관 빼곡히 들어앉아 구호를 외치고 박수를 친다. 당의장 선거가 있는 전당대회에서는 행사장 밖에 선거운동원들이 떠들썩하게 구호를 외쳐 마치 번잡한 시장바닥 같은 인상을 준다.

전당대회는 당의 핵심적 사항을 결정할 권한을 가진다. 당헌의 개정과 변경 및 강령과 기본정책 채택과 변경, 당의 지도부 선출,

당의 해산과 합당 등의 사항 등 당의 중요한 사항은 모두 반드시 전당대회의 결의를 거쳐야 한다. 실제로 수천 명의 대의원이 모인 자리에서 당의 정책을 토론하는 일은 불가능하기 때문에 대개는 전당대회 준비위원회가 꾸려져 그곳에서 안건을 사전심의하고 대강의 합의점을 찾아두고 전당대회장에서는 합의된 대로 안건을 제시하여 박수로 통과시키게 된다. 당의장이나 최고위원 등의 선거가 있는 때에는 대의원 전원의 무기명투표가 행해짐이 원칙이다.

2004년 이래 각 정당은 전자투표 장치를 설치하여 신속하게 투표결과를 확인하고 명확한 투표성향 분석을 함으로써 전자투표시대의 막을 열었다. 열린우리당은 창당 초기부터 전자정당(e-party)을 구현하기 위해 노력한 결과 전자당원증을 도입하여 당원들의 당비 납부, 신분 확인 등 여론수렴의 기회를 전자화하고자 노력하였다. 그밖에 전자정당제의 일환으로 전자투표를 통한 당내 경선[21]을 시도하였다. 1만 1,000여 명이 모인 전당대회에서 2시간 동안 1인 2투표 방식으로 전자투표를 통해 2초 만에 오차 없이 당선자를 도출해 내었다. 전자투표를 통한 당내 경선은 디지털 전자정당의 면모를 가장 뚜렷하게 보여주었다. 그 후 전자투표제는 각 정당의 당내 선거에 보편화되었다.

전당대회는 어느 정당에서나 가장 중요한 결정권을 갖지만 열린우리당에게 있어서 전당대회는 특별한 정치적 의미를 가졌다. 열린우리당은 정치적 고비 때마다 새로운 지도부 선출 등 전당대회를 통해 분위기를 반전하려는 노력을 계속해 왔다. 특히 2007년 2월 14일의 전당대회는 당의 사활을 갈라놓는 중요한 의미를 가졌다.

21) 2004년 1월 11일, 열린우리당 전당대회에서 1인 2표의 전자투표 방식을 통하여 정동영 전 의원이 의장으로 당선되었다.

열린우리당의 전당대회는 정당 세력의 변화와 상응하여 그 행사의 모습도 달라졌다. 처음에는 화려한 잔치를 연상시키는 활기가 넘쳐났고 당지도부의 선거에 경선제를 도입하여 떠들썩한 선거운동으로 대의원들은 흥분했었다. 아시아 각국에서 온 정당지도자들이 전당대회의 활기찬 진행방식과 전자투표제를 시찰하기 위해 참관하였다. 그러나 세가 약해진 2007년 2월의 전당대회에서는 당지도부를 미리 내정해 두고 대의원들의 인준을 받는 형식으로 간단하고 조용하게 진행되었다.[22] 종전의 전당대회에서 전자투표장이었던 공간은 기자석으로 바뀌었다. 이 전당대회를 앞두고 23명의 의원들이 집단으로 탈당하는 등 당이 위기에 봉착했으므로 전당대회에서 당의 진로를 결정해야 했는데 준비위원회에서 의제를 선정하는 데에 상당한 진통을 겪었다. 열린우리당은 이 전당대회에서 당지도부를 무투표 추대하고 장래 통합신당을 결성하는 준비를 할 것을 요구함으로써 '시한부 정당'으로 변하였다.

지구당 폐지와 당원협의회

과거에는 정당의 중앙당 아래에 지구당이라는 하부조직을 두고 현역의원이나 원외위원장이 지구당을 운영하였다. 지구당 제도는 당과 지역의 민심을 연결하는 최일선 하부조직으로서 선거를 준비하는 일선기지로서 활용되었다. 그러나 지구당은 실제 운영에서 많은 폐해를 낳았다. 지구당이 지역민심을 수렴하는 장소가 되지 못하고,

22) 2006년 당의장 자리를 놓고 정동영 전 의원과 김근태 의원이 빅매치의 경쟁을 벌였던 전당대회에서 대의원 출석률은 76%이었지만, 2007년 2월에는 힘든 동원의 결과에도 불구하고 참석률이 62%였다.

위원장 개인이 다음 선거의 당선을 준비하기 위한 사전 선거운동의 장으로 이용되었다. 위원장은 지구당의 선거운동 조직을 운영하고 사무실을 유지하기 위해서 많은 돈을 필요로 하였다. 지구당은 소위 '돈 먹는 하마'로 불릴 정도였다. 정치인은 이 돈을 조달하기 위해 검은 정치자금을 받을 수밖에 없었고 지구당을 둘러싼 부조리한 먹이사슬 구조를 끊어야 할 필요가 있었다.

16대 국회 말 대선불법자금의 수사에 자극받아 국회에서는 정치개혁을 위한 제도적 장치를 마련하고자 하였고, 정치개혁의 한 과제로서 지구당 폐지가 채택되었다. 이어진 17대 총선에서 선거운동의 큰 변화로서 '지구당 폐지'의 시행효과가 정치자금법 개정으로 선거비용의 투명성이 강화된 것과 함께 나타났다. 지구당이 폐지되고 선거 운동원에게 수당을 지급하는 것이 금지됨으로써 선거에서 조직을 동원하는 일은 훨씬 줄어들었다. 이로써 과거 지구당 폐해는 일단 사라진 것으로 평가되었다.

지구당의 폐지를 보완하는 제도로서 당원협의회가 설치되었다. 당원협의회는 지역단위로 당원이 당의 일에 민주적으로 참여하여 당을 함께 운영해 나가는 자치위원회이었다. 당원협의회는 국회의원 지역구별로 설치되고 당원을 중심으로 자체적으로 운영된다. 당원이 직접 당원협의회에 참여하여 활동함으로써 정당의 세포 역할을 한다.

당원협의회의 장을 당협운영위원장이라고 한다. 당협운영위원장은 지역의 당원들이 선거를 통해 민주적으로 선출한다. 당협운영위원장은 당원의 조직화와 교육을 담당하여 지역의 대표로써 중앙당 운영에 참여한다. 당협운영위원장은 당원들의 직선에 의해 선출된 만큼 권한도 크다. 당협 산하의 각종 조직을 총괄하고 실제적인 당무의 참여도 보장된다. 당협운영위원장을 둘러싼 경쟁이 지역마다 치열하다. 지구당 폐지 이후 운영위원장은 종전에 국회의원이나 원외지구당 위원장과는 달리 자신의 선거출마를 위하여 당협을 운영하는 것이 금지되었다. 그러나 점차 당원협의회는 당해 지역의 국회의원에 의해 간접적으로 조종됨으로써 종전의 지구당과 유사한 성격을 갖게 되었다. 지역에 개인사무실을 내고 있는 국회의원들은 어차피 사무실 유지비가 들 바에야 종전과 같은 지구당제를 부활시키는 것이 실질적이라고 비판하기도 한다.

기간당원제의 시도

정당의 힘은 당원의 숫자와 충성도에서 나온다. 그래서 각 정당은 당원을 많이 모집하고 그들의 적극적 참여를 독려하느라 분주하다. 과거의 정당은 당원의 숫자를 부풀리기 위해 종이당원, 유령당원 등 각종 수법을 동원했었지만 현재에는 이러한 것은 금지되어 있다. 정당의 당원은 그 당을 지지하는 사람들로 구성된 당의 기초단위이다. 당의 강령과 기본정책에 찬성하는 사람이면 누구든지 정당이 정하는 바에 따라 당원이 될 수 있다. 당원은 정당에 가입함으로써 정당 당원으로써의 권리와 의무가 생기는데 우선 당직 및 공직후보 선거권과 피선거권, 당의 정책입안과 의사결정에 참여할 수 있는 권리, 당의 조직 활동에 참여할 수 있는 권리, 당의 활동에 관하여 의견을 제출할 수 있는 권리를 갖게 된다.

열린우리당은 2003년 11월 창당과 동시에 기간당원제를 도입하여 당원제도의 획기적인 변화를 도모했다.[23] 기간당원제를 정당

23) 2002년 대선 당시 '노풍'으로 대표되는 일반국민들의 자발적 정치참여의 열망을 열린우리당이라는 제도권 정당을 통해 구현하고자 시도하였다.

개혁의 상징으로 삼은 것이다. 기간당원제를 채택함으로써 당원이 진정으로 당의 주인 되는 정당이 건설된다는 것이었다. 기간당원이란 과거의 조직 동원 성격의 소극적 당원이 아니라 당원이 직접 당비를 납부하면서 당의 주인으로써 직접 당 운영에 참여하는 사람을 말한다. 기간당원은 소위 핵심열성당원을 말하며, 최근 6개월 이상 일정 당비를 납부하고 당 행사에도 일정 부분 참여해야 기간당원으로서의 자격이 주어졌다. 열린우리당은 한때 이러한 열성기간당원들이 50만에 이를 정도로 기간당원제가 정착되었었다.[24)]

하지만 열린우리당의 기간당원제는 시험에 그치고 말았다. 기간당원의 과도한 참여의식이 당의 효율적 운영에 방해가 되었고 기간당원 사이에 그 정치적 성향에 따라 파벌이 생기는 부작용을 낳았기 때문이다. 2006년 초에 터진 당비대납파동, 열린우리당 지지율 하락, 노무현 대통령 국정지지도 하락, 2006년 5.31 지방선거 참패 등 여러 가지 요인으로 당원이탈이 급속도로 늘어 2007년에는 8만 명으로 줄었다.[25)] 그러자 당원들 사이에 기간당원제의 존폐를 둘러싼 찬반논란이 끊이지 않았고 기간당원제 논쟁은 당의 정체성 논쟁으로 확대되는 조짐을 보였다.

열린우리당의 정당개혁의 핵심과제로서 추진되었던 기간당원제는 당의 지지도가 하락하자 당을 폐쇄적 구조로 만들었다는 비판과 함께 막을 내리게 되었다. 2007년 1월 29일 열린우리당은 중앙위원회에서 기간당원제를 폐지하고 기초당원제로 변경하기로 결정하였다.[26)] 기간당원제도가 열린우리당의 잇따른 선거패배의 원인이므로

24) 50만 명은 2006년 2월 18일 열린우리당 전당대회에서 발표된 숫자이다.
25) 이 숫자는 2007년 2월 14일 열린우리당 전당대회를 기준으로 한 것이다.
26) 2007년 1월 29일 열린우리당 중앙위원회는 찬성 62대 반대 1의 압도적인 지지로 기초당원제로 변경하였다.

그 책임을 피할 수 없다는 내부평가가 대세였다. 이념정당으로서의 기간당원제도는 바람직하지만, 현실 정치 속에서 대중 속으로 파고드는 대중정당으로 성장하는 데는 일정한 한계를 노출한 것이라는 지적이었다. 당지도부는 이러한 한계 시정을 위해 새로운 대안을 제시하였으나, 중앙위원회에서는 기간당원제의 유지의견이 많아 지도부와의 갈등이 표출되었다. 정비된 기초당원제에 의하면 기간당원보다 자격요건이 완화되어 당원의 숫자가 쉽게 늘 수 있게 되었다. 최근 3개월의 일정 당비를 납부하거나 연 2회 이상 당행사에 참여할 것, 또는 당에 공로를 세운 자에게 기초당원의 자격이 주어진다.

기간당원제에 관한 평가는 다양했다. 당원이 주인이 되는 정당을 건설하고자 하는 민주적 정당운영에 필수적인 제도라는 평가도 있었지만, 한국의 정치현실 속에서 기간당원제는 정당을 폐쇄화시키고 과도한 정치논쟁으로 정당 내의 파벌을 조성하게 된다는 부정적 평가가 지배적이었다. 당원의 권한은 강화되지만 정당에 진입을 까다롭게 만들기 때문에 대중정당으로 발전해 나가는 데에 방해가 되는 것은 분명했다. 서구식 대중정당에서 제도의 형식을 빌려오긴 했지만, 아직 우리 국민의 정치역량이 그에 미치지 못해 결국 우리나라 정치현실과 조화를 이루지 못한 것이다.

기간당원제는 기대했던 성과를 거두지 못하고 중도에 폐기되는 운명을 맞이하긴 하였으나 그 제도의 의의마저 부정되어서는 안 된다. 기간당원제는 바로 정당의 민주화와 상향식 의사전달의 핵심이기 때문이다. 열린우리당이 시도했던, 당원으로서 정체성을 가지고 당비를 납부하며 활동하는 기간당원들에 의해 정당을 운영하겠다는 제도의 취지는 바람직했다. 기간당원제가 자리 잡지 못한 이유에 대하여는 여러 가지 분석이 있었다. 전문가들은 기간당원제도가 자리

잡을 만한 정치적 토양이 마련되지 않았고 이 제도가 운영상 오히려 일반당원들과의 소통을 차단하는 문제가 있었다고 지적하였다.

정당사무의 처리

정당의 실무를 담당하기 위해서는 사무직원이 상당수 필요하다. 사무직원은 대개 정치지망자가 지원하지만 근래에는 정치업무가 전문성을 필요로 함에 따라 정치전문직으로 정착하는 추세이다. 정당의 당직자는 우선 정무직 당직자와 사무직 당직자로 구분된다. 정무직 당직자는 정당의 위원회의 위원급 이상의 당직자를 말하며, 주로 당무의 실무보다는 위원회 협의를 통한 결정 주체단위이다. 사무직 당직자는 실제 정당 사무처 편재에 의한 사무처 당직자, 원내당직자, 정책위 정책연구위원을 모두 포함한다. 그리고 당직자의 근무장소도 달라져서 과거 중앙당 위주로 근무하던 것에서 탈피하여 시도당 사무처 당직자로의 순환근무를 통해 중앙과 시도당 간의 격차를 줄여나가고 있다.

정당의 사무처는 정당의 실무 당무를 집행한다. 사무총장은 정당의 인사, 운영, 관리, 회계 등 당무집행과 관련한 사항을 총괄적으로 운영하며, 사무처의 업무진행을 총괄관리하고 당무집행 전반에 관하여 당직자의 복무상황 점검한다. 정당은 선거를 통해 유권자들의 선택을 받기 위해 총력을 기울이므로 정당의 당무가 전략기획, 정책, 홍보, 조직에 집중되어 있다.

정당의 체계가 잡힘에 따라 업무도 정례화되었고 당직자들의 취업 및 봉급 수준도 안정되었다. 그러나 일부 중앙당 당직자들은 아직도 고용이 불안정한 상태로 선거철에 대거 고용되었다가 선거가 끝나면 당을 떠나는 철새 같은 생활을 하고 있다. 당직자들의 고용상의 안정성이 보장되어야 그들의 업무가 전문성과 객관성을 갖추게 될 것이다.

3

정당의 정책전문성

당론의 형성과 국회의원의 소신

2000년대에 들어와 정당의 정책적 기능이 대폭 강화되었다. 정치가 선진화되기 위해서는 무엇보다 정당의 입법활동이 활발해야 하고 이는 정책적 기능이 뒷받침되어야 한다. 정당은 민의를 법의 형태로 반영하는 역할을 한다.

우리나라 정당들이 정책정당임을 표방하지만 사실 아직 많이 부족하다. 과거 국회는 정부가 제출한 법안을 꼼꼼히 검토하지 않고 그대로 통과시켜서 '입법부' 가 아닌 '통법부' 라고 비판받았다. 현재는 그나마 좀 나아진 편이다. 여당의 원내지도부가 정부 제출 법안을 자체적으로 점검하고 정당의 정책방향과 일치하지 않는다는 이유로 그 통과를 거부하는 일이 종종 일어났다. 정부와 의회 사이에 법안을 두고 긴장이 고조된 것이다. 아파트 분양원가 공개문제 등 그간 민생 입법 과정에서 여당과 정부가 충돌했던 것을 예로 들 수 있다. 또한 경제부처와 여당이 부동산 정책을 놓고 정면 충돌한 경우도 있었다. 재정경제부 고위간부들이 열린우리당이 추진하는 '민간아파트 분양원가 공개' 와 '전월세 상승폭 연간 5% 제한 정책' 에 대해 공개적으로 반박하고 나섰던 것이다.[27] 노무현 대통령의 당적정리로 인해 입법과정에서 당정의 충돌이 더욱 빈번해진 것이 17대 국회 말기의 상황이었다.정당의 정책기능이 강화되면 정부는 고달프지만 국민들의 의견은 제대로 반영된다. 정당은 정치 발전을 바라는 국민들의 염원에 부합하여 정책기능을 더욱 강화해 나가야 할 것이다.

17대 국회를 야심차게 준비했던 국회의원들은 의사당에 들어서자 당론이라는 현실의 벽에 부딪쳐 좌절했던 경험을 갖고 있다. 국회의원이 당론에 따르는 것은 정당정치구조 아래에서 어쩔 수 없이 얽매이는 오래된 관행이었다. 열린우리당의 경우에는 개개 국회의원의 소신이 워낙 강했기 때문에 당론을 거부하거나 수정하는 사례가 많았다. 당론이 의원총회에서의 격심한 토론을 거쳐 결정되는 경우가 종종 있었다. 출자총액제한제를 완화하는 내용의 공정거래법 개정안을 '권고적 당론' 으로 채택했던 이유는, 당론으로 채택하려던 지도부의 계획이 의원들 사이의 격론으로 인해 권고적 당론으로 바뀐 것이다.[28] 그러나 당의 의사결정구조가 수직적이고 폐쇄적인 보수정당의 경우에는 국회의원의 개인적 소신은 당론의 지배를 받아 번번이 좌절되곤 했다.

자유투표제는 의원들이 투표를 함에 있어 당론에 구애받지 않고 자유롭게 투표하는 제도로서 당내 민주화를 위해 필요한 제도이다.[29] 과거에는 당 총재와 지도부 몇 명이 당론을 정하고 다른 의원들

---

27) 경제관료들은 특히 대통령 선거가 있는 2007년에는 여야 정치권을 중심으로 경제논리보다 정치논리가 득세할 것을 걱정한다. 동아일보, 2007년 1월 3일자 참조.

28) 열린우리당은 의원총회를 열고 현행 출자총액제한제를 완화하는 내용의 공정거래법 개정안을 '권고적 당론' 으로 채택했다. 그러나 몇몇 의원들은 '개혁성 후퇴' 를 이유로 출총제 완화에 강하게 반대하였다. 또 '권고적 당론' 은 소속 의원들에게 강제성을 갖는 것은 아닌 만큼 당내 논란은 계속되었다. 노컷뉴스, 2007년 3월 29일자 참조.

29) 미국의 경우 몇몇 사안을 제외하고 특별한 당론을 정하지 않고 철저하게 의원의

은 이에 복종해야 했다. 당지도부는 '공천권' 이라는 막강한 정치력을 가지고 당론을 강요할 수 있었다. 근래에는 공천권을 앞세워 당론을 강제하는 경우는 거의 없어졌지만, 의원들은 당지도부로부터 부정적인 평가를 받는 것을 꺼려 하여 당론 앞에 무기력하게 복종하는 경우가 많았다.

17대 국회에서는 국회의원의 입법기능을 강화하기 위해 여러 가지의 제도적 개선을 실시했다. 국회의원의 정책능력을 높이기 위해 정책보좌관의 배치, 정책연구비의 지급, 의원들 사이의 정책포럼 활성화 등이 시도되었다.

의원 연구단체 활성화

의원 연구단체는 이미 1994년부터 의원들의 정책기능을 높이기 위해 그 설립이 장려되었다. 14대 국회부터 많은 연구모임이 생겼지만 사실 16대까지는 연구모임을 통한 입법활동이 활발하지 못했다. 16대 국회 마지막 해인 2003년에는 연구모임이 51개였고 17대 국회 세 번째 해인 2006년 연구모임 수는 62개였다. 17대 국회에 접어들어서는 연구모임의 수도 증가했지만 그 활동이 내실을 갖게 되었다. 학자 등 외부의 정책전문가를 참여시켜 정책에 관한 연구를 진지하게 하는 모습도 보였고, 동북아문제나 자유무역 등 시사성 있는 주제에 관하여 깊이 있는 발표를 함으로써 종합적인 정책방향을 모색하려는 시도도 많았다. 대부분의 국회의원은 가입 최대 허용 단체 수인

판단에 따라 자유롭게 투표하도록 하고 있다. 이에 반해 유럽에서는 이념을 중시하는 정당이 정책을 가지고 경쟁을 하기 때문에 당론을 중요시 여기며 크로스보팅을 할 필요가 적다.

의원 연구모임 연도별 구성추이[30]

구분	第14대 국회				第15대 국회				第16대 국회				第17대 국회			
	'92년	'93년	'94년	'95년	'96년	'97년	'98년	'99년	'00년	'01년	'02년	'03년	'04년	'05년	'06년	'07년
단체 수	18개	22개	22개	35개	37개	44개	45개	45개	42개	47개	49개	51개	51개	60개	62개	64개

3개의 모임에 가입하고도 부족하여 준회원으로서 몇 개의 모임에 더 참여하여 매일 아침마다 정책연구를 하느라 고생했다.

의원 연구모임의 성과 중 대표적인 것으로서는 의원들의 법안발의 건수의 증가를 들 수 있다. 16대 국회 첫 해인 2000년에 연구모임을 통한 발의 건수는 68건이었으나, 17대 국회 두 번째 해인 2005년 발의 건수는 427건으로 2년 사이 약 7배가 증가했다. 이 외에도 연구모임이 개최한 공청회와 세미나 및 정책연구자료 발간건수도 대폭 증가했다.

연구모임이 활성화됐으나 과연 국민들이 이 연구모임을 통해 나온 민생법안이 무엇이 있는지 얼마나 기억하고 있을까? 자세한 수치를 들어 의원들의 입법능력을 강화하기 위한 행태적 노력에 대해서 열거했으나 국민들이 체감하는 국회의원의 정책능력에는 여전히 미달하는 것이 현실이다. 연구모임이 특정 지역의 지엽적 이익만을 대변하고 있지는 않은지, 부수적으로 받을 수 있는 예산을 타내기 위한 도구로 전락하진 않았는지 냉정하게 반성해야 할 것이다.

의원 연구단체의 설립에는 회원으로서 두 교섭단체 이상의

30) http://www.assembly.go.kr 국회 웹사이트 '의원 연구단체' 연도별 구성추이 참조.

의원 연구모임 연도별 활동실적[31)]

구분	제14대 국회			제15대 국회				제16대 국회				제17대 국회		
	'93년	'94년	'95년	'96년	'97년	'98년	'99년	'00년	'01년	'02년	'03년	'04년	'05년	'06년
정책연구 보고서	36건	37건	16건	81건	47건	32건	38건	39건	52건	54건	38건	73건	94건	85건
법안 등 발의	2건	9건	–	36건	35건	47건	66건	68건	72건	78건	65건	182건	427건	444건
세미나 · 공청회 등	64회	79회	23회	110회	90회	96회	130회	122회	153회	152회	170회	210회	320회	235회
간담회 등	31회	63회	23회	102회	201회	232회	381회	222회	245회	283회	260회	632회	569회	408회
조사활동 등	1회	9회	6회	21회	36회	23회	35회	21회	104회	95회	54회	88회	117회	99회

국회의원이 참여해야 한다는 조건이 달려 있다. 이 조건은 여야를 초월하여 객관적인 의견을 나눔으로써 정책의 상생기능을 도모하려는 취지였다. 그러나 17대 국회는 종전의 국회보다 이념성향이 강한 의원들로 구성됨에 따라 정책의 차이로 인한 갈등과 대립이 많았다.

연구모임이 몇 개가 생기고 몇 개의 법안이 더 만들어졌느냐는 것은 부차적인 요인에 불과했다. 정작 중요한 문제는 그 만들어진 연구모임이 얼마나 국민들의 민의를 대변했는지, 얼마나 국민의 복리를 증진시키는 법안을 만들어 냈는지 하는 사실이다. 국회와 정당은 여전히 갈 길이 멀고 국민 앞에 반성문을 써야 할 흰 종이는 국회의원들 앞에 높이 쌓여 있다.

31) http://www.assembly.go.kr 국회 웹사이트 '의원 연구단체' 연도별 활동 실적 참조.

보좌관과 전문위원의 확충

과거 국회의원이 개인 사무실에서 업무를 하는 모습은 어땠을까? 그들이 어떤 활동을 했는지 간간히 텔레비전을 통해 본 바에 의하면 그 모습은 아주 소박했다. 당 총재실에서 전화가 왔다고 여직원이 알려주면 급히 자동차를 타고 달려가는 것이 거의 전부였다. 과거 국회의원은 정식직원으로 운전을 담당하는 수행비서 한 명만을 둘 수 있었고 그밖에 전화를 받는 여비서를 임시직으로 채용하고 있었다. 정책보좌관을 채용하는 것은 생각할 수 없었다. 단 한 명의 직원으로 그것도 운전을 담당하는 직원만으로 국회의원이 어떤 입법활동을 했으리라고 기대하기는 힘들었다. 과거 국회가 통법부로 불렸던 것은 정책을 수립할 만한 여건이 갖추어지지 않은 데에도 그 원인이 있었다.

국회가 열리는 기간에 텔레비전을 통해 상임위 활동을 유심히 살펴본 사람이라면 누구나 국회의원 이외에 전문위원이 안건을 준비해 주고 회의의 진행을 보조해 주는 것을 알 수 있다. 국회의원의 좌석 뒤에 앉아 있는 직원들은 의원의 정책보좌관이나 정당의 전문위원이고, 위원장 쪽에 책상을 차지하고 앉은 직원들은 국회의 전문위원들이다. 그밖에 상임위장에는 장관을 비롯한 공무원, 방청을 하는 시민, 취재기자 등 다양한 인물군상이 꽉 들어차 있다. 서류를 들고 분주히 움직이거나 무엇인가를 열심히 받아 적고 있는 사람들은 대개 국회 또는 정당에 속한 전문위원들이다.

17대 국회는 입법 지원체계를 강화함으로써 의원들 개개의 입법기능 강화와 정책능력 배가를 꾀했다는 점을 또 다른 특징으로 삼고 있다. 과거에는 입법 지원조직이 숫자도 부족하고 전문성도 결여되었기 때문에 의원의 입법활동이 효율적으로 뒷받침되지 못했다.[32] 입법활동 강화를 위해 마련한 제도적 뒷받침 중에 가장 중요한 것은 국회 내의 입법기능을 보조하는 인력을 다층적으로 배치했다는 것이다.

전문위원은 입법에 관한 내용적 검토 및 입법체계를 보조하는 일을 한다. 전문위원의 가장 큰 역할은 소속 상임위로 회부된 법률안 검토이다.[33] 해당 상임위로 올라온 법률안에 대한 전문의견의 제시 이외에 조직 개편, 예산 편성 등 야기될 수 있는 행·재정적 검토까지 담당한다. 전문위원에는 두 종류가 있다. 국회 전문위원은 입법고시라고 하는 공무원채용시험을 거쳐 선발되며 공무원으로서의 신분적 안정성을 갖는다. 반면에 정당 전문위원은 정당에서 선발하므로 안정성이 떨어진다. 각 국회의원실에 소속된 보좌관만으로는 상임위에서 다루는 수많은 정책 이슈를 다룰 수 없고 그들은 개개 국회의원의 의견에 좌우된다는 한계를 가지는 반면에, 전문위원은 국회 또는 정당의 차원에서 거시적인 정책적 안목을 가지고 국회의원의 입법활동을 보조한다.

17대에 대폭 늘어난 의원제출입법의 건수는 보좌진의 숨은 노력을 말해 주고 있다. 아무리 뛰어난 능력을 가진 국회의원이라도 '일당백 정신' 만으로 해당 상임위의 모든 업무를 파악하고 현안에 대처할 순 없다. 입법부를 구성하는 국회의원의 입법기능이 강화되기

32) 2001년 박천호·윤진훈 논문에서는 국회의 총 지원조직 인원은 3,017명인 데 반해 이 중 위원회 인력은 215명으로 그 비율이 총 10.3%으로 밝히고 있다. 그 중 법률안, 예산안 등 의안의 검토, 자료 분석에 직접 참여하는 수석전문위원, 전문위원, 입법심의관, 입법조사관의 숫자는 124명에 불과하여, 이러한 수치는 위원회당 평균 6명 정도의 입법지원 전문위원을 갖고 있다는 것을 의미한다.

33) 17대 국회에서 필자가 전반기에 속했던 법제사법위원회는 19명의 전문위원을 두고 있으며 후반기에 소속됐던 교육위원회에는 9명의 전문위원과 3명의 사무원을 두고 있다.

위해서는 그를 보좌하는 인력이 늘어나야 했다. 현재와 같은 6명 정수의 보좌직원제를 채택한 것은 16대 국회였으며, 17대 국회에 와서는 6명의 정규직 이외에 두 명의 인턴사원을 둘 수 있게 개선되었다.

국회의원은 국회의 본회의, 상임위원회, 특별위원회 등 수많은 회의에 참석해야 하고 정당의 원내대책회의, 지도부회의, 의원총회, 정당 행사 등 정당차원의 회의와 모임에 참석하는 이외에 외부의 정책토론회, 각종 기념식, 지역행사 등에 참석해야 하므로 일정을 조정해 주는 비서와 운전을 담당하는 수행비서가 필요하다. 그밖에 국민에게 국회활동을 알릴 홍보보좌관, 지역의 민원을 담당할 지역보좌관을 제외하고 나면 정책을 연구하여 법안을 작성할 정책보좌관의 자리는 두 명에 불과하다. 정책보좌관은 대개 석사학위 이상의 소지자들로서 정당이나 국회의 근무경험이 있는 사람들 중에서 국회의원이 선발하며 대우는 공무원과 같으나 신분적 안정성은 없고 국회의원이 전적으로 인사권을 갖는다. 박사학위를 가진 보좌관도 있고 연구소나 대학에서 근무경험을 갖고 있는 사람도 더러 있다. 하지만 어떤 국회의원은 직원을 모두 지역에 보내고 정작 국회에서 근무하는 사람은 최소한으로 줄여서 실제로는 정책보좌관을 두지 않는 경우도 있다.

국회의원은 선거에 의해 교체되므로 전문성과 경험을 축적하기가 어렵다. 그 중에는 정치인이 되기 전에 축적한 전문성을 가지고 자신의 전문분야에서 활발한 입법활동을 하는 사람도 있지만 대개는 국회에 와서 처음으로 사회문제에 대해 대안을 제시해야 하는 어려운 과제를 부여받는다. 원래 정치인은 국민의 의견을 수렴하여 커다란 정책방향만 제시하면 충분하며, 세부적인 입법의 작업은 전문위원 및 보좌관에게 위임해도 무방하다. 국회의원의 입법기능이 강화되기 위해서는 결국 전문위원과 보좌관의 숫자를 늘리고 그들의 자질을 향상시키는 것이 필수적이다. 그밖에 전문성을 갖춘 사람을 비례대표[34]의 국회의원으로 영입하는 길을 확장하는 방안도 있다. 최근에는 입법조사처라는 기관을 별도로 설치하여 입법에 관해 광범위한 연구과 지원을 하자는 의견도 주장되고 있다.

정책연구원의 신설

미국은 양당체제 국가다. 민주당, 공화당은 각각 오랜 역사만큼 이념적 차별성을 정책으로 도출해 내는 여러 기구를 운영하고 있다. 민주당 성향의 유서 깊은 연구소로서 브루킹스 연구소(Brookings Institution)가 있다. 1927년 한 실업가의 힘으로 설립된 브루킹스 연구소는 현대적 의미의 최초의 '싱크탱크'라는 칭호를 받았다. 브루킹스 연구소는 클린턴 정부 시절 핵심 두뇌역할을 수행했다. 반면에 40년간 이어진 민주당의 의회 독주에 대한 이른바 '보수의 대반격'이 시작되던 무렵 출범한 헤리티지 재단(Heritage Foundation)이 있는데, 이 연구소는 공화당 성향의 싱크탱크이다.[35] 헤리티지 재단은 1973년 미 의회의 젊은 입법 보좌관들을 중심으로 설립된 정책연구소이며, 보수의 가치를 정책으로 담아내기 위해 노력한다.

---

34) 김유남, 《의회정치론: 비교의회연구》, 삼영사, 2000, "제4절 선거체제의 정치적 영향력" 참조. 이에 덧붙여 비례대표제를 사용하는 국가의 정치 엘리트들은 가능하면 군소정당을 만들려는 경향이 있다고 한다. 10여 년간 20개국을 상대로 509개 선거를 분석한 결과 다수제 국가는 평균 5개 정당을, 절대다수제 국가는 평균 7개 정당을, 그리고 PR제 국가는 평균 8개 정당을 가지고 있는 것으로 나타났다. 다수제 국가에서 군소정당의 후보가 의사당에 입성하기 어렵고, 비례대표제 국가에서 군소정당의 당선율이 높기 때문이다.

35) "현재 미국의 주류는 보수이며, 보수의 주류는 헤리티지이다"라고 주장한 해리티지 원장 에드윈 퓰너(Edwin J. Feulner)의 말은 유명하다. '[세계의 싱크탱크] (5) 美 헤리티지 재단' 서울신문, 2006년 8월 22일자 인용.

독일에는 프리드리히 에버트 재단(Friedrich Ebert Stiftung), 콘라드 아데나워 재단(Konrad Adenauer Foundation),[36] 한스-자이델 재단 (Hans-Seidel-Stiftung)과 같은 유서깊은 '싱크탱크' 가 있어 특정정당과 연계된 정책연구를 한다.

과거 한국의 정당들은 색깔과 지역주의에 호소하는 선거전략으로 정쟁을 이끌어 갔던 반면에 선진국에서는 연구소의 뒷받침을 받아 차별화된 정책대결을 벌였다. 한국도 선진국과 같은 싱크탱크를 가지고 정책대결의 정치를 해야겠다는 의지로 마침내 제대로 된 정책연구소를 설립할 여건을 마련하게 되었다. 17대 국회에 들어와서 각 정당은 자기 소속의 정책연구소를 의무적으로 설치해야 하며 국고보조금을 지급받아 이 연구소를 운영함으로써 박사들을 고용하여 정책을 만들어 내는 정책연구원이 설립된 것이다.

2004년부터 각 당은 국고보조금을 받아 정책연구원을 설립하였다. 열린우리당의 '열린정책연구원' , 한나라당의 '여의도연구소' , 민주노동당의 '진보정치연구원' 등이 새로 설립되거나 또는 재건되었다. 민주당의 경우 국가전략연구소를 통해 정책연구를 실시하였고, 자유민주연합도 자체 정책연구소를 세워서 정책을 연구하였다. 이로써 사회적 의제설정과 이슈에 대한 정책연구를 담당하는 명실상부한 정당의 싱크탱크가 생긴 것이다.

정당의 정책연구원은 연구원의 체계를 잡고 정당과의 관계

36) 약칭은 KAS이다. 1956년 기독민주교육협회로 발족해 1964년 지금의 이름으로 변경하였다. 독일의 초대 총리를 지낸 아데나워의 업적을 기리기 위해 설립된 비영리 공익재단으로, 정치재단의 성격을 띠고 있다. 본부는 본과 베를린 두 곳에 있다. 본부에는 각각의 중앙교육센터가 있고, 특히 베를린 본부에는 재단사업의 활성화를 위한 행사장 '아카데미' 가 개설되어 있다. 독일 국내에만 21개의 교육지부가 있고, 세계 120개국에 해외 사무소를 두고 있다. 네이버 백과사전 참조.

열린정책연구원의 주요 사업 및 목적

사업	목적	실행
열린우리당의 이념 · 노선, 국가의 비전 · 정책에 대한 연구	정당개혁 · 정책정당 구현에 복무하고 당의 정치이념 및 정체성 확립에 기여	• 분야별 주요 어젠다를 선정, 우선순위에 근거하여 체계적인 연구 및 관리
정책네트워크 구축과 관리	시민사회 및 전문가 그룹과의 정책네트워크 구성 및 정당 간 Revolving door 정책체계 구축	• 분야별 연구과제에 대한 정책포럼 구성 • 정책토론회, 공청회 등 개최 • 주요이슈에 대한 광범위한 전문가의견 수렴
인재양성과 당원교육	기간당원교육과 민주시민교육 연수의 장 마련	• 당원교육연수프로그램 개발 시행 • 정치아카데미를 설립하여 체계적인 정치교육 실시
국제교류사업	해외연구재단과의 교류 · 협력 강화를 통한 국제적 위상강화	• 해외연구재단 초청 · 방문행사 개최 및 자매결연, 상호교류협약 체결
정책자료 출판 및 홍보	정당개혁 · 정책정당 구현에 복무하고 당의 정치이념 및 정체성 확립에 기여	• 정기간행물 · 연구총서 등 각종 출판물 발간 및 언론 · 방송 홍보, 연구재단 웹사이트 구축 및 운영

정립에 상당한 시간을 보냈다. 연구원의 채용 이후 연구에 착수하긴 했지만 본격적인 싱크탱크로서 정책을 생산하고 대안을 제시하기에는 부족한 측면이 있다. 정당 부설 연구원은 정치적 중립성을 갖추지 못하므로 좋은 연구 인력을 확보하기 어려웠고 정당의 요청과 간섭 때문에 연구원들이 연구에 전념할 수 없었다. 열린정책연구원이 출범할 때부터 연구원 선임 등 인선 문제로 당내 갈등이 있었던 것처럼 보도[37]되었던 것도 연구원이 자리를 잡기에 얼마나 어려움이 많았던가를 말해 준다. 연구원의 운영자금도 종종 정당의 행사비용이나 당원 교육비용으로 지출되곤 했기 때문에 연구원의 고유기능은 축소되어 갔다. 결국 정책연구원들은 정당정책을 만들기 위한 본격적인 싱크탱크 역할을 하지는 못했으며, 정당개혁의 요청에 따라 정책정당으로서의 구색을 갖추기 위한 장치에 지나지 않았던 측면이 있었다.

정책연구소가 연구 성과를 내서 정당의 정책을 선도해 나가기 위해서 필요한 전제조건이 몇 가지 있다. 연구원의 인사가 정당에서 독립해야 하고, 국고보조금의 사용이 전적으로 연구소에 맡겨져야 하며, 정당은 연구소의 단기적 성과에 연연하지 말아야 한다. 그리고 무엇보다 중요한 것은 연구소의 기반이 되는 정당이 지속성과 안정성을 가져야 한다. 정당의 신설과 해산이 빈번한 한국의 현실에서 그 부설 연구소가 굳건히 자리 잡고 연구 성과를 내기에는 어려움이 많다.

37) '여당 싱크탱크 정쟁터 될라' 양정대 기자. 한국일보, 2004년 9월 8일자 참조. "열린우리당의 싱크탱크인 '열린정책연구원' 이 발족도 하기 전에 구설수를 타고 있다. 주요 직책을 놓고 당내 각 계파가 치열한 자리다툼을 하는 바람에 인선이 늦어지고 뒷말이 꼬리를 물고 있다. 주요 계파가 연구원 인선에 집착하는 것은 차기 대권구도와의 관련성 때문이다. 연구원의 구성은 집권여당의 정체성과 이념적 지향을 상징할 뿐만 아니라 향후 총선 후보를 포함한 정치신인 양성, 차기 대권 프로그램 생산기지로서의 성격을 갖게 된다. 연구원 자리 하나하나를 소홀히 할 수 없다는 얘기다... (이하 생략)"

열린우리당이 위기에 빠지자 그 대안으로 진보에서 중도로 정책방향을 전환할 것이 논의되었다. 당의 정체성이 무엇이냐, 그 정체성을 유지할 것인가 전환할 것인가 등등 부설 연구소가 감당하기에는 너무 어려운 요청들이 정치권으로부터 쇄도하였다. 이런 상황에서 연구소가 일관된 정책방향을 가지고 연구 성과를 낸다는 것은 불가능에 가까웠다. 결국 '○○당 소속 정책연구원' 이라는 이름의 연구원 간판은 걸었지만 연구내용으로서 '○○당 소속' 연구원의 성향을 분명하게 보여주진 못했다는 비판을 받았다.

4

정당의 민의 수렴

민의 수렴의 통로

정당이란 국민들이 정치적 참여를 위해 결성한 단체이며, 정당의 존재 이유는 민의를 수렴하는 데 있다. 국민의 대표자로 선출된 국회의원은 자신을 지지하고 선출해 준 국민의 뜻을 국회에 전달할 의무를 진다. 국민정당을 표방하고 있는 현대 정당들은 국민 전체의 이익 추구에 존재 의의를 두며 그러기 위해서는 국민의 의견 수렴이 필수적이다.

정당은 민의 수렴의 통로를 만들 필요가 있다. 그 통로는 여러 개가 있다. 가장 대표적인 것은 각 정당 소속의 국회의원이 민의를 수렴하는 통로 역할을 하는 것이다. 정당 차원에서도 국민의 소리를 청취하는 기구를 설치하는 등의 방법으로 통로를 열어 놓고 있다. 그리고 정당의 지지도가 떨어지거나 추진하는 정책에 대한 국민의 반발이 심하면 특별기구를 만들어 국민들과 대화하고 설득한다. 민원실 운영은 정당의 입장에서 국민의 목소리를 기다리는 소극적인 의견수렴제도라고 볼 수 있다.

열린우리당은 국민서비스팀을 열린우리당 사무처 내에 두고 민원 법률 등 종합 민원 서비스를 제공하였다. 그리고 보다 직접적인 민의 수렴을 위해서 2005년 6월부터 12월까지 '국민의 소리 24'를 운영한 바 있다.[38] 이 특별기구는 당직자에 의한 민원실 운영에서 더 나아가 국회의원이 두 명씩 하루 종일 당사무실에서 근무하며 직접 전화를 받거나 내방자를 맞이하는 등 국민의 목소리를 듣는 것이었다. 국회의원이 직접 민원을 청취하는 것은 그 자체로 상당한 의의가 있을 뿐만 아니라 국민의 여론을 파악하여 정책에 반영하는 데에 큰 도움이 되었다. 그 기간 동안 접수된 민원을 종합해서 당의 정책수립과 의원입법에 약 20여 건을 반영하였다. 그 후 직접 국민의 소리를 듣는 것과 병행하여 '사이버 24시 민원실'을 운영하였다. 이는 온라인상에서 일반국민들의 목소리를 접하고 민원을 해결하는 소통 시스템으로서 전화보다 편리한 것으로 인정받았다.

한나라당의 경우 디지털정당 선포식을 갖고 첨단 IT시스템 도입으로 과학적 민의 수렴, 인터넷 전자투표, 당원 인트라넷을 통한 의사결정의 민주화, 시민단체와의 디지털 정책 네트워크 구축 등 디지털정당 5대 목표를 발표했다. 또한 온라인 민원을 60분 내에 회신하고, 국고보조금 사용내역을 인터넷에 공개키로 하는 등 디지털 정당을 향한 10가지 실천 약속도 내놓았다.[39]

국회의원들이 직접 당직을 맡아 민원전화에 대응하자는 의견이 처음 나왔을 때, 한편에서는 참신한 아이디어라고 하고, 다른 한편에서는 하나의 정치적 쇼에 불과하다는 의견이 있었다. 그러나 국

38) 당시 열린우리당 국회의원들은 '국민의소리 24' 제도에 각각 2번씩 참여했었는데 이는 연인원 295명에 달하는 수치였다. 시행 7개월간 4,330건의 민원을 접수했다. 분야별 민원현황은 청원, 분쟁, 사생활 등 고충처리민원이 많았다.

39) 연합뉴스, 2004년 4월 9일자 참조.

회의원들이 막상 당직실에 앉아서 이른 아침부터 밤늦도록 수많은 국민들과 통화를 해보고 나서 민심이 어디에 있는가를 파악하게 되었고 종전의 '정치쇼' 라고 하던 주장이 사라졌다. 민원실에 앉아 전화로 많은 국민들의 목소리를 들어 보면, 구체적인 정책대안을 제시하는 경우도 있었고 개인적인 하소연을 늘어놓는 경우도 있었다. 각자 말하고자 하는 내용은 다르지만, 정치인이 그들의 사연을 직접 들어주기를 바라는 마음이 절실하다는 점에서는 모두 같았다.

최근에는 국민들이 디지털 매체를 활용하여 직접 자신의 목소리를 내는 경향이 두드러지고 있다. 포털사이트에 기사의 댓글 등을 통해 의견을 제시하던 수준에서 벗어나, 이제는 스스로가 블로그, 웹사이트, UCC 등을 통해 자신의 견해를 직접 전달하려하고 있다. 정당은 이러한 국민들의 자발적 의견을 수렴하여 정책을 입안하게 되었다.

여론조사와 현장 방문

정당은 능동적 의견수렴의 방법으로서 국민여론조사를 자주 실시한다. 중요한 정치적 이슈가 있을 때마다 정당이 나서 국민의 의견을 묻는 여론조사를 실시함으로써 국민의 의사에 따른 정책을 수립하려고 노력한다. 여론조사는 정당이 나아가야 할 방향을 제시하며, 국민감정으로부터의 괴리를 막는다. 국민을 위해 일하고, 국민과 함께 가는 정당이 되는 데 여론조사는 필수적인 도구가 되었다.

정당은 또 다른 적극적 의견수렴 조치로 민생 현장을 직접 방문하여 국민의 의견을 청취하고 실제로 국민의 삶을 피부로 느껴보려고 시도한다. 서민을 위한 정책을 도입하는 데 필요한 밑그림은 이러한 현장 방문을 통해 그려지기 시작한다. 중소기업을 방문해 관계자의 애로사항을 듣고 나서 양극화현상을 해소하기 위한 중소기업 육성책을 만들어 내었고, 실업고등학교를 방문하여 학생과 교사가 직면한 문제를 듣고 실업계 학생의 지원책을 수립하였다. 재래시장을 직접 방문하여 상인들의 의견을 청취하고 대형마트로 인해 설 자리를 잃어가고 있는 재래시장을 부활시킬 방안을 모색했다. 수해나 폭설피해 등 자연재해가 발생하면 피해현장을 방문하여 피해상황을 파악하고 필요한 경우 복구지역으로 선포하고 복구예산을 배정하는 등의 신속한 조치를 취한다. 피해현장 방문에 대해서는 국민의 아픔을 함께 하고 신속하게 도움을 줄 수 있다는 점에서 바람직하다고 보는 견해도 있는 반면에 현장 방문이 근본적 대안제시보다는 정치적 쇼로 작용한다는 비판도 있다.

시위와 집회

국민들은 시위 또는 집회를 통해 적극적으로 의견을 제시해 왔다. 민주화 이후 이러한 경향은 지속되고 있다. 17대 국회의 시기에도 광화문의 촛불시위와 여의도에서의 시위는 매우 활발했다. 이는 정치의 민주화가 계속 진행되고 있는 것을 반영하는 것이다. 어떤 사람은 말로 요구했을 때는 들어주지 않기 때문에 거리에 나와 시위를 할 수밖에 없다고 변명한다. 다만 폭력적인 시위양상이 문제였다. 시위하는 측과 시위를 진압하는 측 쌍방이 돌을 던지고 몽둥이를 휘두르는 폭력적 시위 현장을 보고 있으면 매우 안타깝다. 정치적 의사관철을 위하여 필요한 것은 대화이다.

2005년 11월 시위 중의 농민이 사망한 사건은 큰 정치적 파문을 가져 왔다.[40] 그 후 시위대의 폭력 시위와 경찰의 과잉진압을 놓고 많은 논란이 있었다. 폭력적인 시위는 불법이므로 진압은 타당하지만 필요 이상의 과잉진압은 자제해야 된다는 견해가 지배적이었다. 반면에 시위대가 적법한 절차에 맞는 시위를 통해 의견을 개진해야 하는데 이를 위반한 것이므로 폭력시위를 진압하는 것은 타당하다는 반론이 대립되었다. 정치권에서는 과잉진압은 철저히 억제되어야 한다는 입장을 취하였다.[41]

근래에는 시위에 대한 방해 행위도 빈번하다. 시위가 일어날 만한 광장 같은 곳에 미리 하지도 않을 시위의 신고를 해 둠으로써 그곳에서 다른 시위가 일어나는 것을 방해하는 것이다. 예를 들어 2005년 10월 부산에서 에이펙(APEC) 정상회담이 개최되었을 때, 사회단체들이 반대집회를 위해 집회신고를 하였으나, 경찰은 이미 3,000여 개의 장소에 집회신고가 되어 있다는 이유로 집회 불허를 통보했다. 3,000여 개의 장소들은 부산시내에서 집회가 가능한 거의 대부분의 장소이며, 후에 밝혀진 사실에 따르면 경찰이 주민과 관변단체를 동원해 집회신고를 한 것으로 드러났다. 이러한 적법을 가장한 시위 방

40) 2005년 11월 15일, 쌀 시위를 위해 여의도 문화공원에서 전국농민대회가 열렸으며, 당시 시위대와 경찰과의 충돌과정에서 농민 2명이 사망했다. 이에 대하여 2005년 12월 26일 국가인권위원회는 농민대회에 참가했다 숨진 고 전용철 씨와 고 홍덕표 씨의 사망원인이 경찰의 과잉진압 때문이라고 공식 발표했고, 그 여파로 악화된 여론에 의해 허준영 당시 경찰청장이 책임을 지고 사임했다.

41) 열린우리당은 2005년 11월 29일 평화시위의 자유를 보장하되 폭력시위는 엄단하는 내용의 '공공질서법' (가칭) 제정을 추진하기로 했다. 원혜영 열린우리당 정책위의장은 국회에서 기자회견을 열어, "시위 농민의 사망과 허준영 경찰청장의 사퇴를 계기로 범국민적인 비폭력 시위문화 정착을 위해 여야와 정부, 노동·농민·시민단체 등이 참여하는 협의체 구축을 제안한다"며 "이들의 합의를 바탕으로 가칭 공공질서법 제정도 검토하겠다"고 밝힌 바 있다. 그러나 1년이 넘도록 법 제정은 이루어지지 않았다.

해에 대해서는 대안이 필요하다.[42] 장기적인 시위 독점을 방지하는 등 문제점을 개선하기 위해 2004년 1월「집회 및 시위에 관한 법률」의 일부 개정이 있었으나, 그 후에도 집시법에 대한 비판이 꾸준히 제기되고 있다. 가장 대표적인 것이 집시법의 위헌성 여부와 함께 특정 집회를 방해하기 위해 위장집회를 신고하는 등 집회봉쇄장치로 악용되는 조항(제6조)에 대한 비판이다.[43] 합법적인 시위문화의 정착에는 많은 걸림돌이 있다. 상대방의 의견에 귀를 기울이는 관심과 아량이 있을 때에 건전한 시위문화가 자리 잡게 될 것이다.

---

42) 특정 장소에서 집회가 열리는 것을 방해하기 위해 경찰이 개입하였음을 보여주는 사례도 있었다. 먼저 집회신고를 하는 쪽에 집회개최의 우선권이 있다 보니, 해고된 삼성 노동자들은 집회신고서를 먼저 제출하려고 경찰서에 하루가 멀다 하고 들락날락했다고 한다. 경찰이 새벽 12시를 기준으로 정문 앞에 먼저 도착한 쪽의 집회신고를 받아주는 것을 본 해고노동자들이, 다음 새벽 12시에 정문 앞에 가 있으니까 경찰은 새벽 12시를 기준으로 정문 안 소파에 먼저 앉아 있는 쪽에 집회신고의 우선권이 있다고 하였다. 그래서 다음 새벽 12시에 소파에 가서 앉아 있었더니, 이제는 출입구 바닥이 있는 선을 먼저 통과하는 쪽이 집회신고의 우선권을 가지고 있다는 것이었다.

43) 집회 및 시위에 관한 법률 제6조 (옥외집회 및 시위의 신고 등)

① 옥외집회 또는 시위를 주최하고자 하는 자는 그 목적, 일시(소요시간을 포함한다), 장소, 주최자(단체인 경우에는 그 대표자를 포함한다)·연락책임자·질서유지인의 주소·성명·직업과 연사의 주소·성명·직업·연제, 참가예정단체 및 참가예정인원과 시위방법(진로 및 약도를 포함한다)을 기재한 신고서를 옥외집회 또는 시위의 48시간 전에 관할 경찰서장에게 제출하여야 한다. 다만, 2 이상의 경찰서의 관할에 속하는 경우에는 관할 지방경찰청장에게 제출하여야 하고, 2 이상의 지방경찰청의 관할에 속하는 경우에는 주최지를 관할하는 지방경찰청장에게 제출하여야 한다.

② 제1항의 규정에 의한 신고서를 접수한 때에는 관할 경찰서장 또는 지방경찰청장(이하 "관할 경찰관서장"이라 한다)은 접수일시를 기재한 접수증을 즉시 신고자에게 교부하여야 한다.

이익집단의 목소리

정당은 일반적인 국민의 목소리 이외에 다양한 이익집단들의 목소리도 경청해야 한다. 최근에는 이익단체가 무척 많아졌다. 경제관련 단체로는 전경련, 경총, 중소기업회. 상공회의소 등이 있고, 노동단체로는 한국노총과 민주노총 등이 있다. 직능단체는 각 직종마다 입장에 따라 지역에 따라 여러 개씩 된다. 교총과 전교조, 의사협회와 한의사회, 요리사회와 조리사회 등이다. 요즘에는 장애인단체의 활동도 매우 활발하며, 기독교를 비롯한 종교관련 단체들도 정치화되는 경향이 있다.

각각의 이익집단들은 정책의 도입, 법안의 제정에 각 집단의 최대 이익을 위해 로비를 하기도 하고, 시위를 주도하기도 한다. 정부나 정치권에서 추진하는 법안은 다수의 국민 또는 소외된 서민을 향한 것이며 이로써 모든 국민을 동시에 행복하게 만들 수는 없다. 특정 이익집단에 유리한 정책이 다른 집단에게는 그만큼의 손해를 유발할 가능성이 있다. 자신의 이익에만 집중하는 이익집단들은 집단행동을 통해 사회적 갈등과 충돌을 유발하고 있다.

근래 한국 정치의 특징을 '이익집단정치의 개막'으로 표현할 수 있다. 정부와 이익집단 간의 정책갈등이 빈번하게 등장하고 이익집단들의 이익표출과 이익갈등이 극단적인 형태를 띠고 있다. 민주화 이후 이익집단정치가 우리 사회의 전면에 등장한 것이다. 이익집단정치로 우리 사회의 갈등이 표면화하고 서로 다른 이익이 충돌하는 현상이 곳곳에서 나타나고 있다. 이로 인한 사회적 비용이 증대하는 것을 막기 위해 정치적 해결책을 강구하는 것이 요구되고 있다. 정치권은 갈등의 사회적 비용을 최소화하기 위해 신뢰할 수 있는 사회적 협의체를 만들어 갈등을 조정하려고 시도하고 있다. 정치권이 나서서 이해관계가 대립하는 집단 사이에 상생을 도모하는 진솔한 대화를 주선하고 양쪽의 절충점을 찾으려는 노력을 계속함으로써 갈등의 해소에 다가가는 것이다.

시민단체의 공익활동

이익집단이 구성원의 이익을 위해 정치력을 표출시키는 반면에, 시민단체는 공익을 위해 정치적 압력을 행사한다. 시민단체는 정부정책에 대한 감시와 견제에서부터 새로운 대안 및 방향 제시 등 폭넓은 활동을 하고 있다.[44] 시민단체의 활성화는 민주주의 발전을 견인하는 동력이라고 한다. 시민단체를 비정부기구(NGO)라고 부르기도 한다. 최근 비정부기구(NGO)대신 시민사회단체(CSO)라는 용어를 사용하자는 주장이 제기되고 있는데, 이것은 NGO가 '비정부기구' 라는 모호한 표현인데다 환경, 경제정의, 여성, 빈민구제, 노인 등 전문화되고 있는 시민단체의 활동영역을 포괄하지 못해 시민단체를 지칭하는 용어로 부적합하다는 것이다. 따라서 국가와 상대하여 적극

44) 시민단체의 현황은 다음과 같다.

* 사회개혁: 경실련, 참여연대, 부패추방연대, 정치개혁시민연대, 인간성회복운동 추진협의회 등.
* 사회복지: 사랑의 장기기증운동본부, 장애우권익문제연구소, 건강사회를 위한 약사회, 백혈병 어린이 후원회 등.
* 환경 · 교통: 녹색연합, 환경운동연합, 녹색교통운동 등.
* 여성 · 청소년: 한국여성정치연맹, 청소년 폭력 예방재단 등.
* 소비자 · 생활: 소비자를 생각하는 시민의 모임, 녹색소비자연대, 한국소비생활연구원, 우리농산물살리기운동본부 등.
* 교육 · 문화: 참교육을 위한 전국학부모회, 한국민족예술인총연합 등.
* 자원 · 봉사: 사랑의먹거리나누기 운동본부, 한국자원봉사포럼 등.

적으로 국가권력을 견제하고 시민의 권리를 옹호하는 시민사회단체(CSO)가 더 적절하다는 것이다.

시민단체는 특정 정당이나 정부의 정책과 종종 충돌한다. 환경부문의 경우 개발과 환경의 논리 때문에 정부의 정책과 심하게 대치하는 경우가 많아졌다. 새만금사업이나 천성산 도룡뇽 사건 등에서는 국가재정의 낭비가 우선이냐 환경보존이 우선이냐는 논란이 일기도 했다. 선거철이 되면 시민단체는 정치권에 대해 막강한 영향력을 행사한다. 실제로 2000년 4월 13일 실시된 제16대 국회의원선거에서 전국의 100여 개 단체가 참여한 "2000년 총선시민연대"가 결성되어 비리정치인에 대하여 '낙천 낙선운동'을 행하여 정당의 후보자 공천과 국민들의 투표에 지대한 영향을 주었다. 그러나 이 운동에 대하여는 선거법 위반이라는 판결이 내려졌다. 중요한 정치쟁점에 대하여 여러 단체가 함께 뜻을 같이하며 연대활동을 함으로써 정치적 영향력을 높이는 경향이 최근 나타나고 있다.

시민단체가 진보와 보수로 대립하고 있고 국민들 사이에 각 단체에 대한 찬성과 반대가 엇갈림으로써 사회적 갈등이 증폭되고 있다. 얼마 전까지만 해도 시민단체라면 진보적인 이념을 추구하는 경향이 강하였다. 최근 보수적 인사들이 시민단체를 결성하여 활동하면서 시민단체의 성격은 진보와 보수로 양분되었다. 이에 따라 시민단체 사이의 정책적 충돌도 심심치 않게 볼 수 있게 되었다. 시민단체 사이에서 진보와 보수가 대립한 대표적인 사례로는 사립학교법과 국가보안법 등을 들 수 있다. 사립학교는 '교육의 공공성 확보를 통한 투명한 사학 운영'과 '사학의 자율성'을 놓고 개혁 그룹과 보수 그룹이 전면전을 펼쳤으며, 종교계도 이 문제에 관여하여 정치권에 압력을 행사했다. 그 결과 보수와 진보가 국회에서도 충돌하여 국민의 민생법안 및 정책을 볼모로 한 채국정은 파행 일보로 달렸다. 17대 국회 초기에 국가보안법의 폐지를 둘러싸고 양 거대 정당들의 정체성을 놓고 한판 결전을 벌였으며 이는 시민단체들 사이의 이념대립으로 번졌다. 시민단체 진보 개혁 그룹은 국가보안법 폐지 또는 개정을 요구했고, 보수 그룹은 국가 안보를 내세우며 이에 반대하는 데 총력을 다했다.

시민단체의 이념 스펙트럼이 넓어지는 것은 정책의 다양화 측면에서 바람직하긴 하나 국민 개인의 의사가 반영된 스펙트럼의 확대라기보다는 일부 집단의 의사가 지나치게 강하게 반영되는 것 같아 조금은 우려된다. 시민단체의 활동은 과거보다 전문성을 높여 가고 있지만, 한 시민단체가 지나치게 많은 정책에 관여하면서 다른 정책적 성향을 가진 단체나 집단들과 대립과 반목을 거듭하는 것은 정책에 대한 전문성을 약화시킨다. 시민의 자발적 참여와 전문성이 모두 갖추어질 때 시민단체가 민주주의를 성숙시키는 역할을 담당하게 될 것이다.

5

정당의 교육

민주주의와 정당교육

민주국가에서 정치교육은 정당의 주요 기능 중 하나이다. 정당교육은 정당이 정당의 구성원과 외부의 국민들에게 일정한 정치적 가치를 갖추도록 교육하는 것을 의미한다. 정당의 정치사회화(political socialization) 기능은 정당이 국민에 대하여 정치를 교육하고 계몽하는 기능을 담당해야 한다는 것을 말해 준다.

정당은 유권자들이 정치에 관심을 갖고 능동적으로 정치활동에 참여하게 할 필요가 있다. 민주정치를 운영하기 위해서는 국민들이 정확한 판단과 충분한 정치적 지식을 갖출 필요가 있기 때문이다.[45] 정당은 스스로의 이념과 정책을 홍보해 선거에서 승리를 거두기 위해 대중을 정치적으로 교육하고 계몽할 필요를 느낀다. 정당은 당 기관지, 강연회, 집회 및 당의 교육기관을 통하여 연대의식을 강화하며 당원 및 유권자를 상대로 정치교육을 실시한다.[46]

45) 유재일, "정당의 기능," 심지연 편저, 《현대 정당정치의 이해》, 백산서당, 2003, p.140.

46) 중앙선거관리위원회, http://www.necpr.go.kr 웹사이트 참조.

정당체계의 발전을 위해서는 정당의 구성원과 시민들이 정치교육을 통해 민주주의를 내면화하고 책임성을 가져야 한다. 한국의 정당정치가 확립되기 위해서 필요한 요소인 민주주의의 안정화와 시민의 정치교육 사이의 상관성을 주목할 필요가 있다. 한국은 민주화 과정을 거치며 권위주의 체제를 청산하고 절차적 민주주의를 확립하는 성과를 거두었다. 앞으로는 민주주의의 안정화와 정치개혁을 위해 정당과 정당체제의 발전을 이루어야 한다.

정당교육의 도입

정당교육은 다원화된 사회의 나양한 가지를 반영하는 기제로서 활용될 수 있다. 갈수록 빨라지는 사회적 변화 속에서 장기적으로 시민들에게 정보 능력, 참여와 대화의 기회를 제공하는 교육을 통해 시민을 민주주의의 신봉자로 키울 수 있다. 또한 민주교육은 시민사회가 책임성을 가지고 참여하도록 고무하는 역할을 한다.[47]

독일에서는 원내교섭단체, 정당, 정치재단 등 세 개 기관이 민주시민교육 및 당원과 의원, 정당 직원 등의 역량강화를 위해 서로 협력하고 있다. 이 중에서 정치재단은 정당에 부합되는 정치적 기본가치를 '보이텔스바흐 합의'와 조화시키는 일을 하고 있다. 보이텔스바흐 합의란 1967년 독일에서 민주시민교육의 주체들이 민주시민교육의 정의에 대한 합의에 이른 것으로 오늘날까지도 민주시민교육 수업뿐만 아니라 정치재단 및 관련기관에서도 민주시민교육의 기본원

47) 토마스 마이어(Thomas Meyer), "독일의 정당교육과 정당발전," 바른사회 · 밝은정치 시민연합, 프리드리히 에베르트 재단, 한국독일학회 공동 주최 국제세미나 〈정당교육과 정당 발전〉 발표문.

리로 받아들여지고 있다. 이 합의에 따르면 민주시민교육은 우선 민주주의 정치문화에 중점을 두어야 하며 교화 또는 주입식 교육을 금지하고, 정치와 학문에서 논란이 되는 사실은 사실 그대로 전달해야 한다는 것이 그 골자이다. 아데나워 재단, 나우만 재단 등의 정치재단은 조직적으로 정당으로부터 완전히 독립해 있으며, 독일 헌법은 선거전 기간 동안 정치재단이 정당에 대해 관여하지 않을 것을 명시하고 있다. 독일이 다른 서구 국가들에 비해 상대적으로 짧은 민주주의 전통에도 불구하고 빠른 시간에 권위주의 문화를 극복하고 민주시민을 양성해 낸 것은 바로 정치교육에 공적으로 개입하려는 이러한 노력 덕분이었다.[48)]

한국의 정당교육은 공적 합의에 기반을 두고 이루어지기보다는 사실상 각 개별 정당의 차원에서 이루어지고 있다. 독일과 한국의 정당교육 현실의 차이는 정당과 정당체제의 형성과정이 서로 상이한 점과 정당제도 및 성격 차이에서 기인하는 듯하다. 한국의 정당들은 17대 국회에 들어서야 각 당의 정책적 싱크탱크인 부설 연구소를 설립하는 움직임을 보였다. 그리고 교육과정을 설치해 당원 및 예비당원들을 교육하고 정치지도자를 육성하는 첫걸음을 내딛었다.

한국 정당교육의 현황

정당교육은 교육대상별로 국회의원, 당원, 일반시민을 대상으로 한 교육으로 분류할 수 있다. 국회의원은 원내에서 당 소속의원들끼리 의원연구단체를 만들어 정책적 사안을 연구하고 국가의 핵심

---

48) 김용민, "정치개혁과 시민교육," 박세일 · 장훈 공편, 《정치개혁의 성공조건: 권력투쟁에서 정책경쟁으로》, 동아시아연구원, 2003, p. 236.

이슈에 대해 비전을 제시하려는 노력을 하고 있다. 그리고 비정기적으로 개최되는 의원 워크샵을 통해 당 차원에서 의원들의 정치교육을 실시하고 있다.

당원들의 교육은 정당에서 직접 행하거나 또는 정당 소속의 정책연구원의 교육연수센터에서 수행한다.[49] 열린우리당은 당원에 대한 교육과 연수하기 위한 목적으로 교육연수센터를 설치하였다. 그 결과 당원 및 시민교육은 정당이 직접 실시하지 않고 정책연구원의 교육연수센터 안에 있는 '정치아카데미' 가 담당한다. 정치아카데미는 최고지도자과정을 개설하여 국정을 이끌 수 있는 역량 있는 정치지도자를 육성하기 위한 프로그램을 진행하였다. 그리고 민주시민의 소양을 교육하기 위해 핵심당원 연수프로그램과 기초당원 교육프로그램을 설치하여 운영하였다.

각 정당의 여성위원회는 국가로부터 여성 정치지도자를 발굴하고 독려하기 위한 명목으로 별도의 지원금을 받는다. 열린우리당은 이 지원금으로 "우리여성리더십센터"를 설립하여 운영하였다. 우리여성리더십센터는 여성의 정치참여 의식을 고취하고 여성 정치인 발굴·육성 및 양성평등사회 실현을 그 목적으로 하였다. 그 활동내용은 첫째, 국내외 여성 정치인 활동을 연구하는 일, 둘째 정치와 관련한 여성인력의 인프라를 구축하는 일, 셋째로 여성 정치지망생에 대한 멘토링 시스템(Mentoring System)을 구축하여 정치인을 적극적으로 양성하는 일 등이다.[50]

우리여성리더십센터는 대학생을 대상으로 '차세대 리더십 과정' 을 실시하였고, 국회의원 보좌관 및 당직자 등을 대상으로 '중

49) 열린정책연구원 웹사이트 참조. http://upf.uparty.or.kr

50) 열린우리당 전국여성위원회 웹사이트 참조. http://will.eparty.or.kr

견지도자 리더십 과정(심화과정)'을 운영하였다. 그리고 지방의원과 국회의원을 대상으로 '여성정치인 리더십 과정'을 실시하고 여성출마자를 위한 리더십 과정을 진행하는 등 활발한 활동을 벌였다.

정당교육 발전을 위한 제언

한국의 정당교육은 아직 가야 할 길이 많이 남아 있다. 정당이 대중정당으로 자리 잡기 위해서는 당원들이 소속 정당에 대한 정체성을 공유하고 진성당원이 되도록 당성을 고취시키는 교육이 필요하다. 정당이 내부관계에서 상향식 민주주의를 실현하기 위해서 당의 구성원의 정치의식이 높아져야 하고 이를 위해서 당원과 당직자가 모두 민주성 함양을 위한 교육을 받아야 한다.

정당은 일반시민 대상의 정치교육 프로그램을 다양하게 제공하여 정치에 더 많은 참여를 유도하도록 노력해야 한다. 시민이 민주적이어야 민주주의와 정당 발전이 이루어질 수 있기 때문이다. 온라인과 오프라인의 다양한 소통구조를 활용하여 시민과 정당이 쌍방향적 의사소통을 하는 것도 필수적이다. 정당교육이 좀더 다양한 매체를 활용해 이루어지도록 교육방법의 문제도 더 고민해볼 필요가 있다.

민주적 가치체계와 사고방식을 내재화하고, 사회적으로는 민주주의가 문화적 관습으로서 자리잡을 때 민주주의는 더욱 공고화되고 정당 역시 제 기능을 다할 수 있다. 특히 정당정치가 기존 관습과 관행에서 벗어나 당내 민주화를 달성하고 민주주의의 주체로 변화 · 발전하기 위해서는 각 정당들의 교육기능이 살아나야 한다.

6
정치자금

정치자금의 투명화

정치는 돈과 조직으로 움직인다. 막대한 조직을 움직이고 정책을 개발하는 데에는 정치자금이 필수적 요소이며, 정치자금 조성은 정당의 큰 과제이기도 하다. 현재 대한민국의 각 당과 시도당의 운영에 있어서 깨끗하고 공정한 정치자금 조성이 절실한 상황이다. 17대 국회 중반인 2006년 정치자금법이 개정되었다.[51] 이로 인해 정치자

51) 제19차 개정 정치자금법(2006년 4월 28일 개정)의 내용은 다음과 같다.
제22조의 4 (정당의 회계처리) ① 정당은 정치자금의 지출을 공개적 민주적으로 처리하기 위하여 회계처리에 관한 절차 등을 당헌 · 당규로 정하여야 한다.
② 제1항의 당헌 · 당규는 다음 각 호의 사항이 포함되어야 한다.
1. 예산결산위원회의 구성 및 운영에 관한 사항
2. 다음 각목의 내용을 명시한 지출 결의서에 관한 사항
가. 지출의 목적 · 및 금액
나. 지급받거나 받을 권리가 있는 자의 성명 · 주민등록번호 · 주소 · 직업 및 전화번호
3. 중앙당이 물품 · 용역을 구입 · 계약하고자 하는 때의 구입(지급)품의서에 관한 사항
③ 중앙당의 예산결산위원회(시 · 도당의 경우에는 그 대표자를 말한다)는 매분기마다 다음 각 호의 사항을 확인 · 검사하여야 하며, 그 결과를 지체 없이 당원에게 공개하여야 한다.

금의 운용이 매우 엄격해져서 정치가 깨끗해질 수 있는 장치가 마련되었다. 정치자금의 모금과 사용내역 공개를 통해 투명성을 확보하기 위한 노력이 계속해서 이루어지고 있다. 정당이 깨끗한 방법으로 정치자금을 모으고 그 자금의 사용을 투명하게 하는 것은 정당운영의 기본원칙이다.

깨끗한 정치자금을 위한 노력은 2002년 대선 이후부터 본격적으로 시작되었다. 한나라당 이회창 후보의 정치자금을 수사하는 과정에서 기업의 막대한 비자금이 정치권으로 들어갔다는 사실이 밝혀졌고, 기업체를 수사하는 과정에서 현금박스를 가득 실은 자동차가 정치권에 전달된 사실에 관한 증거가 포착되었다. 이 사건은 그 동안 뿌리 깊은 관행으로 굳어져 왔던 정경유착의 형태인 불법정치자금을 정화하는 데 큰 역할을 하였다. 이 사건은 정치자금의 제도적 변화를 가져오는 계기를 마련하였고, 이후 시민단체는 깨끗한 정치, 돈 안 드는 정치를 위해 지속적인 감시를 해 왔다.

후원금제도도 대폭 정비되었다. 국회의원들은 다수 국민들로부터 소액의 후원금을 받아서 깨끗한 선거풍토를 만들어 나가고자 하였다. 정치후원금의 상한제를 두고 후원내역을 공개하도록 하였다. 이로써 정치 자금의 흐름이 깨끗해졌고 공직선거법이 개정되는 등 개혁적인 변화가 있었다. 소액후원금제는 많은 국민이 정치에 참여하도록 장려하는 효과를 가져 왔다. 하지만 대선과 총선을 거듭하면서 국

---

1. 당헌 당규에 정하는 회계처리절차 준수여부
2. 예금계좌의 잔액
3. 정치자금의 수입금액 및 그 내역
4. 정치자금의 지출금액 및 그 내역

④ 정당의 회계처리 등에 관하여 필요한 사항은 중앙선거관리위원회 규칙으로 정한다.

민들의 후원금에 대한 관심이 많이 줄어들었고, 대국민 홍보 역시 줄어들어 후원금을 모집하는 데에 어려움이 커져가고 있다. 과거 정당은 정치자금의 배분을 통해 조직적이고 체계적인 정당활동을 전개했는데 정치자금의 모집이 제한되자 그러한 과거의 권위적인 모습은 사라지게 되었다. 열린우리당의 경우 2006년 지방자치단체장 선거에서는 과거 중앙당 차원에서 통솔하던 일사불란한 선거의 모습이 사라졌다.

17대 국회 초기에는 여론의 비난을 의식하여 정치행태가 일시 맑아졌었다. 불법정치자금을 당 차원에서 환수해야 했던 한나라당은 천막당사로 옮기고, 열린우리당은 영등포시장 옆의 당사로 옮기는 등 정당 차원에서 권위적 정치자금문화에 많은 변화가 있었다. 그러나 얼마 후 지방자치선거에 임해서는 국회의원들이 공천과 관련된 금품을 수수하고, 이익단체의 지원을 받아 해외여행을 가는 등 비리를 저지르는 행태가 여전히 적발되었다.

자금의 조성

최근 정치자금을 조성하는 방식에 있어서 많은 변화가 있었다. 16대 국회에서 17대 국회로 넘어오면서 법인과 회사의 정치후원금 제공은 불가능하게 되었고 이로써 표면상으로는 정경유착의 관행이 많이 사라졌다. 권위주의적 정당문화 속에서 과거 정당의 권력은 중앙당이 가지고 있었고 이 권력의 유지를 위하여 자금이 총재에서 중앙당으로, 시도당으로, 다시 지구당으로 위계적으로 하달되었다. 이렇게 하여 총재 중심의 중앙당은 자신의 권력을 지탱해 나갈 수 있었다. 그러나 17대 국회에서 와서 지구당이 폐지되고, 정치자금 운용이 투명해지면서 이러한 관행은 사라지게 되었다.

현재 정당과 국회의원이 합법적으로 모집·운용할 수 있는 정치자금의 종류는 다음과 같다.

- 당비: 정당의 당헌 당규 등에 의하여 정당의 당원이 부담하는 금전 등
- 후원금: 후원회의 회원이 후원회에 내는 회비나 후원회가 모금으로 마련한 금전
- 기탁금: 정당에 정치자금을 기부하고자 하는 개인이나 법인 또는 단체가 선거관리 위원회에 기탁한 금전 등
- 보조금: 정당의 보호 육성을 위하여 국가가 정당에 지급하는 금전 등
- 정당의 부대수입: 당원이 내는 당비를 제외한 정당의 차체의 사업 등으로 마련한 모든 수입

중앙선거관리위원회는 2007년 3월, 정치자금법 제40조(회계보고)의 규정에 의해 정당 · 국회의원 후원회 · 후원회를 둔 국회의원 등이 보고한 「2006년도 재산상황, 정치자금의 수입 · 지출내역」 등을 발표했다. 2006년도에 각 정당의 수입은 당비 · 보조금 · 차입금 등 총 1천 8백81억여 원이고, 이 중 선거비용 · 정책개발비 · 조직활동비 등으로 1천 5백26억여 원을 지출한 것으로 나타났다. 또한 국회의원 후원회는 2006년 4백52억여 원을 모금했다. 2006년에는 선거가 있는 해였으므로 지역구 국회의원 후원회의 경우 연간 모금 기부한도액의 2배인 3억 원까지 모금할 수 있었다.

모금한 정치자금에 대한 회계는 모두 공개되어야 함을 원칙으로 한다. 정당의 중앙당, 시 · 도당 및 후원회를 둔 국회의원의 회계책임자는 회계장부를 비치하고 매년 12월 31일 현재의 재산상황, 정치자금의 수입 · 지출금액과 그 내역 및 결산내역, 예금통장 사본을

다음해 2월 15일까지 선거관리위원회에 보고해야 한다. 또한 대통령선거 · 당대표경선 후보자 등의 후원회 회계책임자는 경선일 후 20일까지 정산해야 하며, 마감 후 10일까지 중앙선거관리위원회에 보고해야 한다. 정당 · 후원회 및 국회의원 후원회의 회계책임자는 매년 6월 30일 현재로 8월 15일까지, 12월 31일 현재로 다음해 2월 15일까지 재산상황, 정치자금의 수입 · 지출금액과 그 내역 및 결산내역, 예금통장 사본을 선거관리위원회에 각각 보고한다. 회계보고를 마친 후에도 회계책임자는 수입 · 지출명세서 및 영수증 등 회계서류를 3년간 보존해야 한다.

후원회와 후원금

후원회란, 정당의 중앙당, 시 · 도지부 · 지구당 · 국회의원 또는 국회의원후보자에 대한 정치자금의 기부를 목적으로 설립하여 운영되는 단체로써 선거관리위원회에 등록되어야 한다. 국회의원 후원회는 회원을 모집하여 회원으로부터 후원금을 납입받거나 회원이 아닌 사람들로부터 금품을 모집하는 일, 모집금품을 후원회를 지정한 자에게 기부하는 일을 하고 있다.

정치인의 후원회는 우편 · 통신, 광고, 정치자금정액영수증과의 교환에 의한 방법 및 신용카드 · 예금계좌 등에 의한 모금방법으로 후원금을 모금할 수 있다. 다만 금품모집의 기회를 이용해서 후보자나 후보자가 되고자 하는 자를 지지 · 선전하는 등 선거운동에 해당하는 행위를 할 수 없다.

정당의 지구당 제도가 폐지된 후, 각 정당은 후원회 형태의 지역관리 사무실을 많이 운영하고 있는 실정이다. 지구당의 또 다른 변형된 형태라는 지적을 받고 있기는 하지만, 후원회 혹은 연구소 형태의 지역 사무실은 권위주의적 정당의 위계질서와 다른 점을 가지고 있으며, 국회의원의 후원회를 통해 운영된다는 점에서 기존의 지구당과는 그 성격을 달리 하고 있다. 이 후원회는 역시 후원자들의 정치자금으로 운영된다.

외국인이나 공공기관 · 언론 · 노동 · 종교단체 등은 후원회의 회원이 될 수 없다. 정치활동이 국익에 반하게 되거나 특정집단의 이익에 의하여 부당한 영향을 받는 것을 방지하기 위한 것이다. 후원회 회원도 연간 기부할 수 있는 한도액이 정해져 있다. 이는 소액다수의 참여를 통한 건전한 정치자금구조를 위한 목적이다.

후원인이 납입 또는 기부할 수 있는 금액은 연간 2천만 원을 초과할 수 없으며, 하나의 후원회에 연간 기부할 수 있는 금액은 중앙당 또는 대통령선거 경선 후보자 후원회에는 1천만 원, 시 · 도당후원회는 500만 원, 국회의원, 국회의원 후보자 등 당대표경선 후보자의 후원회에는 각각 500만 원까지 가능하다. 정치자금을 기부한 사람은 조세특례제한법이 정하는 바에 따라 기부한 정치자금에 해당하는 금액에 대한 소득세를 면제받을 수 있으며, 개인 기부 정치자금에 대해서는 10만 원까지 세액을 공제하고 10만 원을 초과하는 금액에 대하여는 당해 기부자의 소득액에서 공제하여 소득공제의 효과를 주고 있다. 이 제도는 국민이 자신의 주머니에서 부담하지 않고 지지하는 정치인에게 후원금을 보내도록 함으로써 건전한 정치자금 모금을 국가적 차원에서 지원하는 획기적인 제도이다. 이 '소액후원금제의 환급제'를 통해 많은 봉급생활자들이 전에는 하기 어려웠던 정치후원을 대대적으로 실시하게 되었다.

후원회의 연간 모금 및 정당 국회의원 등에 기부할 수 있는 금액의 한도액은 중앙당 후원회의 경우 50억 원, 시·도당 후원회는 5억 원, 대통령선거경선 예비후보자 후원회는 선거비용제한액의 5%에 해당하는 금액, 국회의원 지역구 국회의원 후보자(예비후보자 포함) 및 당대표경선 후보자 후원회는 각각 1억 5천만 원이다. 다만 공직선거가 있는 해에는 평년도의 2배(당대표경선 후보자 및 국회의원 후보자 등은 제외)의 금액을 기부할 수 있다. 이와 같이 연간 기부한도액을 정하고 있음에 따라 후원회의 모금액에도 제한이 있어서, 연간 기부한도액의 1.5배를 초과하여 모금할 수 없도록 하고 있다.

후원회가 모금한 후원금을 정당 또는 국회의원 등에게 기부한 때에는 그 내역을 관할 선거관리위원회에 보고하고, 보고서를 접수한 선거관리위원회는 모금한도액 및 기부한도액 초과 여부 등을 심사한 후 공고하고 있다.

국고보조금

정당은 후원자들의 정치자금 이외에 국고보조금을 지급 받아 운용되고 있다. 정당에 대한 국고보조금은 국회 내의 정당활동에 대한 다양한 기준을 적용하여 지급한다. 의석수가 20인 이상으로서 국회에 교섭단체를 구성한 정당에게는 보조금 총액의 50%를 균등하게 분할하여 지급한다. 교섭단체를 구성하지 못하였으나 5석 이상의 의석을 가진 정당에 대하여는 보조금 총액의 5%씩을, 의석을 얻지 못하였거나 5석 미만의 의석을 보유한 정당에 대하여는 최근 실시한 선거에서 일정 득표율 이상의 득표를 얻은 정당에 한하여 보조금 총액의 2%씩을 균등 배분한다. 잔여분의 50%는 국회의석비율에 따라 지급하고 최종 잔여분은 최근 국회의원총선거에서 2% 이상을 득표한 정당을 대상으로 정당별 득표율에 따라 지급한다. 예를 들어 중앙선거관리위원회가 2007년 5월 15일 지급한 2/4분기 정당별 국고보조금 71억 1천929만 원 가운데 34억 7천118만 원(48.7%)이 열린우리당과 우리당 탈당파 의원들이 만든 통합신당모임에 지급되었다.[52] 일반국고보조금은 매분기 말 월 15일에 균등분할 지급하고 선거할 때 지급하는 보조금은 후보자 등록 마감일로부터 2일 이내에 지급한다.

정치자금제도의 개선방안

17대 국회에 들어와서 정치자금 운용에 관한 법률이 상당히 바뀌었고, 이로서 정치개혁을 향한 발걸음이 시작되긴 하였지만 이러한 변화에도 불구하고 정치적 현실은 크게 바뀌지 않았다. 정당은 하부조직을 아직까지 자금으로 움직여야 하는 현실을 완전히 벗어나지 못하였다. 그리고 대선후보들은 국회의원이 아닌 경우 실제로는 대선을 위한 선거준비활동을 하면서도 정치자금은 받지 못하게 되어 있다. 대선 후보의 자격으로 정치자금을 후원받는 것은 불법이기 때문이다. 현직 국회의원들만이 합법적인 정치자금을 받을 수 있다. 현직 국회의원이 아닌 대선후보들에게는 정치자금을 모을 수 있는 대안이 없어 음성적인 모금에 의존할 수밖에 없다. 대선후보들은 대선 준비기간에 조직과 자금을 만들기 위해서 합법적인 모금활동을 하지 못하

52) 열린우리당의 1/4분기 국고보조금은 28억 3천434만 원으로 전체 39.8%였으나 통합신당모임이 2007년 4월 7일 20석의 의석으로 원내교섭단체를 구성하여, 12억 7천491만 원을 지급받으면서 구 여권의 지급 금액이 크게 늘어났다. 대신 2007년 4. 25 재보선으로 의석수가 1석 늘어난 한나라당은 오히려 6억 3천633만 원 줄어든 22억 4천481만원을 지급받아 열린우리당 분당의 '유탄' 을 맞았다. 부산일보, 2007년 5월 16일자 참조.

고 자녀의 혼례부조금 등을 빙자하여 정치자금을 모으거나 개인적으로 비용을 부담해야 한다. 출입 통로를 투명하게 밝히는 조건으로 후원금을 받을 수 있도록 하고 다만 출처를 분명하게 밝히지 않을 때 처벌하는 것이 현실적 방안이다.

정당의 운영에 소요되는 비용은 원칙적으로 당원이 부담하여 정당내부에서 조달되어야 한다.[53] 그러나 당비납부제도가 안정적으로 정착되지 않아 당비는 실효성 있는 정치자금 조달방법이 되지 못하고 있다. 정치자금 조달의 질적 개선을 위해서 특정개인이나 단체가 주는 거액의 정치자금보다는 당비나 일반 국민의 자발적 기탁금 혹은 후원금을 활성화해야 한다. 이렇게 소액다수 후원의 원칙을 확립시킨다면 정치자금을 건전하고 안정적으로 조성할 수 있는 기반을 마련할 수 있다.

깨끗한 정치자금을 넘어서 투명한 정치자금으로 가는 것은 정치자금제도의 과제이다. 이미 정치자금에 관한 법률을 제정하고 정치자금의 공개와 양성화를 원칙으로 하였으나, 정치자금의 수입과 지출에 대한 흐름이 투명하게 이루어지고 있다고 보기는 어렵다. 일부 정치인의 불법적 정치자금 수수로 인하여 국민들의 정치 불신은 높기만 하다. 정치활동에 드는 비용을 줄이는 정치풍토를 조성하는 한편, 그 수입과 지출에 대한 투명성을 확보하기 위한 제도를 강화하여야 한다. 무엇보다도 중요한 것은 선거에 많은 돈을 쓰지 않더라도 유능

53) 17대 국회가 시작되고 나서 열린우리당은 기간당원제를 시작하였다. 기간당원제란 최근 6개월 이상 당비를 납부하고 한 해 동안 한 차례 이상 당원연수나 행사에 참여해야 자격이 주어진다. 기간당원들은 당직자의 선거권 및 피선거권을 부여받는다. 노무현 대통령이 처음 집권했을 때 열린우리당 기간당원은 55만 명에 이르렀지만, 2007년 약 8만 명 수준으로 급감하여, 정당지지도에 따른 불안정적인 당원의 변동을 볼 수 있다.

한 정치인이 당선되어 국민의 대표로 활동할 수 있도록 깨끗한 선거 및 정치를 확립하는 것이다.

7

정당 개혁의 방향

한국의 정당은 아직 진화중이나, 민주주의의 산실로서 정당은 변화를 거듭하며 진화되어 왔지만 아직도 개혁해야 할 부분이 많다. 한국의 정당 개혁은 크게 두 방향으로 이루어져야 한다. 첫째, 정당 차원에서 기존 독과점적 진입방식 규제가 없어져야 한다. 둘째, 정당의 구조와 활동이 조직이라는 하드웨어 중심에서 정책 인프라 중심, 즉 소프트웨어 중심으로 전환되어 정당의 조직, 자금, 공천 등의 모든 주요 활동이 정책 능력을 중심으로 재편되어야 한다.[54] 정당정치에서 경쟁성이 확보되기 위해서는 정당의 설립의 자유가 최대한 보장되어야 한다. 다만, 정당의 지나친 난립 현상은 비례대표 의석 배분의 기준의 엄격한 설정(전국 4% 이상의 득표)을 통해서 어느 정도 예방할 수 있다.

개혁의 방향을 설정하자면 한국의 정당은 비전과 이념, 정책 중심으로 개편해야 한다고 생각한다. 그 동안 부족했던 정당의 국민대표성과 이념성을 동시에 강화하는 것이다. 그 동안 한국 정당은 정

54) 박세일 · 장훈 공편, 《정치개혁의 성공조건: 권력투쟁에서 정책경쟁으로》, 동아시아연구원, 2003 참조.

치적 소외계층의 이해관계를 올바르게 대표하지 못했다. 앞으로 다양한 정치비전과 이념이 제시되어야 하며, 정치적 소외층의 이해를 대변하려는 노력이 필요하다.

자기 돈 써가면서도 국회의원이 되고 싶어 하는 이유는 바로 '권력감정' 때문이다.[55] 막스 베버는 권력감정을 "사람들에게 영향력을 갖고 있다는 의식, 사람들을 지배하는 권력에 참여하고 있다는 의식, 그러나 무엇보다도 역사적으로 중요한 사건의 신경의 줄 하나를 손에 쥐고 있다는 감정"으로 정의했다. 과거 정당과 국회의원은 권력감정에 도취되어 '권력의 사적 향유'를 꾀했었다. 과연 17대 국회가 출범한 2004년 이후에는 정당과 국회의원이 이 권력감정으로부터 자유로워졌는지 의문이다.

최근 정치가 국민의 기대에 얼마나 부응했는가 하는 점을 자평하기는 매우 부끄럽다. 정쟁과 파행이 그칠 날이 없던 여의도 정가의 모습을 바라보는 국민들의 심정은 일일이 묻지 않아도 그 평가가 좋지 않을 것이라는 것을 알 수 있을 것이다. 그러나 기어가기만 하던 아이가 걷기 시작했을 때의 조바심을 기억해보며 머지않아 우리 정치도 아무에게도 의지하지 않고 스스로 일어서서 걷게 될 것이라는 희망을 갖는다.

55) 강준만, 《나의 정치학 사전》, 인물과 사상사, 2005 중 "권력감정" 편.

Polictics of Custom

4

선거 꿰뚫어 보기

1

선거공영제

선거공영제의 도입

현실 정치에서 말하기를 선거는 정책, 조직, 비용 3위일체로 구성된다고 한다. 정책 없는 공직 선거는 명분 없는 정치를 의미하고 이는 결국 정치인 개인의 출세 야욕을 충족시키려는 데 불과하다. 선거 가치가 없다는 말이다. 조직 없는 선거는 시베리아 벌판처럼 황량한 곳에 홀로 서 있는 느낌이다. 누구와 무엇을 해야 할지 막막하기 때문이다. 과거 선거에서 정책과 조직, 두 가지를 모두 갖추는 데에는 비용이 압도적인 위력을 발휘해 왔다.

대한민국은 선거공영제를 취하고 있는 국가이다. 21세기 우리 선거의 가장 큰 특징은 뭐니 뭐니 해도 선거공영제의 도입이라고 할 수 있다. 선거공영제는 정치 개혁의 효과적 수단으로써 도입된 제도로서 세계적 추세이다.[1] 1994년 '공직선거 및 선거부정방지법'을

1) 안순철, "선거공영제의 이념적 가치와 제도적 현실," 진영재 편, 《한국의 선거제도 I》, 한국사회과학데이터센터, 2002, p.284. "독일(1959), 스웨덴(1965), 핀란드(1967), 이스라엘(1969), 노르웨이(1970), 이탈리아(1974), 오스트리아(1975), 스페인(1977), 프랑스(1988) 등 민주주의 국가의 2/3가 권력형 부정부

제정하여 대통령, 총선거, 단체장선거법을 통합한 후부터 이를 시행해 왔으며,[2] 현재 시행 중인 선거공영제는 16대 국회에서 1994년 선거법을 대폭 확대, 강화하여 개정한 법이다.

선거공영제란 국가가 선거운동을 관리하고 선거운동에 소요되는 비용을 부담함으로써 후보자간 선거운동 기회의 형평을 기하고, 선거비용을 경감하여 공명선거를 실현하려는 제도이다.[3] 정치공영제의 도입에 관하여 정치학계는 대환영의 뜻을 표했다. 선거공영제는 선거운동의 자유를 제한하고 국고보조 부담을 늘린다는 문제점을 수반하지만, 선거관리의 공정성을 제고하고 정치자금의 투명성을 확보함은 물론 정치적 참여의 기회를 균등하게 보장한다는 차원에서 점차 확대되는 추세에 있다는 것이다.[4]

선거공영제의 정신은 선거에 있어서 균등한 기회보장이다. 그 핵심은 돈으로 표를 사는 매표행위를 금지하려는 데에 있다. 피선거권자가 경제력의 차이로 정치에 진입하지 못하는 일이 없도록 진입장벽을 없애 주려는 것이다. 후보자간 재산상 차이와 상관없이 평등하게 선거를 치르게 하려는 것이다. 한 정치학자는 한국의 왜곡된 부의 축적과정이 선거공영제의 도입이유라고 하면서, 한국에서는 재산의 축적과정에 대한 신뢰를 하지 않기 때문에 선거공영제를 통해 경제적 진입장벽을 없애려는 의미가 크다고 분석한다.

패와 사적 후원금의 영향을 막는다는 정당성을 앞세워 선거자금의 국고지원을 도입하였다."

2) 우리 헌법은 제116조에서 선거과 관련해 선거공영제의 철학을 포함하고 있다. 제116조 ① 선거운동은 각급 선거관리위원회의 관리하에 법률이 정하는 범위 안에서 하되, 균등한 기회가 보장되어야 한다. ② 선거에 관한 경비는 법률이 정하는 경우를 제외하고는 정당 또는 후보자에게 부담시킬 수 없다.

3) "시사용어 소사전 - 선거공영제," 연합뉴스, 2004년 4월 19일자.

4) 안순철, 같은 책, p.279.

"자본주의 사회에서 재산을 축적한 사람은 능력 있는 사람이라고 할 수 있다. 선거의 목적 중의 하나가 능력 있는 인재를 선출하기 위함인데, 자본주의 사회에서 능력을 발휘하여 재산을 축적한 후보자의 능력을 인정하지 아니하고, 그 재산을 선거과정에서 무제한 사용하지 못하도록 억제하는 것은 우리 사회가 재산 축적과정에 대한 정당성을 부여하지 않고 있기 때문이라고 판단된다."[5)]

선거공영제가 도입되면서 과거 후보들이 주로 의존해 온 사랑방 모임, 지역구 내의 각종 단체들과의 모임·집회, 그리고 호별 방문 등의 선거운동방식은 사실상 금지되었다. 이에 따라서 후보들은 지역구에서 수많은 유권자들 및 단체들과 접촉하기 위해서 벌이는 소모적인 선거운동으로부터 해방될 수 있었다. 즉, 정당과 후보자들은 지역구에서 오랜 기간 터전을 닦으며 선거 때마다 후보와 유권자들 사이에서 원활한 의사소통을 가로막고 선거의 부패를 조장해 온 선거브로커들의 압박에서도 자유로워진 것이다.[6)]

제도적 민주주의에 대한 국민들의 폭넓은 요구가 반영된 것이 2000년 이후에 나타난 일련의 정치개혁 제도들이다. 그 결과로 16대 국회 임기 말에 만들어진 국회의 정치개혁특위에서 선거공영제가 완성되어 그 이후 시행되었다. 과거 한국의 선거는 부정부패에 따른 매표행위에 물들어 있었다. 막대한 돈을 쏟아 부어야 당선될 수 있는 왜곡된 선거구조가 형성되어 부자만이 정치적 권력을 획득할 수 있는 폐쇄적인 구조였다. 선거공영제의 도입으로 금권정치가 사라지고 서민층의 지도자가 당선되는 개혁이 시작되었다.

---

5) 신 진, 《정당과 선거제도 개혁》, 충남대학교출판부, 2004, pp.102-103.

6) 박세일 · 장훈 공편, 《정치개혁의 성공조건: 권력투쟁에서 정책경쟁으로》, 동아시아연구원, 2003, p.38.

관리공영과 비용공영

선거공영제의 내용을 몇 가지로 분류할 수 있다. 우선 선거공영제는 정당과 후보자의 선거운동을 국가 또는 지방자치단체가 직접 관리하는 관리공영제와 정당 또는 후보자의 선거비용을 국가 또는 지방자치단체가 보조하는 비용공영제로 나눌 수 있다. 관리공영제는 각급 선거에 선거관리위원회를 둠으로써 선거에 필요한 일체의 행위를 규제하고 또는 관리하는 것을 의미한다. 이는 선거의 공정성을 위한 제도로 선전벽보 등 인쇄물 첩부 · 발송 등이 그 대표적인 예이다.

2004년도 대폭 강화된 선거공영제의 핵심은 바로 비용공영제에 있다. 후보자의 개인 재산에 의한 선거가 부에 의한 불평등을 초래할 수 있다는 공영제의 취지에 따라 국가 또는 지방자치단체가 비용을 보존해 주는 비용공영제가 폭넓게 확대된 것이다. 비용보전의 범위와 관련하여 완전공영제와 불완전공영제로 나눌 수 있는데, 현재 우리나라는 지방자치단체장 또는 지방자치단체 의회의원 선출 선거까지 비용공영제가 확산됨에 따라 완전공영제를 도입한 것으로 평가된다.

통합선거법의 선거공영제는 소요되는 선거비용을 국가에서 보전해 주는 것을 골자로 한다. 현행법은 그 내용을 매우 구체적으로 담고 있다.[7] 후보자가 당선된 경우에는 지출한 선거비용 전액을 보전

7) 공직선거법 제122조의2 (선거비용의 보전 등) ① 선거구 선거관리위원회는 다음 각 호의 규정에 따라 후보자가 이 법의 규정에 의한 선거운동을 위하여 지출한 선거비용을 제122조(선거비용제한액의 공고)의 규정에 의하여 공고한 비용의 범위 안에서 대통령 선거 및 국회의원 선거에 있어서는 국가의 부담으로, 지방자치단체의 의회의원 및 장의 선거에 있어서는 당해 지방자치단체의 부담으로 선거일 후 보전한다. [개정 2004.3.12, 2005.8.4]

받으며, 낙선한 경우에도 15퍼센트 이상인 때에는 지출비용 전액, 10퍼센트 이상인 때에는 그 반액을 받는다.

2004년도 개정된 통합선거법의 특징은 다음과 같다.

첫째, 선거 출마 제한 기준이 강화됐다. 선거 사범뿐만 아니라 정치자금 부정수수죄와 뇌물죄에 관련 100만 원 이상 벌금형을 선고받은 경우, 선거권과 피선거권을 제한하고 있다.[8)]

---

1. 대통령 선거, 지역구 국회의원 선거, 지역구 지방의회의원 선거 및 지방자치단체의 장 선거
   가. 후보자가 당선되거나 사망한 경우 또는 후보자의 득표수가 유효투표총수의 100분의 15 이상인 경우 후보자가 지출한 선거비용의 전액
   나. 후보자의 득표수가 유효투표총수의 100분의 10 이상 100분의 15 미만인 경우 후보자가 지출한 선거비용의 100분의 50에 해당하는 금액
2. 비례대표 국회의원 선거 및 비례대표 지방의회의원 선거

후보자명부에 올라 있는 후보자 중 당선인이 있는 경우에 당해 정당이 지출한 선거비용의 전액(이하 생략)

8) 공직선거법 제18조 (선거권이 없는 자) ① 선거일 현재 다음 각 호의 어느 하나에 해당하는 자는 선거권이 없다. [개정 2004.3.12, 2005.8.4]

1. 금치산선고를 받은 자
2. 금고 이상의 형의 선고를 받고 그 집행이 종료되지 아니하거나 그 집행을 받지 아니하기로 확정되지 아니한 자
3. 선거범, 「정치자금법」 제45조(정치자금부정수수죄) 및 제49조(선거비용관련 위반행위에 관한 벌칙)에 규정된 죄를 범한 자 또는 대통령 · 국회의원 · 지방의회의원 · 지방자치단체의 장으로서 그 재임 중의 직무와 관련하여 「형법」(「특정범죄 가중처벌 등에 관한 법률」 제2조에 의하여 가중처벌되는 경우를 포함한다) 제129조(수뢰, 사전수뢰) 내지 제132조(알선수뢰) · 「특정범죄 가중처벌 등에 관한 법률」 제3조(알선수재)에 규정된 죄를 범한 자로서, 100만 원 이상의 벌금형의 선고를 받고 그 형이 확정된 후 5년 또는 형의 집행유예의 선고를 받고 그 형이 확정된 후 10년을 경과하지 아니하거나 징역형의 선고를 받고 그 집행을 받지 아니하기로 확정된 후 또는 그 형의 집행이 종료되거나 면제된 후 10년을 경과하지 아니한 자(형이 실효된 자도 포함한다)
4. 법원의 판결 또는 다른 법률에 의하여 선거권이 정지 또는 상실된 자

②항 이하 생략

제19조 (피선거권이 없는 자) 선거일 현재 다음 각호의 1에 해당하는 자는 피선거권이 없다.

둘째, 신인 정치인의 정치 입문이 용이하도록 진입관문을 낮추고자 예비후보자 제도를 도입했다.[9)] 제도 도입과 함께 총선의 경우 현직 의원과 예비후보 사이의 형평성을 맞추기 위해 공직선거법 제60조 2항에 해당하는 예비후보자는 등록일부터 제60조 3항이 규정한 형태의 선거운동을 할 수 있게 했다. 개정법은 실제 선거기간은 17일에서 14일로 단축했지만 사실상 선거 전 120일 동안 선거운동을 할 수 있게 허용한 것이다. 선거기간 단축의 의미는 과도한 선거열기로 인한 선거비용 과다지출, 각종 탈법과 부정행위를 방지하자는 취지를 가지고 있다. 한편으로 개정법이 실질적으로 120일 이전부터 선거운동을 할 수 있는 기회를 준 것과 공식 선거기간을 14일로 단축한 것은 논란이 생길 수 있는 문제이다.

변화된 선거풍토

대폭 강화된 선거공영제 실시 이후 선거풍토는 과연 얼마나 달라졌을까? 17대 국회의원 선거는 선거공영제로 인해 전과 달리 깨끗한 선거가 치러진 것으로 언론이나 시민단체가 평가하고 있다.[10)]

---

1. 제18조(선거권이 없는 자) 제1항 제1호 · 제3호 또는 제4호에 해당하는 자
2. 금고 이상의 형의 선고를 받고 그 형이 실효되지 아니한 자
3. 법원의 판결 또는 다른 법률에 의하여 피선거권이 정지되거나 상실된 자

공직선거법 제19조 (피선거권이 없는 자) 선거일 현재 다음 각 호의 1에 해당하는 자는 피선거권이 없다.

1. 제18조(선거권이 없는 자) 제1항 제1호 · 제3호 또는 제4호에 해당하는 자
2. 금고 이상의 형의 선고를 받고 그 형이 실효되지 아니한 자
3. 법원의 판결 또는 다른 법률에 의하여 피선거권이 정지되거나 상실된 자

9) 신진 교수는 "2004년 선거법 개정에서 가장 특기할 사항으로 예비후보자제도의 도입"을 꼽았다. 신진, 같은 책, p.78.

10) 한국일보, 2007년 2월 23일자 참조.

선거공영제 확대는 이를 공약으로 내세운 노무현 대통령의 실적으로 꼽히고 있다. 언론은 노무현 대통령 취임 4주년을 맞아 실시한 대선 공약 이행 실적을 점검하면서 "상향식 공천 실현, 선거공영제 확대를 통한 돈 선거 퇴출 등 정치 분야의 성과는 많았다. 그래서 17대 총선은 유례 없이 깨끗한 선거라는 평가를 받았다"며 선거공영제 도입으로 인한 긍정적 변화를 보도했다. 그렇다고 해서 선거 과정에서 공천을 위한 뇌물이나 금품의 살포가 완전히 사라진 것은 아니지만, 전보다 확연히 줄어든 것은 분명하다.

선거공영제는 입법, 행정 운영에 필요한 선출직 공무원을 뽑는 공적 선거에 그치지 않고 사회 각 부문의 선거로 확산되었다. 한국 사회의 변화를 주도했던 대학가의 총학생회장 선거[11]에서도 2000년 이후부터 선거공영제를 실시하였다. 그런가하면 민주노총 산하 기아자동차 노조간부의 채용비리 사건과 한국노총 산하 항운노련 간부의 취업알선비리 사건 이후 여론의 질타와 자정 요구를 받은 노동조합들도 선거에서 선거공영제를 도입하였다.[12] 선거공영제가 대학과 노조 등 각 사회의 여러 분야에 확산됨으로써 각종 선거에서 중립성과 청렴성이 정착하고 있어 사회 전반의 민주주의 성숙도가 높아지고 있

11) 부산일보, 2006년 12월 4일자. "부산지역 일부 대학들의 총학생회 선거가 외부세력 개입 등으로 잡음이 인 것과 대조적으로 인제대학교가 선거공영제를 도입, 깨끗한 선거는 물론 투표 참여율을 크게 높여 화제가 되고 있다." "선거공영제 도입 후 치러진 총학생회 선거에서는 최소한 2명 이상의 후보자(5년간 총 13명)가 나섰다. 또 여러 후보자가 나와 치열한 경쟁을 펼치면서 학생들의 관심을 끌어 투표율도 높아졌다."

12) 부산일보, 2005년 10월 31일자. "현대자동차 노조가 위원장 등 간부 선거에 공영제를 도입하고 대의원선거에서도 단위사업장 노조로서는 처음으로 여성할당제를 도입키로 해 노동계의 관심을 끌고 있다. (중략) 이에 따라 오는 12월 예정돼 있는 현대차 노조 제12대 임원선거가 공영제로 치러지고 내년 1월 대의원선거(19대)에서 여성할당제가 도입될 계획이다."

다. 이로써 선거공영제는 민주주의의 견인차 역할을 하고 있다.

이제는 비용 공영제에서 더 나아가 '정책경쟁형 선거운동공영제'[13]가 도입되는 것을 고민해봐야 한다. 선거공영제는 첫째, 선거운동이 후보의 국가경영 능력과 자질, 정책전문 능력을 검증하는 과정이 되도록 보장할 수 있어야 한다. 그리고 각 후보의 선거자금 부담이 거의 없는 선거를 만들어가는 것이다. 그간의 선거공영제는 말하자면 '선거자금공영제도'의 측면에만 머물러 있었다. 선거운동은 각자 마음대로 하고 다만 선거비용의 일부를 국고에서 부담해 주는 것이었다.

정책경쟁형 선거공영제는 선거운동 자체를 상당부분 선관위가 직접 조직화하고, 그 비용을 국가가 직접 부담하는 것이다. 이는 선관위가 나서서 후보와 유권자들 사이의 커뮤니케이션, 즉 후보자의 정책능력과 자질, 정치비전과 철학을 국민들에게 정확하게 전달할 기회를 보장하자는 취지라 하겠다. 선거문화가 이러한 방향으로 바뀔 때, 국민이 직접 대리인을 선출해 국정 운영을 맡긴다는 민주주의 선거의 원리가 실현될 수 있기 때문이다.

---

13) 박세일 · 장훈, 같은 책, p.68.

2

한국의 선거 현장

우리나라의 공직 선거는 크게 대통령 선거와 국회의원 선거, 지방의회 의원 및 자치단체 선거를 꼽을 수 있다. 각 선거는 시대마다 각기 다른 양상을 보이지만 각 선거별로 독특한 선거의 관습을 보이고 있다.

대통령 선거

대통령 선거의 특징은 '인물 선거' 다. 한국 정당사에서 수많은 정당들이 명멸하여 그 정당의 이름을 모두 기억하지는 못하지만, 대통령 선거에 입후보한 후보들의 면면을 기억하는 사람은 많다. 정당정치의 기반이 취약했기 때문에 국민들은 대선후보의 '인물' 에 대해 강한 집착을 보였다. 2006년 지방선거에서는 정권심판, 네거티브 선거 등의 '쏠림' 현상이 강했다고 평가되었으며, 2007년 대선에서도 같은 현상이 나타날까 우려하고 있다. 그러나 대선에서는 유권자의 인물 검증 의지가 커서 '묻지 마' 식 쏠림 투표경향은 대단치 않을 것이고 대통령 선거는 여전히 인물 중심의 선거가 될 것이라고 예측되

고 있다.[14)]

2002년 대통령 선거에서는 '노무현을 사랑하는 모임' 이라는 자발적인 선거운동모임이 중요한 역할을 담당했는데, 이는 인물 중심의 대통령 선거의 특징을 가장 드라마틱하게 보여주었다. 한국 정치에서 일정하게 당비를 내고 자발적으로 정당 행사에 참여하는 서구적인 의미의 당원들이 존재하지 않는 현실을 감안할 때, 어떤 정치인을 좋아한다는 한 가지 이유만으로 적지 않은 수의 사람들이 자발적으로 시간과 비용을 지불하면서 참여했다는 것은 매우 흥미로운 현상임에 틀림없다는 정치학자의 분석이 있다.[15)]

1987년 이후 대통령 선거 특징은 '연합과 공조' 이다. 직선제 직후 13대 대통령 선거에서 양 김의 분열을 제외하고 14대 대통령 선거에서는 그 이전에 김영삼, 김종필, 노태우의 3당 합당이라는 변수가 결정적 역할을 했다. 15대 선거의 경우, DJP연합 역시 정파와 지역을 인위적으로 통합한 연합정권을 만들어 냄으로써 정권교체를 이뤄냈다. 노무현 대통령 역시 정몽준 후보와의 연대를 통해 '반 한나라당' 전선을 형성하여 정권을 창출했다. 대통령 선거에 결선 투표가 없는 제도적 한계 때문에 연합과 공조가 위력을 발휘하게 된다. 그밖에 지역주의가 팽배하여 지역 간 배타적 투표가 행해진다는 사실이 연합과 공조를 만들어 내었다. 정책을 매개로 한 정당 간의 정책연합이라면 무방하겠지만 각각 다른 지지기반을 가진 정당이 집권을 위하여 이합집산하는 것은 바람직하지 못하다. 정권 창출을 위한 인위적 연합보다는 정책과 이념을 기반으로 한 정당 구도가 만들어져야 한다.

---

14) 중앙일보, 2006년 6월 10일자.

15) 강원택, "세대와 노무현 현상 - 국민참여경선 이후의 노무현 돌풍에 대한 분석," 《한국의 선거 정치: 이념, 지역, 세대와 미디어》, 푸른길, 2003, p. 259.

국회의원 선거

국회의원 선거는 통상 정당투표의 행태가 매우 강하다. 정당투표는 집권한 정권에 대한 중간평가, 지역주의 등의 '바람몰이'에 의해 좌우된다. 특히 총선에서는 국민들이 정권 심판론을 앞세워 투표하는 행태가 강하게 나타난다. 과거 한국의 정당은 의사결정 방식이 지도자가 권위적으로 정당을 지배하는 구조여서 상향식 의견수렴이 어려웠고, 정당이 인물 중심으로 이합집산하는 특징을 나타냈으며, 지지 기반도 연고주의와 지역주의를 바탕으로 성장하는 한계를 드러냈다. 한국 정당사 50년 동안 명멸하는 정당이 워낙 많다 보니 같은 정당투표라고는 해도 미국의 사례에서 100년 이상의 역사를 자랑하는 민주당, 공화당 등 전통적 정당에게 투표하는 것과는 사정이 다르다.[16)]

제17대 국회의원 선거 개표 모습

16) 동아일보, 2007년 1월 14일자.

탄핵 역풍으로 여소야대 정국이 무너졌던 17대 총선은 역대 총선과는 매우 다른 양상으로 그 결과가 나타났다. 정권에 대한 견제 심리와 지역주의 호소가 예전처럼 위력을 발휘하지 못했던 것이다. 지난 총선이 정당투표의 성격을 띠게 된 데에 대하여 한 정치학자는 다음과 같이 분석하였다.

> "탄핵 사태로 인해 이번 총선이 대선처럼 치러졌고, 또 선거 직전에 선거법이 대폭 개정되어 정당, 후보, 운동원 등이 새로운 선거환경에 효과적으로 적응하지 못한 결과 후보자와 정책 등을 알리는 데 한계가 있어서 인물이나 정책보다 정당투표 경향이 강하게 나타난 것으로 분석된다."[17)]

그렇다고 해서 17대 총선에서 지역주의가 완전히 사라진 것은 아니었다. 어떤 정치학자는 17대 총선이 과거 투표행태와 근본적 변화를 보였다기보다는 세대 간 상이한 투표 경향과 미디어의 발달 등 몇 가지 변수가 등장했다는 점, 그리고 지역주의가 다소 완화된 것일 뿐이라는 점을 강조했다.[18)]

> "총선 이후 호남 정당인 열린우리당이 영남에 의석을 가진 최초의 전국정당이라는 점을 강조하면서 지역주의가 약화되고 있다는 주장이 있으나, 열린우리당이 부산·경남에서 겨우 3석을 확보하여 대통령 출신 지역이라는 특수성에 따른 일시적인 지지기반이 아닌가 생각된다."

---

17) 박명호, "2004년 총선 과정과 결과에 대한 종합적인 분석," 김용호 외, 한국정치학회 편, 《17대 총선 현장 리포트: 13인 정치학자의 참여관찰》, 푸른길, 2004.

18) 인하대학교 김용호 교수는 정당투표를 17대 총선의 특징으로 꼽기도 하지만 여전히 지역주의가 맹위를 떨치고 있음을 지적한다. 김용호 외, 같은 책.

지방선거

2006년 지방선거에서는 노무현 정권 심판론이 가장 큰 선거의 이슈가 되었다. 지방자치의 역사가 짧다 보니 그 정치구조와 선거 관심도가 매우 취약한 편이었다. 유권자들은 지역의 후보자가 누구인지 잘 알지도 못하고 관심도 적었다. 따라서 지방선거에서는 인물이 부각되기 어려운 상황이었다. 인물이 관심 밖으로 밀려나자 정당 중심의 투표가 이루어지게 된 것이다. 지난 2006년 지방선거는 철저하게 정당과 정권에 대한 선거, 그리고 유권자가 선호하는 정당을 뽑은 것이 아닌, '네거티브' 선거의 행태를 드러냈다. 중앙일보가 보도한 2006년 지방선거 결과에 대한 '중앙일보-SBS-EAI-한국리서치 조사'에 의하면 투표 이유에 대한 국민 10명 중 9명 정도가 '노무현 대통령

지방선거

과 정부가 못해서(59%)', '열린우리당이 못해서(29%)' 로 답해 네거티브 선거의 전형적인 특징을 단적으로 보여주었다.[19)]

지난 지방선거에 드러나 표심을 가리켜 '쏠림 민심' 이라고 표현할 수 있다. 여론조사 전문가들은 유권자들이 표를 한쪽으로 몰아주는 경우를 '스윙 현상' 이라고 부르는데[20)] 2006년 지방선거에 나타난 유권자 투표행태를 전형적인 '스윙 현상' 의 투표행태라고 말할 수 있다.

---

19) 중앙일보, 2006년 6월 10일자.

20) 중앙일보, 2006년 6월 10일자 기사에서는 2006년 지방선거에서 쏠림현상의 모습에 관해 "제1당과 제2당의 득표율차가 10%포인트 이내가 보통이었다. 그랬던 것이 2002년 지방선거에선 20%포인트, 올해 지방선거에선 30%포인트 가까이 표차가 벌어졌다. 올 지방선거의 6개 종류 누적 득표차는 5,600만 표 대 2,500만 표로 더블 스코어 이상이었다" 고 보도했다.

3

정당공천

정당공천제

선거기간에 벽에 붙어 있는 후보자 포스터를 보면 각 인물의 이력이 나와 있다. 그리고 후보자들이 항상 강조하는 '기호 몇 번'을 의미하는 숫자가 이름 앞에 붙어 있음을 볼 수 있다. 그 숫자의 의미는 단순히 후보자를 구별하기 위한 것이 아니다. 각 후보자는 '기호'가 대표하는 정당의 정강과 이념을 따라 정치활동을 할 것이라는 사실, 즉 한 정당의 대표로 나와 있음을 선언하고 있는 것이다. 물론 정당이 표방하고 있는 이념과 정책에 구애받지 않고 무소속으로 출마하는 사람도 있다. 하지만 대의정치가 정당정치로 대표되고 있는 오늘날의 정치상황에서는 정당의 뒷받침 없이 무소속으로 선거에 승리하여 의회로 진출하는 것이 매우 어려운 것이 사실이다.[21] 17대 총선에서는 무소속후보가 단 두 명만 당선되었다.

21) 17대 국회의 경우, 무소속 후보자 수는 224명으로 16대 총선의 202명보다 늘어났다. 규모면으로는 기존 정당 후보군과 맞먹는 숫자였음에도 불구하고 당선자는 문경 · 예천에 출마한 신국환 후보와 나주 · 화순에 입후보한 최인기 후보 단 두 명이었다. 무소속후보의 당선사례를 살펴보면 14대 총선 21명, 15대 총선 16명, 16대 총선 6명, 17대 총선 2명으로 점점 더 줄어들고 있음을 알 수 있다.

정당공천을 통해 후보자가 정당 간판을 등에 업고 선거에 나서면 무엇이 좋을까? 후보자는 자신의 당선을 위해 정당이 제공하는 선거조직을 활용할 수 있다. 그러나 정당공천이 단순히 그것만을 의미하는 것은 아니다. 때로는 정당이라는 간판 자체가 당선을 위한 무기가 될 수도 있고, 정당에서 제공하는 다양한 정책이 유권자의 마음을 사로잡을 수도 있다. 당선된 후에 획득하게 되는 정치력도 정당의 뒷받침 여하에 따라 달라진다.

우리나라의 정당공천제의 역사는 1954년 3대 국회의원 총선거 때 자유당에 의해 처음으로 도입된 것에서 출발했다.[22] 그 이전에는 정당 조직이 불완전했기 때문에 정당으로부터의 선거지원이 불가능해서 정당공천제가 채택될 수 없었다. 정당공천제가 법률에 명시된 것은 제3공화국 시기인 1962년 정당법이 제정되면서부터였다. 정당법은 정당정치의 육성, 특히 양당제의 확립을 위하여 대통령과 국회의원 입후보의 요건으로 정당의 공천을 규정하였다. 그 후 광역자치단체장(특별시장, 광역시장, 도지사) 기초자치단체장(시장, 군수), 광역의원(특별시, 광역시, 도의원)까지만 정당공천제가 확대되어 왔다. 2005년 공직선거법 개정을 통해 2006년 5.31 지방선거부터는 기초의원(시, 군 의회 의원)들도 정당공천을 받게 되었다.

정당은 후보자 추천에 신경을 써야 하고 공정하고 신뢰도 높은 공천 절차를 마련해 좋은 후보를 추천해야 한다. 정당은 선거를 통

---

22) 당시 자유당은 선거공약으로 개헌을 내걸고 개헌을 수락하는 사람에게만 한해서 공천을 해 주었다. 자유당의 제2인자로 부상한 이기붕의 출마구인 서울 서대문을구에서 조봉암이 입후보하려 했으나 입후보 등록 자체가 봉쇄당했다. 조봉암은 인천이나 부산 어떤 선거구에든 등록만이라도 하려 했으나 정체불명의 괴한들에게 서류를 탈취당했다. 김광우. "개헌안 지지자만 공천한 자유당," 연시중, 《한국 정당정치 실록》, 지와 사랑, 2001.

한 정권의 획득을 목표로 하는 조직이므로 당선 가능성이 높은 후보를 추천하는 것은 정당의 중요한 전략적 판단사항이다. 유권자들이 보기에는 정당의 정책 발표나 정치적 선언보다 그 정당이 공천한 후보자가 어떤 사람인가가 정당의 얼굴로 비춰진다. 정당은 훌륭한 후보를 자신의 얼굴로 내세움으로써 유권자의 지지를 얻게 된다.

정당의 후보추천은 민주적 선거의 측면에서 매우 중요하다. 유권자들은 후보자의 인성, 경력, 정책보다는 소속 정당을 가장 중요시하는 경향이 있다. 정당이 엄격한 인선절차에 따라 후보의 자질을 충분히 따져서 당선 가능성이 가장 높다고 판단되는 인물을 후보로 추천하는 경우 유권자 입장에서는 정당후보에게 투표한다 해도 무자격자를 지지하게 되는 위험을 널 수 있다.[23] 정책선거를 지향하고 있는 최근 선거의 추세를 감안하면 각 정당들은 후보들을 공천할 때 후보의 정책능력을 핵심적인 기준으로 삼아 신중히 검증해야 할 것이다. 당 내외부의 정책토론회를 통해 정책능력을 검증하는 것이 한 방법이다. 후보의 정책대안의 실현가능성 여부와 구체화하기 위해 필요한 법률, 예산상의 문제는 없는지 세세하게 검증해야 할 것이다.

공천의 절차

정당공천의 종류에는 경선을 통한 상향식 공천과 전략공천으로 대표되는 하향식 공천이 있다. 최근에는 경선으로 인한 후유증 때문에 여론조사를 통해 후보자를 선출하기도 하고, 대선의 경우에는 오픈 프라이머리를 통해 후보를 선출하기도 한다.

23) 김광수, 《선거와 정당》, 박영사, 2002, pp.121-122.

후보자를 공천하는 원칙은 정당이 멋대로 정해서는 안 된다. 그 원칙을 정하는 기준은 여러 가지이다. 첫째, 법률의 규정에 의해 공천과정이 규제된다.[24)] 정당공천제는 정당법에 민주적인 절차에 따른 정당의 공직선거 후보추천이 규정되어 있다. 둘째, 정당의 당헌과 당규에 의해 공천의 절차 및 방식이 규정된다.[25)] 현재 각 정당은 정당법 제28조 2항 8호에 따라 당헌에 공천절차를 규정하고 있다. 셋째, 개별 선거의 공천방식에 관해 세부적인 사항은 정당의 의사결정기구를 통해 결정된다. 공천의 시기, 경선 여부 및 방식, 공천심사위원의 임명 등등이 그 세부사항이다.

공천의 권한이 당의장, 최고위원 등 지도부에게 집중되는가, 또는 당원에게 분산되어 있는가 하는 문제는 각 정당의 민주화의 정도에 따라 다르다. 과거 정당들은 후보자 선정에 있어서 당 지도층이 권위적인 위치에서 공천권을 행사했기에 공천이 부패와 타락의 온상이 되었다. 공개적이고 민주화된 제도와 일반당원들의 자발적인 참여를 바탕으로 한 선출이 아니라 당 총재를 비롯한 일부의 정당 지도부에 의한 선출이 과거에는 지배적이었다. 이런 상황에서 정당공천은 금전을 매개로 행해지는 경우가 많았기 대문에 '공천장사'라는 말이 유행할 정도로 타락했다.[26)] 심지어는 당선 후에 약속을 지키지 않을 것에 대비하여 현금 지급을 요구했는데 보자기에 가짜 돈을 넣어서 건네는 사기사건도 있었다고 한다. 비례대표의원의 공천과정도 민주

24) 정당법 제31조는 공직선거후보자의 추천에 관하여 "정당의 공직선거후보자추천은 민주적이어야 한다"고 규정하며 그 절차는 당헌으로 정하도록 한다.

25) 2005년 8월 4일에 정당법과 공직선거법이 개정되었다. 개정 후에 정당법 제28조(강령 등의 공개 및 당헌의 기재사항)는 당헌에 공직선거후보자 선출에 관한 사항을 포함시킬 것을 요구한다.

26) 김광수, 같은 책, p.151.

적 절차 없이 정당 계파보스 간의 나눠먹기나 공천헌금을 대가로 밀실에서 이루어지는 경우가 많았다. 이러한 현상은 국민들에게 정치권에 대하여 불신감을 더 가중시켰다.

근래에는 각 당에서 당원이 참여하는 경선을 통해 후보자를 결정하는 상향식의 공천이 도입하는 추세이다. 정당의 중앙조직에 의해서 중앙집권적으로 선정되던 과거의 관행에서 탈피하여 지역 조직에 의해 분권적으로 공천이 결정되는 경우가 많아졌다. 최근 후보자 선정과정이 민주적인 방식으로 변화됨에 따라 정치 신인이 공천을 받는 것이 종전보다 쉬워졌다. 정당의 공천심사위원회가 후보자들의 자질을 합리적인 기준에 따라 심사하고 후보자 간의 당내 경선 또는 여론조사를 통해 최종적인 선출을 함으로써 당시노부의 영향력이 약화되고 공정한 후보 선출이 가능하게 되었다. 다만 정당은 전략적인 이유에서 전체의 30% 범위 내에서는 전략공천을 함으로써 민주적인 절차를 생략할 여지를 남겨 두고 있다.

경선과 전략공천

21세기에 들어 각 정당은 당내 경선을 제도화하였다.[27] 이는

27) 공직선거법 제57조의2 (당내 경선의 실시) ① 정당은 공직선거후보자를 추천하기 위하여 경선(이하 "당내 경선"이라 한다)을 실시할 수 있다. ② 정당이 당내 경선[당내 경선의 후보자로 등재된 자(이하 "경선후보자"라 한다)를 대상으로 정당의 당헌 당규 또는 경선후보자 간의 서면합의에 따라 실시한 당내 경선을 대체하는 여론조사를 포함한다]을 실시하는 경우 경선후보자로서 당해 정당의 후보자로 선출되지 아니한 자는 당해 선거의 같은 선거구에서는 후보자로 등록될 수 없다. 다만, 후보자로 선출된 자가 사퇴·사망·피선거권 상실 또는 당적의 이탈·변경 등으로 그 자격을 상실한 때에는 그러하지 아니하다. ③「정당법」제22조(발기인 및 당원의 자격)의 규정에 따라 당원이 될 수 없는 자는 당내 경선의 선거인이 될 수 없다. [본조신설 2005.8.4]

후보자 공천과정이 민주적인 제도로서 정착하였다는 것을 의미하며 매우 바람직한 현상이다. 정당의 후보자 선정과정이 공정하여야 좋은 선거결과를 얻을 수 있게 된다. 그리고 공천과정이 공정하여야 국가의 운영에 커다란 영향을 미치는 국회의원 등 선출직 공직자들을 우수한 자질의 인재들로 채울 수 있게 된다. 즉, 공천의 공정성은 의회와 정부의 구성과 그 질을 좌우하는 결정적 요인이 된다.[28] 당내 경선을 도입하면 배타적인 후보추천인단의 통제력을 약화시키고 후보선출인단 구성의 포용성을 확대시킨다. 당내 경선을 통한 후보추천 과정에서는 일반당원 또는 유권자의 발언권이 증대된다.[29]

열린우리당의 경우 당내 경선에서 당원참여선거인단에 국민의 참여비율을 명문으로 규정하였다. (2005년 당헌 제113조) ▲ 대통령후보 선거인단은 총유권자수의 0.1% 이상으로 구성할 것. ▲ 지역구국회의원후보 선거인단은 해당 선거구 유권자수의 0.5% 이상으로 구성할 것. ▲ 시 · 도지사후보 선거인단은 시 · 도 유권자수의 0.2% 이상으로 구성할 것. ▲ 기초단체장 후보 선거인단과 지방의원 후보 선거인단은 해당 선거구 유권자수의 0.5% 이상으로 할 것.

열린우리당에서는 국민이 참여하는 경선에 의한 공천(상향식

28) 박세일 · 장훈 공편, 《정치개혁의 성공조건: 권력투쟁에서 정책경쟁으로》, 동아시아연구원, 2003, p.102.

29) 당내 경선의 도입은 정당과 유권자의 관계가 점점 더 약화되어 가는 추세에 대응하는 과정에서 빚어진 현상이라고 하는 견해도 있다. 과거의 우리나라 정당들은 당원을 기반으로 하기보다는 소수의 정치 엘리트들과 그들의 명령에 따르도록 동원된 당원에 의해 움직여 왔다. 그러나 국민 의식의 발전과 제도의 보완으로 당원을 돈으로 매수하거나 동원하는 것에는 한계가 왔고, 이로 인해 당원 충원을 통한 지지세력 확대를 위해서는 후보자 선출이라는 큰 권한을 정치로부터 관심이 멀어진 유권자들에게 넘겨줌으로써 당원으로서의 참여와 정당에 대한 지지를 확보할 필요가 요구되었다고 한다(김광수, 같은 책, p.135).

경선제)을 도입하여 당헌으로 규정하였다. “모든 공직후보자 추천선거는 기간당원경선 또는 국민참여경선방식으로 한다”(2005년 당헌 제114조). 당헌에 의하면 기간당원 경선방식의 경우 선거인단은 기간당원만으로 구성했고, 국민참여 경선방식의 경우 선거인단 기준에 대해 좀 더 자세히 규정했다.

첫째, 대통령, 국회의원, 시·도지사, 자치시·군·구의 단체장 후보자를 선출하는 선거는 기간당원 30%, 일반당원 20%, 일반국민 50% 으로 구성한다. 단, 일반국민의 경우 여론조사를 포함할 수 있다.

둘째, 지방의원 후보자를 선출하는 선거는 기간당원 경선방식 또는 기간당원 30% 이상 50% 이하로 하고 나머지는 일반국민으로 구성하는 국민참여 경선방식으로 한다. 다만 공직후보자 추천 선거시 후보자가 합의하면 100% 여론조사방식으로 후보자를 선출할 수 있다.

열린우리당의 공천심사는 최대한 후보 간의 합의를 목표로 진행을 하며 공천심사위의 표결이나 전략공천은 최후의 수단으로 미뤄두고 있는 것이다. 국민참여 경선의 경우에는 과다한 비용과 시간, 인력의 문제, 그리고 상당한 후유증을 유발할 수도 있다는 점에서 후보자 간 합의로 약식경선인 ‘여론조사’ 방식을 채택하게 되는 경우가 종종 있다.

경선으로 인한 후유증은 대선보다 총선에서 더 심한 듯 하다. 총선의 경우, 지역구 후보자 자리를 놓고 같은 정당 내에서 여러 계파가 대립할 경우 네거티브 선거 양상으로 인해 서로에게 상처만 남기고 이로 인해 당의 전력이 분산됨으로써 결국 본선거에서는 경선을 거치지 않은 상대편이 어부지리를 얻을 수도 있다. 이외에도 경선은 시간과 비용 측면에서 부담이 크고, 극심한 경쟁은 새로운 훌륭한 인물이 당의 후보로 들어오려고 할 때 진입장벽으로 작용할 수도 있다는 단점이 있다.

여론조사에 대해서도 비판적인 견해가 존재한다. 지나치게 여론조사에만 의존할 경우에는 공작·조작의 여지가 있다는 것이다. 생업에 종사하는 국민들은 여론조사를 실시해도 전화를 받지 않거나 인터뷰에 응하지 않는 등 그 호응도가 낮은 반면에, 돈을 뿌리거나 조직원을 동원하여 여론조사에 응하게 준비해 둔 관련자들은 호응도가 높아지는 경우가 발생한다. 이는 여론조사의 결과가 국민 대다수의 여론과 다르게 나타날 수 있다는 문제점을 갖는다. 그리고 정치 신인과 기성정치인이 대결하는 경우에는 인지도가 낮은 신인에게는 여론조사가 매우 불리하게 작용할 수 있다는 문제점도 있다.

최근 당내 경선을 통한 상향식 공천이 대세를 이루게 되었음에도 불구하고 전략공천에 의한 하향식 공천은 여전히 남아 있다. 당 지도부에 의한 특정 후보 낙점이나, 밀실공천, 공천헌금 등 직접적이며 반민주적인 하향식공천 방식은 많이 사라졌어도, 당이 그 필요성을 인정하는 경우에는 여전히 전략공천이 행해지곤 한다.

전략공천은 경선의 과정을 생략하고 당내 공천심사위에서 후보를 선정하는 것으로, 열린우리당의 경우 30% 범위 내에서만 하도록 그 제한범위를 당헌에 규정해 놓았다.[30] 열린우리당의 당헌(2005년 개정된 것)에 의하면 국회의원 시·도지사 후보 선출을 위한 공천심사위원회는 당세가 취약한 지역, 유력한 후보자가 없는 지역, 선거전략상 특별한 고려가 필요한 지역 등을 기준으로 전략공천지역을

30) 열린우리당 당헌 제117조 (전략공천지역 선정) ① 전략공천지역을 선거구 총수의 30% 이내에서 선정할 수 있도록 제한한다. 전략공천지역을 선정할 때 여성이 30% 이상 포함되도록 노력하여야 한다.

선정하여 당의장이 최고위원회와 협의하고 중앙위원회의 인준을 받는다. 자치구 · 시 · 군의 장, 지방의원 후보선출을 위한 공천심사위원회는 당세가 취약한 지역, 유력한 후보자가 없는 지역, 선거전략 상 특별한 고려가 필요한 지역 등을 기준으로 전략지역을 선정하여 시 · 도당 위원장이 집행위원회와 협의하여 상무위원회의 인준을 받도록 규정하고 있다.

전략공천은 주로 당의 지지세가 매우 약한 지역이거나 당에서 반드시 필요하다고 인정하는 지역에 한해서 이루어진다. 종래의 예를 살펴보면 '정치 1번지 종로' 등 선거에서 정치적으로 의미가 큰 지역의 경우라든가, 상대 정당에서 거물급 후보자가 나와서 이와 경쟁할 후보를 세워야 할 경우, 여성후보자를 배려해야 할 경우 등에는 전략적으로 후보를 공천했다. 특히 재보궐 선거에서는 선거를 둘러싼 정치적 상황을 고려하여 전략공천이 행해지는 경우가 빈번했다.[31)]

대선과 오픈 프라이머리

민주화 이후 대선 후보 선정은 민주적 · 합리적으로 변화되었다. 군사독재 시절에 정당들은 소수의 정치엘리트에 의해 지배되었으며, 대선은 '그들만의 리그'였다. 대선 후보도 소수의 정치엘리트들에 의해 일방적으로 정해졌으며, 정당 조직은 그 후보를 당선시키기 위해 당원을 동원하고 선거전략을 만들어 내는 하수인에 불과했다. 대선 후보 선정의 변화가 시작된 것은 1997년 신한국당 대선 후

31) 재보권선거에 대해서는 30% 규정에 대하여 예외로 하고 있다. 열린우리당 당헌 제118조는 중앙위원회의 의결로써 공직후보자 선출방식을 달리 정하거나 후보자를 결정할 수 있도록 하였다.

보 선출 당시 선거인단이 12,430명으로 확대되고 지구당별 대의원 수도 7명에서 35명으로 확대되면서, 실질적인 경선방식의 후보선출이 도입되면서부터이다. 2002년 대선에서 민주당은 7만 명의 선거인단을 구성하였는데, 당 대의원 20%, 다양한 선정방식에 의해 뽑은 일반당원 30%, 공모에 의한 일반 유권자 50%로 구성되었다.[32] 2007년 현재 대선을 앞두고 각 당은 당원과 일반국민에 의한 후보선출을 예정하고 있으나, 참여비율에 대하여는 여전히 논쟁 중에 있다. 열린우리당은 오픈 프라이머리 도입을 주장하고 있고,[33] 한나라당은 일반국민의 참여비율을 놓고 당내 의견이 갈리고 있다.[34] 2007년 5월 한나라당은 대선주자 '빅 2' 양 진영이 당내 경선에서 여론조사 방식을 놓고 자신에게 좀 더 유리한 조건으로 결정하려고 날카롭게 대립해서 분당 일보직전까지 갔다가 위기를 겨우 넘겼다.[35] 그만큼 경선 기준이 후보자들에게는 민감한 부분이라고 볼 수 있다.

'오픈 프라이머리'는 말 그대로 '열린 경선'이라는 뜻이다. 후보 선출권을 소속 당원에 국한하지 않고 일반국민으로 확대해 부여하는 것이다. 오픈 프라이머리 도입 이유는 국민의 선거 참여 기회를 확대해 참여 민주주의를 실현하기 위한 것으로 당의 정체성을 더욱 중요시하는 대의원이나 당원뿐만 아니라 일반 국민의 참여를 통해 여

32) 당원선거인단의 경우, 30%는 여성, 30%는 40세 미만 당원으로 의무화하였으며, 그 외에도 읍, 면, 동 대의원 대회, 추첨, 지구당대회 중 선택하여 당원선거인단을 구성하도록 하였다. 또한 일반 유권자 공모도 지역별 인구비례, 성별, 연령별 배분을 통해 이루어졌다.

33) 박명호, "오픈 프라이머리의 한국적 적용 가능성," 〈2007 You 혁명, 국민은 오픈프라이머리를 원한다〉 토론회 참조.

34) 당외 인사의 오픈 프라이머리 반대주장으로서 이상돈, 데일리안 칼럼; "과도한 오픈 프라이머리는 위헌," 데일리안 2006년 9월 28일자.

35) 연합뉴스, 2007년 5월 15일자 참조.

론을 수렴해 선거에서 당선율을 높이는 데 그 목적이 있다.

오픈 프라이머리는 원래 투표 전에 미리 유권자 등록을 한 국민이 예비주자들의 사전 검증을 통해 후보자를 결정하는 미국의 예비선거 방식에서 유래한다. 현재 뉴욕, 캘리포니아, 뉴햄프셔 등 26개 주와 워싱턴 DC는 폐쇄형 예비선거(Closed Primary)를 운영하고 있으며, 위스콘신 버지니아 등 19개 주가 개방형 예비선거(Open Primary)를 운영하고 있다. 그밖에 아이오와, 오하이오, 그리고 일리노이 주는 사실상 개방형을 택하고 있으며, 루이지애나 주는 결선투표 방식의 독특한 예비선거를 운영하고 있다.

오픈 프라이머리, 즉 개방형 예비선거에도 두 종류가 있는데, 당원과 국민들의 투표로 결정하는 혼합국민경선과 국민들의 투표로 결정하는 완전국민경선이 있다. 과거 우리나라 대선에서 택한 오픈 프라이머리가 혼합국민경선이라면 2007년 대선에 도입되는 것은 100% 국민이 참여하는 완전국민경선이라 할 수 있다.[36]

오픈 프라이머리는 비민주적인 후보자 선출과정을 극복하기 위해 정당의 후보선출 단계에서부터 국민 참여를 도입하려는 것이다. 국민이 이미 정당이 뽑아 놓은 인물의 제한범위 안에서 비교하여 그 중 나은 인물을 선택하는 수동적인 선거가 아니라, 각 정당의 후보선정 단계에서부터 국민이 원하는 인물로 정하도록 국민참여의 범위를 넓히는 장점이 있는 제도이다. 오픈 프라이머리를 통해 대선을 국민적 축제의 장으로 만들어 나가는 것은 국민의 참정권 확대와 선거의 민주화란 측면에서 바람직한 방향이라 생각된다.

36) 중앙선관위는 오픈 프라이머리를 도입하기 위한 전제로서 공직선거법 관련 조항에 대한 입법보완이 필요하다고 한다.

오픈 프라이머리에 의할 경우 정당 이념과 국민 의견의 괴리로 인해 그 정당에 적합하지 않은 인물이 선정될 수 있다는 단점이 지적되고 있다. 오픈 프라이머리는 당원들의 의견에 국민의 의견을 합하여 함께 반영하려는 제도인데, 경선결과에 국민의 의견이 지나치게 많이 반영되어 정당의 정치적 이념과 다른 인물이 선택될 경우에 정당의 정체성이 흔들리게 된다는 문제점이 있다. 다른 문제점으로는 정당은 당원의 모임으로 정치적 결사의 자유를 가지고 있는데, 100% 오픈 프라이머리는 정치적 결사의 자유를 침해한다는 점도 제기된다. 반대 입장에 있는 정당을 지지하는 국민이나 그 소속 당원이 오픈 프라이머리에 참가하여 경쟁력이 약한 후보를 선출하는 역선택이 발생할 수 있다는 점도 지적된다. 당내 계파 간 갈등으로 인해 의견조율이 안 되어 정당의 소속 구성원들이 내부적으로 결정하기 곤란한 경우에 그 선정을 오픈 프라이머리를 통해 국민들에게 떠넘기는 것은 부당하다는 비판 또한 제기된다. 그밖에 오픈 프라이머리에는 참여자가 많게 되어 시간과 비용이 과도하게 많이 소요된다는 문제도 발생할 수 있다.

총선 후보 공천받기

정당은 총선을 앞두고 선거 승리를 위해 정치신인이나 외부의 유력인사를 대거 영입하여 바람을 일으키려 한다. 정치신인으로서 공천되는 사람의 면모를 살펴보면 국회의원의 보좌관, 정당의 당직자, 국회의 전문위원 등 정치권에 가까이 있으면서 바닥부터 실무를 배운 인물이 국회의원 후보로 올라가는 경우, 교수 · 기자 · 경영인 등 외부에서 사회경험을 쌓은 사람을 정치권에 영입하는 경우, 시민단체에서 활동하다가 정치의 변혁을 위해 스스로 정치에 입문하는 경우 등이 있다. 기존 정치인은 낡았다는 국민 여론을 고려하여 각 정당은 공천권을 활용하여 새로운 인물을 영입하고('젊은 피'의 수혈이라고도 함) 지지기반을 넓히려 노력한다. 18대 총선을 앞두고 정가에서는 벌써부터 새로운 인물을 찾아내기 위하여 주변을 두리번거리고 있으며, 정치지망생들은 정치아카데미 등을 통해 자신의 얼굴을 알리기 위해 노력하고 있다.

정당공천 절차는 당헌과 당규에 의해 정해지므로 각 정당에 따라 다르다. 열린우리당은 총선에서 당내 경선과 전략공천을 7:3비율로 하여 공천을 하였으나 민주노동당은 100% 상향식 경선을 통하도록 요구하고 있다. 경선지역의 경우, 다수의 후보자에 대하여 공천심사위원회에서 후보적격심사를 통해 1차 검증을 한 후, 이를 통과한 후보들을 놓고 당원들에 의한 경선 내지 당원과 국민, 여론조사에 의한 경선을 통해 후보자를 선출한다. 열린우리당의 비례대표의 후보는 1차적으로 공천심사위원회에서 후보자를 선출하고 2차로 당내경선을 통하여 그 순위를 정하는 방식을 취하였다.

후보자가 정당의 공천을 받기 위해서는 법적인 요건만 갖추어서는 부족하고 실질적으로 당선이 가능한 조건을 갖추어야 한다. 후보자는 공천심사위원회에 심사서류를 제출하기 전에 그 정당과 자신이 정치적 성향을 같이 하는지, 그 판단기준은 무엇인지를 파악하여 치밀한 준비를 하여야 한다. 공천심사위원회는 요즈음 객관적이고 공정한 심사를 하는 편이므로 뇌물이나 불법로비를 하는 것은 먹히지 않는다고 봐야 한다.

첫째, 후보자는 일반적인 지명도를 높일 뿐 아니라 당내 기여도도 높여야 한다. 정치 컨설턴트로 활동하거나 정치부 기자를 하는 등 정치권과 인맥을 쌓고 정치에 대한 이해도를 높이고 지명도를 올리는 것은 좋은 방법이 될 수 있다. 정당의 정책연구소의 연구나 세미나에 참여한다든가 정당을 위해 상당기간 자원봉사를 한다든가 당직자나 의원 보좌관 생활을 오래하는 등 당내 기여도를 높이면 유리하다. 정치에 참여하려는 교수들은 정책입안이나 자문에 도움을 줌으로써 당내 기여도를 높인다.[37)]

둘째로 후보자는 특정 집단의 대표성을 갖추어야 한다. 최근에는 선거에 있어 집단의 대표성을 갖추어야 할 필요성이 더욱 높아지고 있다. 여성대표, 장애인대표, 전문직 대표 등 고전적인 대표성 이외에도 청년대표, 노인대표, 직역별 대표 등 사회적 대표집단이 다양화되고 있다. 지역 지지기반을 바탕으로 한 친목행사나 향우회를 통해 조직의 대표성을 과시하는 것도 한 예가 될 수 있다.[38)]

셋째로 지역과 밀접한 연관성을 가지면 유리하다. 선거구에 장기간 거주한 사실, 그 지역에서의 정당활동을 활발히 하였다는 사실, 지방공직경력, 지역에서의 사업활동, 그 지역의 학교 출신 등의 사실은 그 지역의 후보로 공천되는 데에 유리한 조건이다. 이러한 조건을 갖추면 지역 유권자들과 심리적 일체감을 형성하고 후보자에 대

---

37) 최근 활발해진 교수들의 정치 참여에 대해서는 긍정과 비판이 공존하고 있다. 예를 들어 정치성을 띤 교수들의 활동에 대해 "대학 교수가 하는 일은 강의, 연구와 지역사회 봉사의 세 가지로 나눠진다. 교수가 지역사회에 봉사하는 것은 결국 학문적 연구를 바탕으로 한 정책 발굴, 자치단체 등의 자문 등을 통해서 이뤄지는데 이런 차원에서 정책참여는 교수로서 자연스러운 활동"이라는 입장(김연철 한남대 교수와 이창기 대전대 교수 - 최근 지역에서 유력 대권 후보자들의 싱크탱크 역할을 할 포럼 결성을 주도)과 교육자로서의 본분을 소홀히 하고 '정치권 줄대기' 를 한다는 부정적인 평가도 있다.

38) 지역 대표성을 확보하기 위해 연고지, 직장, 출생지, 종친회 등을 각종 인맥을 동원하거나 찾아다니는 경우도 있다.

한 신뢰감을 높여줄 수 있다.

넷째로 정치에서도 전문성과 특정 분야의 오랜 경험을 갖춘 사람이 우대받는다. 17대 국회에는 변호사, 교수, 학자, 전문경영인, 문화예술인 등 과거보다 훨씬 다양한 분야의 전문인력이 대거 진출하였다. 사회의 변화속도가 빨라질수록 각 분야가 더욱 세분화되므로 전문성을 갖춘 정치인이 많이 필요하게 된다.

다섯째, 정당의 지도부와 인맥을 가진 사람이 공천받을 가능성은 공천이 민주화된 지금도 높은 편이다. 하나의 정당 안에는 작은 파벌과 인맥이 형성된다. 과거 3김 시대에는 김대중과 김영삼의 가신그룹인 동교동계와 상도동계가 양대 산맥을 형성하며 한국 정치를 이끌었다. 이러한 계파정치는 거의 없어졌지만 정치의 이념을 같이 하는 사람들이 인맥을 형성하는 것은 자연스런 일이다.

이상의 조건을 비교해 보면, 경선에서는 대표성을 갖추는 것이 유리하고, 전략공천 및 비례대표 선정에서는 지명도와 기여도에 좋은 평가를 받는 편이 더욱 유리하게 작용한다고 정리된다.

현역의원은 공천에서 우선적으로 배려된다. 지난 선거에서 국민의 검증을 거치고 지지를 받아 당선된 사람이기 때문이다. 현역의원은 의정 활동을 통해 유권자에게 잘 알려져 있으며, 후원금을 모집하는 것이 가능하여 정치자금도 풍부한 편이다. 의정활동을 하면서 정당에 대한 기여도를 높였고 정당 내에 인맥도 튼튼한 편이다. 다만 부패했거나 무능한 정치인으로 낙인찍힌 경우에는 현역의원이라고 해도 공천에서 제외될 소지가 많다. 현실정치와 정치인에 대한 불신이 커져 있는 경우에는 참신한 정치신인에 대한 선호도가 급격히 증가해 정당은 정치인의 물갈이를 통해 국민의 지지를 호소하기 때문에 현역의원이라도 우선권을 보장받지 못한다.

전략공천의 경우에는 극심한 눈치보기가 판친다. 정당들은 전략지역의 공천 결정은 최대한 마지막까지 미루고 경쟁관계에 있는 정당보다 되도록 늦게 공천을 하곤 한다. 먼저 공천할 경우 자신의 카드를 상대방에게 보여주는 꼴이 되며, 상대 당을 능가하는 사람을 추천할 수 없게 되기 때문이다. 전략공천을 희망하는 사람은 특정 지역에 연연하기 보다는 자기에게 지정된 공천지역으로 갈 수 있는 유연성을 갖추고 갑작스런 사태에 대비하여 탄력적인 준비를 갖추는 것이 필요하다.

공천 과정이 매끄럽지 않고 잡음이 나는 경우가 종종 있다. 특히 비민주적이고 비합법적인 방법을 통해 공천권을 얻어 낸 경우에는 대개 공천 잡음과 후유증이 생기곤 한다. 비리가 있는 경우 경선 자격심사에서 낙선한 후보는 그 결과에 승복하지 않고 당 윤리위원회 등에 제소를 하거나 당을 옮겨 공천을 신청하기도 하고 무소속으로 출마하는 경우가 있다. 전략공천의 경우에 해당 지역의 당원들이 원하지 않는 후보나 정치적 이념이 다른 후보가 공천된 경우, 해당 지역에 오래 전부터 준비해 온 공천신청자가 있는 경우, 금품이나 인맥 등 부정한 방법으로 전략공천을 얻어 낸 경우에는 극심한 반발이 야기된다.[39] 부적절한 공천은 정당의 지지율을 떨어뜨리고 정치권 전체에 대한 불신을 초래한다.

반면에 전략적으로 공천 자체를 하지 않는 경우도 있다. 당 사정상 신청하는 후보가 없거나 후보 신청을 못할 정도라면 어쩔 수

39) 2007년 4월 25일 이루어질 재보선을 앞두고 김대중 전 대통령의 둘째아들 김홍업 씨를 전략 공천한 민주당 지도부는 일부 당원 및 원내 의원 및 당권주자들로부터 거센 비판을 받았다. 일부 당원들은 대물림 정치라며 농상을 통해 공천 철회를 주장했으며, 당권주자들도 공천 재검토를 주장했으나, 지도부는 정치공세라며 그들의 요구를 일축하는 등 공천을 둘러싼 잡음은 쉽게 가라앉지 않았다.

없겠지만, 그렇지 않은데도 경쟁 정당의 승리를 막기 위한 목적으로 또는 우호 정당의 후보에게 승리를 안겨 주기 위해 공천을 하지 않는 경우가 종종 있다. 그밖에 우호정당과 연합공천을 하기로 약속하고 자기 정당의 독자 후보를 전략적으로 공천하지 않는 경우도 있다. 우리나라 정당들이 전국정당을 표방하면서 영남, 호남, 충청 등 자기 당의 취약지역에 공천을 하지 않는 경우가 종종 있은데 이는 옳지 못하다. 정당의 정치적 충원 기능을 고려한다면 너무나 쉽게 정당 공천의 권리와 의무를 포기하는 것이 아닌가 반성해 보아야 한다.

당내 경선에서 떨어진 후 다른 당의 후보로 출마하거나 무소속으로 출마하는 경우는 경선의 원칙에 위배되는 비겁한 행동으로 비판받을 각오를 해야 한다. 반면에 이를 복수정당 선택이라는 측면에서 긍정적으로 보는 입장도 있다. 자격심사에 탈락한 경우나 경선에서 탈락한 경우 이념이 비슷한 다른 당으로 옮겨서 후보로 나서는 것은 후보자에게 다양한 기회를 열어 준다는 의미를 갖는다는 것이다. 그러나 국민들은 당선만을 노리고 철새처럼 옮겨 다니는 후보자에 대하여 부도덕하다고 평가하고 있으며, 정당의 차원에서도 지지세력의 분산으로 이어질 가능성을 차단하기 위하여 이에 대하여 비판적이다. 경선절차가 불공정했다든가 비민주적이었던 경우라면 그 절차에 대해 이의를 제기하려면 당에 남아 경선에 불복하고 시정을 요구해야지 당을 옮겨 다른 당의 후보로 나가는 것은 옳지 않다고 여겨진다. 지난 대선에서 경선에 불복하고 당적을 옮긴 이인제 후보의 경우 그의 행보에 대해 여론의 비난이 높았으며, 2004년 총선 때 당내 경선에 불복하고 무소속으로 출마한 후보들에 대해서도 비판이 거셌다. 이를 계기로 정치권에서는 경선불복에 대한 제재원칙을 만들자는 공감대가 형성되었다.

결국 2005년 공직선거법 개정[40]으로 경선불복한 자의 경우 해당 선거에 있어 동일한 선거구에는 후보로 나서지 못하게 되었다.

기초의원 선거 정당공천

2005년 선거법이 개정되어 자방자치의 기초의원들에 대한 정당공천제가 도입되었다. 선거법 개정으로 지방의원직이 과거 무급에서 유급으로 바뀌었고,[41] 이에 따라 지방의원으로 공천 희망자들이 해당 지역 국회의원들과 정당을 쫓아 다니며 공천을 간청하는 현상이 부쩍 심해졌다. 지방의원 자리는 지역 이권에 대한 영향력을 가지는 데다 이제는 상당한 급여까지 더하여져 아주 매력적인 자리로 변하였다. 기초의원에 대한 정당공천제의 도입으로 지역인사들이 지역주민들의 지지를 얻기 위한 노력은 제쳐두고 정당공천권을 갖는 당해 지역 국회의원과 정당에게 매달리게 된 것은 바람직하지 못하다. 기초의원에 정당공천제를 도입한 것은 아직 성숙하지 못한 지방자치를 더욱 중앙정치에 예속시키고 지방자치 발전을 저해할 가능성이 크다.[42]

40) 공직선거법 제57조의2 (당내경선의 실시)의 제2항으로 규정하였다. "정당이 당내 경선[당내 경선의 후보자로 등재된 자(이하 "경선후보자"라 한다)를 대상으로 정당의 당헌 당규 또는 경선후보자 간의 서면합의에 따라 실시한 당내 경선을 대체하는 여론조사를 포함한다]을 실시하는 경우 경선후보자로서 당해 정당의 후보자로 선출되지 아니한 자는 당해 선거의 같은 선거구에서는 후보자로 등록될 수 없다. 다만, 후보자로 선출된 자가 사퇴·사망·피선거권 상실 또는 당적의 이탈·변경 등으로 그 자격을 상실한 때에는 그러하지 아니하다" [본조신설 2005.8.4].

41) 2006년의 평균 기초의원의 연봉은 5천만 원(기초의원) 내지 7천만 원(광역의원)이었다.

42) 이관희, "기초자치단체 정당공천 철회해야," 미래한국재단, 《지방자치》 통권 209호(2006.2). 2, pp.26-29.

지방선거에 정당공천이 도입됨으로써, 풀뿌리 정치인의 등용문이던 기초의원자리를 보좌관, 중앙당직자 등 당내 기여자들이 차지하고 나서서 장래 중앙정치로 진입하기 위한 발판으로 이용하는 현상도 나타났다. 기초의원의 정당공천제 도입으로 지역을 위해 일해 온 인재들이 기초의원으로 당선되기 어려운 상황으로 바뀌었다면 정당공천제의 취지는 퇴색될 수밖에 없다. 이 제도의 수정 및 보완이 시급히 요망된다.

4

선거공약

정책대결의 선거

선거에서 당선된다는 것은 '선거시장에서 후보라는 상품이 먹혀드는 것', '유권자가 그 상품에 열광하게 만드는 것'에 비유할 수 있다. 그렇기에 후보자를 어떻게 잘 포장해 유권자의 이목을 끌 것인가, 어떻게 하면 상대 후보보다 더 나은 포장을 해서 경쟁에서 이기느냐 하는 문제에 사활을 걸고 매달리게 된다. 하지만 포장보다 더 중요한 것은 역시 알맹이이다. 후보자가 갖춘 자질과 정책이 그 알맹이에 해당한다. 알맹이 없이 후보자와 전혀 동떨어진 이미지를 만들어 낼 수는 없다. 아무리 기술적으로 후보자의 이미지를 좋게 만들어 포장한다고 해도 알맹이 없는 과대포장은 사기에 지나지 않는다.

선거의 승패는 후보자가 가진 정책에 대한 의지를 메시지로서 강렬하게 전달했느냐 못했느냐가 좌우하는 것이다. 지난 두 번의 대선에 모두 도전했던 이회창 씨의 경우를 떠올려본다. 그의 '대쪽' 같은 청렴한 이미지는 무(無)에서 창조해 낸 것이 아니었다. '대쪽' 이미지는 이회창 씨가 대법관의 자리에까지 오르며 법조인으로서 외길을 걸어온 그의 인생 경력과 감사원장으로서 쌓은 한국 사회의 부정부패 청산에 대한 소신이 어우러져 형성된 이미지였다. 선거에서는 이러한 개인적 이미지를 극대화해 승리전략을 만들어 내는 것이다.[43)]

한국 선거문화의 가장 큰 문제는 '유권자가 학연, 지연, 혈연에 의존하여 투표하는 것' 이 관행처럼 자리 잡고 있어 좀처럼 바뀌지 않는다는 사실이다. 이러한 인맥의 고리를 끊고 정책에 의해 후보를 선택하는 선거문화를 만드는 일은 한국 정치의 과제이다. 후보자의 됨됨이와 그가 제시하는 비전과 공약을 놓고 평가하는 자리가 선거이다. 후보자 간 정책경쟁에 의해 선거결과가 결정되는 정책선거가 정착될 때, 국민들이 지금 '정치꾼들의 싸움판' 이라 비판해 마지않는 한국 정치의 많은 문제점들이 시정될 것이다. 선거 때의 공약(公約)이 공약(空約)에 그치는가를 점검하는 문제도 함께 검토되어야 한다. 공약은 유권자들의 현실적 요구에 부응하면서도 생산적이고 실현 가능한 대안을 담은 것이어야 할 것이다.

정치 컨설턴트는 전략을 세울 때 고려할 요소로서 다음과 같은 사항을 제시한다.[44)]

- 후보가 가진 지식과 판단력, 예측력, 결단력
- 후보의 체력과 활동
- 후보의 외모나 풍채, 분위기(의상, 화장, 헤어스타일, 말투)
- 법정 선거운동기간의 전략적 활용

43) 이회창 캠프는 후보의 대쪽 이미지를 '창' 과 연결시켜 한국 사회 쇄신을 위해 싸우겠다는 이미지를 극대화하는 전략을 취했다. 그러나 한국 최고의 엘리트로서 살아온 그의 이력은 대다수 서민들과는 정서상 공감하지 못하는 한계를 드러냈고, 결국 자녀의 병역비리 문제가 불거진 이른바 '병풍사건' 과 불법대선자금 수수 문제로 청렴한 이미지에 치명적인 타격을 입어 대선에서 두 번이나 낙선하는 전무후무한 기록을 남겼다.

44) 서정환, 《선거마케팅》, 다른우리, 2006, p. 232.

- 선거자금의 전략적 배분
- 정보의 수집과 활용
- 진략조직의 전문성 확보
- 정치적 명분과 프리미엄의 획득

선거와 이슈

선거 때만 되면 '바람'이 불어와 선거판을 한쪽으로 몰아가는 일이 종종 있지만, 이 바람은 그냥 불어주는 것이 아니다. 이번 선거에서 분위기를 좌우할 수 있는 이슈가 무엇인지 빠르게 파악하고 선점해야 선거에서 바람을 탈 수 있는 것이다. 지난 2004년 총선 때에는 '대통령 탄핵'이라는 아무도 미리 예상하지 못했던 바람이 불어 전체 선거판을 뒤집는 위력을 발휘하였다. 이 경우에도 모든 후보자가 이러한 변수의 덕을 본 것은 아니다. 한편에서는 탄핵바람을 등에 업고 당선된 후보자가 있는가 하면 다른 편에는 탄핵바람에도 불구하고 이를 뚫고 당선된 후보자가 있었다. 2008년에 맞이 할 총선에서는 또 어떤 바람이 불어올지 미리 알 수는 없다. 하지만 분명한 것은 전국을 휩쓰는 이슈를 자기 것으로 만들어 기회를 잡는 후보자만이 승리할 수 있다는 사실이다.

정치신인들은 대개 정치적으로 민감한 사안이나 유권자의 의견이 엇갈리는 문제에 대해서는 자신의 명확한 입장을 밝히는 것에 부담을 느낀다. 그러나 이슈의 제기는 이런 문제에 관해서 자신의 일관된 입장을 공개적으로 밝히는 일이다. 현재 정치적으로 민감한 사안에 관하여 언급하여야 유권자의 관심을 끌 수 있고, 자신의 입장을 명확히 표명하여야 자신의 정치적 입장을 알릴 수 있다. 명확한 입장을 표명하는 일은 반대파를 만드는 위험한 일이지만 다른 한편 자신의 편을 결집시키는 일이며 자신의 지지자에게 신뢰를 주는 좋은 방법이다. 후보자의 이미지는 구체적인 사안에 대한 입장표명을 통해서 형성되는 것이지 외모만 가지고 이루어지는 것은 아니다. 강렬한, 그래서 인상에 남는 이미지를 남기기 위하여 민감한 현안에 대해 입장을 밝혀야 한다.

그렇다면 후보자들은 이슈를 선점하기 어떤 노력을 해야 할까? 미국의 유명한 정치컨설턴트 딕 모리스는 정치인에게 다음과 같이 충고한다.[45] 유권자는 스스로 판단하기를 원하며 진보든 보수든 이념의 틀에 맞춘 뻔한 생각에는 지지를 보내지 않으므로, 정치인은 당의 이념에 구애받지 않고 구체적이고 실질적인 해결책을 제시해야 한다. 딕 모리스는 정치인이 각광받기 위해서 다음의 사항을 갖추도록 요구한다.

- 비방에 의존하지 않는 건설적인 자세를 유지할 것
- 이슈 중심의 정치를 펼쳐 나갈 것
- 기존의 당파에 너무 얽매이지 말 것
- 자신의 아이디어를 앞세워 선도적인 위치에 설 것

유권자는 정보화시대의 도래로 선거와 후보자 정보에 접근하기 쉬워졌고, 투표를 통해 막강한 영향력을 행사하게 되었다. 그 결과 선거이슈는 이념적 구호보다는 유권자의 몸에 와 닿는 생활문제로 이동하게 되었다. 공공영역에 속하면서 국민의 실생활에 직접 연결되는 정치영역을 찾아내어 그 영역에서 실질적으로 유권자에게 도움이

45) 딕 모리스, 홍대운 옮김, 《신군주론》, 아르케, 1999, p.28 이하.

되는 정책을 만들어 내면 성공한다. 정치지도자는 당대의 시대적 흐름을 민감하게 파악할 수 있어야 하며 또한 그러한 흐름에 자신의 정치적 스타일을 맞추어 갈 수 있어야 한다. 그렇다고 해서 자신의 생각을 바꾼다거나 자기 소신을 의도적으로 숨길 필요는 없지만 유권자들이 어떤 정치스타일을 선호하는지 정확히 꿰고 있어야 한다.

선거에서 중요한 것은 이미지보다는 이슈이다. 이슈에 대한 후보자의 입장이 이미지를 형성하는 것이다. 선거운동은 이슈를 놓고 경쟁하는 것이다. 선거에 이기기 위해서는 유권자에게 경쟁후보보다 아주 탁월한 메시지를 던져야 한다. 유권자에 대한 메시지는 바로 이슈와 관련을 갖는다. 겉만 화려하고 이미지뿐인 광고로는 출마자에 대한 지속적인 지지기반을 만들 수 없다. 잔재주를 부리기보다 좋은 전략을 세우는 것이 먹혀든다. 후보자가 경쟁후보와 다른 차별적 이슈를 찾아냈다면 그 이슈에 모든 노력을 집중해야 한다.

이슈를 정하기 위해서는 다음의 사항들을 담아야 한다.[46)]

- 유권자들의 근본적인 관심사일 것
- 찬반양론이 명확히 갈리는 주제일 것
- 장단점을 놓고 토론을 벌일수록 더 많은 사람들의 지지를 얻거나 혹은 적어도 지지를 잃지 않을 것
- 선거를 앞둔 유권자의 의사결정에 상당한 영향을 줄 수 있을 것

공약의 작성

공약은 당선 이후에 후보자가 실현할 것들을 유권자들에게

46) 딕 모리스, 같은 책, p.230.

미리 약속하는 것이다. 실제 선거에 임해서 후보자는 공약을 어떻게 만드는가? 요즈음 유권자의 취향은 달라지고 있다.

"우린 보수정권이냐 진보정권이냐를 보자는 게 아닙니다. 어느 쪽이 일을 더 잘할 것인가를 보자는 것입니다."[47)]

첫째, 먼저 여론조사로 유권자의 관심을 파악해야 한다.

후보자는 우선 자신의 선거지역 유권자들이 관심을 갖는 주요 이슈와 해결받기 원하는 문제들을 알아내야 한다. 이를 위해서 사전에 유권자를 상대로 한 여론조사를 실시하면 여론을 정확히 파악할 수 있다. 자기에게 맞는 정책을 고르기 위해서는 여론조사를 통해 유권자들에게 특정한 질문을 던진 후 그들의 반응을 잘 분석하여 그 정책이 얼마만큼의 파괴력을 가지고 있는지 가늠해 보아야 한다. 여론을 파악한 후에는 후보자의 공약에 포함시킬 정책과제를 몇 개 선정한다. 지역에서 찬성과 반대가 팽팽히 대립하는 민감한 사안에 관하여 정책을 정할 때에는 미리 각각의 입장에 관한 지지율이 어느 정도인지를 파악한 후에 자신이 택할 입장을 정하는 것이 좋다. 무조건 다수의 의견을 좇아서는 안 되며 자신의 가치관 및 자신이 속한 정당의 정책방향과 조화를 이루는 입장을 취하여야 유권자에게 신뢰를 줄 수 있다. 정당의 추천을 받은 후보자라면 정당의 정책 중에서 자신의 지역과 조화를 이루는 것들을 공약으로 삼는 것이 좋다.[48)]

둘째, 공약은 구체적인 정책을 제시해야 한다.

정책은 유권자의 피부에 와 닿을 정도로 구체적인 것이어야 한다. 막연하고 모호한 공약으로 유권자들을 설득할 수 없다. 공약은 되도록 현실적 사안을 구체적으로 다루어 유권자들이 이 공약이 가까

47) 경향신문, 2006년 11일 8일자 어느 대학생의 인터뷰에서.

48) 서정환, 같은 책, p. 231.

운 장래에 실현될 수 있다고 믿게 만들어야 한다. 유권자 여론조사 결과와 민원, 현지조사 등을 토대로 유권자들의 실질적인 요구를 정확히 반영한 것을 선별한다. 유권자가 이해하기 어려운 내용이 나열된 정책, 쓸데없는 숫자가 많이 포함된 정책은 유권자로 하여금 시선을 돌리게 만든다. 쉽고 간단한 정책을 밝히어 유권자의 마음에 직접 닿을 수 있게 하는 것이 좋은 공약이다. 어떤 정책을 자신의 공약으로 정할 때에는 정책의 내용이 자신의 정치적 이념과 맞는지, 그 정책의 실현이 가능한지, 그 정책을 추진하는 것이 그 지역의 유권자들이 진정으로 원하는 것인지 등을 꼼꼼히 살펴보아야 한다. 정책을 여러 개 열거할 때에는 유권자의 관심이 높은 것부터 차례로 나열하는 것이 좋다. 정책이 너무 많이 나열되면 유권자의 주의가 흩어지기 때문에 중요한 몇 가지로 집약하는 일이 필요하다.

셋째, 공약에는 대개 다음의 사항들을 담는다.

- 정치적 이념 및 구도 변화에 관한 의지
- 지역사회의 개발에 관한 약속
- 청렴한 공직자가 되겠다는 등 후보자 개인관련 공약

넷째, 후보자가 공약으로 제시하는 정책은 발표시점이 중요하다. 정책을 너무 일찍 발표하면 정작 선거 때에는 신선미가 떨어져서 주목을 끌 수 없다. 그리고 미리 공약을 발표하는 것은 경쟁후보에게 자신의 전략을 노출하게 되는 위험이 있다. 경쟁후보가 유사한 공약을 발표하여 그 가치를 하락시킬 우려가 있다. 그러므로 공약은 선거 중반전 이후에 발표하는 것이 좋다. 정책을 모두 한꺼번에 쏟아내지 말고 유권자의 반응을 살펴가며 두세 번 나누어 발표하는 것이 효과적이라 하겠다.

다섯째, 공약을 계속해서 점검해야 한다. 공약을 발표한 후에는 방심하지 말고 그 정책이 유권자들에게 어떻게 받아들여지는지를 유권자의 시각에서 계속해시 점검헤야 한다. 이슈를 선점하면 선거에서 주도권을 잡는 데 유리하다. 하지만 경쟁후보가 자신의 이슈를 보고 그것보다 더 호소력이 있는 이슈를 제기하는 빌미를 제공할 수 있다. 만약 경쟁후보가 자기가 제기한 이슈에 말려들어 부적절한 주장을 계속하는 경우에는 선거에서 유리한 고지를 차지하게 될 것이다. 하지만 경쟁후보가 그 이슈를 자기의 것으로 소화하여 유권자들의 관심을 이동시킨다면 빨리 다른 더 좋은 이슈를 개발해 내어 유권자를 다시 자기에게 끌어 오는 노력이 필요하다.

후보자는 이슈의 계속적인 점검을 통해 이슈를 보완할 필요가 있다. 따라서 선거기간 동안 새로운 이슈를 추가하여 경쟁후보의 정책을 공격하고 선거이슈의 중점을 자기에게로 이동하게 만들어야 한다. 경쟁후보의 이슈를 자기도 수용하여 공약을 유사하게 만들어 그 중요도를 낮추는 방법도 경우에 따라서는 사용할 수 있다.

공약의 호소력

대선캠프에는 대선후보의 이념, 정책적 동향과 일치하는 학계 인물 중심으로 정책자문단이 꾸려지며, 정책자문단 밑에 실무를 담당하는 사람들이 함께 모여 정책팀을 이룬다. 대선을 치르려면 전체적인 정책의 큰 판을 짜는 정책팀의 역할이 필수적이다. 정책팀은 우선 공약을 구성할 정책의 틀을 짠 후, 후보 이미지에 맞게 정치, 사회 각 영역의 정책을 준비한다. 그 정책들을 종합하여 후보의 공약으로 완성한다. 완성된 공약과 그 안의 각 정책은 홍보팀으로 넘겨져 후보에게 맞는 이미지와 메시지로 가공해서 유권자에게 제시된다.

대선은 큰 선거판이므로 전국적 이슈를 발굴해 민심의 바람몰이를 해야 한다. 각 후보 진영은 서로 자기 쪽에서 바람을 일으키려고 노력한다. 역사상 성공한 것으로 평가받는 대통령을 갖지 못한 한국 정치의 풍토를 반영하듯 지난 몇 차례 대선에서 후보들은 전직 대통령과 차별성 있는 이미지로 승부했으며, 그 차별성에 성공한 후보가 대권을 쥐었다. 2002년 노무현 후보는 '낡은 정치의 청산'을 내세우며 김대중 대통령과의 차별성을 꾀함과 동시에 '이회창 후보가 3김식 정치와 다른 것이 무엇이냐'며 이 후보를 구세대 정치인으로 몰아 이미지에 타격을 가했다. 1997년에 이회창 후보가 '3김 청산'을 앞세우며 낡은 정치를 청산하자고 외쳤으나, 결국 '준비된 대통령'의 이미지를 앞세운 김대중 후보에게 졌던 사실을 회고할 때 역사의 아이러니를 느낄 수 있다.

후보들은 대선캠프를 꾸려 자신만의 차별화된 이슈를 만들어 내려고 각고의 노력을 기울인다. 유권자에게 다가갈 수 있는 정책들을 발굴하여 공약을 만들어 낸다. 공약은 정치, 경제, 문화, 사회, 복지 등 유권자가 관심 갖는 모든 영역에서 쟁점을 찾아내어 미래의 대안을 제시하는 내용으로 채워진다. 그리고 공약에 열거된 여러 개의 정책 중에서 몇 개의 핵심적 이슈를 제시하여 집중적으로 선전함으로써 유권자의 마음에 다가가게 된다.

공약 중에 민심을 정확히 읽어낸 정책이 있으면 선거분위기를 후보에게 유리하게 바꿀 수 있다. 제16대 대선에서 민주당 노무현 후보는 2002년 12월 6일 신행정수도를 충청권에 건설하겠다는 대선공약을 밝혔다. 자신이 집권하면 즉각 장관급을 위원장으로 하는 민관합동 '신행정수도건설추진위원회'를 대통령 직속기관으로 설치하여 1년 이내에 수도건설계획 및 입지선정을 완료하고 2003년 말까지 입지선정보고서를 제출하겠다고 약속했다.[49] 이 공약을 내세워 노무현 후보는 한나라당 이회창 후보의 연고지인 충청도의 민심을 얻는데 성공했고, 결국 이 여세를 몰아 대통령에 당선되었다.

총선에서는 각 지역의 현안을 중심으로 하여 정책과 공약이 형성되어야 주민에게 호소력을 갖는다. 공약에 담아 낼 정책을 찾기 위해서 우선 지역 숙원 사업 중심으로 지역현안을 정확히 파악해야 한다. 지역현안으로는 대개 지역의 도로 확충, 상하수도 개선, 지역편의시설 투자, 생활환경 개선 등이 포함된다. 총선후보들은 정책자문단을 꾸리기 어려우므로 후보자 스스로 자신의 소신을 정책으로 정리하거나 선거캠프의 보좌관이 작성하는 경우가 많은데 이 때 지역주민의 자문을 거치면 그 공약의 호소력이 높아진다. 또는 정치 컨설턴트에게 자문을 받아 정책과 공약을 마련하는 경우가 근래 많아졌는데 이 때에는 주민에 대한 여론조사를 선행하면 호소력 있는 이슈를 찾아 낼 수 있다. 선거공약 만들기를 전문으로 삼아 제공하는 정치 컨설턴트들은 어떤 정책과 이슈가 상대후보를 제압할 수 있는가를 전체 정치판의 분석을 통해 찾아낸다.

49) 조선일보, 2002년 12월 9일자.

5

선거전략

선거준비에의 착수

일반적으로 국민들은 선거 때가 아니면 정치에 대해 무관심하고 후보에 대해 별로 아는 것이 없으므로 선거운동을 통해 후보에 대한 정보를 알려야 하는 것이다. 선거에 대한 정보는 선거 캠페인을 통해 제공하며, 선거 캠페인은 후보 및 정당의 선거활동과 뉴스미디어에 의해 이루어진다. 따라서 선거운동은 넓은 의미에서 선거활동이다.[50] 선거활동은 선출직 공직에 출마하는 후보가 유권자에게 접근하는 일련의 방식과 소통 모두를 말한다. 그렇기에 선거활동은 선거기간만이 아니라 선거에 대비해 하는 기초작업도 포함한다.

선거활동은 후보자, 언론, 유권자의 세 당사자가 관여한다. 각 당사자들은 선거활동에서 자신들의 역할에 따라 선거에 임한다. 후보자 측의 사람들은 선거에서 승리하고자 목표하는 사람들이다. 이

50) David Bulter and Austin Ranney, ed., Electioneering: A Comparative Study of Comntinuity and Change (oxford: Oxford University Press, 1992), p.2에서 저자는 선거활동을 선거운동의 기술적인 면을 강조하는 용어로 이해한다.

들은 선거광고, 집회, 가두행진, 언론 미디어와의 인터뷰, TV출연 등 모든 방법을 동원해 유권자의 관심을 끌어 선거일에 자기편에게 투표해 주기를 호소한다. 언론매체는 선거 캠페인에 관한 상황을 정확하고 흥미 있게 유권자에게 알리는 역할을 한다. 유권자는 후보와 정당에 대하여 정확한 정보를 입수하여 자신의 투표 결정에 필요한 정보를 얻으려 한다.

선거활동에는 일반적으로 다음과 같은 룰이 통용된다. 첫째, 민주국가에서 선거 캠페인은 당의 후보와 그 소속 정당을 하나로 묶어서 유권자의 지지를 얻으려 한다. 둘째, 유권자는 지역 오피니언 리더와 언론매체가 하는 주장을 듣고 후보와 정당에 대한 정보를 얻어 선거 분위기에 대한 감을 잡는 경향이 있다. 이는 투표 당일에 어느 후보에게 자신의 표를 던질 것인지를 결정하는 데도 영향을 준다. 셋째, 선거활동에서 정당의 측면에서는 다음 사항이 선거 캠페인에 포함된다.

- 당의 정강과 후보의 이력서 및 당과 후보의 선거공약 등이 담긴 유인물을 발송할 것
- 정당 지지자들이 유권자를 직접 만나 지지 또는 반대 여부를 감으로 파악하고 투표일에 잠재적 지지자를 동원할 것
- 각종 광고와 포스터에 당과 후보의 구호, 사진 및 그림을 실어서 선거 분위기를 상승시키고자 노력할 것

선거운동 기간은 불과 14일에 지나지 않기 때문에, 선거운동에 들어가지 전에 치밀한 준비를 해 두어야 한다. 선거운동은 사전에 세운 계획에 따라 진행해야 한다. 분초를 다투는 급박한 선거상황 속에 빠져 들면 분별력을 잃게 되어 자기도 모르게 처음에 세웠던 계획

을 망각하고 사람들이 들이 닥치는 대로 대응해 나가는 식의 무계획한 선거운동을 벌이게 되는 것이 보통이다.

선거운동은 후보자가 직접 나서서 누구든지 붙들고 그저 막연하게 자신을 알리는 것이 아니라. 지역구 또는 전국구 등 목표하는 선거를 특정해 두고 그 특정한 선거의 당선을 위해 계획을 세워서 활동하는 것이다. 대개 지역구 국회의원이나 지방자치단체장 및 시·도 의원을 목표로 선거운동을 펼치게 되므로 준비도 그것에 맞추어 해나가야 한다.

선거상황의 분석

공식적인 선거기간이 시작되기 훨씬 전부터 정당은 중앙당 차원에서부터 선거의 기초상황을 분석하고 기본적인 전략을 수립한다. 중앙당은 그 선거에서 유권자들을 설득할 만한 정책과 공약을 구상하여 후보자가 자신의 지역에 맞게 보완하여 활용할 것을 권장한다. 후보자는 중앙당의 전략과 정책을 지역의 특성과 상황에 맞게 변형시켜 적용하기 위해 미리 지역구를 분석하고 구체적인 선거운동에 필요한 자료들을 준비해 놓는다. 각 후보자의 출마지역에 적합한 공약은 무엇인가, 선거전술은 어떤 것을 취할 것인가, 선거운동원은 어디에서 충원할 것인가, 선거장비는 어디에서 확보할 것인가 등 세부적인 선거운동 계획을 수립해 두는 것이 필요하다.

근래 선거활동은 선거법 개정에 의해 조용한 선거운동의 양상[51]으로 변모하였으므로 선거상황의 분석에 바탕을 둔 치밀한 전략 수립이 필요하게 되었다. 소란스럽게 청중을 동원하는 것과 대중에게

51) 새로운 선거활동 체크리스트(check list) ① 여론조사, ② 전화조사, ③ 컴퓨터 활용, ④ 우편통신, ⑤ 팩스, ⑥ 시장조사, ⑦ 전자커뮤니케이션.

SWOT(Strength-Weakness-Opportunity-Threat) 분석 사례

분 류	사 례 1	사 례 2
강 점	선거구와 출신지역의 일치 지역활동의 경험 정당에의 기여도 서민적 친근감	학력과 경력의 우월성 관료나 교수 등 경력 전국적인 지명도 전문성 등 업무능력
약 점	학력과 경력의 만족도 낮음 사회지도층의 지지가 약함 유권자에게 인지도가 낮음 당선 후 업무능력의 검증 필요	지역의 정서와 분리 지역활동에 대한 무지 정당에의 기여도 낮음 친근한 이미지 부족
기 회	지역정서의 활용가능 지역활동가와의 연대가능 당직자와의 연계활동 서민의 자원봉사 확대	사회적 여론의 주도가능 관료나 지식인의 인맥활용 정당지도층의 지원유세 인맥활용 홍보활동
위 협	업무능력에 대한 의혹제기 정당의 지역지지도 낮음 인터넷의 활용 부족 방송토론의 미숙	지역사랑에 대한 의혹제기 정당의 지지도 낮음 지역의 자원봉사자 확보 곤란 당직자와의 의사소통 부족

파고드는 억척스럽고 무례한 방식은 더 이상 허용되지 않는다. 아직도 집단으로 관광시키기, 식사대접, 선물증정 등이 은밀하게 이루지기는 하나 이런 형태의 선거활동은 선거법에 의해 엄격하게 금지되는 행위로서 당선된 후에도 의원직을 상실하는 사유가 된다. 그러므로 선거법을 미리 숙지해 둠으로써 법으로 허용되는 운동방식이 무엇인지 파악해 두어야 한다.

후보자의 상황분석

선거준비에서 가장 먼저 해야 할 일은 자신의 현재 상황을 점검하여 파악해 두는 일이다. 자신의 강점은 무엇이고 약점은 무엇인

지를 분석하여 둔다. 이러한 후보자 자신에 대한 분석을 바탕으로 선거 전략을 세운다. 현재 후보자의 강점은 무엇이며 이것을 어떻게 활용할 것인가, 후보자의 취약점은 무엇이며 어떻게 보완할 것인지 구체적인 전략을 세워 두는 것이 좋겠다.

유권자의 분석

출마 예정 지역의 유권자가 몇 명이며 어떤 성향의 사람인지를 분석하여 파악해야 한다. 그리고 유권자의 성향분석을 기초로 하여 어떤 유권자층을 겨냥할 것이지 하는 목표를 세운다. 당선이 가능한 득표수를 측정하고 어떤 동네에서 얼마의 표를 얻어서 그 득표수를 채울 것인지 계획을 세워야 한다. 지역구를 유리한 지역과 불리한 지역으로 분류하고 각 지역마다 득표할 수 있는 가능치를 설정해 두어야 한다. 이 목표치를 얻기 위해서 우호층의 지지를 공고히 하는 전략과 취약층을 공략하기 위한 전략을 나누어 구사한다.

유권자를 세분화하여 분석하는 것은 선거전략이 치밀해지고 예상 득표수에 대한 신빙성이 높아지는 장점을 갖는다. 지역적 세분화, 인구 통계학적 세분화, 사회 계층적 세분화, 유권자 성향별 세분화 등의 방법이 활용된다.[52] 지역을 나눌 때에는 투표구별로 세분화하는 것이 유용하다. 인구 통계학적 세분화는 성별, 연령별, 라이프 사이클, 교육 수준, 직업 등으로 나눈다. 계층으로 나눌 때에는 사회적인 계층과 경제적인 수준을 연합하여 분류한다. 유권자의 성향을 기준할 때에는 정당이나 후보자에 대한 지식, 호감도, 반응을 기초로

52) 고영직, 《우리나라의 정치마케팅전략에 관한 실증적 연구: 국회의원선거의 정치마케팅전략에 관한 상황론적 접근방법을 중심으로》, 고려대학교 대학원 박사학위논문, 1994, p.59.

하며 선호자, 잠재적 지지자, 지지자 등 충성도에 따라 나누기도 한다. 세분화된 분석을 거쳐서 지지층, 비지지층, 부동층의 숫자를 계산하고 예상 투표율이 계산되면 파악된 부동층의 유인전략과 자기 지지층의 투표율 높이기 전략을 세우게 된다.

선거전략의 수립

선거전략의 기본은 호의적인 유권자들의 지지를 확고히 하고 부동층 유권자들을 최대한 우리 편으로 끌어들이고, 경쟁 상대에 대한 지지를 최소화하기 위한 실행방법을 찾는 데에 있다. 선거국면에서 분위기는 자연적으로 생겨나는 경우도 있지만 전략에 의해 계획되어 만들어지는 경우가 더 많다. 어떤 이슈를 띄울 것인가, 어떻게 여론을 이끌어 나갈 것인가, 어떻게 자신에 대한 지지와 호감을 얻어낼 것인가는 전략의 수립과 그 실천에 의해 많은 부분 좌우된다.

후보자 자신의 상황을 객관적으로 평가해 둔 자료가 바로 이 전략수립의 기본이 된다. 후보자 자신 또는 소속 정당의 지난 선거결과에 대해 분석한 자료, 후보자의 현직 여부, 인격 · 성품 · 경력 · 주요 지지기반 등에 관한 분석을 토대로 그 후보에게 적합한 전략을 선택한다. 그리고 정보수집 조직, 참모 조직, 정당 조직, 선거운동 조직, 동원가능한 명망가 조직 등 선거조직 상황을 점검하여 강점과 약점을 파악해 둬야 한다. 후보자의 재정 상태와 가용자금 규모, 조달 가능한 금액, 후원회의 구성 가능성을 객관적으로 평가해야 후보자의 강점을 찾아 활용할 수 있고 약점을 보완하기 위한 전략을 세울 수 있기 때문이다. 이와 함께 경쟁 후보자의 정치적 자산도 평가하여 경쟁후보를 공략할 효과적인 방법도 모색한다. 경쟁후보의 선거전략을 미리 알아내어 적절히 대응해 나가는 것도 빠져서는 안 되는 사항이다.

선거구의 유권자 분포를 분석하기 위해 객관적 자료와 정보를 활용한다. 선거구의 인구통계, 과거의 투표행태, 유권자의 정치참여도 및 관심도 등을 기초로 그 선거구에 맞는 선거 캠페인을 창안하는 것이다. 지역의 현안을 분석하고 유권자들의 관심사를 파악하기 위해 실시한 여론조사의 결과는 지역에 적합한 아슈를 찾는 데에 매우 중요한 자료가 된다. 후보자가 개인적으로 접촉하여 얻은 정보 및 경험, 그리고 선거참모들이 수집한 정보는 지역구 여론의 실상을 매우 생생하게 전달해 준다. 다만 직접 수집한 정보에 지나치게 의존하다보면 객관성을 잃고 오판과 선입관에 빠질 우려가 있다. 후보의 측근은 좋은 정보만을 전달하고 나쁜 정보는 침묵하는 습관이 있기 때문이다. 그리고 후보와 측근들이 만나는 사람들 중에는 지지자가 많기 때문에 그들의 호의적인 반응만 보고 전체 유권자의 상황을 파악하게 되면 실제와 다른 상황파악을 하게 될 소지가 있다. 후보자의 객관적 인지도와 이상적인 후보자 이미지를 기초로 전략을 세울 때에는 여론조사를 활용하거나 또는 직접 수집정보의 절반 정도만 신뢰하는 것이 좋겠다.

다음으로 필요한 선거운동전략은 유권자의 표심을 사로잡기 위한 선거 플랜을 세우는 것이다. 선거 캠페인의 목표를 세우고 정책과 공약을 개발하고 핵심 구호를 만드는 선거과정을 계획해 두는 것이다. 선거운동이 허용되는 시간과 자원의 한계가 있기에 가장 효과적인 방법을 선택하는 일은 매우 중요하다. 따라서 목표 유권자 집단을 확실히 해 두고 집중적으로 공략해야 한다. 지지해 줄 가능성이 있는 우호적 유권자를 집중적으로 설득하고 다른 경쟁 후보자에 대한 지지가 확실하거나 투표에 불참할 유권자들은 접촉대상에서 제외하는 것이 합리적이다. 이와 함께 지역 사람들에게 영향력을 행사하는 여론 지도자층을 표적집단 안에 포함시키는 일을 소홀히 해서는 안 된다.

자신의 정치적 소신을 명확히 밝히고 다른 후보자와의 차별성을 드러내기 위해서는 선거운동 기간 전에 정책과 공약을 미리 마련해 두고 그것을 전파할 전략을 세워 두어야 선거에 여유 있게 임할 수 있다. 선거기간 동안 제기되는 다양한 질문에 대해 후보자 및 그의 운동원은 입을 모아 일관된 입장을 표명해야 한다. 이를 위해서는 사전에 선거캠프 내부회의와 운동원 교육을 통해 공약을 숙지시켜 둘 필요가 있다.

유권자로 하여금 후보의 인물과 정책 중 어느 쪽을 선택하도록 이끌어 갈 것인가를 정하고 자신의 득표에 유리한 쪽을 집중적으로 홍보하는 방안을 강구해야 한다. 흔히 정책을 기준으로 한 후보 선택이 가장 바람직한 투표행위로 평가받지만 실제 선거에서 정책이 유권자의 투표결정에 미치는 영향은 예상보다 적다고 하는 점을 한번쯤 유의해 볼 필요가 있다. 유권자 대부분은 복잡한 경제정책 등의 장단점을 판단할 능력이 없는 것이 사실이기에, 자신이 현안 해결의 적임자임을 설득하려면 정책을 일일이 설명하기보다는 자신의 성실성, 능력, 과거 업적을 말하는 것이 유권자 설득에 더 효과적이다.

후보자가 정책보다 인물에 자신이 있다고 판단되면 인물 중심의 선거운동을 전개하는 것도 방법이다. 첫째, 경쟁후보자보다 우월한 이미지와 명성을 갖고 있는 장점을 활용하기 위하여 선거를 비정치적인 인물대결의 구도가 되도록 홍보한다. 둘째, 후보자가 학력과 경력은 좋으나 경쟁자와 비교해 인지도가 낮을 때에는 관심을 끄는 이벤트를 수시로 만들고 사진, 팜플렛 등을 자주 배포해 인지도를 높이는 데 주력한다. 이 방법을 쓸 때에는 비용대비 효과를 잘 따져봐야 불필요한 비용이 드는 것을 막을 수 있다. 셋째, 자신의 이미지를 개선하고, 필요에 따라 경쟁자의 이미지를 하락시켜야 할 경우도 있다. 이미지는 장기간에 걸쳐 굳어진 결과이기에 짧은 기간에 확 바꿀 수 없다는 것도 감안해 무리한 방법은 피해야 할 것이다. 너무 급작스럽게 이미지를 바꾸려다보면 유권자들에게 진실성이 없는 가면으로 비추어질 우려가 있다. 자신의 드러나지 않은 장점을 부각시켜서 과거의 이미지를 보완해 나가는 방법이 효과적이다.

선거에 임할 때 후보가 취하는 입장을 '후보자의 포지셔닝' 이라고 하며, 결정된 주제를 간단하게 압축시킨 것을 '선거 구호(슬로건)' 라고 한다. 명확하고 호소력 있는 구호(슬로건)는 득표에 엄청난 위력을 발휘한다. 제3대 대통령선거에서 장면 후보가 내건 "못 살겠다 갈아보자" 라는 구호가 가졌던 위력을 상기하면 쉽게 이해될 것이다.

선거운동은 후보자의 구호(메시지)를 정하여 그 구호를 홍보하는 것이다. 후보자가 선거에서 갖는 이미지는 선거운동의 구호에 의해 형성될 수 있다. 따라서 선거운동의 구호는 후보자의 인물과 조화를 이루는 것이 좋다. '낡은 정치를 개혁하자' 는 구호는 '젊은 정치인' 의 이미지와 어울린다. '저의 능력과 경험을 믿고 맡겨 주세요' 라는 구호는 '원숙한 정치인' 의 이미지와 조화를 이룬다. 그러므로 그 지역 및 전국적인 선거의 이슈를 고려하여 유권자의 마음에 파고들 수 있는 구호를 선택한다. 지역현안의 문제를 택할 것인지 아니면 전국적인 쟁점을 취할 것인지, 후보자의 강점을 부각시킬 것인지 약점을 완화시킬 것인지 등 가능한 선택지를 충분히 점검해 보고 나서 하나의 명확한 구호로 정한다. 그리고 경쟁자의 구호가 무엇인지 알아보고 그것과 차별성을 갖도록 해야 한다. 또한 자신이 정한 구호를 선거 끝까지 밀고 나가는 것이 아니라 유권자에게 호소력이 있는지 여론조사를 해보고 좋지 않다고 판단되면 적절하게 다른 것으로 교체한다. 경쟁후보와 같은 내용이 될 경우에도 다른 구호로 바꾸는 것이 좋다. 선거기간 중 구호를 신속하게 다른 것으로 바꾸기 위해서 미리 몇 개의 구호를 준비해 두는 준비성이 있어야 하겠다.

선거운동에 있어서 상대 후보의 약점을 적시하여 이를 활용하는 운동방식을 '약점공략'(네거티브 캠페인)이라고 하며, 이는 우리나라 선거문화에서 가장 빈번히 구사되는 방식이다. 2002년 대선에서 노무현 후보가 벌인 이회창 후보 아들의 병역비리 폭로 등 네거티브 캠페인은 큰 효과를 냈다.[53] 경쟁후보의 약점을 공략하는 네거티브 캠페인은 자신의 정책홍보(포지티브 캠페인)보다 유권자의 마음을 움직이기 쉽기 때문에 그 약점공략이 유권자에게 먹혀들기만 하면 엄청난 득표로 연결된다. 그러나 유권자가 보기에 억지같이 여겨지거나 또는 허위의 내용으로 공략한다고 여겨지는 경우에는 오히려 역효과를 가져올 가능성이 더 크다. 상대방의 약점을 공략하려다 역풍을 만나 유리한 선거 국면을 망치는 경우도 종종 있었다. 네거티브 캠페인은 선거과정에서 후보자의 자질을 검증하는 절차와 유사한 효과를 불러오는데, 만약 후보자 검증이 선거 전에 제대로 이루진다면 네거티브 전략을 사용하고자 하는 유혹은 줄어들게 될 것이다.

53) 반면에 1963년 대선에서 박정희와 윤보선이 대립할 때 윤보선은 거물간첩 황태성 사건을 거론하며 박정희의 사상문제를 거론하였으나 이것이 오히려 윤보선에게 불리하게 작용하는 결과를 낳았다.

6

선거운동

당선운동과 낙선운동

선거는 후보자 측에서 자신에게 유리한 정보를 최대한 유권자들에게 제공하여 유권자들의 표를 자기에게 유도하는 데에 목적이 있다. 하지만 선거운동을 제한 없이 허용하면 당선을 위해 수단과 방법을 가리지 않는 혼탁한 모습으로 될 우려가 있다. 따라서 선거법으로 선거운동에 일정한 제한을 두어 후보자로 하여금 공정하고 깨끗한 선거운동을 하도록 유도할 필요가 있다.

선거운동이란 선거에서 누군가를 당선되게 하거나 또는 되지 못하게 하기 위한 행위를 말하며 선거운동의 범위는 공직선거법[54)]

54) 공직선거법 제58조 (정의) ① 이 법에서 "선거운동"이라 함은 당선되거나 되게 하거나 되지 못하게 하기 위한 행위를 말한다. 다만, 다음 각 호의 1에 해당하는 행위는 선거운동으로 보지 아니한다. [개정 2000. 2. 16]
1. 선거에 관한 단순한 의견개진 및 의사표시
2. 입후보와 선거운동을 위한 준비행위
3. 정당의 후보자 추천에 관한 단순한 지지 반대의 의견개진 및 의사표시
4. 통상적인 정당활동
② 누구든지 자유롭게 선거운동을 할 수 있다. 그러나 이 법 또는 다른 법률의 규정에 의하여 금지 또는 제한되는 경우에는 그러하지 아니하다.

지방선거 운동 모습

에서 정해진다. 후보자는 경쟁상대를 누르고 당선되는 것에 목표를 두지만, 시민단체 등 공익적으로 활동하는 제3자는 좋은 후보를 당선시키고 나쁜 후보를 떨어뜨리는 데에 목표를 둔다. 그래서 당선운동만이 아니라 낙선운동도 공직선거법의 선거운동 규제범위에 포함된다.

우리나라의 공직선거법은 미국이나 유럽의 각국에 비하여 매우 좁은 범위의 선거운동만을 허용하고 있다. 후보자는 법적 테두리 안에서 짧은 기간에 효과적인 캠페인을 벌여서 한 표라도 더 얻는 수밖에 없다.

선거운동과 관련된 시민운동 중 가장 대표적인 것으로 낙천·낙선운동을 들 수 있다. 낙천·낙선운동은 2000년 총선 때 시작되어 2004년 총선에서는 상당한 정치적 영향력을 발휘했다.[55] 이 운동은

55) 2000년 총선에선 전국 1,000여 개 단체가 연대하여 '총선시민연대'를 구성하고 부패·무능 정치인 낙선운동을 펼쳐 86명의 대상자 중 59명을 낙선시켰으며, 특

우리의 정치풍토를 깨끗하게 바꾸려고 하는 정치개혁에 그 목적이 있다. 유권자가 스스로 공천과정과 선거과정에 있어 부적격자를 가려내는 데 참여함으로써 새로운 선거문화를 만들어 내려는 것이었다.

2004년 총선시민연대 낙천·낙선운동 선정대상자의 주요 기준은 다음의 여섯 가지였다.

첫째, 부패 비리 행위; 뇌물, 알선수재 등의 개인비리와 각종 게이트 등 권력형 비리, 불법대선자금 등 정치자금법 위반 연루사실 조사.

둘째, 선거법 위반행위; 각종 선거에서 선거법 위반으로 기소 혹은 부심판된 사건의 재판현황 조사. 17대 선거과정에서 선거부정 등으로 경고, 고발된 현황 조사.

셋째, 개혁법안 및 정책에 대한 태도; 참여연대 등 시민사회가 집중적으로 추진해 온 각종 개혁법안(정책)에 대한 의원들의 찬반 의견을 조사.

넷째, 반인권 전력 및 헌정질서 파괴 행위

다섯째, 의정활동의 성실성; 반의회 반유권자적 행위, 출석률, 법안발의건수, 국정감사 등 의정활동자료 조사. 날치기, 방탄국회, 근거 없는 폭로 등 반의회적 행위와 지역감정 선동, 색깔론 등으로 정치적 이익을 달성하려는 반유권자적 행위 등을 조사.

여섯째, 도덕성 및 자질; 욕설, 몸싸움, 성희롱, 차별 발언 등 공직자로서 자질을 의심케 하는 행위. 재산, 병역, 경력 등에서 이해

히 수도권에서는 20명의 대상자 중 19명이 낙선했다. 4년 뒤인 2004년엔 낙선대상자 명단에 오른 206명 중 129명이 낙선했다. 특히 탄핵안 찬성 표결과 무관한 일반 낙선대상자 106명은 무려 78명이 낙선되었다. 그러나, 영남권 낙선대상자 60명 중 23명만이 낙선하여 낙선운동에서도 지역주의는 극복해야 할 과제가 되었다.

충돌이 발생하거나 비도덕적 행태를 보인 경우를 조사. 국회공직자윤리위원회 제소된 사항. 기타 인터넷, 전화, 방문접수 등을 통해 후보자와 관련한 제보를 접수.

낙천 · 낙선운동의 부작용에 대한 우려도 일부에서 제기되었다. 이 운동으로 인해 오히려 정책 대결이 아닌 상대방 후보의 자질시비와 비방을 일삼는 네거티브 선거가 많아졌으며, 이로 인해 국민들이 정치권에 대한 불신이 더욱 많아졌다고 비판했다. 비판하는 측에서는 시민단체가 낙천 대상자를 선정한 근거에 대해 의혹을 제기하고 이 운동이 법률을 위반하였다고 고발하였다.

2001년 8월 30일에 헌법재판소는 낙천 · 낙선운동을 불법으로 보았던 구 선거법을 합헌으로 인정하였다. 즉 2000년 4.13총선 당시 시민단체의 낙천 · 낙선운동을 불법으로 규정한 기존 선거법에 대해 총선연대가 "시민단체의 낙선운동을 금지하는 현행 선거법이 국민의 참정권을 침해한다"며 낸 헌법소원에 대해 재판관 전원일치의 의견으로 합헌 결정을 내린 것이다. 헌법재판소는 구 공직선거법 제58조 제1항의 선거운동을 "당선되거나 되게 하거나 되지 못하게 하기 위한 행위"로 정의하며 "총선연대의 활동이 비록 공익적 목적을 가지고 있다고 해도 특정 후보의 당락에 영향을 끼칠 수 있다는 점에서 일종의 선거운동이며, 이는 제한받는 게 타당하다"고 하면서, "의도적이고 조직적이며 계획적인 운동의 수준에 이르는 것인 이상 후보자 측에 의한 낙선운동이 취하는 운동의 방법이나 형식과 다를 것이 없고, 낙선의 사유 역시 객관적으로 판정하기 어려운 규정이어서 선거의 공정성을 해할 우려가 있다"고 판결했다. 반면에 시민단체들은 이 판결에 대해 "정치개혁에 대한 열망을 외면하고, 역사의 흐름을 따라가지 못하고 있다"는 비판을 가했으며, 향후 이 비판을 발전시켜 대법관과 헌법재판관의 시민추천 운동을 전개했다.

그렇다고 헌재의 판결이 시민단체에 의한 낙천·낙선운동 자체를 위법하다고 본 것은 아니다. 이미 2000년 총선 직전인 2월 16일에 선거법이 개정되어[56] 시민사회단체의 공천과정에의 참여와 선거과정 중 낙선운동은 이미 합법화되었기 때문이다. 따라서 2004년에도 낙천 · 낙선운동은 계속되었다. 이에 대해 중앙선관위는 "시민단체가 유권자의 판단을 돕기 위해 낙천 · 낙선대상자 명단을 발표하거나 언론기관에 제공 또는 인터넷 등에 게시하는 것은 무방하다"며 "다만 집회를 개최하거나 거리 행진, 현수막 게시, 인쇄물 배부, 서명운동 등은 위법이 된다"고 밝혀 낙천 · 낙선운동의 범위를 한정하였지만 그 운동 자체는 허용하였다.

예비선거운동

예비선거운동이란 본격적인 선거운동기간이 시작되기 전에 예비후보로서 등록을 한 자가 최소한 자신의 이름과 입후보 예정사실을 유권자에게 알리는 제도를 말한다. 후보자의 사전선거운동은 엄중히 처벌되지만, 예비후보 등록을 한 사람이 법에서 허용되는 예비선거운동을 하는 경우는 사전선거운동의 제한에 걸리지 않는다. 피선거권을 가진 사람은 누구든지 관할 선거관리위원회에 예비후보 등록을

56) 2000년 2월 16일 개정된 공직선거법 제87조 (단체의 선거운동금지) 단체는 사단 · 재단 기타 명칭의 여하를 불문하고 선거기간 중에 그 명의 또는 그 대표의 명의로 특정 정당이나 후보자를 지지·반대하거나 지지·반대할 것을 권유하는 행위를 할 수 없다. 다만, 노동조합 및 노동관계조정법 제2조(정의)의 규정에 의한 노동조합과 제81조(단체의 후보자 등 초청 대담·토론회) 제1항의 규정에 의하여 후보자 등 초청 대담·토론회를 개최할 수 있는 단체는 그러하지 아니하다.

할 수 있다.[57] 예비후보자로 등록하면 명함 배포, e-메일 발송, 선거사무소 설치 등 제한적인 선거운동을 할 수 있다.

예비선거운동의 제도를 두는 이유는 현직 정치인과 정치 신인 사이의 현격한 불균형을 조금이나마 줄이기 위한 배려에서 나온 것이다. 현직 국회의원, 현직 자치단체장, 현직 시 · 도의원은 그들의 의정활동 및 공무수행을 통해서 유권자에게 자신의 활동상황을 알릴 기회가 많다. 현직 정치인은 의정보고회를 열거나 각종 집회에 참가하여 유권자들과 만나고, 자기가 누구인지 알리며 자신을 지지해 줄 것을 호소함으로서 사실상의 선거운동을 할 수 있으나 현직에 있지 않는 정치 지망자에게는 이러한 기회가 전혀 주어지지 않는다. 특히 선거에 처음 입후보하려는 정치신인의 경우에는 명함을 돌리는 등 자신을 알리는 행위가 모두 사전선거운동으로 선거법의 규제에 묶여 있기 때문에 현역 정치인에 비해 불리한 여건에서 경쟁할 수밖에 없다. 정치 신인들에게 공정한 기회를 주기 위해서는 예비선거운동을 허용하는 것이 필요하다.

예비후보자가 할 수 있는 선거운동은 다음에 한정된다.

- 선거사무소를 설치하거나 그 선거사무소에 간판 · 현판 또는 현수막을 설치 · 게시하는 행위.

---

57) 공직선거법 제60조 2 (예비후보자 등록) ① 예비후보자가 되고자 하는 자(비례대표 국회의원 선거 및 비례대표 지방의회의원 선거를 제외한다)는 다음 각 호에서 정하는 날(그 날 후에 실시사유가 확정된 보궐선거 등에 있어서는 그 선거의 실시사유가 확정된 때)부터 관할 선거구선거관리위원회에 피선거권에 관한 증명서류를 첨부하여 예비후보자 등록을 서면으로 신청하여야 한다. [개정 2005.8.4]

1. 대통령 선거 : 선거일 전 240일
2. 지역구 국회의원 선거 및 시·도지사 선거: 선거일 전 120일
3. 지역구 지방의회의원 선거 및 자치구 시·군의 장 선거: 선거기간개시일 전 60일

- 자신의 성명 · 사진 · 전화번호 · 학력(정규학력과 이에 준하는 외국의 교육과정을 이수한 학력) · 경력 기타 홍보에 필요한 사항을 게재한 길이 9센티미터 너비 5센티미터 이내의 명함을 직접 주면서 지지를 호소하는 행위. 다만 지하철역 구내 · 선박 · 여객 · 자동차 · 열차 · 전동차 · 항공기의 안과 그 터미널 구내에서 명함을 주면서 지지를 호소하는 행위는 금지된다.
- 전자우편을 이용하여 문자 · 음성 · 화상 또는 동영상 기타의 정보를 전송하는 행위.
- 선거구 안에 있는 세대수의 10분의 1 이내에 해당하는 수(그 수는 2만을 초과할 수 없다)의 인쇄물을 작성하여 관할 선거관리위원회로부터 발송대상 · 매수 등을 확인받은 후 후보자 등록기간 개시일 전일까지 1회에 한하여 우편발송하는 행위.
- 예비후보자가 그와 함께 다니는 자 중에서 지정한 1인과 예비후보자의 배우자(배우자 대신 예비후보자가 그의 직계존 · 비속 중에서 신고한 1인 포함)는 예비후보자의 선거운동을 위하여 명함을 주는 행위가 가능하다.

예비후보자가 선거사무장과 사무원등 선거업무에 종사케 할 수 있는 총인원은 공직선거법에 의해 다음과 같이 한정된다.

- 대통령 선거: 10인 이내
- 시 · 도지사선거: 5인 이내
- 지역구 국회의원 선거 및 자치구 · 시 · 군: 3인 이내
- 지역구 지방의원의원 선거: 2인 이내

다만 수당을 지급받을 수 없는 정당의 유급 사무직원이나 국회의원의 보좌관, 비서관, 비서는 선거 사무원 수에 산입하지 않는다.

현행 선거법은 선거공영제를 취하여 국가가 선거비용을 부

담함으로써 돈 안 드는 선거, 공정한 선거를 유도하고 있으나 예비후보자에게는 선거비용을 보전해 주지 않는다. 장래에는 예비후보자에게도 선거공영제를 적용하도록 공직선거법을 개정 · 보완해야 할 것이다.

본선거운동

선거사무소

선거사무소는 선거캠프의 기지가 된다. 선거사무소는 후보나 선거운동원이 신속 정확하게 활동할 수 있도록 선거구의 중심에 두어야 한다. 정당 또는 후보자는 선거운동 기타 선거에 관한 사무를 처리하기 위하여 법률의 규정에 따라 선거사무소와 선거연락소를 설치할 수 있다(선거법 제61조 제1항). 선거사무소와 선거연락소는 고정된 장소 또는 시설에 두어야 하며, 식품접객영업소 또는 공중위생영업소 안에 둘 수 없다.

선거사무소에는 후보에 대한 홍보물(플래카드, 선전구호 등)을 부착할 수 있으므로, 유권자들의 시선이 집중될 수 있는 곳에 위치하는 것이 좋다. 선거사무소와 선거연락소에는 선거운동을 위한 간판, 현판 또는 현수막을 합하여 모두 4개 이내와 선전벽보, 선거공보 또는 후보자의 사진을 첨부할 수 있다(선거법 제61조 제6항).

선거인력

선거조직은 소수의 정예 인력과 그 주위를 둘러싼 보조 인력의 두 부분으로 나뉜다. 후보와 참모 사이에는 신뢰가 가장 중요하며, 참모들 사이의 팀워크도 반드시 필요하다. 참모진은 남성과 여성이 적절히 안배되어야 남성 유권자와 여성 유권자를 모두 설득할 수 있다. 후보자와 선거참모, 그리고 보조업무를 하는 사람들이 서로 호흡을 맞추어 선거운동을 하기 위해서는 체계적이고 조직적인 인력관리가 필요하다. 이를 위해 선거 캠프 내에서 업무영역을 설정하고, 지휘명령과 그 전달체계를 정해 놓고, 멤버들이 같은 방향으로 신속하게 움직이도록 준비해 두어야 한다.

선거사무소와 선거연락소를 설치한 자는 선거운동을 할 수 있는 자 중에서 선거사무소에 선거사무장 1인을, 선거연락소에 선거연락소장 1인을 두어야 한다(선거법 제61조 제1항). 선거법에서는 선거사무 관계인의 숫자를 엄격히 제한하므로, 선거운동 시에는 이러한 인원의 한계를 반드시 준수해야 한다.[58] 선거사무원이란 선거법의 규정에 의해 수당과 실비를 받는 유급 사무원을 말한다.[59]

---

58) 법령이 정하는 관계인의 숫자는 선거의 종류에 따라 다르다.

1. 대통령 선거: 선거사무소에 시 · 도의 6배수 이내, 시 · 도연락소에 당해 시 · 도 안의 구 · 시 · 군 수 이내
2. 지역구 국회의원 및 자치구 · 시 · 군 장 선거: 선거사무소와 선거연락소를 두는 구 · 시 · 군 안의 읍 · 면 · 동의 3배수 이내
3. 비례대표국회의원 선거: 선거사무소에 시 · 도 수의 2배수 이내
4. 지역구 시 · 도의원선거: 선거사무소에 10인 이내
5. 비례대표 시 · 도의원선거: 선거사무소에 당해 시 · 도 안의 구 · 시 · 군의 수(산성한 수가 20 미만인 때는 20인) 이내
6. 시 · 도지사 선거: 선거사무소에 당해 시 · 도 안의 구 · 시 · 군의 수(그 구 · 시 · 군가 10 미만인 때는 10인)이내와 선거연락소에 당해 구 · 시 · 군 안의 읍 · 면 · 동 수 이내)
7. 지역구자치구 · 시 · 군의원 선거: 선거사무소에 5인 이내
8. 비례대표 자치구 · 시 · 군의원선거: 선거사무소에 당해 자치구 · 시 · 군 안의 읍 · 면 · 동 수 이내.

59) 선거사무관계자에 대한 수당 및 보상(공직선거관리규칙 59조)

1. 대통령 및 비례대표 국회의원의 선거의 선거사무장은 7만원 이내의 수당과 「공무원여비규정」 별표 2의 제1호에 해당하는 실비(숙박료를 제외한다. 이하 이 조에서 같다)

선거본부장

선거본부장은 대외적으로는 선거운동 인력을 대표한다. 후보자는 선거운동기간 중에는 대외활동을 하느라 바쁘기 때문에 운동기간 전에 실질적으로 선거인력을 통솔해 나갈 책임자를 확보해 두고 운동기간 중에는 그 책임자에게 대부분 권한을 맡겨야 한다. 선거본부장은 선거관리 경험이 풍부하고 충성심이 강하며 마케팅 능력과 위기관리능력을 갖추어야 한다. 그리고 선거운동의 전략과 일정을 계획하고 각 부서의 활동을 조정하며 유권자들에 대한 분석을 통해 선거운동 과정을 총괄하는 역할을 수행한다.

후보자와 선거본부장은 함께 선거운동의 전체 계획을 세우고 중요한 대책을 세우는 회의를 가지며, 각 부서의 실무 회의에 참석하고, 자원봉사자에게 운동지침을 전달하고 독려하는 등 내부 업무관리에 관심을 가져야 한다. 선거운동 기간에는 매일의 계획에 따라 업무를 분배하는 아침회의와 그날의 활동을 점검하고 다음 날의 계획을 세우는 저녁회의를 일 2회 갖는 것이 좋다.

선거운동에 참여하는 인력은 조직화되어야 각자 능력을 최

---

2. 비례대표 시 · 도의원 선거와 시 · 도지사 선거의 선거사무장, 대통령 선거의 시 · 도선거 연락소장은 7만원 이내의 수당과 「공무원여비규정」 별표 2의 제2호에 해당하는 실비
3. 지역구 국회의원 및 자치구 · 시 · 군의 장의 선거의 선거사무장, 대통령 및 시 · 도지사의 선거의 구 · 시 · 군선거 연락소장은 5만원 이내의 수당과 「공무원여비규정」 별표 2의 제3호에 해당하는 실비
4. 지역구 시 · 도의원 선거 및 자치구 · 시 · 군의원 선거의 선거사무장, 지역구 국회의원 및 자치구 · 시 · 군의 장의 선거의 선거연락소장은 5만원 이내의 수당과 「공무원여비규정」 별표 2의 제4호에 해당하는 실비
5. 선거사무원은 3만원 이내의 수당과 「공무원여비규정」 별표 2의 제4호에 해당하는 실비

② 회계책임자는 선거사무장 등에게 식사 또는 교통편의를 제공한 때에는 지급될 실비의 금액에서 그 금액을 공제하고 지급하여야 한다.(2006.1.12 개정)

대한 발휘할 수 있다. 많은 사람이 참여해 다양한 역할을 수행하는 선거운동에서는 업무를 성격별로 분류하여 부서를 나누고, 각 부서 사이의 중복되는 역할을 조정할 필요가 있다. 선거참모들 사이의 조직화와 업무분장도 물론 필요하지만 많은 보조원, 운동원, 자원봉사자들을 선거 직전에 채용하여 업무를 분장하고 바로 일을 할 수 있게끔 미리 조직에 관한 준비를 해 두어야 한다. 이를 위해 조직을 전담하는 선거참모가 있어야 선거 전에 조직전략을 잘 짜 둘 수 있다. 또한 각 업무담당자 사이의 보고와 지시의 체계를 미리 세워 두어야 선거운동기간에 효율적으로 일할 수 있다.

선거운동기간에는 급박하게 진행되는 일정으로 인해 긴장이 고조되어 사람들의 다툼이 자주 생기고 돌발적인 상황이 수시로 발생한다. 그러므로 위계질서와 사고처리 체계를 갖추어 두면 운동기간 중 업무가 중단되는 사태를 미연에 방지할 수 있다. 특히 선거운동기간 중에는 일이 잘못되었을 때 담당자를 바로 문책하면 팀워크를 해칠 수 있기에 각 부문의 업무책임자로 하여금 작업지시를 정확히 내리고 선거운동에 필요한 교육을 운동원들에게 수시로 하도록 한다. 만약에 인력관리에서 부득이한 문제가 발생한 경우에는 신속한 인사교체를 통해 업무의 공백이 생기지 않도록 대비해야 한다.

선거운동조직

선거운동에 활용되는 인력은 공조직에 속한 인력과 사조직에 속한 인력 두 종류로 나뉜다. 공조직은 정당의 지구당과 중앙당 조직을 의미한다. 공조직을 활용하기 위해서는 미리 선거구 내의 행정구역마다 운동책임자와 조직책을 임명해 두는 것이 좋다. 사조직은 후보자와 연고를 갖고 있는 집단으로서 동문회, 향우회, 등산클럽 등이 있다. 사전에 후보자가 갖고 있는 사조직 자원을 분석하여 조직화해 두는 것이 필요하며 전화번호, 이메일 주소 등 연락망을 확보해 두었다가 선거기간에 그들의 지지는 물론 각각 주위 사람에게도 후보 자신을 추천해 주도록 도움을 청한다. 또한 미리 자원봉사자를 모집하여 면담해 그들의 도움을 어떻게 활용할 것인지 계획을 수립해 두어야 운동기간에 적절한 도움을 받을 수 있다. 지역유지나 명망가를 후보자의 고문으로 영입해 선거운동 방향에 관해 자문을 구하고 그들의 지지를 받고 있음을 유권자에게 알리는 것이 좋다. 마지막으로 후보의 전체적인 유세 동선을 책임지며 선거운동 현장을 같이 다닐 조직 담당자도 반드시 미리 확보해야 할 인력이다. 지역구의 사정에 밝으면서 폭넓은 인맥을 갖추고 있어 운동원 동원이 가능한 친화력 있는 인물이 적임자라 하겠다.

자원봉사자

보수를 받지 않고 자발적으로 후보자의 선거운동에 참여하는 사람을 자원봉사자라고 한다. 선거법에서 유급 선거운동원의 숫자가 엄격하게 제한되어 있기에 보다 많은 자원봉사자의 도움을 얻어야 활발한 선거운동을 펼칠 수 있다. 자원봉사자는 후보자로부터 보수나 수당을 제공받을 수 없고, 교통비 등의 비용 보상도 받을 수 없으며 원칙적으로 식사도 제공받을 수 없다. 따라서 후보자를 위해 열심히 활동해 주는 자원봉사자는 주로 친척, 친구, 학교동창, 종교단체의 교우, 친목회의 회원 등이며, 그밖에 후보자의 정치적 이념에 동조하는 당원이나 대학생, 팬클럽 회원이 자원봉사자로 활동하는 경우도 있다.

후보자를 지지하는 자원봉사자가 조직적으로 구성되어 꾸준

〈선거운동부서의 업무〉

부 서	선거운동 내역
기 획	- 선거운동 전반에 관한 계획수립 - 공약 및 지역현안 작성 - 각종 지역 행사 및 동정 파악 - 여론 동향의 파악 - 후보자 및 친인척에 대한 유권자 반응 수집 - 경쟁 후보자 및 핵심 참모의 동향 파악 및 대응 - 불법 선거운동 사례 수집 - 흑색선전에 대한 대책수립
총 무	- 후보자의 일정관리 - 선관위 관련 업무 - 예산의 수입 · 지출 - 사무실 운영 - 민원상담 및 처리
조 직	- 선거운동원 관리 - 지역조직책 관리 - 직능단체 · 친목단체 등 네트워크 형성 - 자원봉사자 조직 - 유세 진행자, 율동조 구성
홍 보	- 각종 홍보 제작 - 간담회, 기자회견, 홍보논리 개발 - 언론담당, 보도자료 제공 - 사이버 홍보 - 전화 홍보 - 모바일 홍보

한 지원활동을 한다면 선거운동에 큰 도움이 되어 당선가능성을 높일 수 있다. 후보자는 자원봉사자에 대하여 고마움을 갖고 그들의 자부심과 보람을 유지시키도록 정서적으로 배려해야 한다. 자원봉사자에게 후보의 경력과 정치철학을 충분히 알리고 어떤 활동이 후보에게 도움이 되는지 설명하고 각자가 자신의 특성에 맞는 일을 선택할 수

있도록 조직화한다. 유권자에게 전화로 홍보하기, 거리에서 후보자의 유세를 도우는 일 등 선거운동에서 자원봉사자가 참여할 수 있는 일은 다양하다.

선거운동에서 금지되는 행위

기부행위

유권자에 대한 후보의 기부행위는 언제나 금지된다. 당해 선거구 안에 있는 자, 기관 · 단체 · 시설 및 선거구민의 모임이나 행사 또는 당해 선거구의 밖에 있더라도 그 선거구민과 연고가 있는 자나 기관 · 단체 · 시설에 대하여 금선 · 물품 기타 재산상의 이익을 제공하거나 이익제공의 의사표시 또는 그 제공을 약속하는 행위를 할 수 없다(공직선거 및 선거부정방지법 제112조~제115조). 2004.3.12 개정된 공직선거법에 의하면 후보자로부터 금전이나 물품을 제공받은 수령자도 처벌된다. 수령자는 제공받은 금액 또는 음식물 · 물품가액의 50배에 상당하는 금액의 과태료 처벌을 받는다.

사전선거운동

법률로 정한 선거기간 이전에 하는 선거운동은 사전선거운동으로서 처벌된다. 즉, 특정인 스스로가 당선되거나 또는 특정인을 당선되게 하거나 되지 못하게 하기 위한 행위는 모두 선거운동에 해당한다.[60] 선거에 관한 단순한 의견개진 및 의사표시, 입후보와 선거

60) 공직선거법 제58조 (정의) ① 이 법에서 "선거운동"이라 함은 당선되거나 되게 하거나 되지 못하게 하기 위한 행위를 말한다. 다만, 다음 각 호의 1에 해당하는 행위는 선거운동으로 보지 아니한다.

운동을 위한 준비행위, 정당의 후보자 추천에 관한 단순지지 · 반대의 통상적인 정당활동은 선거운동에 해당하지 않는다. 예비후보자로 등록한 사람은 선거사무소의 설치, 명함교부, 전자우편을 이용한 정보전송, 예비후보자 인쇄물 · 우편 발송 등을 할 수 있다(공직선거법 제60조의3).

선거비용의 과다지출

후보자가 지출할 수 있는 비용에는 상한이 정해져 있다. 선거운동은 법정상한액의 범위 내에서 행해져야 하며 이를 초과하면 당선이 무효로 되는 등의 처벌이 가해진다. 선거운동을 위하여 소요되는 금전 · 물품 및 채권 기타 모든 재산상의 가치가 있는 것이 선거비용에 포함된다. 선거법에 위반되는 선거운동을 위하여 지출한 비용과 기부행위제한규정을 위반하여 지출한 비용 및 제3자가 정당 · 정당선거사무소의 소장 · 후보자 · 선거사무장 또는 회계책임자와 통모하여 당해 후보자의 선거운동을 위하여 지출한 비용 및 기부행위제한규정을 위반하여 지출한 비용은 모두 선거비용으로 본다(공직선거법 제119조 제1항).

7
선거비용

선거비용의 관리

선거는 돈을 많이 쓴다고 해서 당선되는 것은 아니라 필요한 곳에 적절한 비용을 지출해야 당선된다. 선거법에 선거비용의 상한액이 정해져 있으므로 그 이상의 비용을 써서는 안 된다. 그리고 선거비용공개의 원칙에 따라 지출한 비용은 세목별로 매일매일 인터넷 등에 공개되어야 한다. 선거에 이기는 것도 중요하지만 당선 후에 불법한 선거비용 문제로 탈락되지 않도록 하는 것도 중요하다.[61] 후보자로서는 선거비용을 준비하는 일이 무엇보다 힘들지만, 선거법에 맞게 비용을 지출하고 그것을 선거관리위원회에 보고하도록 지휘감독하는 일에도 신경을 써야 한다.

61) 김광수, 같은 책, pp.286-287 참조. 이 책의 저자는 선거에서는 회계와 경비처리 업무를 맡을 회계책임자가 중요하다고 한다. 선관위의 감시 · 감독이 철저한 만큼 선거법과 관련 규정에 밝으며 선관위 행정사항과 복잡한 회계업무를 처리할 능력이 있는 회계 담당자가 있다면 선거운동은 한결 수월할 것이고 문제발생 소지도 상당부분 줄어들 수 있으며, 이 부분을 소홀히 한다면 당선되고서도 선거법에 걸려 낙마하는 불운을 맛보게 될 수도 있다고 경고한다.

선거비용에 대한 규제

한국의 민주화가 성숙단계에 접어들면서 우리 국민들 사이에는 이미 투명한 선거문화 정착에 대한 사회적 공감대가 형성되었으며, 선거법에서도 이를 반영하여 선거비용에 대해 많은 제한을 가하고 있다. 따라서 후보자가 선거비용을 부담할 능력이 있다고 하더라도 선거는 국고보조금과 지지자의 후원금으로 치루는 것이 선거의 공공성에 비추어 바람직하다.

공직선거법은 돈이 없어도 유능한 인재가 공직선거에 입후보하여 당선될 수 있도록 일정비율 이상을 득표한 후보자에게는 선거 이후 선거비용을 보전해 주는 선거비용 공영제를 실시하고 있다. 선거비용을 위한 금품모집은 우편, 통신(전화, 인터넷)에 의한 모금, 광고에 의한 모금과 정치자금영수증과의 교환에 의한 모금 및 신용카드, 예금계좌 등에 의한 방법과 정당법, 정치자금법 및 선거법에 위반되지 아니하는 방법으로 금품을 모집할 수 있다.

선거비용의 주요 내역

기본경비	선관위 기탁금 선거사무소 임대료 및 유지비 차량 임차료 및 유지비 현수막, 포스터, 기타 각종 인쇄물 조직 및 활동비 전화 및 우편요금
활동경비	전화홍보비 선거사무연락소 및 특수활동비 조직원 활동비 유세장 경비 투개표 활동비 투표용지 교부, 입회, 기타 부정선거 단속 및 감시활동비

선거에서 가장 필수적인 것은 선거비용이라고 할 수 있다. 후보자가 활용하는 모든 선거비용은 국가에서 관리한다는 선거관리 공영제 하에서 선거비용이란 선거운동을 위해 필요한 금전 · 물품 및 채무 기타 모든 재산상 가치 있는 것으로, 후보자[62]가 부담하는 비용을 말한다.

이 법에 위반되는 선거운동을 위하여 지출한 비용과 기부행위 제한규정을 위반하여 지출한 비용 및 제3자가 정당 · 정당선거사무소의 소장 · 후보자 · 선거사무장 · 선거연락소장 또는 회계책임자와 공모하여 후보자의 선거운동을 위하여 지출한 비용 및 기부행위 제한규정을 위반하여 지출한 비용까지도 모두 선거비용으로 본다.[63]

공직선거법에서는 선거비용 제한액[64]을 산정하고 있다. 선거비용 제한액은 지역구 국회의원 선거의 경우 "1억원+(인구수×200

62) 후보자가 되고자 하는 자를 포함하며, 대통령 선거에 있어서 정당추천 후보자와 비례대표 국회의원 선거 및 비례대표 지방의회의원 선거에 있어서는 그 추천정당을 포함한다.

63) 공직선거법 8장 제119조 (선거비용 등의 정의)

64) 공직선거법 8장 제121조 (선거비용 제한액의 산정)

1. 대통령 선거: 인구수×950원
2. 지역구 국회의원 선거: 1억원+(인구수×200원)+(읍 · 면 · 동 수×200만원)
3. 비례대표 국회의원 선거: 3억원+(인구수×20원)
4. 지역구 시 · 도의원 선거: 4천만원+(인구수×100원)
5. 비례대표 시 · 도의원 선거: 4천만원+(인구수×50원)
6. 시 도지사선거:
   가. 특별시장 · 광역시장 선거-4억원(인구수 200만 미만인 때에는 2억원)+(인구수×300원)
   나. 도지사 선거-8억원(인구수 100만 미만인 때에는 3억원)+(인구수×250원)
7. 지역구 자치구 · 시 · 군의원선거: 3천500만원+(인구수×100원)
8. 비례대표 자치구 · 시 · 군의원선거: 3천5백만원+(인구수×50원)
9. 자치구 시 · 군의 장 선거: 9천만원+(인구수×200원)+(읍 · 면 · 동 수×100

원)+(읍 · 면 · 동수×200만원)" 과 같이 산정방식을 선거법에 명시하면서 전국소비자물가변동률을 감안하여 증감할수 있도록 하였고 선거관리위원회가 산출 후 예비후보자 등록일 전 10일까지 공고하게 된다(선거법 제121조, 122조, 규칙 제51조).

공직선거법에 의해 선거비용으로 인정되지 아니하는 비용은 다음과 같다(제120조, 2004년 개정).

- 선거권자의 추천을 받는 데 소요된 비용 등 선거운동을 위한 준비행위에 소요되는 비용
- 정당의 후보자선출대회 비용 기타 선거와 관련한 정당활동에 소요되는 정당비용
- 선거에 관하여 국가 · 지방자치단체 또는 선거관리위원회에 납부하거나 지급하는 기탁금과 모든 납부금 및 수수료
- 선거사무소와 선거연락소의 전화료 · 전기료 및 수도료 기타의 유지비로서 선거기간 전부터 정당 또는 후보자가 지출하여 온 경비
- 선거사무소와 선거연락소의 설치 및 유지비용
- 정당, 후보자, 선거사무장, 선거연락소장, 선거사무원, 회계책임자, 연설원 및 대담 · 토론자가 승용하는 자동차[제91조(확성장치와 자동차 등의 사용제한) 제4항의 규정에 의한 자동차와 선박을 포함한다]의 운영비용
- 제3자가 정당 · 후보자 · 선거사무장 · 선거연락소장 또는 회계책임자와 통모함이 없이 특정 후보자의 선거운동을 위하여 지출한 전신료 등의 비용
- 기부행위로 보지 아니하는 행위에 소요되는 비용(제112조 제2항 참조).
- 선거일 후에 지출원인이 발생한 잔무정리비용

선거비용 제한액을 산정하는 때에는 당해 선거의 직전 임기만료에 의한 선거의 선거일이 속하는 달의 말일부터 공고일이 속하

는 달의 전전달 말일까지의 전국소비자물가 변동률을 감안하여 정한 비율(이하 제한액 산정비율)을 적용하여 증감할 수 있다. 이 경우 그 제한액산정비율은 관할 선거구 선거관리위원회가 해당 선거 때마다 정한다. 선거비용 제한액 산정을 위한 인구수의 기준일, 제한액산정비율의 결정 기타 필요한 사항은 중앙선거관리위원회 규칙으로 정하고 있다.

비용의 상한

선거구 선거관리위원회는 선거별로 산정한 선거비용 제한액을 중앙선거관리위원회 규칙이 정하는 바에 따라 공고하여야 한다. 경기도 선거관리위원회의 경우 제4회 전국 동시지방선거 기초단체장 및 지방의회의원 선거의 선거비용 제한액을 다음과 같이 확정했다. 이 공고에 따르면 용인시 단체장 선거의 선거비용 제한액은 지난 3회 지방선거보다 1억 1,300만원이 증가한 2억 5,800만원으로 78% 증가, 도내 최대의 증가율을 보였다. 여기서 단체장 선거 제한액은 기본액 9,000만원에 인구수와 가산액 200원의 곱한 값을 더한 후 읍·면·동 수와 가산액 100만원을 곱한 값을 더한 수치이다.[65)]

65) 경기도 용인시 광역의원의 선거 제한액은 제1선거구(처인구 전지역)와 4선거구(죽전 1·2동을 제외한 수지구) 6,000만원, 2선거구(구 기흥읍) 5,300만원, 3선거구(구 기흥읍과 죽전 1·2동) 5,700만원으로 이 중 1·4선거구의 제한액은 도내 최고액이다. 기초의원의 경우 가 선거구(역삼, 유림, 포곡, 모현) 4,600만원, 나 선거구(중앙, 동부, 이동, 남사, 양지, 백암, 원삼) 4,400만원, 다 선거구(기흥, 상갈, 구갈, 서농, 신갈) 4,800만원, 라 선거구(동백, 마북, 어정, 보정) 4,500만원, 마 선거구(죽전 1·2) 4,300만원, 바 선거구(동천, 풍덕천 1·2, 신봉) 4,700만원, 사 선거구(상현 1·2, 성복) 4,400만원이다. 용인시민신문, 2006년 1월 31일자 기사 참조.

중앙선거관리위원회는 2006년 5 · 31 지방선거와 관련한 16개 시 · 도지사 선거의 평균 선거비용 제한액은 13억 9천만원이라고 밝혔다. 16개 시 · 도지사 선거 중 경기도지사 선거가 34억 6천 8백만원으로 가장 많고 다음으로 서울특별시장 선거 34억 5천 2백만원이며, 가장 적은 곳은 제주도지사 선거 4억 4천만원으로 나타났다.

시 · 도지사 선거의 선거비용 제한액을 제3회 동시지방선거와 비교해 보면 평균 10억 6천 3백만원에서 13억 9천여만원으로 3억원 정도가 늘어났고, 전체 선거비용 제한액은 170억원에서 52억원이 늘어난 222억 4천 2백만원이다. 또한 중앙선거관리위원회는 2007년 4월 12일, 올 12월의 17대 대통령 선거에서 후보자가 법정선거운동에 쓸 수 있는 1인당 선거비용 제한액이 465억 9,300만원이라고 공고했다. 그리고 이번 선거에서 처음 도입된 대통령 선거 경선후보자후원회는 선거비용 제한액의 5%인 23억 2,965만원까지 후원금을 모금할 수 있다고 밝혔다. 2007년 대선의 선거비용 제한액은 2월 28일 현재 전국 인구 수 4,904만 4,333명에 950원을 곱한 금액으로, 이는 16대 대선 때의 341억 8,000만원보다 124억 1,300만원(36.3%)이 증가한 것이다.

선거비용 제한액이 늘어난 이유는 예비후보자의 선거운동 허용과 현수막 선거운동이 신설되고 선거홍보물의 면수가 8면에서 12면으로 늘어났으며 기타 물가상승 등의 요인으로 제한액이 늘어났기 때문이었다. 선거비용 제한액은 후보자가 선거운동을 하는 데 소요되는 돈이나 물품 등의 사용한도액을 선관위가 법규에 의해 산정하여 공고하고, 후보자는 공고된 선거비용 제한액 범위 내에서 지출하여야 하며, 그 결과를 관할 선관위에 보고해야 한다. 또한 선거비용 지출과 관련하여 공고된 선거비용 제한액의 200분의 1 이상을 지출한 혐의로 선거사무장이나 선거사무소의 회계책임자가 징역형이나 300만원 이상의 벌금형을 선고받으면 후보자의 당선은 무효가 된다. 시 · 도지사 선거 외에 구 · 시 · 군의 장 선거 및 지방의원 선거의 선거비용 제한액은 예비후보자 등록 개시일 전 10일(3월 9일)까지 공고하도록 되어 있다.

제4회 동시지방선거 특별시와 광역시의 시장 선거의 선거비용 제한액은 다음 표와 같다.

제4회 동시지방선거 특별시 · 광역시장 선거의 선거비용 제한액

구 분	선거비용 제한액	2002년 지방선거 선거비용 제한액
합 계	22,242,000,000원	17,022,000,000원
평 균	1,390,125,000원	1,063,250,000원
서울특별시	3,452,000,000원	2,938,000,000원
부산광역시	1,493,000,000원	1,077,000,000원
대구광역시	1,155,000,000원	768,000,000원
인천광역시	1,180,000,000원	815,000,000원
광주광역시	621,000,000원	508,000,000원
대전광역시	636,000,000원	484,000,000원
울산광역시	527,000,000원	410,000,000원

비용의 보전

후보자들 중 일정 득표율을 얻은 후보자는 선거기간 사용한 비용 일부를 돌려받을 수 있다. 선거구 선거관리위원회는 후보자가 선거운동을 위하여 지출한 선거비용 규정에 따라 제출한 회계보고서에 보고된 선거비용으로서 정당하게 지출한 것으로 인정되는 선거비용을 보전해 준다. 대통령 선거 및 국회의원 선거에 있어서는 국가의 부담으로, 지방자치단체의 의회 의원 및 장의 선거에 있어서는 지방자치단체의 부담으로 선거일 후 보전하도록 되어 있다. 2004년의 공직선거법 개정으로 2002년 선거보다 보전액과 보전 범위가 확대되었다. 시 · 도지사 후보의 경우 2002년 지방자치단체장 선거에서 최고 3억 7,000여만원을 보전 받을 수 있었으나 2006년 지방선거의 경우 법정선거비용인 11억 7,900만원의 70%(8억~9억원) 정도 보전받을 수 있다. 다만, 득표율이 15% 이상 넘은 후보에만 해당된다.

선거비용이 보전되는 것은 대통령 선거, 지역구 국회의원 선거, 지역구 시 · 도의원 선거, 자치구 · 시 · 군의 장 선거, 지방자치단체장 선거만 해당된다. 비용보전 금액은 후보자의 득표수에 따라 다르게 결정된다. 후보자가 당선되거나 사망한 경우 또는 후보자의 득표수가 유효투표총수의 100분의 15 이상인 경우에는 후보자가 지출한 선거비용의 전액이 보전된다. 후보자의 득표수가 유효투표총수의 100분의 10 이상 100분의 15 미만인 경우에는 후보자가 지출한 선거비용의 100분의 50에 해당하는 금액만이 보전된다. 비례대표 국회의원 선거 및 비례대표 지방의회의원 선거의 경우, 후보자명부에 올라 있는 후보자 중에서 당선인이 있는 경우에 정당이 지출한 선거비용의 전액을 보전해 준다.

보전비용에는 후보자들의 선전벽보와 선거공보물 · 현수막 · 어깨띠 제작비용 등의 기획비와 인쇄비 등이 포함된다. 또 시각장애인을 위해 만든 점자형 인쇄물 비용도 돌려받을 수 있다. 또 TV · 라디오 등을 이용한 방송 연설비용과 신문 광고비용 · 인터넷 광고비용 등도 보전 받을 수 있다. 특히 공개된 장소에서의 연설, 대담용 자동차, 확성장치의 임차비용 및 자동차 유류비, 운전기사비용도

되돌려 받을 수 있는 비용에 포함된다. 뿐만 아니라 선거사무장, 연락소장, 회계책임자, 선거사무원 등에게 지급한 수당과 실비 등도 보전 받을 수 있다.

8

선거홍보

선거운동과 홍보

후보자는 벽보, 현수막, 거리 연설, 텔레비전 토론 등 선거법상 허용된 홍보수단을 통해 자신의 이력과 정책을 유권자에게 알린다. 근래에는 기획사와 정치컨설팅 업체가 홍보업무를 대행해 준다. 하지만 시간을 다투는 선거운동 기간 중에는 후보자의 선거캠프 내부에 홍보전문가가 있어야 그 지역 유권자들에게 호소력이 있는 홍보전략을 신속하게 세움으로써 돌발상황에 효과적으로 대응할 수 있다.

후보자는 각종 홍보물의 내용을 채우고 제작을 의뢰하고 연설문을 작성하고 토론을 준비하는 일을 홍보전문가의 도움을 받아서 하게 되는데, 이때 홍보의 중요한 방향만큼은 후보자가 스스로 제시하는 것이 좋다. 그리고 되도록 선거캠프 내에 홍보팀을 두어 법정 홍보물인 포스터와 자료집, 소책자 작업 등 여러 매체를 통해 전달할 선거 메시지 제작 업무를 당당하도록 하는 것이 메시지 전달에 유리하다. 토론회 준비, 광고 및 보도자료 작성, 후보자의 연설문 작성 등의 홍보활동은 시간을 다투어 민첩하게 상황을 파악하여 대응해야 하는 업무이기 때문이다. 신문이나 방송의 기자들에게 후보의 정책, 신변

이야기, 선거운동의 특색 등 정보를 전달하여 후보자에 대해 호의적인 보도가 나가도록 신경쓰는 일도 필요하다. 요즘은 미디어 선거라고 이야기할 만큼 선거에서 각종 매체와 인터넷의 중요성이 커졌다. 유권자에게 가까이 접근하기 위해서는 언론매체와 인터넷 게시판에서의 구전 홍보를 적극적으로 활용하는 것이 필요하다.

정보화시대에 어울리는 선거운동을 위하여 선거법은 인터넷을 통한 선거운동을 광범위하게 인정한다. 후보자와 후보자가 되고자 하는 자는 언제나 자신이 개설한 인터넷 웹사이트를 이용하여 선거운동을 할 수 있다. 또한 예비후보자로 등록된 자는 전자우편을 이용하여 문자, 음성, 화상 또는 동영상 등 기타의 정보를 전송할 수 있다(공직선거법 제82조의 4, 5, 6).

선거운동 목적의 정보를 전자우편으로 전송하거나 전화를 이용하여 전송(송 · 수화자 간 직접 통화하는 경우를 제외)하는 자는 선거운동 정보에 해당하는 사실과 수신거부의 의사표시를 쉽게 할 수 있는 조치 및 방법에 관한 사항을 선거운동 정보에 명시하여야 한다. 전화를 이용하여 음성으로 선거운동 정보를 전송하는 자는 접속 즉시 수신자에게 수신 여부에 관한 의사를 물어 동의하는 경우에 한하여 전송할 수 있다.

선거운동 정보의 전송이 제한되는 경우도 있다. 누구든지 정보수신자의 명시적인 수신 거부의사에 반하여 선거운동 목적의 정보를 전송하여서는 아니된다(공직선거법 제82조의 5). 선거운동 정보를 전송하는 자는 수신자의 수신거부를 회피하거나 방해할 목적으로 기술적 조치를 하여서는 아니 된다. 선거운동 정보를 전송하는 자는 수신자가 수신거부를 할 때 발생하는 전화요금 기타 금전적 비용을 수신자가 부담하지 아니하도록 필요한 조치를 하여야 한다. 누구든지 숫자 · 부호 또는 문자를 조합하여 전화번호 · 전자우편 주소 등 수신자의 연락처를 자동으로 생성하는 프로그램 그 밖의 기술적 장치를 이용하여 선거운동 정보를 전송하여서는 아니 된다.

이동통신의 활성화로 기존의 통화수단 외에 문자메시지, 음성메시지, 동영상 등 새로운 IT기술이 발달되고 있어 이동통신전화를 이용한 선거운동이 중요한 수단이 되었다. 선거법에서 전화를 이용한 선거운동은 오전 6시부터 밤 11시까지로 제한을 두고 있으며, 주의해야 할 점은 컴퓨터를 이용한 자동송신장치를 설치한 전화는 사용할 수 없으며 서신 · 전보 · 모사전송(팩스) 기타 전기통신의 방법을 이용한 선거운동은 할 수 없다는 것이다(공직선거법 제109조).

전화홍보 시 주의사항

- 누구든지 정보수신자의 명시적인 수신 거부의사에 반하여 선거운동 목적의 정보를 전송하여서는 안 된다.
- 선거운동 정보를 전화를 이용하여 전송하는 자는 다음 사항을 선거운동 정보에 명시하여야 한다.
  · 선거운동 정보에 해당하는 사실 및 선거운동 정보의 주요 내용
  · 전송자의 명칭 및 연락처
  · 수신거부의 의사표시를 쉽게 할 수 있는 조치 및 방법에 관한 사항
- 전화를 이용하여 음성으로 선거운동 정보를 전송하는 자는 접속 즉시 수신자에게 수신 여부에 관한 의사를 물어 동의하는 경우에 한하여 전송할 수 있다.
- 선거운동 정보를 전송하는 자는 수신자가 수신거부를 할 때 발생하는 전화요금 기타 금전적 비용을 수신자가 부담하지 아니하도록 필요한 조치를 하여야 한다.
- 누구든지 숫자 · 부호 또는 문자를 조합하여 전화번호 등 수신자의 연락처를 자동으로 생성하는 프로그램 그 밖의 기술적 장치를

이용하여 선거운동 정보를 전송하여서는 안 된다.

미디어 선거 시대

미디어 선거란 텔레비전이나 인터넷 따위의 대중매체를 이용하는 선거를 뜻한다. 다양한 미디어가 확산되고 미디어를 정치적으로 이용하는 것이 증가하면서 전통적인 정당 중심의 정치과정이 후보자 개인 '이미지' 중심으로 바뀌고 있다는 것이다. 미디어에 의한 선거는 유권자가 정당의 정책과 대안보다는 후보자의 외모와 인간성에 더 주목하게 만드는데 이는 정치적 문제를 발생시킬 수 있다. 첫째, 정치인이나 대중매체가 이미지를 자기 필요에 의해 쉽게 조작할 수 있다는 위험이 있다. 둘째, 겉으로 그럴싸해 보이는 후보 이미지가 곧 후보의 진정한 정치적 이념과 입장을 항상 대변하는 것이 아닐 수 있다. 마지막으로 유권자에게 필요한 정보는 무엇보다 사실에 근거한 정보이지 사실을 윤색한 '이미지'는 곤란하다.

최근 10년 동안 한국 정치에도 본격적으로 미디어 정치질서가 자리를 잡아가고 있다. 아직도 일부 부작용과 마찰이 있긴 하나 '고비용 저효율'의 집회 정치가 TV토론과 인터넷을 중심으로 하는 미디어 정치구조로 그 틀을 바꿔가고 있다. 한국에서 선거관련 첫 TV토론은 1995년 지방자치선거 서울시장 후보 초청 토론회였다. 그 이후 1997년 제15대 대통령 선거를 앞두고 TV토론은 더욱 활성화됐으며 이는 후보자의 당락을 좌우했다는 평가까지 나왔다. 뒤이어 TV뿐만 아니라 라디오, 신문 등 고전 매체가 여론을 형성하는 주도적 역할을 그대로 유지하면서, 고유의 기능을 적극 활용해 왔다. 인터넷 발달로 매 선거마다 새로운 방식의 매체가 선보이며 선거에 신선한 바람을 일으키고 있다.

2002년 대통령 선거에서는 사회 · 문화적 변동을 체감할 수 있는 새로운 양상들이 많이 나타났다. 세대 간의 대결구도와 정당정치에서 시민정치로의 정치문화 변동 등 선거문화의 많은 변화를 확인할 수 있었다. 무엇보다 각 정당의 유세와 관련된 홍보 전략이 변화하였다. 즉, 본격적인 미디어 선거시대가 열리게 된 것이 바로 2002년 대선부터라고 볼 수 있다. 후보들은 안방에 있는 유권자를 향해서 이야기하고, 유권자 역시 수동적 군중에서 능동적 군중의 형태로 변해가고 있었다.

2002년 대선의 가장 큰 특징은 TV를 통한 미디어 선거운동이 대규모 군중집회를 완전히 대체한 것이다. 과거 50만~100만 명의 거대청중을 동원했던 집회의 모습은 사라지고, 2002년 대선 거리유세의 경우 평균 500여 명의 사람들만이 자리를 지켰다. 본격적인 미디어 선거가 도래하기 이전부터 이미 선거에서 큰 역할을 담당하고 있었던 방송, 신문 등 주요 미디어는 일부 영역을 인터넷 같은 새로운 미디어에 넘겨주기는 했으나 그 영향력은 아직도 대단하다고 할 수 있다.

TV토론

1997년 선거법에서 대통령 선거 후보자의 TV토론이 의무화되었다. 2000년에는 선거법 개정을 통해 대통령 선거는 물론 시 · 도지사 선거에서도 TV토론을 하도록 법적으로 명문화했다. 이는 TV토론이 선거에 미치는 영향이 막대하다는 것을 대내외적으로 확정하는 일이기도 하다.

한국 선거에 TV토론이 도입된 배경은 1997년 15대 대선 당시 돈 안 드는 선거를 위해 기존의 선거법을 개정해야 한다는 요구가 나온 것에서 시작되었다. 이에 대규모 옥외 집회를 금지하고, TV 등 대중매체를 통해 후보자들의 자질과 능력, 정책을 평가할 수 있는 기회를 제공하도록 했다. 후보자 간의 공식 TV 토론 54회, 일부 신문사와 신문단체가 주관한 토론회까지 모두 100여 차례에 걸쳐 후보자 간 토론이 실시되었고, 후보자 및 지지자의 TV, 라디오 연설과 함께 TV, 신문, 라디오 광고가 등장하였다. TV 3사의 합동토론회가 시청률 평균 53%를 기록하고,[66] 유권자들 중 80%가 TV 토론이 지지자 결정에 도움을 주었다고 평가하는 등 1997년의 대통령 선거는 미디어 선거의 원년을 기록했다는 평가를 받기에 충분하였다.

신 문

선거에서 신문은 TV와는 다른 역할을 수행한다. 신문은 새로운 뉴미디어에 익숙하지 않은 계층에게 여전히 유효하며 강력한 매체로 남아 있다. 그러므로 미디어 자체의 보수성을 간과할 수 없다는 것이 사실이다.

---

66) 중앙선거관리위원회가 1997년 12월 6일부터 이틀간 21세기정책개발연구회와 공동으로 전국의 유권자 1,200명을 대상으로 실시한 15대 대선 조사 결과에 따라 15대 대선에서 나타난 유권자와 TV매체의 관계를 살펴볼 때, 15대 대선에서 후보를 결정하는데 가장 큰 영향을 준 것으로는 TV, 신문 등의 언론매체가 85.8%로 가장 높게 나타났다. 반면 주변 사람의 영향은 6.8%, 가타 선거 홍보물은 3.2%, 거리유세는 2.8%, PC통신은 1.3%로 나타났다. 이는 변화된 미디어 선거의 양상을 단적으로 보여주는 사례로 볼 수 있을 것이다. 후보자를 알게 하는데 도움이 된 방법에 대한 질문에서는 유권자의 약 반 정도인 49.8%가 TV, 라디오를 통해 정보를 얻은 것으로 조사되었다. 그 다음으로는 신문이 27.3%를 차지하여, 이 부분 역시 미디어가 중요한 역할을 하고 있다는 것을 보여주었다. 이 결과는 여러 차례 거행된 TV 토론 등이 후보자들에 대한 유권자들의 판단에 큰 영향을 미쳤음을 보여주는 것이며 반면에 선전벽보나 현수막은 후보자들에 대한 정보 획득에 별다른 영향을 미치지 못한 것으로 나타났다.

2004 총선미디어연대는 총선보도 보고서에서 신문에 대해 '기획기사의 경우 르포 형태의 지역여론을 조명하는 기사가 주를 이루었다' 고 비판했다. 신문이 민심탐방, 지역르포의 경우 지역주민들의 감정적 · 원색적 발언을 인용하고 여과 없이 인용해 이를 전체 민심과 등치시켰다고 비난한 것이다.[67] 총선 당시 일부 신문은 선거를 보도하면서 정확한 선거정보를 제공하고 인물과 정당의 정강정책에 대한 검증하기보다는 선거의 혼탁한 모습을 필요 이상으로 부각하는 등 부정적인 측면을 강조한 성향이 짙었다. 특히 17대 총선의 경우 신문은 방송과는 다른 관점을 많이 제시했다는 평가를 받으면서, 한국사회의 갈등을 조장했다는 혐의를 피할 수 없었다.

인터넷과 선거

2000년 이후 많은 선거를 거치면서 인터넷 미디어의 힘은 더욱 강해졌다. 정치의 공간이 현실에서 사이버로 옮겨지고, 사무실 · 학교 · 현실 생활공간에서 살아가는 유권자들은 사이버 상에서 많은 양의 정보를 접하면서 시간을 보내고 있다. 2002년 12월 19일 대통령 선거일 전날 밤 정몽준 의원의 노무현 후보 지지 철회가 발표되자 노무현 후보의 지지자들은 위기감을 느끼고 "최소한 한 명씩 설득해 함께 투표장으로 가자"는 이메일을 발송했는데 이는 인터넷을 통한 자발적 정치 동원의 대표적인 사례이다.

인터넷은 이제 연령과 지역의 한계 없이 광범위하게 이용되고 있다. 2002년 대선의 경우 인터넷은 널리 보급됐지만 디지털 문화를 흡수하는 데 상대적으로 보수적인 중 · 장년층은 상당수가 인터넷

67) 아이뉴스24, 2004년 4월 17일자.

인터넷 이용률(2005년 6월)

항 목		인터넷 이용률(%)
성 별	남자	77.4
	여자	66.3
연령별	20대	97.2
	30대	89.8
	40대	67.2
	50대	34.7
	60세 이상	11.0
학력별	초졸 이하	12.8
	중졸	27.9
	고졸	70.6
	대졸 이상	93.7
가 구 소득별	100만원 미만	26.6
	100~200만원 미만	65.0
	200~300만원 미만	84.0
	300~400만원 미만	87.4
	400만원 이상	86.7
거주지 규모별	대도시	73.8
	중소도시	74.2
	군단위	49.6

출처: 한국인터넷진흥원, 《2005년도 상반기 정보화실태조사》, 2005, pp.16-22.

진입장벽을 넘지 못한 상태였다. 2005년 6월 현재에도 20대 이하 세대의 인터넷 이용률은 97%를 넘었고 30대는 89.8%에 이르렀다. 반면 40대는 67.2%, 50세 이상은 34.7%만 인터넷을 사용하고 있다.

인터넷은 통제 불가능한 여론구조를 특징으로 갖는데다가 최근 동영상 UCC가 등장하면서 의외의 돌발 변수가 선거 판세를 뒤집을 가능성이 커졌다.[68] 사실 대부분의 뉴스 정보와 입소문은 기성 미디어가 제공한 정보를 바탕에 두고 있기에, 기성 미디어가 정확한 사실을 균형 있게 보도하는 것이 공정한 소스 관리를 위한 기본적 전제조건이다. 즉, 기존 미디어에 더욱 큰 책임과 의무를 요구하게 되는 것도 사실이다. 2002년 대선 전후 인터넷 상에서 볼 수 있었던 YTN의 '돌발영상' 은 가장 좋은 예가 될 수 있을 것이다. 케이블 언론미디어의 소스가 인터넷 상에 제공되면서 새로운 인터넷 콘텐츠가 된 것이다. 정치에 대한 관심이 증가하는 선거 기간에, 대통령 후보뿐만 아니라 정치인들의 동향을 위트 있게 다룬 '돌발영상' 은 인터넷 사용자들에게 기본적인 정치정보 제공 이상의 역할을 하여, 인터넷 상의 여론을 형성하는 주요 소스로 작동하였다. 이와 더불어 블로그 형태의 뉴스가 시작되어 인터넷 언론 중 하나인 '미디어 몹' 등이 인기를 끌고 있다.

2007년 대선에서는 블로그 · 미니홈피 등 기존 인터넷 매체와 더불어 이른바 사용자제작콘텐츠(User Created Content)의 영향력이 더욱 증대할 것이라는 예측이 나오고 있다. 과거의 UCC가 텍스트 또는 패러디 사진 등 정적인 콘텐츠 중심이었던 반면에 2007년의 UCC는 동영상 쪽에서 잠재력을 키워가고 있다. 최근 사용자들의 미디어 기기 활용도가 높아짐에 따라 직접 콘텐츠 제작이 가능해진 추세 덕분이다. 그것이 비록 거칠고 낮은 수준의 것이라 하더라도, 그것

68) 2004년 총선 당시 열린우리당 어떤 의원의 '노인' 폄훼 발언' 동영상 사건이 있었다. 한 대학생 인턴기자에 의해 촬영된 동영상이 인터넷에 올라오자 비난이 쏟아졌고, '탄핵풍' 을 타고 순항하던 열린우리당의 선거운동에도 막대한 타격을 입혔다. 결국 그는 비례대표 후보 자리와 의장직을 내놓아야 했다. 한나라당 어떤 의원은 술집 여종업원을 성희롱하는 동영상 UCC가 인터넷에 유포돼 한바탕 홍역을 치르기도 했다. 경향신문, 2007년 4월 9일자.

을 웹상에서 보고 즐기는 사용자 수가 상당한 수준에 이르고 있다. 이에 따라 선거 기간에 UCC가 미칠 수 있는 영향력을 고려하여 각 대선 캠프는 그에 대한 대비를 하고 있는 상황이다. 중앙선거관리위원회는 대선 120일 이전까지는 TV · 신문 · 인터넷언론의 후보자 대담이나 토론회를 규제할 방침이어서 UCC 역할 비중은 더욱 커질 것으로 보인다. 동영상은 매체 전달력이 글이나 정적인 이미지에 비해 월등히 높아 후보자들의 생각을 더욱 직접적으로 유권자들에게 전달할 수 있기 때문이다. 실제로 각 후보 진영은 UCC 전문 사이트에 채널을 개설, 홍보용 동영상 UCC를 올리고 팬클럽 회원들에게도 동영상 UCC 제작을 독려하고 있다. 최근 동영상 UCC가 새로 가미되면서 2007년 대선은 감성에 대한 자극이 더욱 강해질 것이라고 예측된다.

이미지 정치와 미디어

17대 총선의 결과를 분석해보면 정책보다 '이미지'가 부각된 선거였다고 평가할 수 있다. 각 당 지도부의 '눈물과 사죄'가 이미지 정치에서 큰 몫을 차지하고, 화려한 언변과 제스처로 청중을 사로잡는 정치인이 주목받게 되었다. 무엇보다도 선거에서 미디어의 영향력은 각 정당 중심의 감성적 이미지를 강조하는 데서 두드러졌다. 선거 기간 중에는 주로 얼짱, 눈물, 3보1배, 천막당사 등 유권자의 감성에 호소하는 후보자 이미지들이 선거보도 내용의 주종을 이뤘다. 탄핵역풍, 박풍, 노풍 등의 바람이 불었던 선거정치판 이면에는 언론이 나서서 이미지 정치를 부추기고 조장한 책임도 있다. 각종 신문 및 방송에서 보도한 장면 자체가 '눈물'과 '동정호소'였기 때문에, 언론 역시 '이미지 정치' 조장이라는 책임에서 자유로울 수 없는 것이다.

특히 방송 자체가 '이미지 미디어' 이며, 각 당의 정책보다는 이슈가 되는 인물 중심으로 선거를 보도해 이미지 정치에 일조했다는 평가가 선거 이후 방송 미디어에 대한 일반적인 시각이다.

실제로 대중의 관심을 먹고 사는 정치인에게 이미지는 상당히 중요하다. 정치인의 말 한 마디가 그 생명을 좌지우지 하는 상황에서 말, 행동 하나 하나가 조심스러운 것이 정치인들의 생활이다. 따라서 대국민 이미지를 호감형으로 전환하기 위해서 많은 방법이 동원된다.

연설의 방법

정치인은 대부분 대중연설을 통해 자신의 정치관을 피력한다. 정치인의 뛰어난 언변은 수많은 훈련을 통해서 다져진 것이다. 훌륭한 연설을 위해서는 정치인 자신의 노력뿐만 아니라 주위의 조력이 필요하다. 정치인 자신은 우선 국내 국외의 많은 정치 지도자들의 뛰어난 연설문을 살펴보며 연설을 위한 준비를 해야 한다. 뛰어난 연설은 보좌진이 집필한 원고에서 나오는 것이 아니라 정치인 마음에서 나오는 것이고, 그래야 진정한 자신의 연설로 소화할 수 있다. 또한 언술의 방식을 향상시키기 위해서는 대중을 사로잡을 수 있는 연설법을 익혀야 한다. 이를 위해서 연설할 때 감정 표출의 정도를 조절하는 것 역시 필요하며, 보좌진은 그에 대한 냉정한 평가를 통해 정치인의 연설을 개선해 나가야 한다.

이미지 메이킹

옷을 입는 방법, 화장하는 방법, 넥타이의 색까지도 모두 전문적인 이미지 메이킹의 세심한 부분에 속한다. 대통령 선거 후보자들이 TV 토론에 나올 때 착용하는 의상의 색은 목표로 하는 대중의 집단적 선호도에 따라 세심하게 선택된 것들이다. 따라서 현재 대중이 어떠한 후보를 선호하는지, 당시 유행은 어떠한지, 유권자들이 거부감을 느끼는 성향은 어떤 것인지 정확하게 파악하여 가장 무난하면서도 눈에 띄는 이미지를 만드는 것이 중요하다. 국민들은 자신보다 정확히 1.5배 앞서가는 인물을 지지한다는 속설이 있다. 너무 멀리 가지 않으면서 너무 뒤처지지 않는 발걸음을 유지해야 할 것이다.

정치인의 행동

정치인은 꾸준하게 활동하는 모습을 보여주는 것이 가장 유권자들의 호감을 얻는 방법이다. 또한 소신 있게 활동하는 모습을 보여주면서 정치적 사회적 이슈를 잡아내어 자신을 드러내는 것이 인지도를 높이는 방법이기도 하다. 이를 위해서는 정치적 소신을 가지고 행동하여 국민들에게 깊은 인상을 남기는 것이 중요하다. '한 우물을 판다' 라는 소신을 보여주는 것이 보다 많은 유권자를 확보하는 좋은 방법이 된다.

종합적 이미지 관리

2007년 말로 예정된 대선을 앞두고 유력 주자들은 '핵심 이미지' , 즉 PI(president Identity)를 개발하려고 한창이다. 이것은 쉽게 말해 선거 전략의 키워드, '아무개' 하면 딱 떠오르는 한 마디를 찾는 작업이다. 자신의 정체성을 아우르는 한 마디가 유권자들의 뇌리에 이미지를 형성해 선거판도를 바꿀 수 있기 때문이다.

핵심 이미지는 후보의 약점을 긍정적인 것으로 전환하기 위한 방법이기도 하다. 한나라당의 여성 주자의 경우 '여자' 라는 선입

대선주자의 핵심 이미지

이명박	'CEO형 국가지도자', '일하는 리더십'
박근혜	'당당한 리더십'
정동영	'인간 정동영'의 진면목 알리기에 초점
김근태	'가치 있는 지도자, 가치를 아는 지도자'
천정배	'믿을 수 있는 정치인', '유능한 개혁 지도자'
한명숙	'소통과 화합의 리더십', '부드러운 카리스마'
노회찬	'새로운 민주노동당을 만드는 차세대 대표주자'

견을 떨치기 위해 당찬 이미지를 강조하고자 헤어스타일을 바꾸고 바지 정장을 입는 변신 시도를 한 적이 있다.[69] 예전에는 옷차림, 머리모양, 말투 등 눈에 보이는 이미지 메이킹에 한정되었다면, 최근에는 정치적 행보와 메시지 등을 아우르는 종합적인 정체성을 개발하는 수준으로 이미지 메이킹이 발전하고 있다.

총선과 미디어 불평등

2006년 5.31 지방선거부터 지나친 선거공약과 지역발전을 위한 캐치프레이즈는 많이 줄어들었고 라디오와 TV 토론회를 비롯한 미디어 선거홍보의 비중이 높아졌다. 2006년의 지방선거는 16개 광역시·도를 비롯한 238개 지자체의 법정 방송토론회만 470여회에 달해 미디어 선거가 확실히 뿌리내렸음을 증명하였다. 총선에서 지역구 후보들이 자신의 정책을 홍보하기 위해 의존하고 있는 가장 큰 미디어는 이러한 방송토론회이다. 그러나 대부분 미디어가 정당 중심의

69) 한겨레, 2007년 5월 25일자 참조.

방송을 하기 때문에 정당에 소속하지 못한 지방선거 후보들에게 미디어 정치의 벽은 높다.

선거방송 토론에는 공중파, 위성방송, 케이블TV가 총동원되지만 유리한 후보자의 일방적 불참과 토론을 위한 준비과정의 미비 등으로 토론회가 무산되는 사례가 많이 있었다. 또한 지역 유권자의 눈높이에 맞춘 정책토론이 이루어지지 못하는 경우가 많고, 한낮 혹은 자정을 넘어 토론회가 방송돼 유권자의 관심을 얻지 못했다. 또한 토론회에 나선 후보들도 정책에 대한 토론과 비판보다 상호 비방으로 목소리를 높이는 경우가 대부분이어서 TV 토론이 그 역할을 제대로 하지 못했다는 비난을 받았다. 결국 후보들이 골고루 미디어의 혜택을 받지 못하는 미디어 불평등이 발생하고, 후보자의 토론회 참여가 의무가 아니기 때문에 무산되는 경우가 잦아지게 되면서, 확실한 미디어 선거를 위해서는 제도적 보완이 필요하다는 주장이 제기되었다.

인터넷 사용이 가능한 곳에서는 언제든지 시청이 가능한 동영상 선거 홍보가 미디어 시대에 새로운 정치홍보 대안으로 제시되었다. 인터넷은 우선 보다 많은 네티즌 유권자들과의 대면기회를 가질 수 있다는 장점을 가지고 있으며, 특히 선거연령이 '만 19세 이상' 으로 낮아져서 인터넷을 용이하게 접하는 세대가 유권자라는 점도 동영상 홍보를 주목하는 이유이다. 동영상 포털 사이트들도 법정 선거기간 전에 샘플 동영상을 제작해 화면의 구성과 예비 후보자들의 다양한 모습, 방식들을 미리 선보이고 있다. 텔레비전과 같은 거대 매체의 홍수 속에서 미디어 불평등을 넘어서려는 노력은 인터넷을 통해 가능해지고 있다.

미디어 선거의 장점과 단점, 그리고 보완책

우선 미디어 선거를 통해 '저비용 고효율' 선거 문화가 확립된 것은 가장 큰 장점으로 평가된다. 각 당의 선거본부 측이 '2002대선 유권자연대'에 제출한 선거활동자금 사용명세서에 따르면, 각 당은 선거 활동비 가운데 TV 광고 제작비와 웹사이트 운영비 등 미디어 선거비용에 전체 활동비의 절반 이상을 지출한 것으로 나타났다. 반면 현장 유세비용은 전체 비용의 10분의 1에 불과했다. 이 과정에서 금품과 향응 제공이 자연스럽게 이루어지던 선거 문화가 사라지고 투명하고 깨끗한 선거 문화가 자리 잡고 있다.

미디어 정치의 대명사로 일컬어지는 TV 토론은 그 초청대상의 기준설정과 실시시기, 횟수, 토론 주최기관, 토론위원회 설치와 인적 구성, 상설화 문제 등에서 여전히 논란이 되고 있다. 토론 내에서 정당과 후보의 정책 및 공약을 비교 평가하는 일은 뒷전에 밀리고, 감성적 이미지 전달에 치우치며 일부 언론의 경우 공정성 시비를 일으키는 등 과거와 다름없는 논란을 낳았다. 앞으로 미디어 선거가 TV 등 영상미디어에 의존하는 한 이미지 정치를 도외시할 수 없겠지만, 정책 및 공약과 관련된 것이 아닌 허위와 선정성에 포장된 이미지만을 강조하는 것은 유권자의 판단을 흐리게 만드는 결과를 낳는다.

지역구의 선거방송 토론회 역시 그 취지를 살리지 못하고 시행 초기 많은 문제점을 남겼다. 지역 선거방송 토론회는 지역 현안들을 구체적으로 다루기보다는 광범한 주제를 다뤄 유권자의 진정한 관심을 담지 못했다. 또 토론방송이 한밤이나 한낮에 편성돼 시청하기가 힘들고, 후보들이 불참하여 토론회가 무산되는 경우도 적지 않았다. 선거방송 토론은 지역 유권자들이 느끼는 현안 중심의 토론을 모색하고, TV 시청률을 높이며, 후보자의 참석률을 높이는 방안을 강구해 나갈 필요가 있을 것이다.

인터넷상의 정치관련 토론들이 많아지면서 발생하는 문제들도 많다. 첫째, 인터넷상의 익명성으로 인해 근거 없는 비방이 가능하다는 것이다. 또한 동영상의 경우, 후보자의 특정한 부분만 편집하여 보여주는 역시 정보의 정확한 전달을 방해할 수 있다. 예를 들어, A후보는 멋진 부분만 편집해서 보여주고, B후보는 나쁜 이미지만 보여줄 수 있는 폐단이 있다. 둘째, 인터넷상의 여론조작이 가능하다는 것이 문제이다. 출처에 대한 명확성이 없이 유포되는 정보들은 여론을 잘못되게 조장할 수 있는 가능성을 가진다.

인터넷 정치토론의 공정성을 확보하기 위한 보완책으로 인터넷 상의 네티즌들의 자정적인 노력과 진실에 대한 가치관 확립이 필요하다. 또한 인터넷 언론들 스스로 공정한 미디어 보도를 하겠다는 자세를 가져야 하며 선정적 기사를 이용한 경쟁적이고 과열된 보도를 자제해야 한다. 무엇보다도 유권자가 명확한 관점을 가지고 지역을 대표하는, 그리고 자신을 대표하는 인물을 신중하게 선택하는 것이 올바른 미디어 선거 문화를 정착시켜 나가는 데 가장 기본적이면서 중요한 일일 것이다.

| 9 |

정치 컨설팅

정치 컨설팅의 성장

초선 의원의 목표는 무엇일까? 당연히 재선이다. 그렇다면 재선 의원의 목표는 무엇일까? 물을 것도 없다. 삼선이다. 국회의원이 세상에서 가장 좋은 직업은 아니다. 아니 가장 더러운 직업이라고 손가락질 받는다. 그렇지만 '정치'라는 커다란 판에서 놀던 사람이 그만두고 나면 작고 섬세한 일에 쉽게 싫증을 내게 된다. 그래서 "거지와 국회의원은 한 번 시작하면 그만두고 싶어지질 않는다" 라는 말이 있나보다.

이 좋은 국회의원이 되기 위해 선거에서 이겨야 하는 후보자들의 급한 마음을 사로잡는 히트 서적들이 있다. 유명 정치 컨설턴트가 저술한 '강한 것이 옳은 것을 이긴다'나 '코끼리는 생각하지마' 같은 책들이 요즘 뜨고 있는 선거전략 지침서이다. 정치 신인이든 현역 의원이든 선거를 앞두고 정치 컨설팅 업체들의 도움을 받는 경우가 점점 늘고 있다.

17대 국회가 시작되고 개최된 정당의 의원 워크숍에서는 정치 컨설턴트들이 연사로 초청되었고 이를 계기로 정치 컨설팅의 문화가 본격적으로 우리 정치판에 들어왔다. 정치 컨설턴트들은 경영학적 마케팅기법을 정치에 적용하기 시작했다. 이와 더불어 상품보다 포장, 알맹이보다 이미지를 중요하게 여기는 분위기가 정치판에 상륙했다. 과거에도 정치인들은 대중과 접촉할 일이 많기에 외모에 신경을 많이 썼다. 지금 정치인들은 유권자들을 사로잡기 위해 단순한 이미지관리 차원을 넘어 적극적인 이미지 메이킹 전략을 세우고 있다. 남성 의원들은 늙어 보이지 않기 위해 눈꺼풀 성형수술을 하고 다니는 일이 흔히 있다. 한 정치 컨설팅 회사의 대표가 한 말처럼 '콘텐츠와 메시지는 부차적이고 정치인은 개인기와 대중성이 가장 중요한' 시대가 된 것일까.

컨설턴트의 조언

인터넷에는 여러 개의 정치 컨설팅 회사들의 사이트가 현란하게 뜬다. 회사마다 대체로 비슷하게 선거전략 컨설팅과 선거홍보대행 서비스를 제공하고 있다. 이 서비스들은 선거준비에서 종료 이후까지 단계별 선거전략을 수립하고 조언하는 것과 홍보물 기획과 제작, 구전과 전화 및 인터넷 등 다양한 방법을 동원해 각종 홍보를 진행하는 것으로 짜여 있다. 그리고 정치인은 이미지를 강조하는 시대 분위기에 맞춰 자신의 이미지를 만들어 나가야 한다며 발빠르게 후보자 이미지 메이킹을 조언하는 프로그램이 컨설팅업체에 의해 제공되고 있다. 각 회사의 웹사이트에 제시된 이미지 프로그램에 따르면 컨설팅 내용은 헤어, 패션, 컬러 등 비주얼 컨설팅과 스피치 컨설팅, 매너와 제스처 훈련을 단계별로 제공한다.[70)]

70) 정치 컨설팅 업체에 관련해서는 각 업체 웹사이트 참조, 연우커뮤니케이션

한 주간지 기사에 따르면 지난 5.31 지방선거 당시 시장의 규모는 최대 2조원에 이르는 것으로 추정되었다. 이 천문학적 액수의 가장 큰 수혜자는 바로 정치 컨설팅업체들이다. 전국을 놓고 봤을 때 컨설팅 회사의 몫은 거의 1천억원에 이를 것이라고 짐작된다. 정치 컨설턴트들은 지방선거 출마 희망자들의 당선 여부를 타진해 주는 것에서 시작해 선거전의 '컨셉트' 설정, 홍보물 기획 및 인쇄, 유세차량 임대까지 선거 과정에서 후보자가 맞닥뜨리는 거의 모든 문제를 통째로 해결하는 서비스를 제공하기도 한다. 이 기사에서 정치 컨설팅 전문업체인 인포뱅크코리아는 풀 옵션이면 기초의원의 경우 1,000만~1,500만원, 광역의원은 1500~2,000만원, 기초단체장은 3,000만~4,000만원을 받는다고 공개했다.[71)]

정치 컨설팅의 함정

이러한 어마어마한 액수를 선거기획사에 지불하고 선거를 치른다는 것은 후보자들에게는 법정 선거비용 이외에 엄청난 비용부담이 추가된다는 이야기다. 이는 저비용으로 깨끗한 선거를 치르자는 선거공영제의 정신에 위배되는 것이다. 뿐만 아니라, 이런 비용을 지불하려면 선거비용이 법정한계비용을 넘게 된다는 문제가 있다. 이는 자칫하면 회계부정의 유혹에 빠지는 원인이 될 수 있고, 자금력이 부족한 정치신인들의 정치권 진입을 막게 되는 등 부작용을 낳는다. 전문 업체에서 컨설팅 받은 내용이 그만큼의 가치를 하는 것인지, 아니

---

http://yeonwoocom.com/htm/com02.htm; 윈컴 http://www.ewincom.com; 폴컴 http://www.polcom.co.kr

71) 한겨레21, 2006년 5월 3일자.

면 선거를 앞두고 절박한 후보자들의 허점을 노려 한몫 챙기기 위해 부풀려진 액수인지 하는 문제도 냉정하게 따져봐야 할 것이다.

컨설팅업체를 이용해 전문가들의 조언을 받겠다는 생각이 괜찮다고 하더라도 문제는 또 있다. 의뢰인으로서는 어떤 업체가 믿을 만한 업체인지, 제공받는 서비스의 내용과 수준은 어느 정도인지, 처음에 약속한 바를 성실하게 이행하는지 예측하거나 비교해 볼 방법이 없다는 것이다. 근래 정치 컨설팅 시장이 커지면서 업체들이 난립하다보니 정치와 선거에 전문성과 경험을 갖춘 컨설턴트들이 부족하게 되었다. 선거철이 되면 컨설팅에 대한 수요가 급격히 증가하는 데 이러한 수요를 받쳐 줄 만한 인력과 장비가 갖추어져 있지 못한 형편이다. 의뢰인은 업체 대표의 인물과 경력을 살펴보고 믿을 만하다고 생각되어 그 업체를 선택했는데, 실제로 컨설팅 서비스를 해 준 사람은 자격 미달의 보조인이거나 아예 다른 군소업체에 하청으로 맡겨진 경우도 종종 있었다. 현실적으로 대표 한 사람이 모든 고객을 다 서비스해 줄 수는 없으므로, 대표가 세운 기본 프레임에 따라 직원이 실제 서비스를 진행하게 된다는 점을 미리 의뢰인에게 알려 두는 것이 필요하다.

정치 컨설팅 업체들이 선거기간 중에 과중한 업무에 밀리고 시간에 쫓기다보니 각 의뢰인의 지역상황에 맞게 차별화되지 않고 누구에게나 비슷한 내용물을 제시하여 오히려 당선되기 어렵게 만드는 경우가 종종 있었다고 한다. 유사한 선거구호는 호소력이 없고 선거 결과에 치명적인 타격을 입히게 된다. 의뢰인은 컨설팅을 맡긴 이후에도 방심하지 말고 컨설팅 업체의 진행상황을 수시로 점검하고 데드라인을 지킬 것을 요구하는 것이 필요하다. 아무래도 컨설팅 업체는 사업을 하는 기업일 뿐이며 후보자와 똑같은 책임감을 느끼며 능동적으로 일해 줄 것을 기대하긴 어렵다. 의뢰인은 업체를 과신하지 말고 스스로 자신의 선거를 주도적으로 계획하고 선거운동을 진행해야 한다.

컨설팅의 한계 극복

정치 컨설팅이 단기간의 선거운동에서 활동방향을 제시하고 체계적인 전략과 전술을 통해 의뢰인의 당선가능성을 다만 1%라도 높여준다는 점은 사실이며, 이 점에서 그 가치를 충분히 인정받아 마땅하다. 하지만 정치를 하려는 사람은 무조건 당선만을 목표로 해서는 안 되고 당선 이후에 무엇을 하려고 하는지 하는 목표를 스스로 갖고 있어야 한다. 정치 컨설팅에 대한 지나친 의존은 자칫 이미지 조작 내지 이슈 조작의 나락에 빠지게 되는 위험을 초래한다. 선거에서 이슈도 중요하지만 더욱 중요한 것은 후보자가 제시하는 정책이다. 후보자의 공약(公約)이 빈 약속(空約)이 되지 않기 위해서는 자신의 선거공약을 전적으로 정치 컨설턴트에게 맡기는 일은 삼가야 한다.

국민을 위해 일하려 공적인 자리에 출마하는 후보들은 최소한 갖춰야 하는 기본 소양을 갖추고 그 홍보에 힘을 써야 한다. 기본 소양도 갖추지 못한 사람이 무턱대고 정치 컨설팅 업체에 찾아가 자신을 멋지게 포장해 줄 것을 기대하는 것은 되지도 않는 일이고 설사 가능하더라도 국민을 기만하는 짓이다. 정치 지망생들은 입으로는 국가와 민족을 위해 헌신한다고 하지만 자신의 개인적인 목표를 선거에서 당선되는 데에 두고 있다. 정치에 출마하더라도 공익과 사익의 적절한 조화를 이루도록 절제한다면 이런 목표 자체를 나무랄 수는 없다. 정치인은 보기 좋은 떡뿐만 아니라 먹기 좋은 떡도 되어야 한다.

정치인은 자기만의 개성을 가져야 인정받게 된다. 그렇다고 해서 정치인이 기존의 정치관행을 무시해야 개성을 찾을 수 있는 것은 아니다. 좋은 관습은 개성을 누르지 않는다. 수단 방법을 가리지 않고 일단 당선되고 보자는 식으로 선거를 치르고, 당선된 후에는 그저 당에서 시키는대로 거수기 역할에 머물고 마는 정치인은 이제 그만 사라져도 될 때가 아닌가 한다. 스스로 정치인으로서의 내실과 개성을 갖추고자 노력하는 것이 정치 컨설팅에 의존하거나 돈 쓰는 선거를 피할 수 있는 길일 것이다.

Polictics of Custom

5

로비 바로 보기

1

로비의 실태

불법로비 공화국

'유전무죄, 무전유죄'가 통하는 사회, '법조비리', '병역비리', '군납비리' 등 각종 비리사건과 큼직큼직한 게이트사건이 끊이지 않는 사회, 이런 부조리한 사회에 대한 국민의 개탄이 도처에서 들리고 있다. 세상을 살아가는 데 있어 원칙을 지키는 것은 어리석은 짓이라는 생각이 들 정도로 우리 사회에는 권력과 돈으로 남들보다 편하고 배부르게 살 수 있는 방법이 많이 존재했다. 부패추방을 외치며 부패방지법을 제정하고, 그리고도 모자라 각 부문마다 '투명사회협약'을 체결하면서 이제는 우리나라를 원칙이 통하는 사회로 바꾸자고 노력했지만 여전히 비리사건이 꼬리를 물고 계속 터지고 있다.

비리사건이 터질 때마다 여론은 불법로비에 대한 경각심을 불러일으키고 다시는 이런 사건이 재발되어서는 안 된다고 외친다. 하지만 불법로비사건이 끊이지 않고 발생하는 원인은 무엇일까? 단순히 권력을 이용하여 자신의 이익을 추구하려는 나쁜 사람들이 많다고 개인의 도덕문제로 치부하는 것은 곤란하다. 우리 사회는 불법로비를 근절하기에 너무나 큰 제도적 결함을 갖고 있다. 그렇다면 과연 불법

로비를 근절하기 위해서 어떤 장치가 필요한가? 우리 사회가 투명성과 공정성을 갖춘 사회가 되기 위해 무엇이 갖추어져야 하나? 이에 대한 답을 내리기 위해 우선 '로비' 자체에 대한 올바른 이해가 필요하다.

바다이야기 사건 등

국회의원이 연루된 불법로비사건은 매 년 여러 건이지만 대표적인 사례를 몇 가지 들어 보겠다.

2006년 하반기에 우리나라는 사행성 오락게임인 '바다이야기'를 둘러싼 불법로비사건으로 떠들썩했었다. 바다게이트는 사행성 오락게임의 허가를 놓고 문화관광부와 영상물등급위원회가 벌였던 갈등이 결국 문화관광부 차관을 경질하게 만들었을 것이라는 의혹에서 시작되었다. 바다게이트의 수사가 진행되면서 영상물등급위원회 심의 단계에서의 불법로비, 현직 대통령 조카와 청와대 행정관의 개입, 상품권의 판매와 관련한 조직폭력배의 개입 등 연관된 의혹이 계속 제기되면서 일 년 가까이 여론의 관심을 끌었다. 검찰은 수사 개시 6개월 후인 2007년 2월에 국회의원을 포함하여 보좌관, 상품권업자, 게임업자, 문광부 공무원 등 153명을 사법처리하면서 수사를 종결하였지만 정작 의심을 받았던 정 · 관계 인사의 개입사실은 규명하지 못하였다. 바다이야기 사건에서 제기된 로비의혹과 그 수사결과는 다음과 같다.[1)]

2005년에는 제이유그룹 로비사건이 신문과 방송을 뒤덮었다. 제이유그룹은 2004년 국세청으로부터 세무조사를 받고 공정거래

1) 중앙일보, 2007년 2월 24일자 참조.

국회의원의 바다이야기 사건 연루

국회의원	제기된 의혹	수사결과	처 리
김○○ 의원 (열린우리당)	게임사업자로부터 법령개정 부탁과 함께 300만원 받음	돈을 준 사람의 진술을 확보했음	불구속기소
박○○ 의원 (한나라당)	상품권업체 등에서 행사 협찬금 받음	협찬금 모금에 관여안했고 공식회계처리했음	무혐의
조○○ 의원 (열린우리당)	상품권업체 선정에 개입하고 상품권판매대행사 지분소유	상품권업체 선정에 불법행위 없고 지분은 청탁대가가 아님	무혐의
정○○ 의원 (열린우리당)	경품용 상품권 정책을 바꾸는 과정에서 불법행위 있었음	직무유기혐의 인정어려움	무혐의

위원회로부터 회원수당 과다지급 등의 혐의에 관한 조사를 받고 있었다. 제이유그룹에서는 정계와 관계의 다수 고위공직자들에게 막대한 금품과 향응을 제공한 로비를 했다는 사실이 밝혀졌다. 제이유 회장에게 청탁과 함께 수 억원을 받은 혐의로 전 국회의원이 구속되어 특정범죄가중처벌법의 알선수재 혐의로 기소되었다.[2] 대법원판례는 직무연관성과 대가관계를 중요시하는데 이 사건에서는 청탁과 기부행위가 결부되어 있어 형법에 의해 처벌이 가능하다고 본 것이다.

2007년 4월에는 '의협 로비 파문'으로 다시 불법로비의 문제가 시끄럽게 불거져 나왔다. 대한의사협회장이 협회 정기총회에서 국회보건복지위원회 소속 야당의원에게 1,000만원을 현찰로 줬고, 다른 위원 세 명에게도 각각 200만원씩의 정치자금 후원을 했다고 발언한 것이 도화선이 되었다. 의협 회장이 자신의 횡령의혹을 벗기 위해

2) 한겨레신문, 2007년 5월 26일자 참조.

협회자금을 불법로비에 썼다고 그 사용내역을 밝힌 것이었다. 국회의원에 대한 불법로비로 문제가 번져나가자 의협 회장은 과장된 발언이었다고 둘러댔지만 검찰은 뇌물 및 불법정치자금 제공을 파헤치기 위해 수사에 착수하였다.

2

로비에 대한 이해

로비란 무엇인가[3)]

다음 항목에서 공동적으로 연상되는 것은 무엇인가?

- 1988년의 서울올림픽을 유치했던 바덴바덴의 기적.
- 참여연대의 신용불량자 문제 해결을 위한 개인회생제도의 도입을 위한 입법운동의 결과 2004년 2월 채무자개인회생법이 국회를 통과함.
- 2007년 3월, 미 하원의 '일본군 위안부 결의안' 채택을 두고 실시된 CNN 여론조사에서 '일본이 사과할 필요가 없다'는 의견이 압도적으로 나옴.

3) '로비'에 관한 주요 참고서적; 김유남, 《의회정치론: 비교의회연구》, 삼영사, 2000; 김진원, 《로비&로비스트》, 어드북스, 2005; 도미니크 노라 저 / 전경훈 역, 《주식회사 일본 세계시장 침략》, 현대경영, 1992; 로비제도연구회, 《로비활동의 공개화에 관한 연구》, 로비제도연구회, 2002; 미셸 클라멩 저 / 국경복 역, 《로비활동의 기법》, 여강, 2002; 송의달, 《세계를 움직이는 미국 의회》, 한울아카데미, 2000; 조승민, 《로비의 제도화》, 삼성경제연구소, 2005; 주용중, 《미국정치 현장파일》, 나남출판, 1999; 팻 초오트 저 / 박봉원 역, 《일본의 미국경제 침략사》, 버팀목, 1995. 국회도서관에 소장된 로비관련 도서가 이상의 것뿐이라는 점은 로비에 대한 연구가 부족함을 단적으로 보여준다.

로비에 관한 국민여론

로비활동 또는 로비스트에 대한 인식	비율
정치권과 결탁한 부정부패와 비리로 부정적인 활동이다	76.8%
기업이나 단체의 이익을 정책에 반영하는 긍정적인 활동이다	17.1%

2006년 8월 한국사회여론연구소, 전국 성인남녀 700명 대상.

이 문제의 정답은 로비이다. 이에 대해 의아해 하는 사람이 있을지도 모른다. 만약 자신이 그렇다면 '로비=불법로비' 라고 생각하고 있지는 않은지 스스로 되물어보기 바란다.

언론을 장식하는 각종 게이트나 비리사건엔 늘 '로비' 라는 단어가 수식어처럼 따라다닌다. 카펫 수입업자 출신의 브로커가 관련된 법조비리, 브로커가 심의 과정에서 각종 청탁과 금품을 제공하여 이득을 취한 사행성 게임의 파문, 1990년대부터 각종 대형 국책 사업과 행정부 등의 각종 인·허가 비리 등 굵직굵직한 사건의 뒤엔 역시나 불법 로비를 일삼는 브로커의 검은 손길이 있었다.[4] 이렇다보니 로비에 대한 여론조사에서도 로비를 부정적인 것으로 인식하고 있는 경우가 많다.

'로비' 를 언제나 불법로비로 인식하고, 필요한 범위의 양성적 로비조차 인정하지 않는 태도는 바람직하지 못하다. '로비' 란 단어 자체는 '권력자들에게 이해 문제를 진정하거나 탄원하는 막후교섭의 의미' [5] 또는 '의원에게 각종 운동을 하는 원외단(院外團)' 이란 의

4) 굳이 '브로커' 라고 표현을 한 것은 로비스트와 브로커를 구분함으로써 합법적인 로비와 불법적인 로비에 대한 경계를 긋고자 하는 필자의 의식적인 노력이다.

5) 국립국어원의 표준국어대사전에서는 로비(lobby)를 다음의 세 가지로 정의한다. ① 호텔이나 극장 따위에서 응접실, 통로 등을 겸한 넓은 공간. '휴게실', '복도' 로 순화. ② 국회 의사당에서 의원들이 잠깐 동안 머물러 쉴 수 있도록 마련하여 놓은 방. '휴게실' 로 순화. ③ 권력자들에게 이해 문제를 진정하거나 탄원하

미[6] 등 가치 중립적인 개념일 뿐이다. '로비'는 의견을 상대방에게 설득시키거나 반영하기 위해 영향력을 행사하거나 의견교환을 하는 행위 그 자체를 가리킬 뿐 그 행위에 대한 옳고 그름의 판단과는 별개이다.

개인이나 단체의 이익을 얻기 위해서 브로커를 고용하여 정치인에게 뇌물을 제공하는 것이 로비라고 흔히들 생각하고 있다. 이렇게 '로비' 하면 사람들은 먼저 부패정치인, 군수업자, 법조비리 브로커 등을 떠올린다. 로비활동에 대해 부정적인 인식을 많이 하고 있지만, 앞서 제시한 예시에서 볼 수 있듯이 국가와 국민의 이익을 위해 로비가 사용될 때 그 효과는 긍정적으로 나타난다. 어떤 로비행위가 불법적일 때에는 금지되어야 하지만 합법적인 로비까지 도매금으로 매도할 필요는 없다. 로비가 긍정적이냐, 부정적이냐는 판단을 하기에 앞서 일단 '로비'란 단어는 가치중립적이라는 전제에서 시작하는 것이 필요하다.

로비에 대한 또 하나의 오해는 일반 국민들과는 전혀 상관없는 행위라고 인식하는 것이다. 주변에서 흔히 볼 수 있는 로비활동의 사례가 정책결정 또는 입법과정에 영향력을 행사할 의도로 의회 의원에게 의견을 제시하는 것이기 때문이다. 국회의원에게 의견을 제시하

일. '막후 교섭'으로 순화.

6) 김진원, 《로비&로비스트》, 어드북스, 2005, p.14에서는 "로비란 단어의 어원은 고대 독일어의 'Lauba'에서 유래하였으며 낙엽을 모아 두는 곳을 의미했다. 이 단어가 영어로 사용되면서부터 포장된 길, 넓은 복도, 찾아온 손님과의 면담이나 휴식 장소, 대기실, 의원에게 각종 운동을 하는 원외단(院外團) 등을 뜻하게 되었다. 특히 원외단의 경우, 영국에서 궁정의 넓은 방을 겸한 통로로 쓰인 로비에서 많은 귀족과 큰 상인들이 국왕이나 여왕이 나타나는 것을 기다렸다가 국왕이나 여왕을 알현하여 자신들이 뜻한 바를 이루어내곤 했던 것에서 유래하였다"고 하면서 그 성격으로 말미암아 일종의 청원권 역할을 했다고 볼 수 있다고 한다.

는 주체가 항상 일부 사람들에게 국한되어 있는 것이 아니라 국민이라면 누구나 국회의원에게 청원할 수 있다는 사실을 상기할 필요가 있다. 결국 국민들에게 주어진 청원권과 로비는 같은 뿌리라고 볼 수 있다. 시민단체가 벌이는 입법활동 및 정책제안도 로비의 대표적인 사례이다.

의료법 개정을 위해 관련 의원들에게 금품을 제공한 의협의 로비파문에서 볼 수 있듯이 특정 집단의 이익을 반영하기 위해 향응제공, 금품 살포 등으로 입법부나 행정부를 회유하는 것은 진정한 의미의 로비는 아니다. 로비는 정책결정과정이나 입법과정에 다양한 견해를 가진 국민들의 여러 견해를 정확하게 입법부나 행정부에 전달하기 위한 것이다.

로비의 기능

장애인의 이동권을 보장할 것을 내용으로 한 다큐멘터리 필름을 본 적이 있다. 장애인들은 서로 책임 소재를 미루는 정부부처들 사이를 왔다 갔다 하면서 자신의 의견을 전달하려 노력했지만 그 의견전달에 어려움을 겪자 국무총리 소속 국민고충처리위원회에 호소했지만 그것마저 잘 되지 않았다. 장애인들은 자신들의 목소리를 외부에 전달하기 위해서 몸과 휠체어를 쇠사슬로 묶고 거리시위를 할 수밖에 없었다며 울부짖는 장면이 있었다.

국민은 헌법 제26조에 의해 보장된 청원권을 갖는다. 청원권이란 공권력과의 관계에서 일어나는 여러가지 이해관계, 의견, 희망 등에 대하여 적법한 청원을 한 국민에게 국가기관이 청원을 수리할 뿐 아니라 이를 심사하여 청원자에게 적어도 그 결과를 통지할 것을

국회 입법청원 처리 현황 2007년 5월 현재

	청원 건수	채택	본회의 불부의 · 철회 · 폐기	계류
17대 국회	365	1	90	274
16대 국회	765	4	761	
15대 국회	595	3	592	

요구할 수 있는 권리이다. 그러나 현행 청원제도는 국민의 정책의사 전달에 효과적이지 못하다. 우리나라에 있었던 '신문고'가 로비의 역할을 한 셈이라는 주장도 있다.[7)]

지금의 청원제도로는 국민이 자신의 의사를 국회의원에게 적극적으로 전달할 수 없다. 개인이나 집단이 어떤 법률의 제정이나 개정을 위해 국회에 입법청원을 하고자 할 경우에, 자신이 직접 청원할 수 없다. 민원인은 자신을 대변해 줄 국회의원을 찾아 그의 이름으로 청원서를 제출할 수 있다. 일반 국민이 자신의 입법청원을 대변해 줄 의원을 찾는 일은 쉽지 않다. 그리고 청원서가 제출되더라도 국회의원들이 그 취지에 호응하여 적극적으로 추진하지 않으면 입법으로 연결되지 못하므로, 국민청원 입법안이 국회를 통과하여 입법의 성과를 내기란 하늘의 별따기이다. 이러한 실정이니 로비스트에 의한 입법청원이 자주 이용되는 것이다. 국민의 의사를 제대로 반영하는 청원의 방법이 강구될 필요가 있다.

로비는 정당하게 이용된다면 국민의 의견을 입법부나 행정부에 전달할 수 있는 통로로서의 역할을 하게 된다. 개인 또는 집단의 이익을 위해 의견을 제시하거나 자신에게 유리한 정책을 도입하기 위해 당사자가 의원이나 행정부의 관료들에게 접근하여 그 취지를 설명

7) 김진원, 《로비&로비스트》, 어드북스, 2005, p. 14.

하기를 희망하는 경우가 많아지고 있다. 자신의 의견이 남들보다 더 빨리 채택되길 바라거나 자신에게 더 많은 이익을 가져다 줄 수 있는 정책이 도입되길 바라는 욕구가 법적인 테두리를 넘게 될 때 불법적인 로비가 발생하게 된다. 당사자들의 이런 욕구를 간파하고 음지에서 유혹의 마수를 뻗치는 사람이 브로커이다. 법적으로 허용된 범위 내에서 정당한 방법으로 국민의 청원권 행사를 도와주기 위해 로비스트를 활용하는 것은 다원주의 시대에 필요한 새로운 청원제도로서 자주 이용될 것이다.[8)]

로비의 주체

우리나라에는 현재 로비스트를 규율하는 법이 없다. 자신을 위한 로비행위 또는 자기가 속한 단체 또는 회사를 위한 로비행위는 그 행위가 뇌물죄 등의 불법행위에 해당하지만 않으면 문제가 되지 않는다. 실제로 개인이 자신의 생업을 포기하면서 로비활동에 매달리기는 어렵다. 단체나 기업이 소속 직원이나 구성원을 로비스트로 활용하는 데에는 어려움이 많다. 행위자가 해당 업무의 전문성을 갖지 못하고 학연, 지연, 혈연 등 사적인 관계에 의존하여 로비활동을 펼치는 경우가 많기 때문이다. 전문성을 갖지 못한 사람이 로비를 하는 경우 그 효과에 한계가 있으며 이러한 전문성의 결여는 전문로비스트를 활용하는 대기업에 비하여 힘의 열등성으로 나타난다. 이와 같은 로

8) 조승민, 《로비의 제도화》, 삼성경제연구소, 2005, p. 73에서는 "로비의 제도화는 국가 중심주의적 청원제도에서 개인 중심의 다원주의적 청원제도로의 변화를 의미한다. 로비 제도는 기본적으로 다원주의적 정치사상을 바탕으로 한 제도이기 때문이다. 바로 이익집단 정치의 관점이다"라고 한다.

비력의 차이는 '로비의 불평등성' 이라는 문제를 야기한다.

미국 등 몇몇 나라에서는 전문로비스트의 활동이 합법적으로 허용되며, 그 활동범위의 한계 및 위법행위의 규제가 법률로 정해져 있다. 미국에는 업계 또는 직종을 대표하여 로비활동을 벌이는 협회가 7,000여 개가 있다. 로비스트는 대개 행정기관과 의회가 있는 워싱턴에 사무실을 두고 활동하며 법인을 구성하여 각 부문마다 전문로비스트를 갖추고 로비활동을 세분화 · 전문화해 나가고 있다.[9] 유럽연합에서는 로비스트를 규율하는 법은 없지만 로비스트의 존재는 인정하고 있다.[10] 유럽연합의 집행위원회가 있는 브뤼셀에는 전문로비스트들의 사무소가 12,000개에서 14,000개나 된다.

우리나라에는 로비에 관한 법률이 없지만 로비의 실상은 다른 선진국 못지않게 활발하다. 국회의원에 대한 로비는 그의 지역민, 동창, 친척 등을 통하여 이루어지거나 또는 협회의 로비담당 임원에 의해 활발히 이루어지고 있다. 특히 국회의원의 보좌관들을 대상으로 로비가 은밀하게 전개되고 있는 실정이다. 기업은 자신과 관련이 있는 입법을 위하여 또는 자신에게 영향을 주는 민감한 정책현안에 자신의 이익을 관철하기 위하여 전문로비스트들을 국회 쪽에 투입하고 있다.

2006년의 설문조사에 의하면 특정 단체나 기업 소속 로비스트들을 국회의원 보좌관들이 접하는 연간 로비횟수는 10회 이상이 전

9) 미국에서는 1,400개에 달하는 미 의회 의료관련 법안에 영향력을 행사하기 위해 지난 7년간 제약회사들이 고용한 로비스트 숫자는 3,000여 명, 지출한 돈은 무려 7억 5,900만 달러에 달했다. 이 돈은 미 무역대표부(USTR)의 통상협상과정에서 그대로 위력을 발휘한다. Joseph Stiglitz, *Making Globalization Work*, 2006 참조.

10) 미셸 클라맹 저 / 국경복 역,《로비활동의 기법》, 2002, p. 14.

체의 74%나 되었다(뒤에 자세히 서술함). 그 중 연간 30회 이상이라는 대답이 전체의 31%가 되었다. 이로써 자신의 이익을 보호하거나 의견을 제시하기 위해 많은 협회나 기업들이 조직적으로 로비활동을 펼치고 있으며 더 이상 로비가 어두운 곳에서 몰래 이루어지는 밀실 거래가 아님을 알 수 있다.

국회의원 로비의 현실을 감안해 볼 때 이제는 '로비스트'라는 직업을 인정하고 그 활동에 대해 법적인 규제를 가해야 마땅하다. 다수 이해관계자의 이익을 조정하는 임무를 띠는 국회의원의 입장에서는 로비스트를 통해 다수 이해관계자의 의견을 정확하게 전달받을 필요가 있다. 국민의 입장에서도 로비스트의 도움을 받을 필요가 점차 증대하고 있다. 대의제 민주주의와 다원주의적 이익정치가 현실화된 지금 상황에서 국민의 의견이 정책이나 법안에 반영되는 길은 좁다. 개인의 로비 한계를 극복하기 위해서는 전문가에게 도움을 구할 가능성이 부여되어야 한다. 스스로 직접 청원을 하려는 국민 또는 스스로 자신의 이익을 대변하기 어려운 개인이나 단체는 로비스트에게 위임하여 그 대변자의 역할을 효과적으로 하도록 허용해야 한다.

로비스트의 전문화는 개방화 시대에 국익을 지키기 위해서 반드시 필요하다. 일본군 위안부 결의안의 미국 의회 통과를 두고 일본은 결의안 통과를 저지하기 위해 하원 외교위원회 소속 의원 48명을 대상으로 로비스트를 동원했다. 일본 정부 관료들도 미국에 대한 로비에 동참하였다. 주미 일본 대사는 미 하원 외교위원회 공화당 간사 의원을 방문해 "결의안은 미·일 관계에 도움이 되지 않을 것"이라며 "심의를 하지 말아달라"고 요청했다. 반면에 우리나라는 로비스트의 도움보다는 시민단체의 자발적인 로비활동에 의존했다. 미주한인봉사교육단체협의회를 비롯한 한인단체는 이 결의안을 발의한 하원의원과 하원 외교위원장을 상대로 감사의 뜻을 전하는 전화걸기 캠페인을 하거나 캘리포니아 로스앤젤레스 등지에서 위안부 실상을 알리는 순회강연을 벌이는 등 적극적인 로비를 펼쳤다.[11] 정부 차원의 대미 의회 로비도 없었고 전문로비스트의 활용도 없었던 우리나라는 일본보다 미국 의회에 대한 영향력이 뒤떨어졌지만, 다행히 미국 하원은 일본군 위안부결의안을 채택했다. 이 사례 이외에도 국가간 무역 분쟁을 해소하기 위해 로비하는 등 자국의 이익을 보호하기 위해 전문적인 로비스트가 필요하지만, 우리나라에서는 이를 담당할 로비스트를 육성하지 않고 있다. 로비를 합법적으로 하기 위해서는 사전에 알아야 할 것들이 많은데 준비가 없으면 자칫 불법적인 브로커로 몰려 낭패를 보기 십상이다. 국제화의 시대에 우리나라의 이익을 보호하기 위한 로비스트의 활용은 매우 중요하다. 전문 로비스트를 육성하여 활용하지 않는다면 이는 조만간 우리나라 국제경쟁력의 약화로 이어질 수 있다.

---

11) 재미한국청년연합, 한겨레동포연합, 민족학교, 청년학교, 한인교육문화마당집 등이 이 활동에 참여하였다.

3

외국의 로비사례

미 국

로비 현황

미국에서 로비의 대상은 기본적으로 의회이다. 행정부를 대상으로 이루어지는 로비도 있으나, 의회 로비에 비하면 매우 적다. 미국은 정부 예산을 비롯하여 대부분의 행정절차가 법안에 의해 이루어지므로 의회의 역할이 매우 크다. 행정부를 움직이려는 경우에도 의회를 통해 압력을 가하는 것이 효과적인 로비방법이다. 공직자는 결코 거래의 대상이 되어서는 안 된다는 의식이 매우 강하며, 정부 공직자들에게 로비를 하는 것은 특정 직무활동의 대가로 금품을 제공하는 뇌물죄로 처벌될 가능성이 크므로 위험 부담이 따른다.

미국에서는 로비스트가 정식으로 등록하고 활동할 수 있게 허용되고 있다. 2005년 6월 말에는 3만 4,750명의 로비스트가 등록되어 있었다. 이들 중 약 60%는 로비를 전업으로 생각하지 않고 대부분 변호사이거나 협회의 간부 등이었다. 로비스트이 여러 명 모인 로비법인이 성업 중이다.[12] 미국에서는 지방자치단체들도 중앙정치 무대

12) 세계일보, 2005년 4월 3일자 참조. 미국의 내셔널 저널에 따르면 2005년 최대

인 워싱턴에 로비스트를 고용하고 있다.[13] 워싱턴의 K가는 로비스트들의 사무실들이 몰려있어 '로비스트의 거리'라고 불리울 정도이다. 의회청사에 있는 사람들은 의원들과 직원들이 반을 차지하고, 로비스트들이 나머지 반을 차지한다고 하는 이야기가 나올 정도로 로비스트들은 의회를 누비며 동분서주한다.[14]

로비스트는 윤리위원회에 보고해 공개된 금액 이외에는 보수나 사례금을 받지 못하는 것이 원칙이다. 미국에서 로비스트가 의회 등에 의뢰인의 정치적 입장을 대변해 주고 받는 수임료는 시간당 415달러이며, 2년 동안 계약할 땐 매월 약 2만 달러를 받는다고 한국계 로비스트가 말한 적이 있다. 이는 보통 1급 변호사들이 받는 수임료와 비슷한 금액이다. 발이 넓은 로비스트는 30만 달러의 연봉을 받으며, 전직 의원이나 고위 관료 출신은 200만 달러 이상의 연봉을 받는다고 한다.[15]

미국에서 로비스트들이 의원들에게 하는 가장 보편적인 로비방법은 선거자금을 기부하는 것이다. 독점금지법 위반 판결을 받은 마이크로소프트(MS)사는 지난 대선 당시 조지 W. 부시 텍사스 주지사가 대통령에 당선될 것을 기대하면서 공화당에 거액의 정치자금을 기부했다.[16] 미국에서는 의원들이 향응을 제공받지 못하도록 윤리규

로비회사는 패튼 보그스(Patton Boggs)로 2004년 수입이 3,033만 달러(약 300억 원)에 달했다. 이 회사는 전문 로비스트만 123명을 고용하고 있다. 미국법정변호사연합, CNN방송을 소유한 타임워너사 등을 주요 고객으로 두고 있다고 한다.

13) 한겨레 21, 2006년 9월 12일자 참조. 예를 들어 콜로라도 주에는 약 500명의 로비스트가 등록돼 있지만 이 가운데 100여 명만 주 의회 소집기간에 나와 활동한다.

14) 주용중, 《미국정치 현장파일》, 나남출판, 1999, p. 179.

15) 한겨레 21, 2006년 9월 12일자 참조.

정이 엄격하게 되어 있어 직접적인 금전 제공은 조심스럽게 한다. 상원의원은 연간 100달러(한번에 50달러) 미만의 선물을 받을 수 있으나 하원의원은 일절 받지 못한다. 식사는 25명 이상이 참석하는 단체회식과 패스트푸드는 허용되지만 풀코스 식사는 금지되는 등 규정이 엄격하다.[17] 하지만 이러한 제약에도 불구하고 로비스트들은 '친밀감'과 '유대감' 형성을 위해 의원과 부인을 대상으로 리셉션이나 만찬, 오찬, 골프 초대, 여행 제공 등을 하는 식으로 각종 편의를 봐주는 데 인색하지 않다.

미국 로비스트법

미국은 로비를 국민의 청원권의 일부로서 인정하며 로비행위를 공개토록 하여 로비의 투명성을 보장한다. 1995년 제정된 "로비공개법(LDA)"과 "외국에이전트 등록법(FORA)"에서 로비활동의 투명성을 위한 규제를 가한다.

미국의 로비가 제도적으로 정착하게 된 계기는 국민의 청원권이 수정헌법상의 기본권으로 인정된 것에서 비롯되었다. 단체에 의한 정치활동이 활발해지자 이익집단, 압력단체, 시민단체 등으로 이루어진 시민사회가 '제 4 부' 라고 불릴 정도로 강한 정치력을 갖게 되었다. 의회는 로비를 공식적으로 인정하려고 1945년에 '연방로비규제법' 을 제정하였다. 그러나 이 법으로는 전문로비스트에 대한 규제가 불가능하다는 등의 문제점이 나타났다. 1995년에 '로비공개법' 이 제정되어 로비과정을 공개해 국민의 알 권리와 청원권의 조화를 꾀하는 새로운 방식의 규제가 행해지게 되었다.[18]

---

17) 동아일보, 2000년 5월 11일자 참조.

18) Washington Post, November 30, 1995, p. A14.

로비공개법은 로비활동을 공식적으로 인정하는 계기를 마련하였다. 이 법은 의회와 고위 행정부서를 상대로 로비활동을 하는 모든 개인과 기업체를 대상으로 포함하고 있다. 그리고 로비스트의 범위를 구체화하고 있고 상하원의 사무처에서 그 등록업무를 집행하도록 규정하고 있다.

미국 로비규제법은 로비행위의 투명성을 확보하기 위한 규정을 두고 있다. ◇ 로비행위는 정책에 영향력을 행사하는 작업 및 연구를 포함하여 정책에 영향력을 미치거나 또는 정책결정자와 그의 스태프에게 직접적으로 접촉을 하는 행위를 모두 포함한다. ◇ 로비스트는 6개월마다 정기적으로 로비활동에 대한 보고서를 공개해야 한다. 만약 이를 어길 경우에는 최고 50,000달러까지 범칙금을 내야 한다. 보고서에는 고객과 로비활동의 내용, 로비활동을 해 얼마를 받았는지 구체적으로 밝혀야 하며 이는 공개된다.[19] 아직 실제 적발된 위반사례는 없으며, 이 때문에 의회가 불법로비를 적극적으로 감시하는 등 강력한 법집행을 할 의지가 없다는 비판이 있다. 로비스트와 의원은 사실상 서로 도와 주는 공생관계에 있는 현실 때문이다.

미국의 로비공개법은 로비스트에 관하여 다음과 같은 내용을 규정한다. ◇ 로비스트는 보수를 받는 로비활동에 업무 중 20% 이상을 소비하는 자를 말한다. ◇ 로비스트는 의회에 등록하고 활동해야 한다. 로비스트는 자신의 고객의 이름과 로비내용의 이슈 등을 공개해야 하며, 로비 서비스를 통해 대략 얼마의 서비스료를 받는가를 밝혀야 한다. ◇ 비영리단체의 로비의 경우에 국세청 규정(제501c조 4항)에 의해 직접적인 연방정부 지원금을 수수할 수 없다. ◇ 전직 미국연방정부 무역대표 또는 부대표(차석)이었던 자는 평생 동안 외국

---

19) 김유남, 《의회정치론》, 삼영사, 2000, p. 384.

의 이익을 위해 일하는 '외국 로비스트'는 될 수 없다.

캐 나 다

캐나다는 1988년에 비로소 로비스트 등록법(Lobbyist Registration Act)을 통과시켰다. 그 전에는 로비를 규제할 아무런 근거가 없었다. 이 법의 제정배경은 미국과 달리 로비스트 활동의 폐단 때문이 아니라, 연고주의와 정실주의에 의해 행정부 요직들이 충원되는 것을 막으려는 노력의 일환이었다. 캐나다법은 로비 활동에 대한 공개 요구의 수준이 미국에 비해 낮다. 이 법에서는 로비 활동에 관한 재무보고서를 요구하지 않는다.[20]

캐나다 로비스트 등록법은 로비의 개념을 정의하고 로비스트 등록의 면제, 로비스트의 유형과 정의, 등록의 정보 등을 규정하고 있다. 행정부 공무원을 신고해야 할 로비 대상으로 규정했다는 점이 특징이다. 로비 제도는 미국의 영향을 받았지만, 행정공무원을 신고 대상으로 규정하는 것은 미국보다 먼저였다. 이는 로비스트의 활동이 행정부에 집중되고 있는 캐나다의 현실을 반영한 것이다.[21] 캐나다에서는 내각의 권한이 상대적으로 강하므로 로비스트의 등록업무를 총독 소속하에 있는 등록관에게 하도록 규정하고 있다.

캐나다에서는 대가를 받고 다른 사람이나 조직을 대리하는 자가 로비활동을 할 경우 독립 로비스트(consultant Lobbyist)[22]라고 하며, 소속 로비스트(In-house Lobbyist)의 경우에는 고용한 사람의 영

20) 조승민, 《로비의 제도화》, 삼성경제연구소, 2005, p. 91.
21) 조승민, 같은 책, p. 110.
22) Lobbying Disclosure Act of 1995, Sec 3, (10).

리성 여부에 따라 다음 두 가지로 분류해 정의한다. 영리를 목적으로 하는 회사에 고용되어 로비활동을 하면 '회사 소속 로비스트'라고 하고, 비영리법인에 고용된 로비스트는 '비영리법인 소속 로비스트'라고 한다. 이렇게 나눈 이유는 이윤추구를 목적으로 하는 회사에 소속된 로비스트보다는 단체에 소속된 로비스트에 대해 활동범위를 더 넓게 보장해 주고자 하는 취지이다.

영 국

로비의 원조라고 불리는 영국은 국민의 청원권을 보장하는 차원에서 로비를 합법적인 것으로 인정한다. 로비에 대해 규제가 덜하다는 것은 그만큼 자유로운 로비활동을 보장한다는 의미이다. 로비 때문에 의원들의 입법활동이 부정적으로 영향을 받는 것은 철저히 방지된다. 영국은 미국이나 캐나다에 비해 로비행위에 대한 규제의 정도가 약하다. 로비행위를 공개하거나 규제하기 위한 별도의 법률이 없다. 로비와 관련된 규정들은 의원들의 활동에 대한 규제에 초점을 맞추고 있을 뿐이며 이익집단의 로비행위에 대한 규제는 거의 없는 것이 특징이다.[23]

1980년대 이후 영국에서는 상원이 정치적 비중이 커지면서 중요 로비대상으로 떠올랐다. 그 이유는 상원이 의회에 상정된 정부법안에 대하여 점차 견제하기 시작했기 때문이다. 상원의원은 대부분 전직 장관이며 법률전문가이므로 법안에 상당한 수정 및 보완을 하기도 했는데, 이에 로비스트는 상원에 접근해 법안의 수정 및 보완과정

23) 조승민, 같은 책, p.91.

에서 고객인 이익집단에게 불리한 입법이 되지 않도록 로비할 필요가 생긴 것이다.[24] 이런 종류의 입법안이 늘어나자 영국의회는 1988년에 이권이 개입된 법률안을 제출하지 못하게 하는 '노블규정' 을 제정하였다.

의원 자신이 로비스트의 역할을 하는 경우도 있었다. 의원들은 각종 기업체와 공공단체의 고문, 자문역, 명예회장직의 직함을 가지고 있으며, 의회 내에서 그 회사를 위한 의회 로비스트가 되었다. 이 때문에 영국에서는 1995년 하원의원의 세비 외 수입을 전부 공개하는 "의원수입공개법" 을 통과시켰다.

영국의 로비는 직접 로비와 상업로비로 구분할 수 있다. 직접 로비는 이익집단이 로비스트를 고용해 의회에 보내 의원을 만나서 로비하도록 하는 형태로서 일반적으로 사용하는 방법이다. 상업로비는 의원에게 봉사료를 받고 서비스를 제공하는 로비스트의 활동으로 영국 로비스트의 독특한 활동이다. 최소한 80여 개의 로비스트 단체가 정부와 의회의 서비스를 제공하는 전문업체로 활동하고 있다. 이들 상업로비스트는 대형 기업체의 의회 로비스트이면서 동시에 의원들에게 유료 서비스를 제공하는 이중 로비스트 역할을 하는 것이다. 상업로비스트는 압력단체가 원하는 것을 의회에 제공하고, 동시에 의원이 원하는 것을 압력단체에 제공하는 정보교류 서비스를 교차적으로 제공하는 일을 한다.[25] 영국에서 야당 원내총무와 대변인은 집권당에 비해 상대적으로 부족한 연구진과 인적자원을 가지고 정부와 집권당에 대응해야 하는 어려움이 있다. 정책을 형성하기 위한 정보와 자료 및 싱크탱크가 부족한 것이다. 이때 전문 로비스트가 곧 그러한 야당

24) 조승민, 같은 책, p. 93.

25) 김유남, 같은 책, p. 388.

의원의 연구 브레인 역할을 제공하는 것이다. 의원이 개인법안을 구상하고 추진하는 일에 압력단체의 싱크탱크와 로비스트의 지원이 큰 도움이 될 수 있다.

영국에서는 로비정치를 일반적으로 "압력정치"라고 표현하며 여기서 "압력"은 사실상 정부가 행사하는 공권력을 제외한 모든 수단을 동원해 영향력을 행사한다는 것을 뜻한다. 영국은 내각제를 취하므로 압력단체의 압력대상에 정당이 포함되며, 이 점은 미국의 압력단체와 다른 영국의 특징이다. 영국에서는 이익집단을 순수 이익집단을 지칭하는 계층그룹과 공익집단인 이슈그룹 두 가지로 구분한다.[26] 영국의 주요 계층그룹으로는 노동조합, 영국산업동맹, 자동차협회, 기아아동보호그룹, 전국농민조합 등이 있다. 이슈그룹은 다시 영구 집단과 임시 집단으로 분류된다. 영구 집단은 지구의 친구들, 교통 2000, 시청자협회가 대표적이다. 그리고 임시 집단은 핵무장해제연대, 무연공기연대, 선거개혁 소사이어티를 들 수 있다.

압력단체들은 자신들의 입장과 이익을 관철시키기 위해 정책결정자 및 기구에 접근해 로비를 펼치는 인사이드 로비와, 군중을 동원하여 집단의 단결된 의지를 시위하며 언론매체에 의한 여론확산을 통해 정책결정자에게 압력을 가하는 아웃사이드 방식을 사용한다. 그리고 대기업은 전문 컨설턴트를 고용하여 의회를 포함한 관계 부서에 로비를 하는 경우가 많다. 그래서 때로는 로비스트라는 말 대신 컨설턴트라고 지칭하기도 한다.

영국식 의원내각제 하에서는 하원의 의원들이 내각의 총리와 장관을 겸직하므로 의회와 행정부에 대한 로비가 상호 밀접한 연

26) 김유남, 같은 책, pp.384-385.

관성을 띤다. 로비스트는 법안과 정책이 초기 형성단계에서 어떻게 만들어지고 있는지를 잘 아는 의원을 통하여 해당 행정 부서에 접근한다. 이익집단과 로비스트는 특별한 로비 이슈가 없더라도 평상시 정가의 여론을 듣고 전반적인 정치 분위기를 이해함으로써 아이디어를 얻기 위해 의회 로비를 활용한다.

일 본

일본에서는 공식적으로 로비스트 활동을 인정하지 않기에 이를 제한하는 법이 없는 것이 특징이다. 로비관련 직접 규제책은 없으나 정치자금 조성, 정치윤리, 선거 부정 등을 다루는 정치개혁법을 통해 기업 등 이익집단의 불법 로비활동은 축소시키고 부패를 방지하는 차원에서 접근하고 있다.

과거 일본에는 소위 '요정 로비'라고 하는 방식으로 비공식적 루트를 통해 정치자금을 빙자한 뇌물을 공여하는 관행이 있었다. 1988년 리크루트 그룹이 주식을 공개하기 전에 정 · 관 · 재계 인사들에게 싼 값으로 주식을 판 사건이 드러나 뇌물수수 혐의로 12명이 기소되었고 다케시타 노보루 총리가 사퇴하는 일이 있었는데, 이와 같은 불법로비 사건이 자주 드러났다.

정치권에 대한 로비는 당과 영수들에게 집중된다. 내각책임제인 일본은 현직 국회의원들이 중앙 부처의 장관이나 대신을 맡고 있으며, 이들은 소속된 당의 각 파벌 영수들의 영향력 하에 놓여 있기 때문이다. 국회 상임위원회의 다선의원들은 로비의 주된 대상이 된다. 한 상임위원회에서 오래 일한 경험으로 전문성도 높고 주위 사정에 밝으며 관료에 대한 영향력도 크기 때문이다. 이런 의원들은 '방위

족', '건설족', '문교족' 등 '족(族) 의원' 이라고 불리운다.[27]

일본에서는 2000년 공무원들의 부정부패를 방지하기 위한 '국가공무원 윤리법' 을 제정하면서 윤리기준을 강화해 불법 로비활동을 차단하려는 시도를 하였다. 이익집단 관련자로부터 5천엔 이상의 선물 또는 접대를 받을 경우 상사에게 보고하고 2만엔 이상은 공개하도록 하는 규정을 두었다. 그리고 '낙하산 인사' 관행의 부작용을 막고자 퇴직 후 2년 이내에는 퇴직 전 5년간 재직했던 기관과 밀접한 관련이 있는 업체에 취업하지 못하도록 하는 윤리규정을 두었다. 정치자금의 투명성을 높이기 위하여 개인이 받는 창구를 없애고 지역구나 정당이 받아 이를 의원들에게 배분하는 방식으로 관련법을 고쳤다.

27) 동아일보, 2000년 5월 11일자 참조.

4
로비의 기법

직접적 로비

직접로비란 국회 내부의 의원에게 직접 민원사항을 말함으로써 그 사항을 입법으로 관철하는 기법을 말한다.[28] 직접 얼굴을 보고 얘기하는 것은 시간적 제약이 많긴 하지만, 그래도 가장 효과적인 방법이다. 서신이나 전화를 통해 정책을 설명하는 경우에는 신뢰감을 주기가 어렵고 거부감이나 선입견을 주게 될 우려가 크다.

직접 로비의 성공비결은 해당 사안에 관해 가장 영향력 있는 의원이 누구인가를 알아내어 그 의원과 접촉할 수 있는 방법을 찾아내는 것이다. 실력 있는 로비스트는 사안별로 중요한 영향력이 있는 의원이나 보좌관이 누구인가를 정확히 파악하고 있어야 한다. 로비스트는 영향력 있는 의원 및 보좌관과 평소 친밀한 관계를 맺어 놓고 민원사항이 생기면 그 친밀한 관계를 통해 접근한다. 로비스트는 대개 의원에게 정치자금을 낼 후원자를 소개해 줌으로써 의원의 협력에 보답한다. 로비스트 중에는 의원의 선거운동 참모 역할을 하면서 선거

28) 미국에서는 로비를 직접 로비(인사이드 로비)와 대중 로비로 분류하고 있다.

조직을 관리해 줌으로써 보답을 해 주는 사례도 외국에는 있다.

로비스트들은 의원이나 보좌관들에게 뒤지지 않는 전문 지식과 논리를 갖추고 접근해야 한다. 금전이나 향응으로 의원을 매수해서는 안 되기 때문에 전문성에 기반을 둔 논리를 가지고 그들을 설득해야 하는 것이다. 로비스트들은 의원이 활용할 수 있는 질문서, 연설문, 새로운 아이디어를 준비하여 주는 등 정보를 제공함으로써 의원의 환심을 산다.[29] 한국의 전경련이라든가 대기업들의 사내 연구소(SERI, HIR 등)는 상당한 수준의 정책연구를 진행하고 있다. 이곳에서 생산하는 정책자료들은 기업이 필요로 하는 연구일 뿐만 아니라 의원들의 입장에서도 입법활동에 필요한 양질의 정보이다. 싱크탱크에서 생산된 연구성과물은 로비할 때에 국회의원에게 제공되어 친기업성 책의 설득자료로 활용되는 경우가 많으며 때로는 국회의원의 요청에 의해 그의 정책활동을 위한 기초자료로서 사용하도록 제작되기도 한다. 일반적으로 대형 이익집단은 내부에 상당한 연구소와 연구진을 갖추고 있는 경우가 많다.

시민 로비

정치인에게 전달하고 싶은 내용을 신문 등 미디어에 광고를 하는 방법으로 전달하는 경우 또는 어떤 정책사안에 관하여 이해당사자인 주민들로 하여금 국회의원 사무실에 우편과 이메일을 발송하게 하는 방식으로 대중적 압력을 행사하는 것을 시민 로비 또는 대중 로비라고 한다.[30] 직업 로비스트들에 대한 의존도를 줄이고 대신 시민

29) 송의달, 《세계를 움직이는 미국 의회》, 한울아카데미, 2000, p. 227.

30) 주용중, 같은 책, p. 185.

이나 회원들의 힘을 빌려 의원들과 직접 접촉을 시도하는 것이다.[31] 의원들은 항상 재선을 염두에 두고 있기 때문에 지역구 주민들의 여론에 귀를 기울일 수밖에 없다는 점을 이용해 로비를 하는 것이다.

효과적인 설득방법

우리가 세상을 살아가다 보면, 어떤 이유로든 로비를 경험하게 된다. 국회의원은 로비활동의 객체로 로비를 받은 경험이 많다. 그러나 늘 만족스럽게 의견전달을 받는 것은 아니다. 지나치게 오랜 시간에 걸쳐 장황하게 설명을 하여 막상 본인이 전달해야 하는 중요한 내용은 정확하게 전달이 안 되거나, 합리적이고 객관적인 자료로 필자를 설득하기보다는 감성에 호소하는 경우도 있었다. 보다 효과적으로 상대에게 자신의 의견을 전달하기 위해서 지켜야 할 몇 가지 점들이 있다. 로비스트로 활동을 할 생각을 가지고 있거나 로비스트는 아니지만 살아가며 타인에게 자신의 의견을 전달하고자 할 때 참고가 될 것이다.

첫째, 당해 사안에 관하여 의견을 가장 잘 반영시켜 줄 수 있는 정치인을 찾아야 한다. 당해 사안이 어떤 상임위에 속하는 사항인지, 그 상임위에서는 어떤 분과에 소속되어 있는지 등 정보를 수집하여 담당 정치인을 정확하게 파악해야 한다. 회의록 등을 참조하여 안건의 국회 처리과정에 대해 알아낸 후 그 안건이 그 정치인의 손에 거의 다가가 있을 때 로비를 하는 것이 효과적이다. 아는 정치인이 있다고 무조건 찾아가서 다른 정치인에게 이야기해 달라고 부탁하는 것은

31) 송의달, 같은 책, p. 229.

로비의 효과를 반감시킨다.

둘째, 정치인과 면담 약속을 잡을 때는 모든 가능한 방법을 동원해야 한다. 학교나 출신지역, 친구 등 흔히 말하는 혈연, 지연, 학연 등을 통해서 개인적인 교류를 시도해야 한다. 정치인이 개인적 연관 있는 면담 요청을 거절하기는 쉽지 않기 때문이다. 면담을 할 때에는 우선 충분한 시간을 두고 약속을 잡아야 하며 한번 잡은 약속은 무조건 지켜야 한다. 로비를 하는 사람이든 로비를 받는 사람이든 시간은 한정되어 있다. 약속을 지키는 것은 그 사람의 신뢰성과도 직결되는 문제이다.

셋째, 면담에 있어서는 정치인에게 지나친 부담을 주지 말도록 해야 한다. 면담은 5분 정도가 적당하며 그 시간 내에 가장 효율적으로 의견을 제시해야 한다. 의견을 주요 내용만 간단히 그리고 명확하게 전달하며, 필요한 자료는 문서로 첨부하여 추후에 시간에 날 때 검토할 수 있도록 준비해 두는 것이 필요하다. 그리고 자신의 의견을 상대에게 정확하게 전달하기 위해서는 자신의 의견을 뒷받침하는 자료가 충실하되 합리적이고 명확한 것이어야 한다. 주장만 있고 근거 자료가 없다면 상대가 당신의 의견을 이해하거나 도움을 주는 데 어려움을 겪게 될 것이다. 면담할 때 복장을 단정하게 하여 상대에게 신뢰감을 주고, 면담할 때에 우호적인 태도를 견지하고 필요 없는 논쟁은 피해야 하며, 자신의 의견을 전달하는 데 과격한 행동이나 표현을 삼가는 것이 좋다. 비싼 선물을 가져가는 것은 불법 청탁으로 오해되거나 정치인에게 부담감을 줄 수 있다.

넷째, 정치인이 로비의 목적인 정책안을 받아들이고 싶어지도록 설득해야 한다. 정치인은 자신에게 정치적으로 이익이 되는 경우 또는 공익성이 커서 그렇게 하는 것이 옳다고 여겨지는 경우에 그 정책안을 자신의 것으로 받아들이게 될 것이다. 면담이 성사되는 것과 의견이 받아들여지는 것과는 별개의 문제이다. 친히 아는 정치인이라고 해서 부탁을 들어 주는 것은 아니므로 그 친분관계를 지나치게 맹신해서는 안 된다. 로비 대상의 정치인보다 높은 사람의 추천을 이용하는 경우에도 면담은 성사되지만 의견은 반영되지 않을 가능성이 크다. 그 정치인과 약속을 잡기 위해 거론한 사람이 윗사람이지만 그 사람이 평소 싫어하는 사람이라면 오히려 역효과를 가져올 수도 있다.

다섯째, 자신의 의견을 전달할 때 대표성을 강조하는 것이 효과적이다. 개인적인 권리 구제를 위한 경우보다는, 입법청원이나 정책제시와 같이 여러 사람의 권익과 관련된 것이고 일정한 집단의 대표성을 가지고 접근하는 경우에 정치인에게 신뢰성을 줄 수 있다. 하지만 대표성을 지나치게 강조하여 상대에게 협박에 가까울 정도의 무기로 사용하는 것은 역효과가 난다는 점을 유의해야 한다.[32] 자신과 동일한 의견을 가진 사람이 많고 자신의 의견을 정책이나 법안에 반영하는 것이 사회적으로 많은 도움이 될 것이라는 것을 알리는 데 대표성은 효과가 있다.

32) 국회의원의 경우, 지역의 표는 매우 중요하게 생각한다. 하지만 낙선운동 위협 등 자신을 도와 주지 않는다면 재미없다는 식의 협박은 전혀 이로울 것이 없다.

5

로비에 관한 설문조사

설문조사의 실시

「로비활동 공개 및 로비스트 등록에 관한 법률안」(이하 로비규제법으로 약칭함)의 발의를 앞두고, 국회에서의 로비실태에 대한 설문조사가 실시되었다.[33] 이 설문조사를 실시하게 된 계기는 국회의 정책 결정과정 또는 입법과정에 있어 실제로 기관, 단체, 기업 등의 로비가 많이 이루어지고 있기에 이에 대하여 실증적으로 확인해 볼 필요가 있었기 때문이다. 또한, 로비를 많이 받고 있는 국회의원 및 보좌진이 생각하고 있는 불법로비의 개념 및 유형에 대하여 알아보고 로비규제법에 대한 의견을 얻고자 설문조사를 실시하였다.[34]

---

33) 「로비활동공개 및 로비스트 등록에 관한 법률안」 제정을 위해 2006년 9월 4일에 열렸던 세미나, "로비스트 VS 브로커, 그 경계를 묻다"에 발표되었던 부분을 옮겼다. 이 여론조사는 우리나라에서 실제로 일어나고 있는 로비실태에 대한 조사자료가 부족하여 필자와 열린우리당 보좌진협의회가 함께 보좌진을 대상으로 실시한 것으로 로비실태에 대한 실제 사례에 대한 첫 번째 조사란 점에서 의의를 가진다.

34) 조사기간: 2006년 8월 1일 ~ 2006년 8월 25일(25일간)
조사의뢰: 국회의원 이은영
조사기관: 열린우리당 보좌진협의회

「로비활동공개 및 로비스트등록에 관한 법률안」 제정을 위한 토론회

설문조사의 방법으로는 서면으로 질의를 하고 답변을 받는 서면 면접방법을 택하였고, 국회 열린우리당 보좌진협의회의 도움으로 열린우리당 보좌진 106명의 답변을 얻어 그 결과를 분석하였다. 조사대상의 선정에 있어 직급별, 성별, 나이별, 경력별로 치우치지 않도록 노력했으며, 개인정보 보호와 관련한 내용은 일절 배제하였고, 서면조사의 목적에 부합하는 결과를 얻기 위한 분석 이외에 어떤 다른 용도로 활용할 계획은 없음을 미리 밝혀 두었다.

조사방법: 서면 조사방법
조사대상: 열린우리당 소속 보좌진 106명
- 직급별: 보좌관: 37명, 비서관: 24명, 비서: 29명, 인턴: 4명, 미표기: 12명
- 성별: 남 67명, 여 26명, 미표기: 13명
- 나이별: 21~30세: 20명, 31~40세: 60명, 41~50세: 13명, 미표기: 20명
- 경력별: 2년 미만: 46명, 2년~4년 미만: 17명, 4년~8년 미만: 23명, 8년 이상: 7명.

설문조사의 주요 목적은 실증적 접근을 통한 대 국회 로비활동에 대한 실태 파악 및 불법로비 개념 파악이었다. 국회의원 보좌진 106명에게 현재 국회를 상대로 이루어지고 있는 로비활동의 실태를 파악하기 위해 로비 횟수, 로비 단체, 로비스트의 직업, 로비활동의 유형, 로비활동의 정책 의사결정 반영 비율, 로비스트로의 향후 활동 의사 등을 물었고, 국회의원 보좌진들이 생각하고 있는 불법로비의 개념을 파악하기 위해 로비활동 시 금품 · 향응의 제공 여부, 불법로비의 유형 등에 대한 설문도 실시하였다.

설문의 결과

설문조사 결과로서, 국회의 정책결정과정이나 입법과정 등에 특정기업 또는 기관, 단체의 이익을 반영하기 위한 사람들이 국회의원 및 보좌진들과 접촉을 한 횟수는 국내기관의 경우 10회 이상이 전체의 74%였고, 외국기관의 경우 1회 ~ 5회 미만이 43%, 받은 적이 없다가 39%로 전체의 82%인 대부분이 5회 미만이었다. 이로 볼 때 현재까지는 정책결정과정 또는 의사결정과정에 영향을 미치려는 기관은 대부분 국내기관임을 알 수 있었다.

국회를 대상으로 정책결정과정이나 입법과정에 영향을 주기 위한 활동을 한 단체를 묻는 설문에 대한 답변 중 특정 기업으로는 삼성 등 대기업과 SKT 등 이동통신사가 대부분이었으며, 협회는 건설관련 협회, 경제 단체, 의학관련 단체, 보육관련 단체, 교육관련 단체 등이 거론되었다. 또한 시민단체에서는 참여연대가 가장 많았고, 경실련, 장애인단체, 교육관련 시민단체가 많이 거론되었다. 단체들을 분석해 보면 이슈화가 많이 된 단체와 법안 통과로 인해 이해관계가 많이 관련된 단체들이 적극적으로 대 국회 로비를 펼쳤음을 알 수 있었다.

국회를 대상으로 정책결정과정이나 입법과정에 영향을 주기 위한 활동을 한 사람들의 현재 직업으로는 전체의 96%가 소속 기관 · 단체의 대표 또는 직원 이었으며, 의견전달 방식은 직접 의원실을 방문하거나, 전화 · 메일을 통해 의원실과 접촉한 것이 53%로 가장 많았다. 그리고 응답자의 44%가 국회를 대상으로 정책결정과정이나 입법과정에 영향을 주기 위한 활동을 한 사람들로부터 사례 · 접대 · 향응을 제공받은 적이 있다고 하였으며, 제공받은 사례의 유형으로는 감사인사와 후원금 등 합법적인 사례가 전체의 85%였고, 이는 국회를 대상으로 정책결정과정이나 입법과정에 영향을 주는 활동에 대한 합법성 여부를 물었을 때 합법적이라고 응답한 83%와 그 수치가 유사한 것으로 분석되었다.

불법로비의 유형으로 응답자의 대부분이 특정 기업이나 이익단체에 의한 의견전달 또는 술접대 향응 등 금품의 제공, 지인 · 고위층을 통한 청탁 및 외부압력 등을 선택하였다.

국회를 대상으로 정책결정과정이나 입법과정에 영향을 주기 위한 활동을 한 사람들로부터 얼마나 영향을 받았는가에 대한 설문에 전체의 81%가 20%~40% 정도 영향을 받았다고 답변하였으며, 그 고려 순서는 국민적 필요 및 요구, 국가 및 소속 정당의 정책 방향 등의 순서로 답변하였다. 이는 국회의원 및 보좌진들은 정책결정과정이나 의사결정과정에 영향을 미치려는 기관들의 활동에도 불구하고 단순히 특정 집단의 이익을 위한 것이 아니라 국민적 필요를 최우선으로 고려하여 정책이나 의사를 결정하고 있음을 알려 준다.

국회의원 보좌진들은 향후 로비규제법이 통과된 후 로비스트로 활동할 것인가에 대한 질문에는 36%만이 로비스트로 활동하겠다고 밝혔으며, 그 목적은 공익실현이 가장 높은 것으로 분석되었다.

또한 설문조사는 로비규제법의 발의를 앞두고, 이 법에 대한 국회의원 보좌진들의 의견을 파악하고자 하는 데 목적을 두었다. 먼저 이 법의 필요성에 대하여는 85%가 필요하다 또는 필요는 하되 시간이 필요하다고 응답하였으며, 이 법안의 주요 내용으로 합법적 로비행위에 대한 규정 및 규제방안, 로비활동자금의 공개에 대한 규정 등이 포함되어야 한다고 응답하였다. 또한, 로비스트 제도의 도입 후 소관기관에 대하여는 국회가 주관하는 것이 바람직하다고 한 응답자는 전체의 59%로서 가장 많았으며, 법제화 후 부정부패 방지에 기여할 것이라고 한 응답자는 전체의 67%였다.

로비규제법이 통과된다면 로비활동의 투명성이 보장될 것이냐는 질문에는 응답자의 53%가 그렇다고 답변하였으며, 로비스트가 새로운 직업이 된다면 어느 직종 출신이 가장 많이 전업을 하겠느냐는 질문에 대하여는 법조인, 공무원, 국회의원 보좌관, 정치인, 전문인, 언론인, 시민단체, 이익단체의 순서로 응답을 하였다.

결과의 분석

로비대상 상임위

로비의 대상이 되는 상임위가 주로 어느 상임위라고 생각하는가라는 물음에 복수로 3~5개 정도의 상임위를 답변하도록 하였다. 이에 대하여 응답자들은 거의 모든 상임위를 거론하였으나, 특히 많이 거론된 상임위는 건설교통위원회, 산업자원위원회, 재정경제위원회 순이었다. 단수 응답시에는 전체 답변의 55%가 건설교통위원회라고 답변하였고, 그 다음으로는 재정경제위원회를 선택하여, 정책결정과정 또는 의사결정과정에서 이해관계가 많이 발생하는 특정 기업 또는 단체의 로비가 활발할 수 있음을 알 수 있었다.

국내의 기업 · 기관 · 단체의 연간 로비 횟수

국내의 특정 기업 또는 기관, 단체가 국회의 정책결정과정이나 의사결정과정에 영향을 미치기 위하여 국회의원 및 보좌진들과 접촉한 연간 횟수에 대한 질문에 대하여 30회 이상 접촉을 했다는 답변이 전체응답자의 31%로 제일 많았다. 10회 이상 접촉을 한 경우는 전체의 74%에 달하여, 국회의원 및 보좌진을 대상으로 한 국내의 특정 기업 또는 기관, 단체의 활동이 실제 매우 활발히 행해졌음을 확인했다.

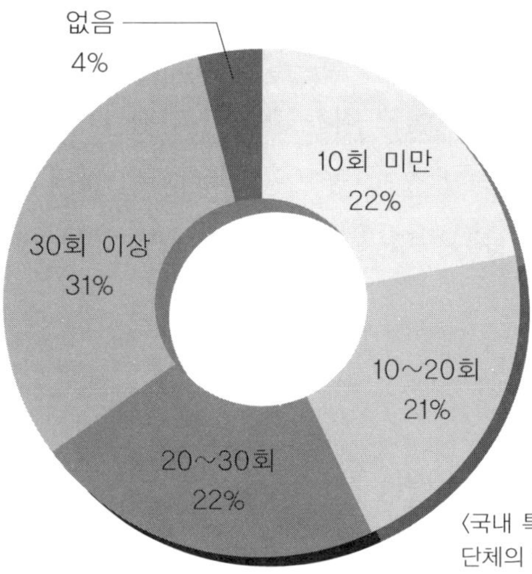

〈국내 특정 기업 또는 기관 · 단체의 연간 로비 횟수〉

외국의 기업 · 기관 · 단체의 연간 로비 횟수

외국 기관에 의한 접촉은 국내기관에 비해 그 횟수가 상대적으로 적었다. 1회~5회 미만이 43%로 제일 많았으며, 그 다음은 접촉을 한 적이 없는 경우로 39%였다. 10회 미만의 경우가 전체의 96%로 외국의 기관 및 단체의 활동이 국내기업 등의 로비에 비해 횟수는 적지만 간과할 수 없는 단계에 이르렀음을 확인했다.

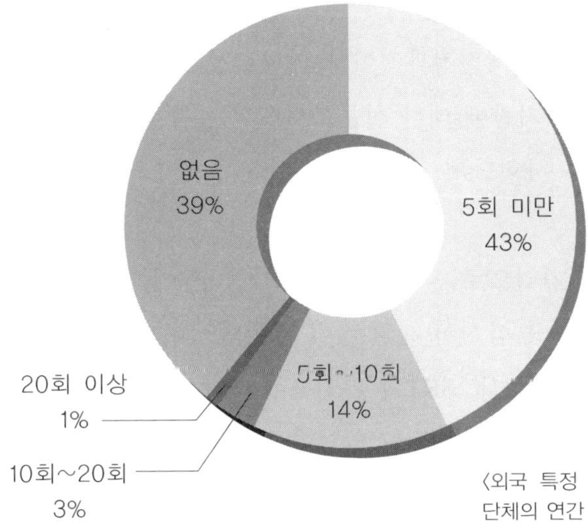

〈외국 특정 기업 또는 기관, 단체의 연간 로비 횟수〉

한 건당 방문 및 접촉 횟수

내용을 기준으로 한 건당 얼마나 연락, 방문 등을 받았는가에

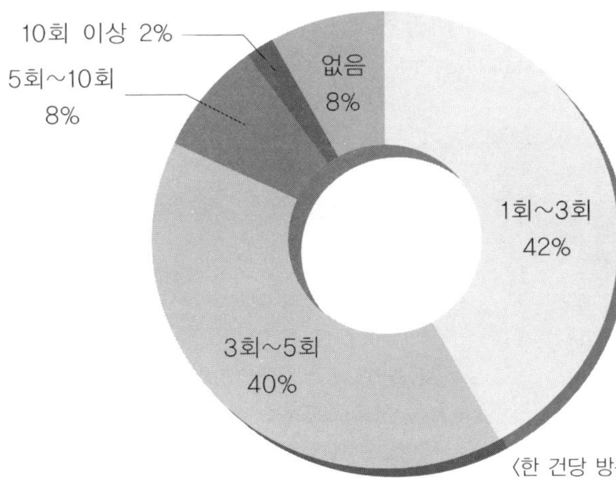

〈한 건당 방문 및 접촉 횟수〉

대한 질문에 대하여 1회~3회가 42%로 제일 많았으며, 1회~5회가 전체의 82%를 차지했음을 확인하였다.

로비행위의 주체

국회의 정책결정과정이나 의사결정과정에 영향력을 행사하기 위해 활동한 기관에 대한 설문조사에서는 특정기업, 협회 등의 직능단체, 시민 · 사회단체, 개인 등으로 분류하여 구체적인 기관명을 조사하였다.

특정 기업으로는 삼성, SK, 현대, 대우 등 대기업이 주로 거론되었으며, 그 중 삼성이 제일 많이 거론되었다. 그 다음으로는 통신사와 은행이 많았는데, SKT와 기업은행이 제일 많이 답변되었다. 그 외에 제약회사와 마사회 등도 있었다. 협회로는 건설협회가 제일 많았고, 경총, 전경련, 의사협회, 한의사회, 약사회, 치의사협회, 보육시설연합회, 유치원연합회, 전교조, 교총, 재향군인회, 대한변협 등이 주로 거론되었다. 시민단체로는 참여연대가 제일 많았고, 경실련과 장애인단체, 교육관련 시민단체 등이 있었다.

활동기관을 분석해보면, 그 동안 현안으로 이슈화되었던 정책들과 관련 있는 기관들이 많았고, 법률안 통과와 관련 있는 이해당

특정 기업	협회 및 직능단체	시민 · 사회단체
삼성	건설협회	참여연대
SK 현대 대우 두산 SKT KTF KT 기업은행 수출입은행 산업은행	경총 전경련 의사협회 한의사회 약사회 치의사협회 보육시설연합회 유치원연합회 전교조 교총 재향군인회 대한변협	경실련 장애인단체 교육관련 시민단체

사자들이 적극적으로 활동을 했음을 알 수 있다.

로비스트의 직업군

국회의 정책결정과정이나 의사결정과정에 영향력을 미치기 위해 활동하고 있는 사람들의 현재 직업에 대한 설문에 대해서는 전체의 96%가 소속 단체의 대표 및 직원이라고 답하여 아직은 변호사, 정치인 등에 의한 전문 로비스트의 활동은 미미함을 확인하였다.

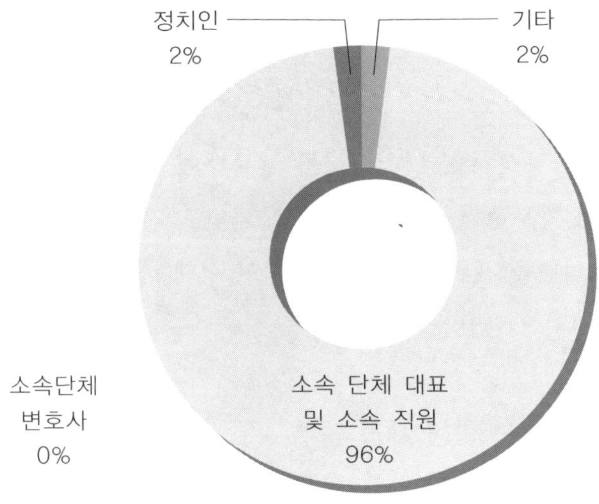

〈직업의 유형〉

로비방식

국회의 정책결정과정이나 의사결정과정에 영향력을 미치기 위해 활동하고 있는 사람들의 의견 전달방식에 대한 설문에서는 의원실을 방문 · 전화 · 메일 등을 통한 직접적인 전달방식이 53%로 제일 많았다. 그 뒤로 국회를 통한 청원서 전달이 21%였으며, 국회가 아닌 다른 장소에서 만나서 의견을 전달하는 것은 14%였다.

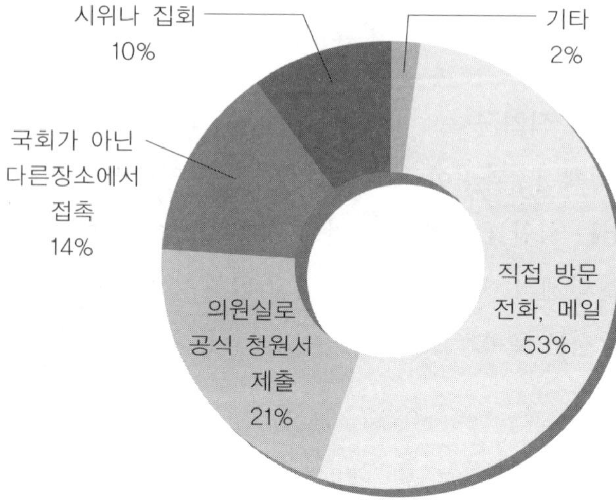

〈로비방식〉

국회에 공식적으로 청원서를 제출하여 의견을 제시하거나 의원실을 직접 방문하거나 전화, 메일로 의견을 전달하거나, 시위·집회를 통해 의견을 표시하는 등 합법적인 형태를 통해 로비활동을 하는 것은 전체의 84%임을 확인하였다.

사례·접대·향응 제공 여부

사례 또는 접대 및 향응 제공 여부에 대한 질문에서는 받은 적이 없다가 56%였으나, 받은 적이 있다는 응답도 44%나 되었다.

사례와 대가의 유형

사례 유형에 대한 설문조사에서는 물질적 사례가 아닌 감사 인사가 61%로 가장 많았고, 후원금이 그 다음이었다. 그 외에 물질적 사례·향응·제공·선거지원 약속 등 기타 불법로비의 소지가 있는 부분의 합은 15%로 아직은 국회 내에서의 로비실태는 전체의 85%가

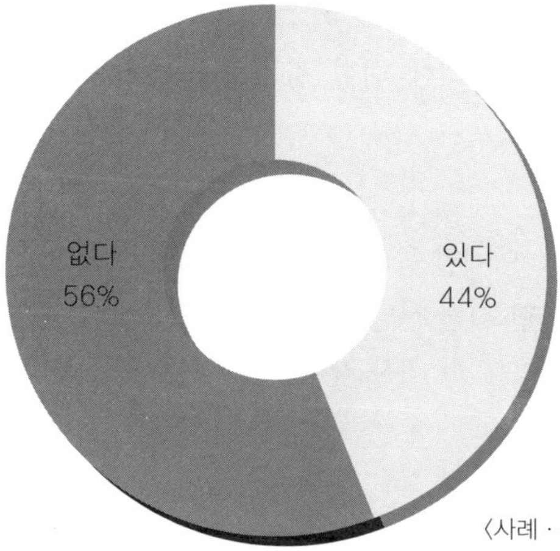

〈사례 · 접대 · 향응 제공 여부〉

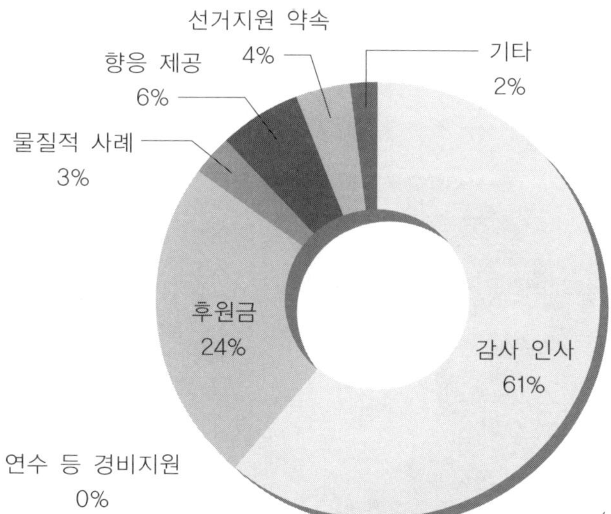

〈사례와 대가의 유형〉

합법적인 유형으로 이루어지고 있음을 확인하였다.

이는 국회에서 이루어지고 있는 각종 로비활동의 불법 여부를 묻는 설문의 결과와도 유사하였는데, 불법이 아니다라는 답변이 83%였다.

불법로비의 실태

불법로비의 실태에 대한 질문을 하면서 다음과 같은 유형을 제시하였다.

① 전화, fax, 이메일 등을 통한 의견 전달
② 방문을 통한 의견 전달
▶ ③ 의견 전달을 위한 식사 자리
▶ ④ 의견 전달을 위한 술자리 및 기타 향응
▶ ⑤ 인맥을 통한 의견 전달 전화 또는 방문 중 지인에 의한 경우
▶ ⑥ 인맥을 통한 의견 전달 전화 또는 방문 중 고위 정치인 등의 압력에 의한 경우
▶ ⑦ 이익 실현을 위한 물질적 대가 제공
▶ ⑧ 기타

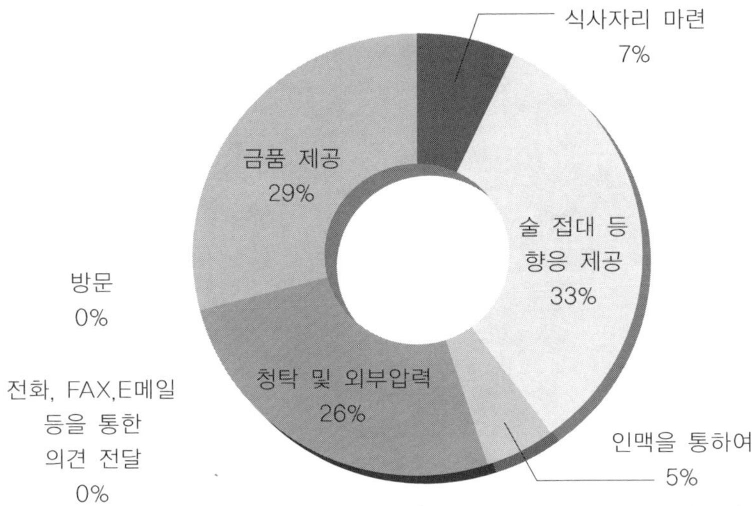

〈불법로비의 실태 Ⅰ〉

이에 대하여 불법이라고 답변한 것을 순서대로 하면 4번, 6번, 7번, 3번, 5번이었고, 직접 · 간접적인 의견전달은 불법로비라고 답변한 사람이 없었다.

또한, 로비스트를 기준으로 불법로비의 유형을 물었다.

① 정부 기관의 방문, 입법 또는 정책 설명
② 일반 민원인의 방문 또는 전화
③ 해당 지역구 주민의 민원
④ 해당 지역구 주민의 방문 및 요구사항 전달
▶ ⑤ 특정 기업이나 단체의 정책, 법안 관련한 의견 전달
▶ ⑥ 특정 기업이나 단체의 정책, 법안 관련한 의견 전달 외의 일체의 제공행위
⑦ 기타

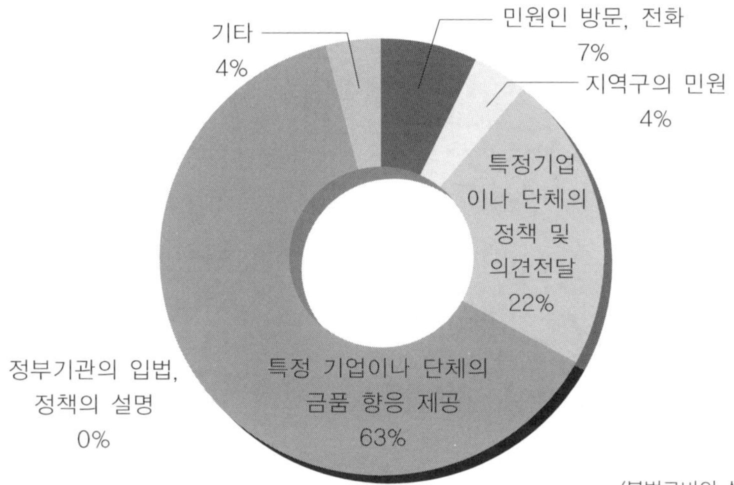

〈불법로비의 실태 Ⅱ〉

이에 대하여는 6번과 5번을 불법로비라고 답변한 사람이 가장 많았으며, 1번을 답변한 사람은 없었다.

위 2가지를 합해서 볼 때, 우리 사회에서의 '불법로비' 의 개념, 즉 로비의 불법과 합법의 경계는 특정 기업에 의한 금품 향응 등 물질의 제공 여부와 특정 기업의 지인 · 고위층을 통한 압력 등 비정상적인 의견전달 여부로 압축됨을 알 수 있다.

로비반영 비율

국회의원 및 보좌진들이 정책결정과정이나 의사결정과정을 하는 데 있어 그 과정에 영향을 미치기 위한 활동을 한 사람들로부터 어느 정도 영향을 받았는가에 대한 설문에 대하여는 '20% 정도 영향을 받았다' 가 전체의 48%로 가장 많았으며, '받지 않았다' 가 9%였다.

영향을 받지 않은 것이 9%라는 것은 정책결정과정이나 입법과정에 영향을 주기 위한 활동이 국회의 의사결정이나 정책결정에 충분한 영향을 미치고 있음을 확인하였다.

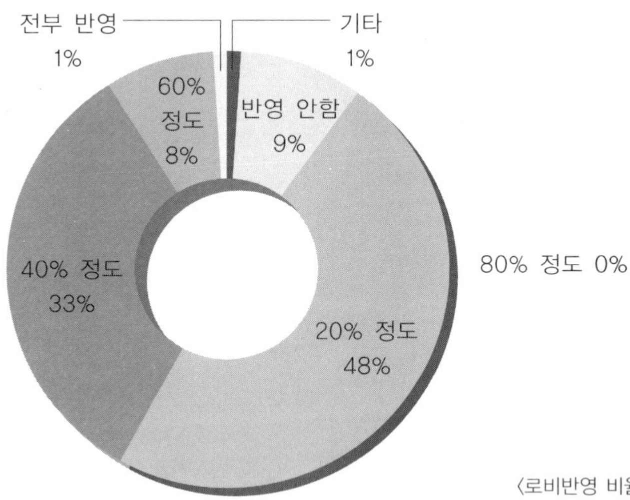

〈로비반영 비율〉

로비 반영시 고려순서

국회의원 및 보좌진들이 정책결정이나 의사결정을 하는데 있어 영향을 미치는 활동 중 반영 정도가 높은 순서에 관해 질문하였는데 그 결과는 다음과 같다.

① 국민적 필요 및 요구
② 국가정책 방향
③ 소속 정당의 방향
④ 향후 선거의 도움
⑤ 고위층의 청탁
⑥ 인적 관계
⑦ 이익단체의 활동 정도

이러한 응답이 솔직한 것이라면 국회의원 및 보좌진들이 의사를 결정할 때 받은 영향 중 청탁 및 지인을 통한 압력이나 특정 기업, 단체 등의 활동 등 불법적인 요소를 띤 활동보다는 국민적 요구사항이나 국가의 정책 방향 등 합법적인 요소를 우선 고려한다고 볼 수 있다.

로비스트의 취업의향

로비규제법의 통과 이후 실제로 로비스트로 활동할 의향이 있느냐에 대한 설문에는 응답자의 36%가 로비스트로 활동할 의사가 있음을 답한 반면에 64%는 없다고 하여 아직은 전문 로비스트에 대한 직업적 의식이 전반적으로는 낮지만 상당한 숫자가 이 직업에 관심을 보이고 있음을 알 수 있었다.

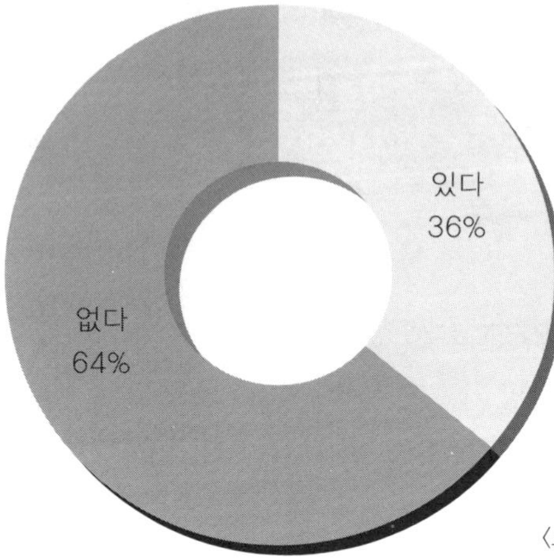

〈로비스트의 취업의향〉

로비스트의 활동 목적

로비스트로 활동할 의사가 있다고 답변한 응답자를 대상으로 활동 목적에 대하여 설문조사를 한 결과 공익실현이 45%로 제일 많았고, 그 뒤가 생계유지로 새로운 직업의 하나로 고려한다는 응답자가 30%였다. 이는 로비스트를 직업으로서 가지려고 하는 층이 상

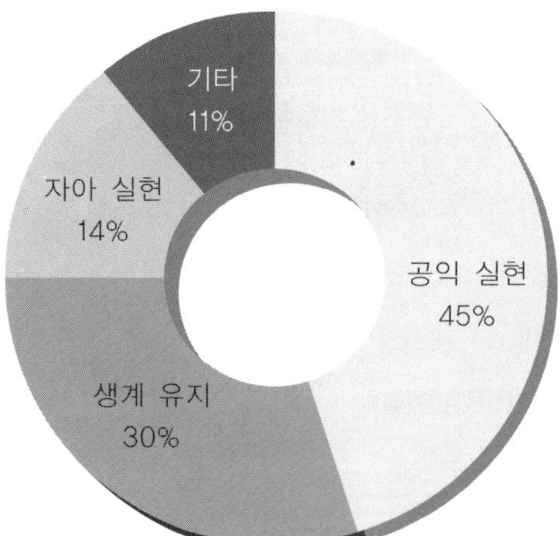

〈로비스트의 활동 목적〉

당부분 있음을 말해준다.

로비규제법에 대한 의견

입법 필요성

로비규제법의 필요 여부에 대한 설문조사에서는 설문자의 56%가 반드시 필요하다, 29%가 필요는 하나 좀더 검토가 필요하다라고 답변하여 전체의 85%가 로비규제법의 제정에 대해 긍정적으로 보고 있음을 확인했다.

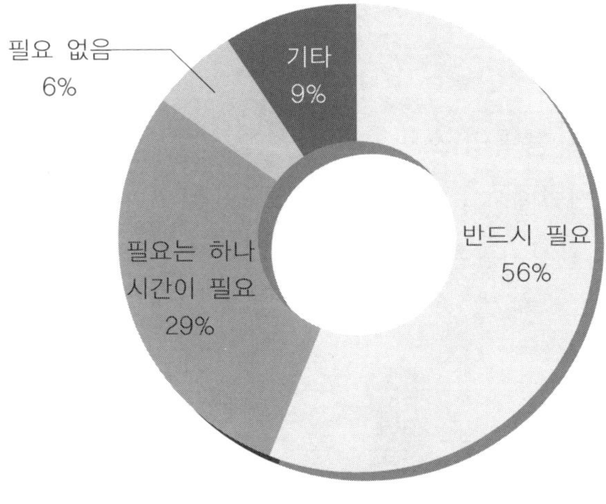

〈입법의 필요성〉

로비규제법의 주요 내용

로비규제법이 필요하다고 응답한 85%의 응답자에게 법률안에서 중요하게 고려해야 하는 부분은 어디인가에 대하여 질문한 결과 합법적인 로비의 행위에 대한 규정 및 불법로비에 대한 규제 방안에 관한 규정이 필요하다는 데 62%가 긍정하였다. 그 다음으로 일체의 로비활동 자금의 공개에 관한 규정이 필요하다고 답했다.

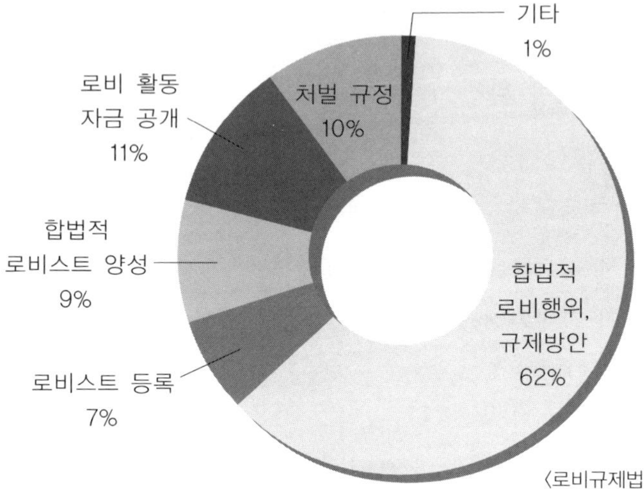

〈로비규제법의 주요 내용〉

로비스트 등록의 소관기관

로비규제법에서 규정하는 로비활동의 보고와 공개, 로비스트 등록 등 업무의 관장기관은 어디가 가장 적절한가에 대한 질문에 대

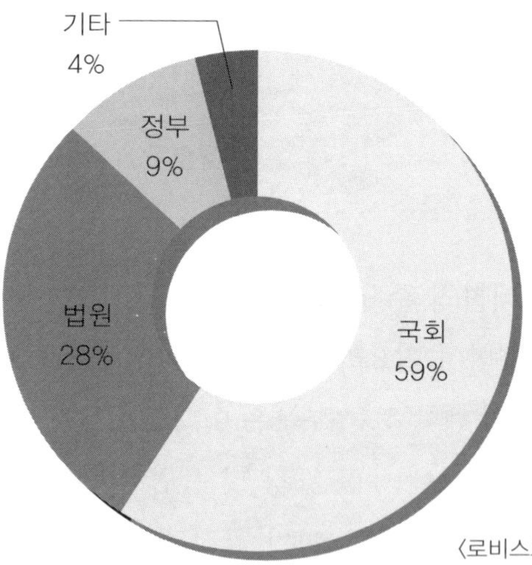

〈로비스트 등록의 소관기관〉

하여 응답자의 59%가 국회를 꼽았으며, 그 다음은 법원이 28%였다.

로비규제법의 부패 방지효과

로비규제법이 통과되어 로비스트에 대한 등록제가 실시되고, 활동의 보고 · 공개가 투명하게 이루어진다면 우리나라의 부정부패 방지에 얼마나 기여할 것으로 보는가에 대한 설문조사에서 응답자의 11%는 매우 도움이 될 것이라고 답했고, 56%가 도움이 된다고 답하였다.

로비규제법이 통과되더라도 부패방지에 도움이 안 된다고 답한 응답자는 전체의 9%였다. 대부분의 응답자가 로비규제법 제정 이후 우리 사회의 투명성이 높아질 것으로 예측하고 있었다.

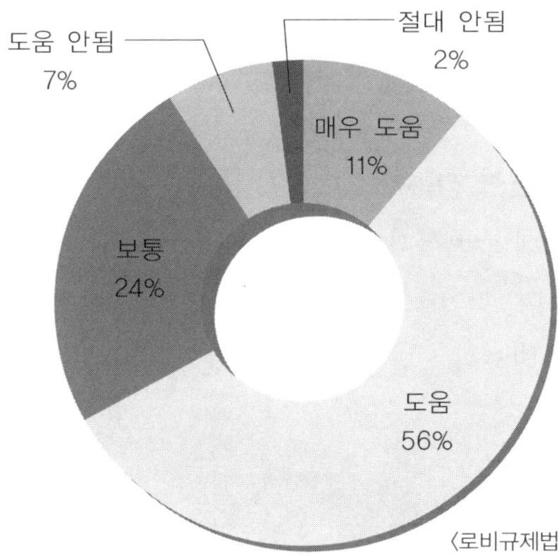

〈로비규제법의 부패방지 효과〉

로비활동의 투명성

로비규제법이 통과되어 등록된 로비스트가 활동함으로 인해 전반적인 로비활동의 투명성이 보장될 것으로 보는가에 대한 설문조사에서 설문자의 53%가 투명하게 될 것이라고 응답하였으며, 법제화 이후에도 투명성은 개선되지 않을 것이라고 답변한 응답자는 15%였다.

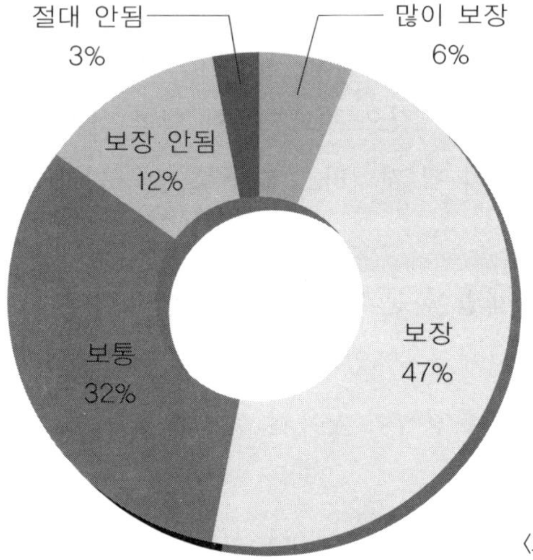

〈로비활동의 투명성〉

로비스트의 진출자

로비규제법이 통과되어 전문 로비스트가 새로운 직업이 된다면, 현재의 어떤 직업을 가진 사람들이 가장 많이 전업을 하겠느냐에 대한 설문에 대하여 응답자들의 답변 순서는 다음과 같았다.

① 법조인
② 공무원
③ 국회의원 보좌관
④ 정치인
⑤ 전문직
⑥ 언론인
⑦ 시민단체

⑧ 이익단체

⑨ PR회사

⑩ 기업인

6

로비규제법

로비 제도화의 필요성

로비활동이 제도화되어 정책과정 및 입법과정에 투명성 및 공정성이 확보된다면 불법로비로 인한 사회적 비용이 절감될 수 있다. 검은 커넥션을 위해 사용되던 많은 비용이 줄어들고 이 돈이 국가 경쟁력 발전을 위해 사용될 것이며, 이해집단 간의 불필요한 경쟁을 방지하여 사회적 자원의 낭비도 막을 수 있게 될 것이다. 아울러 특정 집단의 이익만을 위해 만들어진 왜곡된 정책 또는 입법을 되돌리는 데 필요한 사회적 비용도 감소하게 될 것이다.

로비규제법이 제정된다면 로비활동이 증대되어 국민의 정책 결정 참여도가 높아질 것이고 그 결과 국민의 청원권이 실질적으로 보장되는 결과가 나타날 것이다. 로비활동의 제도화는 새로운 청원권의 한 형태로 적극적인 청원권을 보장하게 될 것이다.[35] 로비는 더 이

35) 조승민, 《로비의 제도화》, 삼성경제연구소, 2005, p.90에서는 다음과 같이 국민의 청원권 폄하를 비판한다. "민주화 이전의 권위주의 체제 하에서 국민의 권리는 다방면으로 침해되었다. 청원권도 예외가 아니었다. 국가는 반공과 경제발전이라는 명분 아래 강력한 권력으로 국민을 통제했다. 국가의 발전이 있고서야 개인의 삶이 보장된다는 논리가 압도적이던 시절이었다. 이토록 국가가 개인보다

상 특정 집단의 이익을 보장하기 위한 편법이 아니라 국민들의 다양한 의견을 입법부나 행정부에 전달하는 가교 역할을 하게 될 것이다.

로비규제법은 사회적 갈등 해소에 큰 역할을 하게 될 것이다. 격심해지고 있는 이익집단 간의 갈등을 해결하는 데 건전한 로비가 큰 도움이 될 것이라는 점은 분명하다. 현재 이루어지고 있는 로비는 각종 이익집단의 기득권을 보호하거나 새로운 이익을 창출하기 위해 펼치는 것이 대부분이다. 이익집단 간의 충돌이 일어나는 경우에 각 집단의 대변인이 로비스트로 나서 그들의 이익을 조정하여 협의된 의견을 국회와 정부에 전달하게 될 경우에 갈등이 미연에 방지될 수 있게 될 것이다. 종래에는 집단 사이의 갈등을 적절히 조정할 경로가 없다보니 자신의 이익을 관철하려고 과격한 행동을 하거나 거리에서 서로 큰 목소리를 내고 사람을 동원하는 등 격렬한 시위방법을 택하는 경우가 많았다. 로비가 제도화된다면 전문가들이 갈등 조정에 참여하여 정확한 논거를 바탕으로 국회 또는 행정부에서 합리적인 해결책을 찾게끔 도와 줄 것이다.

국민들은 불법로비에 대해서 부정적 인식을 갖으며 로비의 법제화에 대하여는 대다수가 긍정적으로 인식하고 있다. 국민들이 로비의 법제화에 찬성하는 이유는 로비규제법이 부정부패 방지에 기여할 것이라는 기대감이 있기 때문이다. 국회에 이미 제출되어 있는 로비규제법이 통과된다면 로비스트에 대한 등록제가 실시되고 로비활동이 정확히 보고되고 그 활동내역이 일반에게 투명하게 공개될 것이

우선하는 체제에서, 개인의 이익을 위한 청원권의 적극적인 행사는 사실상 어려웠다. 집단적인 이익추구는 더더욱 금기시되었다. 따라서 청원권의 행사는 개인적 민원 차원으로만 인식되었다. 그리고 민원을 제기한 이후 국민은 국가의 호의적 결론을 기다릴 수밖에 없었다."

로비의 제도화에 관한 여론조사

여론조사	비 율
2006년 8월 국회 열린우리당 보좌진협의회의 여론조사 (열린우리당 보좌진 106명 대상)	85%가 긍정적
2006년 9월 투명사회협약실천협의회의 여론조사 (기업체 · 정부부처 공무원 500명 대상)	80%가 긍정적
2006년 11월 한국행정학회의 여론조사 (일반국민 · 공무원 · 전문가 1,600명 대상)	83%가 긍정적

다. 그러한 투명화가 부정과 부패를 방지하는 데에 기여할 것으로 보는가하는 문제에 대한 설문조사에서 전체 67%가 도움이 된다고 긍정적인 답변을 했다.[36] 로비라고 하면 불법로비를 연상하여 부정적 인식을 갖는 사람도 있지만 법제화를 통해 로비활동의 범위가 규율되고 활동이 공개된다면 로비활동이 국가의 정책결정과정과 국회의 입법과정에 긍정적으로 작용하게 될 것으로 생각하는 것이다.

전문 로비스트의 양성

로비규제법이 제정된다면 불법로비는 엄격히 금지되고 반면에 합법로비는 활발하게 양성화될 것이다. 이에 따라 로비스트를 직업으로 택하여 활동하는 전문 로비스트의 숫자가 급격히 증가하게 될 것이다.

한편 로비스트의 자격을 엄격히 제한해야 한다는 주장도 있

36) 2006년 8월 한국사회여론연구소의 국민여론조사(전국 성인남녀 700명 대상) 결과이다. 또한 로비스트 등록, 로비과정 공개를 내용으로 하는 '로비활동 법제화'의 부정부패 차단효과에 대해서도 일반국민 73%, 공무원 70%, 전문가 79%가 긍정적으로 응답했다(2006년 12월 한국행정학회 인식도조사).

다. 자격시험제도를 채택하여 변호사시험이나 회계사시험처럼 어려운 시험을 통과하게 하고 그 숫자를 제한해야 한다는 것이다. 이러한 입장은 로비의 부정적 측면을 크게 보고 일반인은 로비행위를 해서는 안 된다는 것을 그 기본적으로 철학으로 삼는다.

다른 한편 로비행위를 국민의 청원권의 실질적 구현이라고 보는 입장에서는 로비스트가 되는 길이 누구나에게 동등하게 개방되어야 한다고 본다. 로비스트가 되는 사람을 어려운 시험을 거친 자격증 소지자로 제한하는 경우에는 국민의 알 권리 충족 및 청원권 보장이라는 헌법정신에 어긋날 우려가 있다. 전문성을 갖지 않은 로비스트는 금품이나 향응을 통해 권력자에게 접근하려 할 것인데, 이런 경우는 로비규제법과 형법 등에 의해 처벌받게 될 것이다. 타인을 로비스트로 고용하려는 자는 당연히 그 로비스트의 자질을 검토해 볼 것이고 신뢰할 만하다고 판단되는 경우에만 그를 고용하게 될 것이다. 즉 로비스트의 자질은 고용시장의 수급에 맡기는 편이 낫다는 것이다. 그 문제 보다는 국민이라면 돈이나 조직이 있든 없든 국회의원에게 접근하여 자신의 의견을 설명할 수 있어야 한다는 점에 초점을 맞추어야 한다. 국회의원에게 아무나 접근해서는 안 된다고 하는 것은 국회의원을 국민의 대표로 삼는 대의제 민주주의에 맞지 않는다. 이 점이 재판의 경우에 변호사에 한정하여 소송대리를 하도록 그 자격을 제한하는 것과 다르다. 판사는 국민에 의해 선출된 대표자가 아니라는 점을 상기할 필요가 있다. 결국 로비스트 자격제도는 로비의 활성화 및 로비제도화의 취지에 반하는 결과를 초래하게 된다.

효과적인 로비활동을 위해서 로비스트의 전문성을 필요로 하는 것은 사실이나 현재 로비활동을 하고 있는 사람들의 경우처럼 유관 업무의 경험을 토대로 다양한 직종의 전문가들이 로비스트로의 역할을 충분히 해 줄 것으로 생각된다. 로비스트의 법인 설립을 허용하면 그 법인 차원에서 로비스트의 육성과 연수를 하는 등 실무능력을 배양하게 될 것이다. 아울러 로비활동의 투명성 확보 및 로비스트의 전문성 강화를 위해 로비스트 교육시스템을 마련하는 것이 필요하다. 점차로 로비스트의 숫자 및 활동영역이 확대되면 국가적인 차원의 로비스트 전문성 보장방안도 생각해 볼 수 있다.

로비가 활발하게 펼쳐지고 있는 외국의 경우, 로비스트 양성을 위한 대학원 코스가 있으며, 로비스트 전문직 단체 등에 전문 로비스트 양성을 위한 코스가 운영되고 있다.[37] 이런 과정을 거쳐 배출된 전문 로비스트들은 대개 기업이나 단체를 위하여 미국과 유럽의 행정부와 입법부를 상대로 활동한다. 국회나 정부가 중요한 결정을 내릴 때 또는 국가 간의 중요한 조약이나 계약이나 거래가 있을 때에는 국익을 위하여 로비활동을 하여 좋은 결과를 얻어 내고 있다. 우리나라에도 로비스트가 국익을 위한 활동을 벌여 국제협약에서 상대방의 움직임에 발 빠르게 대응을 하고 국가사업을 많이 유치할 수 있게 되었으면 좋겠다. 그러기 위해서는 우리나라의 관료와 기업인을 도와 줄 전문적 로비스트의 인력자원이 보다 많이 확보되어야 할 것이다.

로비규제법안의 내용[38]

로비규제법은 로비활동의 윤리성과 투명성을 확보하며, 입법

37) 로비활동의 공개화에 관한 연구 로비제도연구회, 《로비활동의 공개화에 관한 연구》, 2002, p.3. 미국, 유럽연합 및 프랑스에서는 대학원과 로비스트 전문직 단체에 교육과 연수가 체계적으로 이루어지고 있으며 많은 전문로비스트들을 양성하고 있다.

38) 「로비활동 공개 및 로비스트 등록에 관한 법률안」(2006년 10월 11일 이은영 의

부 및 행정부의 의사결정 및 집행에 영향을 미치려는 로비스트의 등록을 의무화하고 그 활동을 공개함으로써 입법활동 및 행정작용의 투명성과 공정성을 확보하는 것을 목적으로 한다.

이 법의 목적은 종래 비공개적 · 비공식적으로 이루어지는 로비활동을 종식시키고, 다양한 이익집단의 의사표출을 국회 및 행정부에 윤리적이고 투명하게 전달하는 로비활동을 장려하기 위함이다. 로비활동을 하려는 사람에게 우선 로비스트로서 등록하게 하고 그 로비스트의 로비활동을 보고토록 하여 국민일반에게 공개함으로써 투명하고 건전한 로비활동이 될 수 있도록 환경을 조성할 필요가 있다. 로비스트들을 국회사무처에 등록시키고 로비활동 및 그에 수반하는 각종 비용 등을 정기적으로 국회에 보고하도록 하고, 국회는 그 보고서와 관련 자료를 일반 국민에게 공개함으로써 합법적인 로비활동은 보장하고 위법한 로비활동은 부패근절의 차원에서 강력하게 처벌하려는 것이 법 제정취지인 것이다.

현재 로비활동에 관해서 사실상 아무런 통제장치가 없으며 간접적으로 형법상의 뇌물죄, 정치자금법, 변호사법, 특정범죄가중처벌 등에 관한 법률 이외에 국회법이나 공직자윤리법 등에서 청렴의무를 정하고 있는 등의 방법으로 로비행위의 한계를 정하고 있을 뿐이다.

원 대표 발의)의 주요 내용이다. 현재 국회에 제출되어 있는 로비관련 법안은 이 법안을 포함하여 총 3건이다. 정몽준 의원이 「외국대리인 로비활동 공개에 관한 법률」을 발의하였는데 그 주요 내용은 ▲ 외국대리인은 법무부장관에 등록하고 6개월마다 활동보고 함, ▲ 외국대리인은 10만원이상 지출시 자료를 보관해야 함, ▲ 외국대리인의 활동비는 연 1억 이하로 제한함 등이다. 또 다른 법안은 이승희 의원의 「로비스트 등록과 활동 공개에 관한 법률」인데 ▲ 로비활동을 원하는 자는 법부부장관에 등록하고 6개월마다 활동을 보고해야 하며, 로비스트는 활동 중 본인과 의뢰인에게 신분을 고지할 의무를 지니며, ▲ 로비스트는 10만원 초과지출시 보고해야 함을 주요 내용으로 담고 있다.

로비의 개념

로비규제법에서는 '로비' 및 '로비스트' 등의 개념을 명확히 함으로써 부패방지제도와 조화를 이루고자 하였다.

'로비'라 함은 입법부 또는 행정부의 의사결정에 영향을 미치기 위하여 그 소속의 공무원 또는 정치인을 상대로 접촉하는 일체의 행위를 말한다.

'로비스트'라 함은 2회 이상 지속적으로 로비 서비스의 제공에 대해 금전이나 기타의 경제적 이익을 보상받고 의뢰인에 의하여 고용된 자를 말한다.

로비스트의 임무

로비스트의 등장으로 예견되는 가장 큰 문제점 중의 하나는 공공의 이익보다 특수집단의 이익에 종속될 수 있다는 우려이다. 이를 방지하기 위해 신의성실의무 규정에서 로비스트의 활동이 공공의 이익에 반하지 않을 것과 신의에 좇아 성실히 하여야 할 것을 명문화한다. 로비스트의 신분표시, 비밀누설 금지, 이익충돌행위의 금지 등을 명시하고, 불법적인 로비를 위한 금품은 일절 수수하지 못하게 함으로써 로비활동의 투명성을 제고하고 정치집단과 기업체 및 무수한 이익집단의 상호 부패의 커넥션을 방지하고자 한다.

로비활동의 윤리성 확보

현대 사회에서는 국가의 입법 · 예산이 경제사회 일반 및 국민생활 각 부문에 커다란 영향을 끼치게 되었으므로, 여러 종류의 단체가 국회나 지방의회가 개회될 때마다 의원에게 조직적인 진정이나 압력을 가하여 정책결정과정에 영향을 미치려고 한다. 이는 의원뿐만 아니라 정책을 입안하는 행정관청이나 행정관에 대하여도 마찬가지이다.

로비규제법에서는 로비활동의 허용범위를 국회와 행정기관의 입법안 · 각종법규 · 행정계획 · 정책 · 입장의 수립, 수정, 채택 또는 정책의 실시 및 집행으로 한정하고, 그 방법은 연락 · 접촉 · 대화 · 토론 등을 통한 의견 전달, 정보 제공으로 규정한다. 또한, 현행 법령에 위반되는 방법을 통한 로비활동, 정당한 국가공권력의 행사를 저지 · 방해하기 위한 로비활동, 1회 5만원 또는 총계 20만원의 범위를 넘는 금품 · 향응 제공 등을 금지함으로써 로비활동과 로비의 명확한 한계를 설정하여 부패방지 목적에 부합하도록 한다.

로비스트의 등록과 활동 공개

로비활동에 대한 규제가 없는 현실에서는 각종 음성로비가 마치 비온 후 독버섯처럼 생겨 부패의 근원지가 되고 있다. 이 법안에서는 개인 또는 기관을 위한 로비활동을 위해서 고용되거나, 특정사안에 관한 로비활동의 위임 · 도급을 받은 자가 로비활동을 개시하기 위해서는 국회 사무처에 등록하도록 하고 이를 외국인 로비스트에 준용한다. 불법적인 로비활동을 한 로비스트는 지체 없이 등록을 취소하고 3년간 재등록을 금지하도록 제한규정을 둠으로써 투명한 로비활동을 강조하고자 한다.

로비스트의 활동보고의무에 대해서는, 로비스트가 매년 두 번에 걸쳐 로비활동의 대상과 목적, 의뢰인의 주요 인적 사항, 접촉한 국회 및 행정기관, 로비활동의 내용, 지출한 비용과 수임한 비용 등의 내역을 담은 활동보고서를 등록기관인 국회사무처에 제출하도록 한다. 로비스트는 이에 관한 장부를 작성 · 보관토록 하고 있다. 이는 미국의 1995년 로비공개법(Lobbying Disclosure Act of 1995)이 법의 규제를 받는 로비스트나 로비스트의 고객, 로비접촉의 대상이 누구인지를 명확하게 정의하고, 규제대상이 되는 로비활동의 범주를 상세하게 특정화하여 로비활동의 투명성을 확보하는 것과 같은 맥락이다.

정보의 공개규정을 두어 국회사무처는 원칙적으로 로비스트의 등록서류 및 로비스트가 제출한 로비활동에 관한 보고서를 일반에게 공개토록 하여 국민의 알 권리를 보장하고 국민에 의한 감시를 가능하게 해서 반부패문화에 대한 국민적인 공감대 형성에 이바지하고자 한다.

로비스트 법인

로비규제법에서는 로비스트법인의 설립에 대해 규정한다. 로비스트는 로비활동을 조직적 · 전문적으로 행하기 위하여 로비스트법인을 설립할 수 있다. 이는 로비스트의 결사의 자유를 보장하고 변호사, 공인회계사 등 여타 전문직의 경우처럼 단체의 결성과 운영을 가능하게 하여 분야별로 전문화된 로비스트의 활동을 가능하게 하기 위함이다. 이 법안에서는 설립절차로서 국회사무처의 인가를 받을 것, 정관의 필요적 기재사항, 등기의무, 구성원의 자격 및 업무 제한, 법인의 업무집행방법, 해산사유 등을 명시하여 법인의 설립 · 해산에 관한 절차규정을 마련하고 있다.

보칙과 벌칙

이 법안에서는 국회사무처장의 고발의무를 규정한다. 국회사무처의 장은 등록의무와 활동보고의무를 이행하지 않거나 허위로 또는 불성실하게 공개하는 자를 수사기관에 고발함으로써 음성로비를 근절시키고 공개하려는 취지이다. 벌칙 및 과태료에 관한 규정에서는 이익충돌행위 금지규정 위반, 불법 금품 수수, 로비활동 제한규정 위반, 활동보고의무 불이행 및 허위보고, 장부 작성·보관의무 해태, 업무 제한규정 위반 등 로비활동의 투명성 규정 위반의 경우 3년 이하의 징역 또는 5천만원 이하의 벌금으로 무겁게 처벌한다. 또한 양벌규정을 두어 법인의 대표자, 법인 또는 개인의 대리인·사용인 기타 종업원이 그 법인 또는 개인의 업무에 관하여 금지규정을 위반했을 때 행위자를 벌하는 외에 당해 법인 또는 개인을 처벌할 수 있게 하였다.

Polictics of Custom

6

한국 정치의 미래를 위하여

1

헌법의 개정

개헌의 필요성 대두

1987년 6월 민주 항쟁의 결과로서 헌법개정(9차 개헌)이 이루어 지기 이전의 개헌은 합리적인 내용과 절차를 담보하지 못한 채 집권연장의 수단으로 악용되곤 했었다. 현행 헌법은 독재와 장기집권의 폐단을 막기 위해 대통령 단임제와 대통령 권한의 축소 · 국회 권한의 확대에 초점을 맞추어 개정된 것이다. 이 헌법에 기초하여 제6공화국을 거쳐 문민정부, 국민의 정부, 참여정부에 이르기까지 대통령단임제와 평화적 정권교체가 이뤄져 왔다.

현행 헌법은 선거를 거듭하고 대통령이 바뀌면서 문제점을 뚜렷이 드러내기 시작했다. 국민의 정치의식이 높아지면서 헌법규범이 사회의 요구에 부응하지 못하게 된 것이다. 학계, 시민단체, 정치권 등은 헌법 개정을 통해 우리나라가 21세기로 도약하는 기틀을 마련하기를 희망했다. 그들은 민주주의의 발전단계에 부응하는 선진적 정치시스템을 구축하고, 한반도의 통일과 평화를 꾀하기 위하여 새로운 헌법을 구상하였다.

2006년 2월 '21세기 선진한국, 열쇠는 개헌이다' 라는 주제의 심포지움에서는 ▲ 70~80년대 반독재 민주화 운동의 성과와 인권 · 평화 등 미래 지향적 가치를 반영하기 위한 헌법전문의 개정 ▲ 법적 분단을 부인하는 영토조항과 법적 분단을 전제로 하는 통일조항 간의 모순을 해결하기 위한 영토조항과 통일조항의 개정 ▲ 기본권에 대한 일반적 법률 유보를 없애고, 소수자를 보호하며, 장애인 조항, 양성평등 등의 내용을 강화하는 등 전반적인 기본권조항 개정 ▲ 한국적 정치현실을 정부 형태에 반영하기 위한 대통령제와 의원내각제 등 권력구조의 변경 ▲ 권력분립 조항의 변경 ▲ 국회의원 특권 제한 ▲ 경제관련 조항의 정비 등 현행 헌법 전반에 걸쳐 그 동안 제기되었던 모든 문제들이 토의되었다. 이 심포지움에 참석했던 발제자들과 토론자들은 기본권 조항의 개정에 대해서는 대부분 의견 일치를 보였으나, 권력구조의 변경에 대하여는 의견이 분분하였다. 이들은 각각의 권력구조에 대한 장단점을 제시하고 대통령 4년 연임제 등 새로운 대안을 제시하기도 했다.

2006년 4월 대화아카데미의 주최로 '새로운 헌법 필요한가' 라는 토론회에서는 개헌의 필요성, 개정할 내용, 한국의 정치현실 등에 대해 학자, 정치인, 시민운동가들이 모여 담론을 나눈 적이 있었다. 2006년 5월, 평화재단의 전문가 포럼에서는 독일 쾰른 법과대학 데펜호이어 교수가 '분단국가간 통합에 따른 법적 문제' 에 대한 강연에서 독일에서는 장래의 통일에 대비하여 헌법조항을 미리 정비해 두었다는 이야기를 하였다. 이 포럼에서는 이념적으로 다른 두 체제가 통합되는 데 있어서는 법적인 문제가 반드시 해소되어야 하므로, 한국에서도 헌법을 개정할 때에 남과 북의 법적 통일절차을 마련해 둘 필요가 있다고 인식하였다. 그밖에 헌법학회와 시민단체에서 개헌에 관해 지속적인 논의와 연구가 있었다.

활발한 개헌 논의

17대 국회에는 '권력구조와 정부형태에 관한 헌법연구회', '선진헌법연구회', '헌법을 연구하는 국회의원모임' 등 개헌에 관하여 연구를 하기 위한 국회의원모임이 많이 결성되었다. 2006년에는 여러 국회의원포럼에서 개헌에 대하여 통치구조의 변경에 관하여 활발한 토의를 했다.[1)]각 정당은 개헌에 관한 찬성과 반대의 목소리를

---

1) 2005. 2 열린정책연구원,권력구조 개편에 대하여 여론조사와 연구 시작
2005. 2. 2. 김덕룡 한나라당 대표 국회 대표연설에서 개헌문제연구 언급
2005. 2. 14 국회 대정부질문 이석현 · 정장선, 4년중임제 개헌준비 국회의장 직속 헌법개정연구회 구성 건의
2005. 3. 남경필 · 김덕룡, '개헌논의 필요, 4월 논의개시 9월 입법화 제안'
2005. 4. 11 이상배, 국회 헌법연구위원회와 국민헌법특위 구성 건의
2005. 4. 한나라당 부설 여의도연구소, 학계 등과 공동연구 개헌안 준비
2005. 5. 4. 강재섭 · 조일현 · 이인제 등, 초당적인 '선진헌법연구회' 창립
2005. 6. 21.『권력구조와 정부형태에 관한 헌법연구회』4년 중임 및 정부통령제 개헌' 창립기념세미나
2005. 7. 17. 한나라당 박근혜 대표 인터뷰 국가경쟁력 위해 4년 중임제 주장
2005. 8. 31. 노무현 대통령, 언론인 간담회 대통령 의원 임기 맞추는 것도 대안. (내각제에 대해) 어떤 결심이나 판단은 가지고 있지 않다
2005. 9. 6. 신기남, 언론인터뷰 5년 담임제는 불안정 4년 중임제가 바람직
2005. 10. 24. 정치분야 대정부질문 다양한 개헌론 제안, 민병두, '개헌논의 2단계 맵; 유필우 · 윤호중 '4년 중임 정부통령제 도입', '분단극복을 위한 통일헌법 제정; 권철현 '헌법연구회 설치, 국회에 개헌특위 설치; 정의화 '4년중임제 정부통령제, 양원제; 안택수 '4년중임 정부통령제, 국회개헌특위구성; 이해찬 총리, 경제회복우선, 소모적인 논쟁 가능성 높아 조기개헌 부정.
2006.2. 2. 김덕룡, 당리 당략을 떠나 개헌문제에 대한 연구를 진척시켜야
2006.2. 3. 민주당 한화갑 대표, 개헌논의는 앞으로 필요
2006. 2.13. 이석현, 헌법재판소를 폐지, 대법원에 위헌 판단권을 부여
2006. 2. 14. 이석현, 4년중임제에 대한 개헌 준비와 개헌 연구팀 구성 주장
2006. 2. 14. 정장선, 국회의장 직속으로 민간으로 구성된 헌법개정연구위원회를 구성해 내년 초까지 개헌안을 만들 필요 있다.
2006. 2. 14. 이해찬 국무총리, 국회에 특별위원회 설치 요망

개헌 연구 세미나

높였고 국회의 대정부질문과 상임위질의를 통해 개헌에 관한 찬반의 논의가 뜨겁게 행해졌다. 정치권에서 개헌의 주요 관심사는 대통령임기를 4년 중임제로 바꾸는 문제와 정부형태를 내각제로 바꾸는 문제였다. 개헌의 내용 이외에 개헌의 절차에 대한 문제, 국회 내에 개헌 연구회 및 개헌특위를 설치하는 문제가 많이 논의되었다.

2006. 2. 16. 이은영 · 조일현, 개헌 세미나 '21세기 선진한국, 열쇠는 개헌이다'
2006. 2. 27. 남경필, 여야 합의로 4월 임시국회에서 중립적인 학자로 구성된 독립기구를 구성해 헌법 연구를 시작하고 9월 입법 절차 들어가야 한다.
2006. 2. 28. 한명숙, 국민과 개헌논의 필요성에 대한 공감대 형성
2006. 3. 6. 민병두, 개헌은 2006년 상반기의 기초연구단계, 2007년 상반기의 개정 협상단계 2단계로 진행, 4년중임제에 대한 고민과 성찰 필요
2006. 6. 26. 이상경, 세미나 '바람직한 개헌의 방법과 방향'
2006. 7. 17. 임채정 의장, 87년 헌법은 그 정치적 수명을 다했다. 국회의장 자문기구로 헌법조사연구위원회 설치하겠다고 공언
2006. 11. 30. 『권력구조와 정부형태에 관한 헌법연구회』 '한국의미래와 헌법개정' 강연회

학계와 시민단체에서는 개헌의 내용에 대한 다양한 의견을 개진하고 민주적이고 합리적인 방식으로 아래로부터의 개헌 논의가 필요함을 진지하게 고민했다. 현행 헌법의 틀에서 벗어난 시민헌법을 제정하기 위한 시도도 하였다. 여론은 대체적으로 개헌에 대하여 긍정적인 반응을 보였다.[2] 과거에는 진보개혁 성향의 학자가 개헌 논의를 주도하였으나 2006년에는 보수성향의 학자들이 개헌논의에 참여하였다는 점이 특색이었다.[3]

대통령의 원포인트 개헌의견

정치권에서는 개헌에 대해 논의는 활발했지만 본격적인 개헌 절차를 개시하는 것은 미루어지고 있었으나, 대통령이 개헌발의

---

2) 한국사회여론연구소의 여론조사 결과에 따르면, 2005년 7월 조사: 개헌 찬성 60.1%, 2005년 9월 조사: 개헌 찬성 58.9%, 2006년 2월 조사: 개헌 찬성 60.1%으로 개헌에 대한 공감여론은 매우 높게 나타남을 알 수 있다.

3) 2005년 이후 학계 시민단체의 개헌 논의 및 토론회는 다음과 같다.

2005. 2. 25. 진보정치연구소 제도정치연구회, 월례 포럼 '개헌을 통한 참여민주주의 구현' 인가, '구체적 입법을 통한 헌법적 가치 실현' 인가?

2005. 4. 8. 바른 사회를 위한 시민회의, 개헌 방향 검토 세미나

2005. 7. 15. 창작과 비평, 함께하는 시민행동, 심포지엄 '87년체제의 극복을 위하여, 헌법과 사회구조의 비판적 성찰' —시민헌법 민주헌법의 각론 모색 평화 인권 민주주의 생태 가치 등에 대하여

2005. 7. 27. 함께하는 시민행동, 세미나 '문화의 눈으로 헌법 다시보기'

2005. 12. 6. 사월회, 헌법 개정과 권력구조 개편 심포지엄

2006. 4. 27. 관훈클럽, 한국정치학회, '개헌 논의의 올바른 방향과 언론의 역할'

2006. 4. 28. 대화문화아카데미 세미나, '새로운 헌법 필요한가'

2006. 10. 헌법학회 헌법개정 최종보고서 펴냄.

2007. 2. 1. 대구대 사회과학연구소, 대통령자문 정책기획위원회 세미나, '개헌, 어떻게 볼 것인가'

2007. 4. 21. 대법원 헌법연구회, 한국공법학회, 학술대회, '헌법실현과 사법의 역할- 법원에서의 헌법재판을 중심으로'

움직임을 본격화하였다. 노무현 대통령은 2007년 1월 9일 대국민담화에서 "국민적 합의 수준이 높고 시급한 과제에 집중해서 헌법을 개정하다는 것이 필요하다는 판단에서 대통령 4년 연임제 개헌을 제안한다"고 밝혔고, 3월 8일 개헌시안을 발표하였다. 이 개헌의견은 대통령의 임기와 국회의원의 임기를 일치시키고 선거를 한 번에 치르는 것을 또 하나의 목적으로 하고 있어서 속칭 '원포인트 개헌'이라고 불렸다. 정치권에서는 개헌 수용에 긍정적인 그룹, 회의적인 그룹, 부정적인 그룹, 차기 정부에 대한 간섭이라며 결사적으로 반대하는 그룹 등 각자의 이해관계에 따라 서로 다른 반응을 보였다. 국민들도 개헌이 지금 필요한지, 다음 정권에서 논의되어야 하는지 하는 문제에 관해 팽팽한 의견차를 보였다.[4)]

대통령의 원포인트 개헌에 대하여 열린우리당은 개헌의 시급성에 동의하여 개헌특별위원회를 구성하고 수 차례의 논의를 통해 2007년 2월 27일 헌법 개정을 위한 국민투표법 개정안을 마련하였다.[5)] 열린우리당은 국회의장 산하에 '헌법연구위원회'의 설치를 통해 여러 정당 및 교섭단체와 전문가, 시민단체의 개헌에 관한 의견을 집약해 나갈 것을 건의하였다. 그러나 2007년 4월 29일 대통령의 개헌발의유보[6)]로 개헌의 과제는 다음 정권으로 넘어가게 되었다.

4) 민생을 먼저 챙겨야 하는 시점에 개헌 논의가 굳이 필요한지 의문을 가진 국민들도 있었다. 시민사회단체들은 "시민사회가 철저히 배제된 채 오로지 권력문제만을 논의점으로 삼고 있다"며 대통령의 원포인트 개헌에 반대했다. 서울신문, 2007년 2월 7일자.

5) 국민투표법의 개정으로 국민투표권자는 '19살 이상'으로 확대되고 투표운동의 범위에 투표거부가 포함되었다. 투표운동의 포괄적 금지규정이 폐지되어 법에 금지된 경우가 아니면 자유롭게 투표운동을 할 수 있되, 공정성 보장을 위해 국가 · 지자체 · 정부투자기관 등은 투표운동을 할 수 없게 되었다.

6) 대통령이 제안한 '원 포인트' 개헌안이 "다음 정권으로 넘기자"는 한나라당을 비롯한 민주당, 민주노동당의 반대에 부딪쳐 부결될 것이라는 예측이 우세하게

대통령의 개헌발의는 헌법 개정에 필요한 여론수렴의 기간이 부족한 채 갑자기 추진되었고, 헌법 개정의 필요성이 국민으로부터 나오지 않고 최고통치권자로부터 갑자기 발의되었다는 등의 취약점을 드러냈다. 개헌의 범위, 방법과 절차, 국민투표 시기 등이 구체적이지 못했다. 무엇보다 차기 대통령 선거와 맞물려 다른 정치적 의도가 있다는 의심을 불러 일으켰다. 시민단체들은 권력구조의 개헌에 대한 회의가 컸는데, 현재 특정한 제도가 좋다고 해서 미래에도 반드시 그렇다는 보장이 없다는 점, 권력구조란 너무 거시적 차원의 이야기라서 국민생활과 직접 연결되는 제도의 개선과 함께 병행되는 것이 좋다는 점 등을 지적하였다. 권력구조의 변경은 정당제도, 선거제도와 더불어 깊이 있게 검토되었어야 하며, 시대정신, 정치문화, 선거습관 등과 관련하여 접근했어야 했다.

아쉬운 점은 대통령에 의한 원포인트 개헌 제안 및 유보가 어떻게 보면 '개헌' 자체에 큰 상처를 남겼다는 사실이다.[7] 학술단체 및 시민단체에서 오랜 기간 준비해 왔던 다양한 분야에 걸친 헌법 개정 노력이 대통령의 개헌의견과 더불어 무산된 점은 매우 유감이다.

되자, 이에 대통령은 지난 3월 헌법시안을 공개하면서 "각 정당이 당론 등으로 확정해 주면 개헌안 발의를 유보할 수 있다"는 역제안을 했다. 이에 따라 정치권은 2007년 4월 11일, 전격적으로 "18대 국회 초반 개헌 문제 처리"라는 합의문을 발표했고, 한나라당이 당론화 절차를 거치자 대통령은 최종적으로 개헌안 발의를 유보했다. 오마이뉴스, 2007년 4월 29일자 참조.

7) 한 예로 2007년 2월 26일에 있었던 '헌법 다시보기' 출판 기자회견에서, 주최측인 함께하는 시민행동의 의도는 시민들 주도로 여성 · 생태 · 평화 등 다양한 관점에서의 헌법 논의를 활성화하자라는 책 내용을 중심으로 다양한 논의를 펼치는 것이었으나, 현장에서는 그러한 논의 대신, 대통령의 원포인트 개헌에 관한 얘기만이 있었을 뿐이다.

개헌의 세부 쟁점

장래 헌법이 개정될 경우에 포함되어야 할 사항은 다음과 같다.[8)]

헌법 전문: 우리나라의 국가정통성의 근거를 3·1운동과 대한민국 임시정부 4·19 의거 등에서 찾고 있는 헌법전문은 1970~80년대 반독재 민주화 운동의 성과를 반영하고 있지 않으며 인권·평화 등 미래 지향적 가치도 담고 있지 않다. 민주화 성과를 반영하여 민주화 운동을 역사의 한 장으로 인정하고 나서 장래 대한민국이 지향해야 할 국가운영의 철학과 방향성을 제시할 필요가 있다.

국민조항: 헌법 제2조 1항은 국민이 될 자격을 법률에 위임하고 있다. 국적법은 헌법의 위임을 받아 국적취득요건과 관련해 혈통주의를 원칙으로 하고 예외적으로 귀화를 인정하고 있다. 문제는 국적취득의 시발점, 즉 최초 국적범위에 관한 규정이 없이 대한민국 정부수립 이후부터 국적이 인정된다는 점이다. 식민지 지배기간 중 강제 이주당한 동포와 그의 후손의 대한민국 국적취득을 승인할 법적 근거가 없다. 북한주민이 현재의 분단 상황 하에서 그리고 통일 이후에 대한민국 국적을 인정받을 수 있을 것인지에 대해서도 아무 해결 방안을 제시하지 못하고 있다. 아울러 헌법 제2조 2항의 재외국민 보호의무 범위를 확정하기 위한 기본방침도 필요하다. 개정을 통해 헌법에서 그 기본적인 해결방향을 밝히는 것이 필요하다. 국민의 자격

---

8) 2006년 2월 15일 이은영·조일현 주최로 열렸던 개헌 세미나 '21세기 선진한국, 열쇠는 개헌이다' 에서 발표했던 부분을 정리하였다.

요건을 무조건 법률에 위임할 것이 아니라 국민의 시원성과 그 범위에 관한 기본적 내용을 헌법에 포함시켜야 한다.

영토조항과 통일조항: 남북분단의 현실을 외면하는 영토조항과 법적 분단을 전제로 하는 통일조항 간의 모순이 있다. 장래 민족분단을 극복하고 통일을 대비한다는 관점에서 영토문제에 접근할 필요가 있다. 헌법 전문의 평화통일 원칙을 좀더 확고하게 헌법 전반에 확산시키는 개헌안이 필요하다. 우리는 통일을 오래도록 국가 최상의 과업으로 삼아 왔지만, 그 바램을 뒷받침할 만한 법적인 측면에서는 아직 준비가 미흡하다. 이제는 우리도 헌법 개정을 통해 독일의 기본법 제23조 또는 제 146조와 같은 남과 북의 법적 통일을 위한 길을 열어두어야 한다.[9] 독일의 통일이 어느 날 갑자기 닥쳐왔듯이 우리나라의 통일도 예상치 못한 어느 날 이루어질지 모른다. 1989년 11월 9일 베를린 장벽이 무너졌듯 우리의 군사분계선(DMZ)의 철책이 제거될 날이 언젠가는 찾아올 것이다. 우리는 이에 대한 준비와 계획과 고민을 이제부터라도 체계적으로 시작해야 하며, 그 일은 개헌을

9) 독일은 통일을 위해 우리나라의 헌법에 해당하는 기본법에 두 가지의 법적 접근방식을 두었는데, 하나는 기본법 제23조에 의해 동독지역 연방주들을 독일연방으로 편입해서 통일연방독일을 이루는 것이고, 다른 하나는 기본법 제146조에 의거해서 신헌법의 토대를 새로 만들어 하나의 연방으로 합해지는 방법이다. 두 번째 방법인 신헌법제정의 경우 전체 독일 국민의 투표가 필요했다. 독일은 1989년 베를린 장벽이 무너진 후부터 이 두 가지 방법 중 어느 것을 취할 것인지에 대해 열띤 공방을 거듭했고 결국 1990년 10월 3일 기본법 제23조에 따라 동독지역의 연방주들이 서독의 새로운 연방주로 편입되는 첫번째 방법을 선택했다. 즉 독일의 통일은 신헌법을 제정하지 않고 종전의 기본법의 범주 속에서 이루어짐으로써 연방법의 제정만으로 마무리되었고 따라서 통일의 법적 절차를 최소한으로 줄였다. 헌법의 전반적 개정과 더불어 완전히 새로운 "통일 헌법"의 제정을 기대했던 사람들에게는 조금 실망스러운 결과였다.

통해 헌법 속에 통일의 구체적 방안에 대한 근거규정을 마련하는 일로부터 출발해야 할 것이다.

기본권: 민주주의란 인간의 존엄성을 바탕으로 국민의 정치 참여에 의해서 자유 · 평등 · 정의라는 인류 보편의 가치를 실현시키려는 국민에 의한 통치 형태라고 정의할 수 있다. "명령과 통제 대신 협력과 도움에 익숙하고 민주적이고 개방적이며 수평적인 인과 관계"가 이루어지는 사회가 바로 참여민주사회이다. 이를 위해 국민의 기본권은 최대한 보장되어야 한다.

첫째, 기본권에 대한 일반적 법률유보를 없애야 한다. 헌법은 국민의 자유와 평등을 기본사상으로 하는 자유주의에 입각하고 있긴 하지만, 그 자유와 평등에 대하여 국가안전보장 · 질서유지 · 공공복리를 위해 필요한 경우에 법률로 제한할 수 있다.[10] "국민의 모든 자유와 권리"를 제한 대상으로 삼는 것은 지나치게 광범위한 것으로 '최소침해의 정신'에 어긋난다. 또 "국민의 모든 자유와 권리"를 제한할 수 있는 목적을 "국가안전보장, 질서유지 또는 공공복리"라고 추상적으로 폭넓게 규정한 것은 '필요성의 원칙'에도 크게 어긋난다. 필요한 경우에 한해서 개별적 법률유보를 하면 되지만 이 또한 과다하면 안 된다. 다른 나라 헌법에서 찾아보기 힘든 포괄적 법률유보는 권력자의 자의에 의해 국민의 모든 자유와 권리를 위협하는 독소조항이 될 수 있다.

둘째, 소수자 보호가 강화되어야 한다. 소수자를 보호하지 않

10) 헌법 제37조 2항은 "국민의 모든 자유와 권리는 국가안전보장, 질서유지 또는 공공복리를 위해 필요한 경우에 한하여 법률로써 제한할 수 있으며…"라고 규정되어 있다.

는 민주주의는 결국 '다수의 독재', '다수의 횡포'로 떨어지고 만다. 다문화가정 자녀, 장애인 등 소수자에 대한 관련조항의 보완이 필요하다. 헌법 제34조 5항은 "신체장애자 및 질병 기타의 사유로 생활능력이 없는 국민은 법률이 정하는 바에 의하여 국민의 보호를 받는다"고 되어 있다. 이와 같이 장애인을 권리의 주체가 아니라 보호의 대상으로 보고 있는 것이다. 장애인의 인권에 대한 언급은 없고 시혜적 복지의 대상으로 보는 현행규정은 개정되어야 한다.

셋째, 양성평등의 내용도 강화되어야 한다. 남녀 모두가 인간으로서의 존엄과 스스로의 능력을 개발 활용할 기회를 균등하게 보장받아야 실질적인 평등이 실현된다. 여성이 정책의 대상이 아닌 주체로서 자신들의 삶의 질과 방향을 결정할 수 있도록 남녀평등의 제도적 기반을 마련하는 것은 모든 나라들의 공통된 전략이자 과제이다. 헌법과 관련 법률은 여성에게 남성과 같은 권리를 규정하고 있지만 이는 추상적 원칙선언에 그치고 있다. 여성발전기본법이 있지만 현실적인 양성평등은 이루어지지 않고 있다. 모든 국민의 법 앞의 평등(제11조), 모든 국민의 공무담임권(제25조)이 양성평등의 관점에서 보면 제대로 지켜지지 않고 있다. 고용 · 임금 · 근로조건에 있어서 여성에 대한 부당한 차별금지(제32조 제4항), 여성의 복지와 권익향상을 위한 국가의 노력(제34조 제3항)도 제대로 지켜지지 않고 있다. 헌법조항의 선언적 의미만으로 양성평등이 이뤄지지 않는다면 사실상의 성불평등성을 인정하고 양성평등성을 실천하기 위한 조항을 헌법에 추가해야 할 것이다.

여성의 대표성 확대를 위한 조항의 신설이 필요하다. 남녀가 균등하게 의사결정에 참여하고 그에 따르는 혜택과 부담을 함께 나누는 것은 대의민주주의의 진정한 실현을 위한 좋은 방안의 하나이다.

지금 현재 여성의 정치적 대표성은 국회의 경우 13.3%(전체 의석 299석 가운데 40석)이며, 광역의회의 경우 9.2%(전체 의석 682석 가운데 63석)이며, 기초의회의 경우는 더욱 낮아서 2.2%(전체의석 3,485석 가운데 77석)밖에 되지 않는다. 공직에서의 여성 대표성도 아직 낮은 수준이다. 여성의 교육수준 향상과 사회참여의 일반화에도 불구하고 여성이 과소 대표되고 있는 현실을 극복하기 위한 조치가 필요하다.

넷째, 헌법의 적용대상을 확대해야 한다. 이주노동자나 외국인 상사주재원, 외국인 유학생, 재외국민 등에게도 최소한의 기본권은 인정해 주어야 한다. 외국인은 국제법과 조약이 정하는 바에 의하여 그 지위가 인정된다(제6조 제2항). 외국인에 대한 지방선거의 투표권 부여기준의 완화도 고려해야 한다..

다섯째, 국민의 재판 참여와 관련하여 현행헌법 제27조 1항의 법관의 재판독점권에 대한 개정이 필요하다. 사법개혁추진위원회에서 국민의 재판 참여제도를 도입을 건의하여 이미 참심제에 의한 참여가 개시되고 있음에도 불구하고, 헌법에 의해 국민의 실질적인 참여가 제한되고 있다. 재판이 법관과 시민이 공동으로 참여하는 재판부에 의해 이루어질 수 있도록 개정하는 것이 바람직하다. 특히 헌법재판소의 재판관은 사회경험과 인망이 높은 비법조인이 참여할 수 있는 길을 열어 주어야 한다. 국가의 법률을 제정하는 것은 국민의 대표인 국회의원이라는 점을 고려할 때 국가의 기본원칙인 헌법을 해석하는 일에 국민이 참여하는 것이 바람직하다는 사실을 수긍할 수 있을 것이다. 법률전문가가 국민 위에 군림하는 것은 옳지 않기 때문이다.

권력구조: 어떤 정부형태를 선택하여 국가를 운영해 나갈 것인가 하는 문제는 국가경영의 선진화와 직결되어 있다. 국가가 당

면한 과제를 해결하고 국민의 의사를 수렴하여 국정을 수행하는 데 있어 어떠한 정부형태가 가장 효율적이면서 민주적인가 하는 문제를 21세기의 시점에 다시 검토해 볼 필요가 있다.

정부형태는 크게 대통령중심제, 의원내각제, 이원집정부제 등으로 구분된다. 대통령제는 책임소재가 분명하고 효율적인 통치를 가능케 하나, 승자독식의 경향이 강한 대통령제는 분열과 대립을 유발시키는 경향이 있는 한편 지나치게 그 통치를 대통령에게만 의존하는 경향이 있는 것으로 평가되고 있다. 반면에 다양한 세력 간의 합의적 성향이 강한 의원내각제는 정치적 안정성과 유연성을 확보하기에 유리하나, 책임 있고 효율적인 통치를 보장하기는 어려운 것으로 평가되고 있다. 그리고 이원집정부제는 대통령제와 내각제의 약점을 보완하는 것이라고 언급되지만 양자의 문제점을 모두 드러낼 위험이 있다. 이상과 같은 평가는 일반론에 불과하며, 이에 대한 이론적 반론이 많다. 각 제도가 처한 사회적 · 정치적 상황에 따라서도 그 효과가 달리 나타날 수 있기 때문이다. 각 정부형태의 장단점으로 주장되는 내용들은 일반적인 경향 또는 원론적 주장일 뿐, 그것이 우리나라의 구체적인 상황에 그대로 적용될 수 있는 것은 아니다.

대통령제를 중심으로 하는 현재의 정부형태에 문제가 있다고 하면서 의원내각제 또는 이원집정부제로 변경해야 한다는 주장이 목소리를 높여 가고 있다. 하지만 한국적 정부형태의 대안에 대한 검토를 한국적 정치현실의 측면에서 논의해야 한다. 이론적으로 매우 훌륭한 정부형태 변경일지라도 한국적 정치현실의 허용 범위를 넘는 정부의 형태변경을 실현해 내기는 어렵다. 이들은 좋은 대안이지만 대통령제에 대한 국민의 친근감을 뛰어넘어 국민들의 보편적인 지지를 받기는 쉽지 않다. 정치권이 대통령중심제를 기초로 하면서 이를 보완하는 부분적인 변경의 범위 내에서 대안을 모색하는 이유가 여기에 있다.

현재 대통령제에 대한 보완책으로는 어떤 것이 있을까? 선택 가능한 대안적 정부형태로서 거론되는 것들은 다음과 같다. ▲ 4년 중임제로의 대통령 임기 조정, ▲ 대통령선거와 국회의원 총선 주기 조정, ▲ 분할정부적 상황을 해결할 수 있는 제도적 장치의 마련, ▲ 대통령 선출의 결선투표제 도입 정 · 부통령 런닝메이트제 도입 등이다. 현재 한국 정치가 처한 어려운 상황을 감안할 때 정부형태의 전면적인 변화는 어렵다고 판단된다. 하지만 5년 단임의 대통령 임기와 이로 인한 선거주기의 불일치가 1987년 헌법이 가지고 있는 치명적인 문제점으로 지적되고 있다. 이와 더불어 민주화 이후 헌정체제의 운용 과정에서 드러났던 문제점[11]을 바로 잡는 선에서 시급한 헌법개정이 요망된다.

권력분립: 이와 관련하여 개정되어야 할 사항은 다음과 같다. ▲ 정부에 대하여 국회의 예산편성 참여권을 제도화하는 방안, ▲ 국회와 감사원 간의 감사기능의 조정 및 이관, ▲ 헌법재판소 · 중앙선거관리위원회의 위상과 권한, ▲ 대법원장과 헌법재판소장의 임명이 국회의 동의를 얻어 대통령이 하는 현행제도를 변경하여 사법부 구성원들의 실질적인 논의를 거쳐 선출되도록 하는 방안.

---

11) 다당화의 경향 속에서 야대여소로 인한 국회와 대통령 간의 충돌로 인한 분할정부적 상황을 치유하는 예방하는 한편, 아래로부터의 유권자들의 선호를 반영하는 동시에 대통령 당선자의 민주적 정당성을 강화시켜 줄 수 있는 결선투표제를 도입해야 한다는 점 등이다.

기타: 개정 검토사항으로서 다음과 같은 것이 거론되고 있다. 국회의원 특권의 제한, ▲ 경제관련 조항의 정비, ▲ 수도에 관한 명문화된 규정의 설치.

21세기형 선진헌법을 향하여

장래 개헌논의가 재개되면 학계와 시민단체에서 꾸준히 제안해 온 '21세기 선진헌법'이 완성되었으면 하고 소망한다.[12] 막상 개헌을 하려고 들면 그 범위가 매우 광범위하게 되므로 한두 명의 연구로 만족스러운 결과를 가져올 수는 없다. 정치권에서는 각 정당 사이의 이해관계가 복잡하여 개헌의 필요가 있는 주제를 제기하는 데에 그치고 그 주제를 집중적으로 검토하지는 못했다. 특히 대선을 앞두고 있는 시점에는 개헌을 추진하기가 매우 어려웠다. 다음 정권에서 개헌논의가 이어질 수 있도록 개헌문제를 계속해서 관심주제로 삼고 미리 연구해 두는 일이 요구된다. 대선과 총선이 끝나고 나면 다시 한 번 개헌에 대한 찬반논의가 시작될 것이다. 그 때는 대통령 임기뿐 아니라 권력구조 및 통치구조 전반에 대해 검토해야 할 것이다. 그밖에 각계의 의견을 담아낼 수 있도록 개헌의 폭을 넓혀야 할 것이다.

---

12) 참고문헌: 김 혁,《한국사회의 변화와 헌법 개정의 필요성」, 한국정치학회, 2006; 미래한국재단,《헌법개정의 필요성과 방향》, 미래한국재단, 2006; 민병두,《현행 헌법의 한계와 쟁점: 87년 체제를 넘어》, 세미나자료집, 2005; 사월회 제27차 심포지움 '헌법 개정과 권력구조 개편(05. 12. 6)' 발제문 보충자료; 열린정책연구원,《주요 개헌쟁점 자료집」, 열린정책연구원, 2006; 윤대규,《왜 개헌인가?》, 한울, 2005; 함께하는 시민행동 엮음,《87년 헌법 무엇이 문제인가 헌법다시보기》, 창비, 2007; 헌법개정연구위원회,《헌법개정연구》, (사)한국헌법학회 헌법개정연구위원회, 2006; 헌법을 연구하는 국회의원 모임,《'헌법개정'은 시대정신의 반영입니다》, 하나출판사, 2005.

21세기형 패러다임을 반영한 헌법 개정으로 국가의 경쟁력을 강화시킬 것이 요망된다. 이를 위해서 대통령과 의회 권력 등 권력구조의 선진화에 대한 논의가 필요하다. 하지만 그 논의가 정치적 이해관계에 얽매여서 특정 집단의 집권욕을 충족시켜 주는 쪽으로 왜곡되어서는 안 될 것이다. 중요한 것은 국민의 다수가 어떤 제도적 변화를 원하고 있는가, 그리고 어떤 제도가 우리나라가 안고 있는 문제의 해결에 적합한가 하는 점이다. 통치구조를 선진화시키려는 개헌이 정략적 논의로 흘러서 국민의 의사에서 벗어나는 일이 생겨서는 안 된다.

2

정당공천제의 개선방안

공천 개혁의 필요성

2007년 4 · 25 국회의원 재보궐 선거는 정당공천제에 대한 국민의 심판이었다고 해도 과언이 아니었다. 한나라당은 원내 제1정당이며 정당지지율이 가장 높은 당시상황에서 예상치 못한 선거실패로 국민의 외면을 받은 것이었다. 한나라당은 세 개 지역 국회의원 보궐선거에서 한 개 지역(경기 화성)에서만 승리했고 텃밭인 영남지역(경북 봉화)을 비롯한 여섯 개 지역 기초단체장 선거 중 다섯 개 지역에서 실패하였다. 유권자들은 정당후보를 기피하고 무소속 후보에게 표를 준 것이었다. 이러한 민심의 외면은 바로 정당공천을 둘러싼 비리에 연루된 정당에 대한 질책의 성격을 띠었다.

정당공천이란 정당에서 선거에 출마할 공직선거 후보자를 추천하는 과정이므로 공정하고 객관적인 선발절차를 거쳐 공천이 이루어져야 한다. 공천의 과정은 국가의 주요 업무를 이끌어 나갈 고위직 공직자를 당이 일차적으로 선발하는 절차이다. 정당이 전국 또는 특정 지역에서 민의를 대표하여 공무를 잘 수행할 공직자를 추천하는 과정이다. 선출직 공직자가 되고 싶은 사람은 대개 정당공천의 절차를 거치게 되므로 공천과정은 공무원선발의 고시 일차시험과 비슷한 기능을 담당한다. 무소속의 출마도 가능하고 당선되는 경우도 꽤 있지만, 당선자의 대다수는 정당공천을 통해 자신의 능력을 검증받고 유권자와의 신뢰관계를 형성하고 있다.

대개의 선거에서 인기 있는 정당의 공천권을 따야 선거에서 승리하게 된다는 관계가 존재하고 있고, 이를 바탕으로 정치지망자들 간에 인기 정당에서 공천받기 위한 경쟁이 치열해지고 있다. 이러한 경쟁은 좋은 정치지도자를 선출할 수 있는 기초가 된다. 공천과정에서 일차적으로 좋은 후보자를 선발해 내야 정치지도자의 자질과 능력이 우수해지고, 나아가서 국정능력의 향상을 가져와 국가의 선진화를 도모할 수 있게 된다. 반대로 뇌물을 받고 저질의 후보자를 공천하게 된다면, 정치지도자의 능력이 저하되고 국정수행은 어려움을 겪게 되어 국가적 후퇴의 쓰라림을 국민 모두가 겪게 될 것이다.

17대 국회가 시도하여 성공한 정치 개혁이 꽤 있었지만 공천제도의 개혁은 완전히 실패했다고 평가된다. 국회의원 보궐선거 및 지방자치단체장, 기초의회 선거 등 모든 선거에 걸쳐 공천부패의 문제가 두러났다. 공천과정에서 정당내부의 비리가 적발되고 공천의 공정성에 대한 의문이 제기되는 경우가 허다했다. 이제 공천 개혁은 정치 개혁의 핵심과제로 떠올랐다. 현행 공천제도의 문제점이 무엇인지를 분석하여 적절한 대안을 마련하지 않는다면 한국에는 저질 정치가 판치게 될 것이고 국가발전은 꿈도 꾸기 어렵게 될 것이다.

공천 비리의 척결

서울 양천구 구청장이 비리혐의로 유죄판결을 받아 직위를 상실하고 나자 부득이 하게 보궐선거를 치를 수밖에 없게 되었다. 양천구는 구청장 보궐선거로 16억여 원의 예산이 소요될 것으로 추정되었다. 서울 양천구청장 선거비용환수 운동본부의 공동대표는 "양천구민은 선출된 지 6개월도 안 돼 구청장이 물러나는 사태"를 당했다며 "이 전 청장과 한나라당은 구민을 우롱하고 혈세를 낭비하는 결과를 초래했다"고 했다. 지역주민들은 그 구청장과 소속 정당(한나라당)을 상대로 억대의 손해배상 소송을 내기로 결의하였다. 공천비리의 결과 보궐선거를 치르느라 세금을 낭비하는 것은 국가재정에 엄청난 부담으로 된다.

아직도 정당의 공천은 과거처럼 정당 지도자에 대한 충성심이나 정치자금의 제공이 당천요인으로 작용하고 있다. 2007년 4월 25일 재보궐 선거에서도 정당의 공천행태는 과거와 마찬가지로 대개 하향식 밀실공천이었다. 후보자가 되고자 하는 공천 신청자들은 누가 자기를 떨어뜨렸으며 왜 떨어졌는지 이유도 모른 채 후보자 선발에서 탈락했다. 정당의 업무 중에서 공천이 가장 비민주적으로 행해지고 있다.

지난 지방자치선거에서 가장 심각한 문제로 제기된 것은 바로 공천비리였다. 2006년 5월 31일 기초자치단체장 및 의회의원 선거에서는 정당공천제와 지방의원의 유급제가 동시에 도입되면서 공천과 관련된 혼탁 양상이 과거보다 심각했다. 공천과정에서의 비리는 유권자들의 정치혐오증을 불러일으켜 투표율을 저하시키는 원인이 되었다. 공천과정에서의 비리는 외환치기, 하수인 심기, 식사 및 향응 제공, 골프접대 및 금품수수 제공, 명의도용 사기행각, 선거담합, 상대 후보에 대한 허위사실 유포, 여론조사 조작 비리, 측근의 공천헌금 수수, 당후원금과 공천헌금과의 구별의 모호성을 이용하는 등 다양한 유형으로 발생하였다. 더 큰 문제는 공천비리가 밝혀지지 않은 채 당선된 단체장들과 지방의원들이 많다는 사실이었다. 비리정치인이 담당하는 지방행정의 부실로 인한 결과는 주민의 고통으로 남게 되는 것이다.

정당공천제를 통해 일어나는 공천과정에서의 비리는 지방자치단체장 선거의 기본 취지를 뒤흔들었고 유권자들에게 정치혐오증을 불러 일으켰으며, 지방선거의 투표참여율을 저하시키는 결과로 이어졌다. 공천 과정에서 발생한 공천 계약금 수수, 식사 및 향응 제공, 골프 접대 및 금품 제공, 선물 제공, 명의도용 사기행각, 선거담합, 상대후보에 대한 허위사실을 유포, 측근의 공천헌금 수수 등 비리유형들이 재발되지 않도록 대책이 마련되어야 한다.

공천 비리로 인해 지방선거에서의 정당공천제 자체에 대한 심각한 의문이 제기되었다는 점도 간과 해서는 안 된다. 공천과정에서의 비리뿐 아니라 종이(유령)당원, 당비대납 등의 비리 등이 드러났다. 검찰이 2006년 1월 중순까지 적발한 선거사범은 242명에 달하며, 그 중 16명이 구속되고 94명이 기소되었다. 2002년 지방선거에 비해 2.6배가 넘는 수치를 보여주면서, 정당공천제의 폐해가 여실히 드러났다. 이는 2,888명을 뽑는 기초의원 선거에 정당공천제가 도입됨으로 인해 발생한 사태인 것이다. 정당공천제에 대한 폐해를 없애는 가장 현실적인 방안이 정당공천제 폐지라는 주장은 경험할 만하다.

공천권을 당의장이 행사하는 경우에 정치인은 당선 전이든 당선 후이든 그의 눈치를 살피게 되기 때문에 소신을 가지고 국민을 대변하는 정치를 할 수 없게 된다. 의정활동의 자율성을 확보하기 위해서는 공천의 권한을 당의장의 독단으로부터 떼어내고 객관적인 공천심사절차를 거치도록 해야 한다.

지방자치 정신의 회복

공직선거법 개정으로 2006년부터는 2,888명을 뽑는 기초자치단체장 및 의회의원 선거에 정당공천제가 도입되었다. 정당이 지방선거의 모든 직급에 직접적으로 간섭을 하게 된 것이었다. 지방선거의 후보공천에서는 후보자들의 당에 대한 충성심이 주요 기준이 되었고 후보의 전과사실이나 자질 미달이 무시되었다. 유권자들은 후보자의 자질과 역량을 보고 투표하기보다는 정당을 보고 투표하는 경향을 보였다. 지방선거에서는 하나의 정당이 대부분의 지방을 석권하는 싹쓸이 투표가 행해졌다. 일당 지배적인 의회의 경우 영속적인 도당(徒黨)제도로 변모할 위험이 높아 졌다. 그밖에 2006년 5월 지방자치단체장 선거에서 나타난 문제로서 유령 당원, 당비대납 등의 비리를 들 수 있다. 열린우리당은 스스로 유령 당원과 당비 대납 의혹 사건에 대해 수사를 의뢰하였다.

지방자치 선거의 정당공천에 따른 또 하나의 폐해는 선거관리위원회 및 시민단체와 학계가 매니페스토 운동을 펼쳐도 유권자들의 동의를 구하기 힘들다는 점이다. 특정한 정당이 지방선거를 지배하는 곳의 경우 유권자는 선거결과를 예측할 수 있기 때문에 투표에 참여하지 않게 되는 부작용이 발생하였다. 경실련 지방자치위원회에서는 2002년 선거를 통해 당선된 16개 시 · 도 현역 자지단체장들 및 234개 기초자치단체장의 공약을 분석하여 발표하였다. 부정적 사례로서, 지방자치에 역행하거나 실현 불가능한 지역이기주의를 조장하는 공약, 자치단체 예산규모와 맞지 않는 과다한 행정서비스 제공의 선심성 공약, 투기를 불러일으키는 각종 개발공약, 무계획적이며 무분별한 각종 대회 설립 공약, 경제적 타당성이 없는 각종 민간자본 유치 공약, 정부가 이미 발표한 정책이나 이미 진행 중인 사업을 자신의 정책으로 포장한 공약, 중앙정부 권한을 자치단체 권한인 것 같이 하는 공약 등이 거론되었다.[13)]

정당공천제와 함께 도입되었던 중대선거구제는 그 본래의 취지를 잃었으며 지방 의회에서 일당 지배를 공고하게 만든 결과를 낳았다는 지적도 있었다.[14)] 이로써 지방자치선거에서 중대선거구제를 채택한 것에 대해서 문제가 제기되었다. 한나라당을 제외한 여야 4당이 2006년 1월 23일 '지방의 이해에 따른 자의적 선거구 획정을 방지할 필요' 에서 중앙선거관리위원회가 선거구 획정권을 갖도록 공직선거 및 선거부정방지법 개정에 합의했으나, 대부분 시·도가 이미 조례로 선거구를 획정해 놓은 상태였기 때문에 개정 없이 5.31 지방선거를 치르게 되었고, 이로서 중선거구제의 도입 취지가 무산되는 결과를 낳았다.[15)]

결국 기초의원 정당공천제는 중앙 정당에 대한 충성이 강요되고 중앙 정당이 지방 자치를 통제하는 결과를 초래하므로 진정한 지방자치제를 방해하게 된다. 지방 의회가 정당대표로서 구성되는 경우에, 의원들은 안건을 정당의 문제로 다루려는 경향이 있다. 안건의

---

13) 임승빈, "제4기 5.31 지방선거 분석과 정당공천제 폐지에 대한 대안 모색,"《기초단체장 및 의원 정당공천제 폐지를 위한 토론회》자료집, p.46, 2006년 8월 28일.

14) 국회의원 이시종이 대표발의한 공직선거법 개정안에서는 현행 중선거구제를 폐지하고, 소선거구제를 도입하는 것을 골자로 하고 있다. 또한 의원·장 후보자의 투표용지게재 순위를 현행 정당순서대로 게재하는 것이 아닌, 추첨방식으로 결정하도록 공직선거법 150조 3항에서의 개정을 제안하고 있다.

15) 2006년에는 시도 지방의회의 선거구 획정위원회에서 확정한 4인 선거구는 과거에 비해 크게 줄어든 반면 3인 및 2인 선거구는 크게 늘었다. 161개의 4인 이상 선거구는 39개가 남았고, 122개가 2인 또는 3인 이상 선거구로 쪼개졌다. 결국 3인 선거구는 381개로, 2인 선거구는 607개로 늘어났다.

내용을 검토한 후 합리적 결정을 내리기보다는 정당의 정책을 교조주의적으로 채택하는 모습을 보여주는 경우가 많게 된다. 의회활동에서 의원들은 지역 현안 문제에 대한 진지한 토론보다는 정당 사이의 쟁점을 주요 의제로 다루는 사례가 빈번하게 된다. 정당에 소속된 지방의원들은 정당의 결정이나 지시에 따라야 하므로 지역의 시각에서 소신 있는 판단을 할 권한이 약해지는 것이다.

지방자치 선거의 정당공천 폐지

종래부터 기초자치단체장의 정당공천제에 대해서는 존치론과 폐지론이 팽팽하게 맞서고 있어 왔다. 존치론자는 정당정치 활성화, 향후 정당제도 발전 기회의 제공, 정당에 의한 지역인사 검증, 인재발굴 및 육성, 우수 인재 충원, 후보검증 과정의 용이성, 투표율 제고 등의 장점을 그 근거로 들었다. 반면에 폐지론자는 무소속 후보의 선거운동의 어려움, 특정 지역의 특정 정당 지배 구도, 중앙정치의 지방정치에의 관여, 공천 비리, 국회의원의 지역정치인 부리기 등의 부작용과 폐단을 지적하였다. 참여자치연대가 실시한 여론조사에서는 일반 유권자들 55%가 정당공천제의 폐지에 찬성하였다.

올바른 지방자치제의 정착과 주민의 지방선거 정착을 위해서는 공직선거법 47조의 재개정을 통한 기초단체장 및 기초의원의 정당공천 폐지가 필요하다고 생각한다. 공천 비리가 지방행정을 마비시킬 가능성을 가지고 있고, 중앙당에서의 공천권 행사로 주민이 외면되고 정당만이 활개치게 되어 지방자치의 취지가 실종될 염려를 가지고 있기 때문이다. 지난 지방자치 선거에서는 기초의원, 단체장, 광역의원, 국회의원 등이 정당 차원에서 담합하게 되었다. 그리고 인물이

	정당가입 금지(1안)	정당가입 허용(2안)
내 용	• 후보자는 선거일 전 6개월 전부터 정당가입 금지시킴 (단, 보궐선거 등의 경우는 선거실시사유 확정일로부터 10일 이후부터 정당가입 금지) • 당선자 임기 중 정당가입 금지	• 후보자, 당선자 정당가입 허용(정당 표방제에 가깝도록 후보자 누구든지 지지정당을 밝힐 수 있음)
장 점	• 중앙정치의 예속으로부터 완전히 벗어남	• 정당추천제를 주장하는 그룹들과도 타협가능
단 점	• 정당공천제 폐지에 따른 위헌적 요소	• 중앙정치의 예속으로부터 벗어나기 어려움
쟁 점	• 정당공천제 폐지를 하면서 정당가입을 허용한다면 정당공천제 폐지 취지에 맞지 않음	• 정당원의 개념적 정의가 필요

나 정책이 중심에 놓이지 않고 정당이 중심이 되어 선거가 치러졌다는 점은 지방자치제를 무색하게 만들었다. 이러한 실패를 바탕으로 신속하게 공천제를 폐지하여 정치개혁을 위한 변화를 시도해야 한다.

기초단체장과 기초의원 선거에서 정당공천을 폐지해 지역에 제대로 된 민생정치를 돌려줘야 한다는 목적으로 열린 110인의 정당공천폐지 여 · 야 국회의원 모임은 2006년 8월 28일 공천제 폐지를 위한 토론회를 갖고 공직선거법과 정당법 개정안 초안에 대한 각계 의견을 청취했다.

지방자치단체장 및 기초의회 선거에 앞서 이들 후보들에 대해 정당에의 가입을 금지해야 한다. 후보자에게 선거일 전 180일부터 정당가입을 금지하며, 보궐선거 등의 경우는 선거 실시사유 확정일로부터 10일 이후부터 정당가입을 금지하는 조항을 공직선거법 52조의 조항에 포함시켜 정당공천제의 전제가 되는 정당 가입 금지를 명문화할 것이 요망된다.[16] 그리고 당선자도 역시 임기 중에 정당 가입을 금지하도록 명시하는 정당법(제22조 1항 1호)의 개정이 요망된다. 그밖에 정당가입을 허용하되 현행의 정당공천제의 폐해를 보완하자는 제안도 가능하다.[17]

공천 개혁의 방향

우리나라 국회의원 공천제도에 영향을 미치고 있는 변수로서 제도 이외에 정치문화도 크게 작용하고 있다. 일반적으로 지방형, 신민형 정치문화에서는 당원이 직접 참여하는 공천제도가 만들어지기 어렵다. 한국의 민주화 과정 속에서 꾸준히 선거과정에서의 비민주성에 대한 비판이 행해졌지만 공천절차는 민주화되지 못했다. 정치문화의 변화와 시민의 자발적 정치참여가 증가하면서 각 선거에서 정당 후보 선정과정의 민주화를 요구하는 목소리가 커지고 있다. 시민단체들 역시 정치참여와 민주의식 향상에 기여하고 있으며, 젊은 세대와 진보적 정치세력의 정치참여가 활발하게 이루어졌고 정치의식이 상당히 향상되었다. 정보화의 흐름은 유권자와 당원의 정치 참여가 시공간을 넘어 적은 비용으로 이루어질 수 있는 정당 환경의 변화를 제공하고 있다.

대통령 후보와 국회의원 후보의 공천에 있어서는 자질과 능

16) 2006년 국회의원 이시종이 대표발의한 공직선거법 개정안에서는는 지방자치선거에서의 정당공천제 폐지를 위해서 공론화되어야 할 사항으로서 ◇ 후보자의 정당 가입 여부, ◇ 선거구제의 변경, ◇ 광역 선거와 기초자치단체 선거와의 분리 등 크게 세 가지를 들었다.

17) 임승빈, “제4기 5.31 지방선거 분석과 정당공천제 폐지에 대한 대안 모색,” 《기초단체장 및 의원 정당공천제 폐지를 위한 토론회》 자료집, p.48, 2006년 8월 28일.

력을 갖춘 공직자를 선출하기 위해 객관적이고 공정한 공천절차를 거칠 것이 절대적으로 요망된다. 지방자치 선거에서는 기초의원의 단계에서는 정당공천제를 폐지할 것을 주장한다. 아울러 진성당원이 적은 현 상황에서 정당의 공천절차에 당원의 참여를 어느 정도로 허용하는 것이 바람직한가를 검토해야 할 것이다. 정당의 지방조직에 공천권을 주는 경우에 중앙집권적 현행 정당구조 아래에서 얼마나 실질적인 효과가 있을 것인가도 검토해야 한다. 공천과정에서 중앙당의 권한을 얼마나 축소할 것인가에 관해서는 현재 정치권이나 학계에서 의견 대립을 보이고 있다. 바른 정치의 정착을 위해서는 제도에 대한 심도 깊은 논의를 바탕으로 개혁을 추진해 가는 실천력이 절실히 필요하다.

|3|

매니페스토 운동

무책임한 공약 남발

대선을 앞두고 쏟아지는 각 후보들의 공약을 지켜보면서 2002년 대선 때처럼 대통령임기 내 경제성장률 5%를 공약했다가 상대 당이 6%를 내놓자 7%로 바꾸는 식의 무모한 공약 경쟁이 재연되는 것이 아닌지 우려스럽다. 이러한 선거방식이 되풀이되면 결국 그 피해는 국민에게 돌아간다. 선거 때에는 민심에 기댄 포퓰리즘 공약을 쏟아냈다가 선거가 끝나면 흐지부지 어물쩍 넘어가버리는 것에 국민들은 지겨워하고 있다.

헛공약 남발 분위기는 지방선거에서도 마찬가지였다. 16대 시도 단체장들이 내놓은 공약들을 분석해보면 실현가능성이 의문시되는 정책들이 엄청나게 많았다.[18)]

선거 때만 되면 허황한 공약들이 난무하곤 하는데, 2007년 대선에서도 공약들은 실현가능성의 검증 없이 허황되게 떠돌고 있다. 한 주간지가 최근 실시한 여론조사에 의하면 2007년 대선에서 가장

18) 서울신문, 2006년 5월 5일자 참조.

16대 시 · 도 단체장의 헛공약

지 역	공 약	부적절 사유
서울시	팔당 · 잠실 취수지의 생활하수 유입 원천 차단	사업검토 안 되었음. 실현 가능성 낮음.
부산시	행정 · 경제 · 여성 3부시장제 도입	자치단체장 권한 밖
	한국해양개발은행 설립	자치단체 규모와 부조화
대구시	낙동강 연안 개발	경제적 타당성 결여
인천시	서북부 매립지 레저파크	중앙정부 권한을 자치단체 권한인 것같이 함
	인천우수학교 및 교사 인센티브제 도입	
광주시	전남도청 이전 반대	당선 후 후속활동 전무
대전시	호남고속철도 대전 경유 및 호남철도 이설	중앙정부 권한
울산시	울산공항의 국제공항화, 자유무역지역 지정, 프로야구단 창립	중앙정부 권한
경기도	도시철도 24시간 운행	사전검토부재 실현 불가능
강원도	과학기술진흥기금 200억원 조성, 강원문화재단 육성기금 200억원 확대 조성, 여성발전기금 100억원 규모 확대	자치단체 예산규모와 맞지 않음
충청북도	고속도로 조기완공, 충주댐 · 대청댐 광역상수도 건설, 태권도공원 유치	중앙정부의 권한
충청남도	풍력발전단지 조성	경제적 타당성 결여
	해양레포츠산업 육성	
전라북도	군산지역 중심 경제자유구역 지정	중앙정부 권한
	양성자 가속기 정읍 유치	
전라남도	옥수수연구소 설립 및 관련 산업단지 조성, 세계전통문화상품전 개최	경제적 타당성 결여
	세계민주화운동 전시관 건립	정부가 이미 발표한 정책
경상북도	도청 이전	무계획적인 공약
경상남도	통영 수산물유통센터, 마산 · 창원 제2봉암교 건설	경제적 타당성 결여
제주도	국립극장 제주분원 유치	중앙정부의 권한

기대되는 공약으로 이명박 전 시장의 '한반도 대운하 건설(23.6%)' 이 꼽혔다. 그리고 이 공약은 동시에 달성 가능성이 가장 낮은 공약 2위(29.1%)에도 올라 눈길을 끌었다. 같은 당의 박근혜 전 대표가 내놓은 '열차 페리' 구상 역시 달성가능성이 매우 낮은 공약(6.8%)으로 평가되었다.[19) 유력한 대선주자들이 내놓은 공약들이 민생과 무관하게 그저 선거 바람을 타보려고 거창한 공약(空約)으로 내놓은 것에 불과한 것이 아닐까하는 생각이 들었다.

17대 대선을 앞두고 쏟아지는 각종 공약의 실현 가능성이 얼마나 되는지 의심스러운 것은 수 없이 많다. 2007년 초 '반값 아파트' 공약에 이어 '반값 등록금' 공약이 연이어 쏟아지자 서민층은 큰 기대를 갖게 되었지만 이 공약들은 구체적인 재원조달 방법에 대한 내용은 빠진 채 전시용으로 발표된 인상이 짙었다. '반값 등록금 정책'을 추진하기 위해서는 10조원이 넘는 등록금 총액 가운데 약 8조원에 달하는 가계부담금을 절반으로 낮추기 위해 4조원의 재원을 국고로 마련해야 하는데, 이 재원마련을 어떻게 해결하겠다는 것인지 실천방안은 빠져 있었다.

매니페스토 운동

한국의 잘못된 선거문화를 이제는 바꾸어 보자는 데에 국민의 공감대가 형성되었다. 그리고 과거 무모한 공약경쟁의 대안으로서 매니페스토 운동이 시민운동으로서 확산되고 있다. 혈연·학연·지연 등에 의한 연고선거, 돈 선거, 상호비방·흑색선전 등 기존의 네거

19) 이코노미21, "이명박 '한반도 대운하' 기대할 만," 2007년 5월 21일자 참조.

티브 선거문화를 청산하고, 정책을 놓고 경쟁하는 포지티브 방식으로 건전 선거문화를 일구어 나가자는 분위기가 형성되고 있는 것이다.

매니페스토(Manifesto)의 어원에는 '책임있는 약속' 이라든가 "직접 본인의 손으로 계약문서를 작성하다"라는 의미가 내포되어 있다. 매니페스토 운동이라 함은 선거공약을 문서로 남겨서 꼭 지키도록 하려는 정치운동으로서 '참공약 선택하기 운동' 이라고 표현할 수 있겠다. 선거와 관련하여 유권자에 대한 계약으로서 반드시 지킬 것을 약속하는 메니페스토 운동은 어떤 정책의 목표와 이행 가능성, 예산 확보의 근거 등을 구체적으로 제시하여 하는 공약을 요구한다. 선거 이후에는 공약을 준수했는지에 대한 평가를 하여 그 정치인에 대한 선거심판을 하게 되는 것이다.[20] 선거에 승리한 정당이나 후보자에 대하여 유권자가 이행에 대한 책임을 물음으로써 이행 정도에 따라 다음 선거에도 커다란 영향을 미치게 된다.

외국의 사례

매니페스토 운동의 기원은 영국 보수당 당수인 로버트 필이 1834년 탬워스 지역 선거에서 "유권자들의 환심을 사기 위한 공약은 결국 실패하기 마련이다"라고 하면서 구체화된 공약의 필요성을 강조한 사건에서 출발했다. 이후 영국에서는 각 당이 선거 한 달 전까지

20) 매니페스토를 평가하는 기준으로는 공약의 구체성(specific), 검증 가능성(measurable), 달성 가능성(achievable), 타당성(relevant), 기한 명시(timed)의 5가지가 있다. 이 5가지의 영어 첫 글자를 따서 '스마트(SMART)' 라고 하며, 이를 지수화한 스마트지수로써 공약을 분석 및 평가한다. 또 공약의 지속성(sustainability), 자치력 강화(empowerment), 지역성(locality), 후속조치(following)의 첫 글자를 딴 셀프(SELF)지수도 평가의 기준으로 삼는다.

선거공약에 정책 수행기간, 목표, 재원 등을 담아 50페이지 안팎의 매니페스토(공약집)를 내놓는다. 1997년 영국 노동당의 토니 블레어가 집권에 성공한 것도 매니페스토 10대 정책을 국민들의 마음에 와 닫게 구체적으로 제시한 데 힘입었던 것으로 평가되었다. 블레어는 그의 매니페스토에서 "5세 내지 7세 아동학급 규모를 30명 이하로 줄이기 위해 1억 8,000만 파운드가 소요되는 엘리트 교육제도를 단계적으로 폐지하겠다"라고 하는 내용을 담아 중산층과 서민들의 뜨거운 호응을 얻어냈다.

일본에서는 지방자치 선거에서부터 매니페스토 운동이 시작되었다. 2003년 가나가와현(神奈川縣)의 지사 선거에서 마쓰자와 시게후미(松澤成文) 후보가 무소속으로 출마해 지사직에 도전할 때에 공약의 우선순위, 기간, 재원을 구체적으로 밝힌 매니페스토 37가지를 공표해 주민들의 호응을 얻어내어 당선을 따낸 사건에서 매니페스토 운동이 주목받기 시작했다.[21] 이어서 2003년 11월 중의원 총선거를 앞둔 4월에 민주당의 칸 나오토 대표가 당수토론에서 매니페스토 선거로 치르자는 제안을 하여 유권자의 호응을 얻었다.[22] 그러나 당시 고이즈미 준이치로 수상은 매니페스토 운동에 별다른 반응을 보이지 않았다. 그 후 2003년 9월 실시된 자유민주당 총재선거에서 고이즈미 수상은 자신이 제안한 공약이 자민당의 공약이 될 것이라고 주장하였다. 고이즈미 수상은 비록 매니페스토라는 단어는 사용하지 않았지만 '정권공약' 이라고 표현하면서 그 중요성을 공언한 것으로 평가되었다.

---

21) 한국매니페스토 실천본부 웹사이트 참조, http://www.manifesto.or.kr

22) 오수길, "일본 사례분석을 통한 대선 매니페스토 작성방향," 《17대 대선 매니페스토 형식개발을 위한 1차 토론회 자료집》, 한국매니페스토실천본부, 2007.

2003년 4월에 실시된 지사 선거에서는 22명 중 14명의 후보들이 로컬 매니페스토를 내걸고 7개 현 중 5개 현에서 당선되는 선거혁명을 이뤄냈다.[23] 이러한 성과를 바탕으로 2003년 7월 일본에서는 매니페스토 운동추진을 목표로 '새로운 일본을 만드는 국민회의' (21세기 임조)가 출범했다.[24] 그 해 10월에 참의원 본회의에서 공직선거법이 일부 개정됨으로써 선거기간 중에 매니페스토를 발표할 수 있는 제도적 바탕이 마련되었다. 2003년 총선은 처음으로 주요 정당 간 정권공약을 전면에 내세우고 치러졌다는 점에서 일본 국정선거의 획기적인 전환점으로 평가받았다. 로컬 매니페스토에서 출발한 운동이 정당 차원의 매니페스토로 발전한 것이다.

일본 매니페스토 운동의 특징은 정책제시의 주체는 후보자가 아닌 정당이며 정책 집행자는 집권당의 대표가 된다는 점이다. 정당 매니페스토는 정권을 잡은 정치인과 정당이 작성했고 집권당 수상이 그 실현 여부를 약속한 당사자가 되었다. 매니페스토의 작성 과정에서 당내 절차와 당의 승인이 그 전제가 되며 국회 다수파의 정책과 집권당 대표인 수상의 정책이 일치해야 하는 구조를 띠었다. 일본의 선거제도는 '소선거구 비례대표 병립제' 여서 유권자들은 소선거구에 입후보한 후보와 정당 자체를 선택하게 되는데, 비례대표의 선출에 메니페스토가 큰 영향력을 미쳤다. 일본의 매니페스토 운동은 21세기 임조를 비롯하여 경제동우회, 언론NPO 등에서 정권 공약을 평가하고, 경단련과 청년회의소 등에서 공약 검증대회를 개최하는 방법으로 진행되었다.[25]

23) 동아일보, 2006년 2월 2일자.

24) 21세기 임조가 매니페스토를 '정권공약' 으로 번역한 것을 계기로 일본에서는 이 용어를 사용하고 있다.

25) 청년 정책미디어 사이트인 세이론(Seiron)을 참고하면 각 정당 매니페스토 비교,

한국형 매니페스토 운동

한국의 매니페스토 운동은 2000년에 전개된 낙천 낙선운동의 연장선상에서 시작되었다고 볼 수 있다. 2006년 5월 31일의 지방선거를 앞두고 시민단체들은 후보자들이 내세운 공약이 구체성을 띠고 있으며 실현 가능한지, 다시 말해서 '갖춘 공약' 인지의 여부를 평가하자는 매니페스토 운동을 전개했다.

정치인이 내놓은 정책이 제대로 된 정책인지를 평가하기 위해서 시민단체들이 나섰다. 2006년 지방선거에서는 매니페스토 운동이 본격적으로 전개되었다. 경실련은 의정활동 감시단을 운용하고 있으며 의원들의 국정감사 실적을 객관적 지표로 만들어 발표하는 등 활발한 활동을 펼쳤다. 유권자가 국가의 진정한 주인 자리를 찾고자 나선 것이다. 매니페스토 운동은 선거와 민주주의의 패러다임을 바꾸는 조용한 혁명이었다.[26)]

이 운동의 취지를 정치권에서도 받아들여 5.31 지방선거 전에 각 당이 모여 이 운동에의 동참의사를 밝혔다. 2006년 3월 16일 정동영 열린우리당 의장, 박근혜 한나라당 대표 등 여야 5당 대표가 국회에서 중앙선관위 주최로 열린 '매니페스토 정책선거 실천 협약식'에 참석해 협약문에 서명하며 정책선거를 다짐했다. 협약문 내용에는 다음 사항이 포함되었다. ◇ 건강한 경쟁 속에 공정한 선거, ◇ 지역에 알맞은 좋은 정책 만들기, ◇ 목적과 우선순위, 절차, 기간, 재원의

해설, 공약 실천 여부 등의 정보를 얻을 수 있다고 한다.
세이론 http://www.seiron.org

26) 이현출, '지방선거와 매니페스토 종합평가', 《국회 매니페스토 연구회 창립대회 자료집》, pp.19-21

5가지 요소를 갖춘 좋은 정책으로 사전 검증과 사후 평가 받기, ◇ 유권자들이 좋은 정책을 따져볼 수 있는 매니페스토 운동에 적극 참여, ◇ 출마 후보자 선정단계에서부터 매니페스토 정책 제시 요구, ◇ 시민사회는 구체적이고 실현 가능한 정책을 평가하고 근거 제시할 것 등이 포함되었다.

그 후에 각급 선거구별 후보자들이 모여 매니페스토에 기초한 정책선거를 치르기로 서약식을 가졌다. 열린우리당은 매니페스트 운동에 적극 동참한다는 입장을 밝히며 2006 지방선거를 정책선거의 원년으로 삼겠다는 목표 아래 중앙당이 후보자의 공약사항을 철저히 검증하고 경선과정부터 이를 적용하고 유권자 홍보를 위한 정책홍보비를 늘렸다.

한국의 매니페스토는 일본의 경우와 달리 정당의 매니페스토와 후보자 매니페스토가 공존하는 성격을 가졌다.[27] 정당 차원에서 공동정책을 형성하고 후보자들의 이행을 보장하는 특징을 보였다. 지방자치선거의 현실에 비추어 개별 후보자들이 충실한 공약을 마련하는 일에 한계가 있기 때문에 중앙당이 나서서 정책을 개발하고 이행을 보장한 측면이 있었다.

2006년 5.31 지방선거에서 처음 도입되어 많은 관심을 받았던 매니페스토 운동은 여러 한계점이 지적되었다. 중앙선거관리위원회가 전국의 성인남녀 1,500명을 대상으로 유권자 의식조사를 실시한 결과를 보니 '매니페스토 운동' 을 알고 있는 유권자는 21.3%에 불과해 낮은 인지도를 보였다.[28] 공약을 평가하는 스마트 지수 자체의 한

27) 중앙선거관리위원회 보도자료, 2006년 5월 9일.

28) 중앙선거관리위원회, "5 · 31지방선거 제1차 유권자 의식조사," 연합뉴스 보도자료, 2006년 5월 19일.

계도 지적되었다. 현역 지방자치단체장 후보가 이미 시행중인 사업을 공약으로 내세울 경우에 공약평가에서 실현도 평정에 유리하였다.[29) 선거 시작 전에는 '매니페스토' 에 호응하면서 모든 후보가 서약을 했다가 선거운동에 접어들면 이미지 위주의 캠페인으로 변질되고 폭로와 비방이 쏟아지는 네거티브 캠페인으로 전락했다. 한국 선거 풍토에서 공약이 주요 변수로 자리 잡지 못한 채 중앙정치의 바람이 지방선거에 절대적인 영향을 미쳤다.[30)]

지방선거가 끝나고 매니페스토 추진본부는 다음과 같은 과제를 스스로 제시했다.

"우선 먼저 짧은 기간에 확산된 매니페스토 운동의 정착을 위해 법, 제도개선 노력이 필요하다. 또한 5.31 선거과정에서 제안된 각 단체와 기관들이 제안한 매니페스토 형식과 평가지표들을 보완하여 효율적이고 합리적인 한국형 매니페스토와 평가지표를 완성시켜 나가야 한다. 그리고 5.31 당선자들의 매니페스토 이행과정을 체계적이며 엄격하게 검증하고 평가해 나갈 수 있는 전국적 이행평가 네트워크를 구축하고 합리적인 이행평가 지표를 개발, 활용해 나갈 계획이다." [31)]

29) CBS 노컷뉴스, "'참공약 선택하기 운동' 공식활동마무리" 기사 참조, 2006년 5월 26일자.

30) 예를들어 한나라당 박근혜 대표가 대전유세 현장에서 피습당한 사건이 발생한 후 충청지역의 민심 쏠림현상이 나타나면서 선거판세가 뒤집혔다.

31) 매니페스토추진본부, "정책선거, 매니페스토 원년을 선언한다," 연합뉴스 보도자료, 2006년 6월 1일자.

매니페스토 확산을 위하여

선거에서 정책공약이 갖는 의의는 참으로 크다. 정당은 국민의 분산된 이익과 여론을 모으고 조직화해서 우선순위를 결정하는 역할을 한다. 이 과정을 통해 사회의 다양한 요구들이 제도적 차원으로 흡수되어 사회적 질서가 형성된다. 정당은 사회의 요구를 수용하고 이에 상응하는 정책을 수립하고, 나아가서 미래를 예측하고 효과적으로 대응하여 사회의 효율성을 높일 수 있는 '미래정책'을 개발할 책무를 진다.[32] 정당의 정책은 선거과정에서 공약의 형태로 국민들에게 제시되고 평가받게 된다.

정치인이 약속을 지키지 않아도 으레 그러려니 하며 사회적으로 지나치게 관대하게 용인하는 구태의 관습은 사라져야 한다. 종래 우리의 선거문화에서는 정책적 약속인 '공약'이 소홀하게 다뤄져왔다. 정치인들의 약속의 결실인 공약과 정책이 신뢰할 수 없는 공허한 구호로 전락해버린 것이 우리의 정치 현실이다. 그렇다보니 정책선거라는 것은 먼 이야기일 수밖에 없다. 우리의 생활 속에서 겉치레와 형식적 인사를 주고받으며 체면 때문에 지키지 못할 약속을 남발하는 경우가 많은데, 이것이 정치문화에도 그대로 투영되어 정치인들이 하는 정치적 약속과 선거 때 제시하는 공약들은 지켜도 그만 안 지켜도 그만이라는 식으로 묻히고 만다. 약속 안 지키는 것이 한국의 정치적 관행이 되어버린 것 같다. 약속은 반드시 지켜야 한다는 책임의식이 옅은 우리의 사회문화도 함께 바뀌어야 한다. 책임성 있는 정치인들이 굳은 신념을 가지고 국민 앞에서 약속을 하더라도 국민이 그 말을 곧이곧대로 믿어주지 않고 무책임한 공약을 남발하는 정치인을

32) 신진, 《정당과 선거제도 개혁》, 충남대학교 출판부, 2004, p.201.

뽑는다면 한국 정치는 퇴보하게 될 것이다. 약속 불감증은 정치에 대한 불신과 정치의 후퇴로 이어진다.

정치인은 선거를 통해 국민의 뜻을 위임받아 이행하는 사람이다. 유권자는 후보들이 내건 공약을 보고 후보를 판단하며 그 약속을 지키리라 믿기에 선택한다. 당선 이후에 공약을 실천하려는 노력을 게을리 한다면 이는 국민과의 암묵적 계약을 위반한 것이다. 따라서 이 계약을 지키지 않은 정치인을 강력하게 통제하고 제재하는 것이 마땅하다. 공직선거법을 정비하고 선거관리위원회의 활동범위를 확대해 공명선거를 실현하고자 하는 노력은 매니페스토 운동과 맥락을 같이 한다.

정당과 후보자는 좋은 정책공약을 생산해 내고 국민은 그 공약을 정확히 평가해야 진정한 정치발전이 가능하다. 매니페스토 평가기준을 마련할 때에는 대통령 선거 때 내세운 공약이 후보자의 공약인지 소속정당의 공약인지, 또는 예비선거의 공약이 정권 공약까지 갈 수 있는 것인지 하는 부분을 분명히 해야 한다. 현재 후보와 정당 간의 구분이 애매하여 책임소지가 불분명하므로 사후검증을 위해서 메니페스토의 주체를 명확히 할 필요가 있다.

매니페스토 운동(참공약 실천운동)이 일시적 선언에 그치지 않고 바른 선거문화의 정착에 기여하려면 무엇보다도 유권자들이 그 중요성을 인식하고 꼼꼼히 검증하는 자세가 필요하다. 유권자가 직접 나서서 각 후보자가 제시한 공약과 정책을 세세히 살펴보고 투표해야 한다. 그리고 선거 이후에도 당선자가 스스로의 약속을 잘 지켜나가는지 항상 지켜보며 견제한다면 정치인들도 이 압력을 받아 신중하게 공약을 내놓고 실천하려 애쓰게 될 것이다. 이것이 한국선거가 진정한 정책선거로 발전하는 길이라고 본다. 비록 2006년 5.31 지방선거에서는 정당지지에 따라 투표하는 선거바람에 밀려 당선결과에 큰 영향을 미치지 못했지만 다가오는 2007년 대선과 이후 선거들에서는 매니페스토 운동이 점점 더 의미를 갖게 되었으면 하는 희망을 가져본다.

매니페스토 운동이 깊이 뿌리내리려면 제도적으로 보완하는 노력이 좀더 필요하다. 현행 선거법에는 대통령이나 국회의원이 정책공약집을 만들어서 배포하지 못하도록 규정하고 있다. 이는 선거에서 후보간 정책경쟁과 사후 공약 이행 여부 검증을 어렵게 하는 걸림돌이 된다. 오히려 선거법이 정책선거 정착의 발목을 잡고 있는 것이 아닌가 한다. 공정하고 깨끗한 선거, 정책 위주의 선거가 될 수 있도록 법적 · 제도적 보완이 함께 이루어져야 함을 강조하고 싶다.

4

투명한 정치문화 만들기

부패 청산의 과제

대선자금을 둘러싼 정치권 부패 문제는 참여정권이 초기에 맞닥뜨린 최대의 장애물이었다. 과거 김대중 정권은 6 · 15 공동선언, IMF 조기졸업 등 좋은 평가를 받을 만한 국정운영 결과물이 있었음에도 불구하고 정권 말기에 잇따라 터진 친인척 비리와 각종 게이트로 극도의 국민적 불신을 받았다. 노무현 대통령의 등장은 부패와 얽힌 낡은 정치를 청산해야 한다는 국민적 열망의 결과였다.[33] 노무현 정부가 취임 초기 넘어야 할 국민적 검증과정은 대선 불법자금 문제였다. 보통 대통령 선거에 천문학적인 자금이 소요되는 풍토였기 때문에 후보자들의 불법자금 액수는 상상을 초월했다[34] 정권 초기에 한나

33) 최근 《대통령 리더십 총론》이라는 책을 펴낸 고려대 행정학과 최진 교수는 일요시사 2007년 5월 18일자 인터뷰에서 "노 대통령 집권 초 대선불법자금으로 참모들이 수감되고 친인척 비리 의혹이 일었지만 역대 정권에 비해 '깨끗하다' 는 점은 높이 평가할 부분" 이라며 "참여 정부의 이런 점 때문에 국가 부패 지수가 개선됐다" 고 평했다.

34) 검찰 수사 결과 "한나라당 823억원, 구 민주당 노무현 캠프 113억원에 대한 대선불법자금 수사가 진행돼 정치인과 기업인 60여 명이 사법처리" 에 이르렀다. 연합뉴스, 2005년 5월 9일자 참조.

라당과 당시 민주당은 대선 불법자금 의혹에 시달렸고 검찰 수사 끝에 두 당의 많은 관련자들이 처벌받았다.[35] 깨끗함을 강조했던 노무현 대통령은 자신의 불법 대선자금에 대한 의혹을 "한나라당의 1/10'을 넘을 경우 대통령직을 걸겠다"는 발언으로 맞섰다.[36]

국민의 부패추방 열망에 따라 정치권의 자기반성이 계속 이어졌다. 17대 국회의원 선거 직전에 정동영 열린우리당 의장은 "부패로 얼룩진 16대 국회의 더러운 잔흔을 17대 국회로 넘길 수 없는 일"이라며 "여야 대표회담을 통해서 대선 불법자금에 대해 국민 앞에 고백하고 검찰수사에 협조한다면 새로운 출발을 다짐할 수 있는 방안도 도출될 것"이라며 한나라당 박근혜 대표와의 회담을 제의한 바 있었다.[37]

정치를 보는 국민의 극도의 불신을 해소하기 위해 시급히 개혁해야 할 과제는 부패를 일소하는 것이었다. 정치관계법의 대부분의 내용이 불체포특권 제한, 겸직 금지 등 주요 내용이 공적 영역인 정치의 장에서 사적 이익을 추구하는 국회의원들의 부정과 부패의 가능성을 사전에 차단하는 것이었다. 그래서 국회 개혁은 '제 목에 방울달기' 였다. 개혁의 성패는 정치인이 자기 집단의 부패를 어떻게 막는가에 달려 있었다.

---

35) "대검 중수부는 12일 대선 전 삼성 등 기업으로부터 불법 대선자금을 모금한 혐의(정치자금법 위반) 등으로 구속기소된 이○○ 전 한나라당 재정국장에 대해 징역 3년을 구형했다. 또 서○○ 전 이회창 후보 법률특보 등과 함께 모금한 채권 등 6백59억원 및 개인적으로 유용한 2억원에 대해 추징을 구형했다" – '한나라당 대선불법자금 전액 추징' 경향신문, 2004년 4월 12일자.

36) 노무현 대통령은 대선 당시 자신의 캠프에서 사용된 불법 선거자금에 대해 "불법 대선자금 규모가 한나라당의 10분의 1 이상이면 정계를 은퇴하겠다"라고 말해 큰 파장을 일으키기도 했다.

37) '17대국회前 대선자금 털자' 문화일보, 2004년 4월 6일자 中.

17대 국회의 부패추방 노력

정치권은 국민들 앞에 스스로 자정 노력을 보여줘야 했다. 17대 국회에서는 수많은 부패 방지 관련 입법이 이뤄졌다. 우선 참여정부 출범 당시의 불법 대선자금의 문제를 해결하기 위하여 17대 국회 초기에 '불법 정치자금 등 국고환수특별법률' 이 제출되었다. 불법 정치자금과 고위직 공무원들의 직무관련 범죄행위를 통한 불법수익 등을 비리정치인의 수중에 남겨 두지 말고 국고로 환수하기 위한 법률을 제정하려는 것이었다. 이 법은 약간의 공방은 있었지만 여야 합의하에 제정되기에 이르렀다. 이로써 정치권은 고비용 저효율의 정치구조를 타파하고 정치자금의 투명화 등을 통해 깨끗한 정치를 실현하려는 의지를 보여주었다.

공직자윤리법이 개정되어 국회의원은 매년 자신의 재산상황을 신고하고 그 내용을 공개토록 요구되었다. 개정된 공직자윤리법이 시행되던 중 또 다시 국회의원이 재산의 증가사유를 소명해야 하도록 법이 개정되었다. 그리고 17대 국회 초기에 고위공직자에 대한 기존 검찰 수사의 한계를 해소하기 위해 검찰과 대통령의 영향권 밖에 독립기구로서 '고위공직자 부패수사처' 를 설치할 것인지가 여야 간에 최대의 쟁점사안이 되었다. 시민단체는 부패문제를 해결하지 않고서 정치개혁은 없다고 강하게 압력을 가해 왔다.

부패 해소에 대한 국민적 열망은 뜨거웠다. 국민은 수준 높은 정치를 원했고 부패를 근절하려는 사회적 요구는 강했다. 검찰수사에서는 정치인의 범죄를 과거에 비해 훨씬 엄격하게 수사하라는 국민적 압력이 매우 강했다.[38)]

---

38) "동아일보 법조팀과 디지털뉴스팀이 1993년 이후 지금까지 기소된 국회의원

이에 따라 정치관계법 위반으로 수사를 받거나 기소당하고 유죄판결을 받는 정치인이 많아졌다.

여야 소속별 기소 국회의원 분포[39]

기소 시기	여야 구분	
	여당	야당
김영삼 정부	27	19
김대중 정부	35	37
노무현 정부	76	46

국회의원직 상실한 의원 수[40]

김영삼 정부	9명(뇌물관련 범죄 6명, 선거법 위반 1명, 기타 범죄 2명)
김대중 정부	8명(선거법 위반 8명)
노무현 정부	18명(선거법 위반 11명, 정치자금법 위반 4명, 뇌물관련 범죄 1명, 기타 범죄 2명)

정치 부문의 투명사회협약

국회개혁특위에서는 국회를 개혁하기 위한 방안을 다각적으로 마련하려고 노력하였다. 그 결과 2005년 투명사회협약의 결사체

240명의 범죄 혐의와 재판 결과를 분석한 결과 과거 뇌물죄 위주였던 국회의원 범죄 혐의가 이제는 공직선거법 위반과 정치자금법 위반 쪽으로 이동하면서 훨씬 다양해진 것으로 나타났다"고 보도하며 이런 현상은 검찰이 "국회의원이 공식적으로 받은 정치자금에 대해서까지 대가성을 따져 수사와 기소를 하는 일은 과거에는 찾아보기 힘든 풍경"이라며 이는 정치인관련 범죄에 대해 엄격하게 처리하는 것이 시대적 대세이기 때문이라는 검찰의 말을 빌려 보도했다. 동아일보, 2007년 5월 31일자.

39) 동아일보, 2007년 5월 31일자, 표 참조.

40) 동아일보, 2007년 5월 31일자, 표 참조.

가 창립되어 국민의 관심 속에 출범하였다. 시민단체로 구성된 반부패국민연대가 2004년 10월 처음으로 투명사회협약을 제안하여 성사시킨 것이다. 사회 전반에 만연한 부패가 한국 사회의 발전을 가로막고 있으므로 이것을 당사자의 협약으로 제거하도록 유도한다는 취지에서 출발한 것이었다.[41] 시민단체의 제안에 더하여 정부 · 재계 · 정치권과 시민사회단체 등이 여기에 뜻을 같이 하면서 이 협약체결운동은 본격적으로 추진되기 시작하였다.

여러 차례의 준비 과정을 거쳐, 2005년 3월 9일 용산 소재 백범김구기념관에서 대통령을 포함한 4대 부문의 주요 인사 120여 명이 참석한 가운데 38명이 서명함으로써 투명사회협약이 체결되었다.[42] 투명사회협약 체결식을 보도하며 언론은 부패청산을 극복하기 위해 손잡은 뜻 깊은 일이라며 찬사와 기대를 아끼지 않았다.[43]

이 협약에서는 반부패 선언을 하고 각계의 부패 척결을 위한

---

41) "우리는 오늘 만성적 부패를 극복하고 투명한 사회를 실현하기 위해서는 공공부문 · 경제부문 · 시민사회 등 모든 사회주체들의 자발적이고 협력적인 노력이 중요하다는 점에 인식을 같이하며, 그간의 잘못된 관행과 우리의 의식에 대하여 진지하게 반성하며 이번 투명사회협약을 통하여 법 · 제도의 개선은 물론 의식개혁을 통해 투명한 선진사회를 만들어 가고자 이 협약을 체결한다" 투명사회협약 전문 中.

42) 협약식에는 이해찬 국무총리, 이명박 서울시장 등 정부와 지방자치단체에서 10명, 김덕규 · 박희태 국회부의장과 여야 대표 등 정치권에서 8명이 서명했다. 또 강신호 전경련 회장, 박용성 대한상의 회장, 이수영 경총 회장, 김재철 무역협회장, 김용구 중소기업중앙회장 등 경제 5단체장과 이건희 삼성 · 정몽구 현대자동차 · 구본무 LG · 최태현 SK 회장 등이 서명했다. 시민사회단체에서 김상근 한국투명성기구회장, 천기홍 대한변협회장, 함세웅 민주화운동기념사업회 이사장 등 10명이 참석했다. 언론계에서는 채수삼 서울신문 사장, 장영섭 연합뉴스 사장 등이 참석했다.

43) '투명사회 한번 만들어보자' 한겨레, 2005년 3월 9일자 사설. 사설에는 의미와 함께 "제도화와 실천이 열쇠인 만큼 후속조처를 야무지게 해야 할 것이다"며 정치권의 입법 추진 등 실천 과제가 중요함을 강조했다.

결의와 구체적인 실천방안을 열거했다. 이 협약은 공공 부문, 정치 부문, 경제 부문 등 3개 부문으로 나뉘어 추진되었다.

첫째, 정부를 포함한 공공 부문의 추진 내용은 부정부패를 통해 취득한 수익에 대한 몰수제도 강화, 독립적이고 공정한 공직 부패 수사 전담기구 설치, 대통령 사면권의 투명한 행사를 위한 제도적 장치 마련 등을 합의했다.

둘째, 정치 부문의 추진 내용은 국회의원 임기 중 영리 목적의 겸직 금지, 직무관련 주식 및 부동산 등에 대한 백지신탁제도(블라인드 트러스트) 도입, 불법 조성 · 수수 정치자금의 국고 환수 등이 합의되었다.

셋째, 경제 부문의 주요 추진 내용은 윤리경영 실천, 회계 투명성 제고, 부당 내부거래 차단제도 개선을 포함한 지배구조 개선방안 마련 등이 합의되었다.

투명사회협약은 실천과제 선별과 그 추진을 위한 입법이 후속과제로서 요구되었다. 협약 내용의 실질적 이행은 별도기구인 실천협의회에서 맡기로 하였다. 투명사회협약의 세 부문 중에서 정치 부문 과제 이행은 17대 국회 초기에 활발하게 이루어졌다.

투명사회협약에서 정치개혁을 위한 공공 및 정치 부문 입법과제는 다음과 같다.

첫째, 협약은 국회 및 지방의회, 정당을 대상으로 하는 '정치 부문'의 투명-저비용-고효율 선진정치 도입을 위해 ◇ 비리의원의 보호장치로 악용하지 않도록 불체포특권 제한, ◇ 의원윤리에 대한 보다 엄격한 심사와 징계가 이루어질 수 있도록 국회윤리특별위원회(이하 특위) 강화, ◇ 의원윤리 제고를 위한 임기 중 이해충돌방지장치 강화 등의 3가지 제도개선을 하기로 했다.

둘째, 국회윤리특위의 기능을 강화하기 위해 특위에 외부인사를 참여시켜 특위의 전문성·독립성·중립성을 높이고 권한을 강화하는 동시에, 의원윤리 실효성 제고를 위해 국회의원 윤리강령과 국회의원 윤리실천규범을 전면 개정하고 이의 위반 시 실질적인 제재가 이루어질 수 있도록 하기로 했다.

셋째, 의원의 임기 중 이해충돌 방지를 위해 의원은 임기 중 영리를 목적으로 하는 겸직을 금지토록 하였다. 그리고 이해충돌의 방지를 위하여 제척제도를 강화해 위반자를 징계하며, 직무관련 주식 등에 대한 백지신탁제도를 도입하기로 했다.

넷째, 불법 정치자금의 차단과 투명성을 높이기 위한 법·제도를 재정비하며, 불법적으로 조성·수수한 정치자금을 국고로 환수하기 위한 법제를 마련하기로 했다.

다섯째, 지역 독점적 정치구도로 인해 양산되는 부패를 줄이기 위하여 관련 법·제도를 개선·정비하기로 하였다.

여섯째, 부패를 양산하는 불법 청탁과 불법 로비를 금지하고 건전한 로비문화를 정착시키기 위한 제도화, 즉 불법 로비활동에 대한 규제 및 로비스트제도의 도입을 추진키로 했다.

17대 국회개혁특위를 통해 반영된 입법 내용들은 크게 다음과 같다.

- 공직자윤리법 중 백지신탁관련 조항 개정
- 국민고충처리위원회의 설치 및 운영에 관한 법률 중 옴부즈만 관련 제정
- 국회법 중 상임위 직무관련 영리행위 금지·소위원회 속기록 작성 의무화·인사청문회 대상 확대 조항 개정
- 방위사업청법의 제정

- 부패방지법 중 공익제보자 보호확대 · 부패신고자 보상확대 조항 개정
- 불법정치자금 몰수에 관한 특례법 제정
- 정치자금법 중 정치자금 투명성 조항 개정
- 주식회사의 외부감사에 관한 법률 중 내부고발자 관련조항 개정
- 주민소환제 도입

투명사회협약은 협약 이행 기구로 국회 내에 투명사회협약 실천위원회를 발족시켰다. 그러나 국회 내 투명사회협약 실천특별위원회는 겨우 3차례 회의를 거쳐 정치 부문 개혁 법안을 논의하다가 지지부진한 끝에 임기 종료(2005년 12월 31일 종료)를 맞았고, 그 후 여러 차례 2기 특위 구성에 대한 논의는 있었으나 난항을 거듭한 끝에 출범도 하지 못한 상태이다. 실천협의회가 구성 그 자체 목적이 있는 것이 아니라 정치권이 협약 이행을 위해 얼마나 노력하고 있느냐를 가늠할 수 있기 때문에 제 목에 방울달기가 쉽지 않음을 보여주는 것이 아니냐는 따가운 눈총을 피할 수 없다.

2005년 3월 투명사회협약이 출범할 당시에는 최초의 민관합동의 사회협약이라며 대단한 국민적 관심을 받았다. 이대로만 가면 한국사회 투명성 확보가 그다지 요원한 일이 아니라고 말하는 이도 많았다. 계속해서 사회 각 분야에서 투명사회협약을 체결하거나 이행하고자 하는 의지를 밝힌 곳이 많이 나타났다. 그러나 누구보다 앞장서야 할 정치권의 협약이행의지는 어느 샌가 수면 아래로 가라앉은 느낌을 주었다.

정치문화 개선방안

17대 국회에서는 제도와 행태 간의 부조화, 제도의 선진화와 행태의 구태의연함 사이의 싸움에서 다소간 개혁의 성과를 냈지만 아쉽게도 그 한계를 뚜렷이 드러냈다. 국회 개혁의 궁극적인 목적은 합리적인 정치의 장을 만드는 것이었다.

17대 국회 후반에 접어들면서 초반의 열기와는 달리 점점 부패 해소를 위한 정치권의 노력이 감퇴하는 경향을 보이고 있다. 초반에 깨끗한 정치를 표방하며 자정 노력을 기울이던 국회가 부패추방에 태만한 자세를 보였다. 각종 선거법 위반 혐의로 수사를 받거나 재판을 받는 국회의원 숫자가 급속히 증가했다.[44] 유죄판결의 결과 선거법 위반에 따른 의원직 상실로 잦은 재보궐 선거가 치러지면서 정치인 스스로 선거법이나 정치관계법을 두려워하게 된 것이었다. 국민의 정치 불신이 가중되면서 재보궐 선거 참여율이 역대 최저로 떨어지는 등 국민들 무관심이 점점 커져 갔다. 정치 불신으로 인해 국민적 감시가 소홀해지자 부패 문제가 근절될 수 있는 기반이 붕괴하는 현상을 보였다. 차기 대통령 선거와 18대 총선을 앞두고 있는 시점에서 국민의 부패에 대한 불감증은 매우 우려되는 상황이다. 다시금 부패 문제

---

44) "'2006년 6월 말 현재 국회의원 재판 계류 현황' 에 따르면 2004년 4 · 15총선 당선자 중 선거법 위반으로 48명, 정치자금법 위반으로 14명, 뇌물수수나 명예훼손 등으로 11명이 피고인석에 섰다." 동아일보, 2006년 9월 13일자.
동아일보는 "벌금 100만 원 이상이면 의원직을 잃게 되는 선거법 위반의 경우 대부분의 의원이 1, 2심 또는 대법원 확정 판결에서 '죄는 있지만 의원직은 유지할 수 있는' 형량을 선고받았다. 선거법 위반 재판에서 48명 중 70.8%인 34명이 벌금 50만 80만 원으로 의원직 상실을 면한 것"이라며 사법부의 온정주의가 엄정한 법 적용을 하지 않기 때문에 선거법 위반 사례가 많아지는 것이라고 이용훈 대법원장 말을 빌려 비판했다.

2007년 4월부터 6월까지 서울중앙지법 공무원 뇌물수수 선고 결과

뇌물로 받은 금액	선고형량
100만원(본인이 가진 돈 50만원)	징역 8월, 집행유예 2년
772만원	징역 8월, 집행유예 2년
1,000만원(본인이 가진 돈 330만원)	징역 8월, 집행유예 2년
1,300만원	징역 1년 3월
11회에 걸쳐 1,830만원	징역 10월
2,000만원	징역 1년 6월
2,000만원	징역 2년
3년간 3,700만원	징역 2년 6월
4,000만원(본인이 가진 돈 2,000만원)	징역 2년 6월
9,500만원	징역 6년
6년간 67회 1억 2,500만원	징역 4년
4회에 걸쳐 1억 2,500만원	징역 5년
1억 5,000만원	징역 6년

경향신문, 2007년 7월 10일자 기사.

를 국민적 감시의 대상으로 올리는 일이 시급하다.

정치권에서 부패를 추방하고 투명한 정치풍토를 만들기 위해서는 아직도 할 일이 많이 남아 있다. 낡고 부패한 정치 관행을 없애기 위해 필요한 과제는 다음과 같다.

◇ **고위 공직자부패수사처의 설치**: 공직자부패수사처(이하 공수처)는 초기부터 격렬한 찬반양론에 시달렸다. 검찰수사 기능과 중복되는 공수처를 만드는 것은 옥상옥일 뿐만 아니라 검찰을 무력화하려는 시도라는 검찰의 반발은 물론 공수처 설치 입장을 밝힌 열린우리당에 반대해 한나라당은 상설특검을 요구하며 격렬하게 대립하

는 등 매우 논란이 많았다. 2004년부터 추진된 공수처관련 법안은 현재도 국회에 계류 중이며 그 처리가 난망하다. 청와대와 정부, 국회 고위직 인사뿐만 아니라 끊임없이 벌어지는 법조비리를 근절하기 위해서라도 고위공직자에 대한 독립적인 수사기구는 필요하다.[45] 검찰은 고위공직자의 비리사건을 공정하고 엄정하게 수사해야할 것이며 고위공직자 비리 수사에서 다른 수가기관과 상호경쟁할 수 있다는 열린 자세를 가져야 할 것이다.

◇ **외부인 참여의 국회 윤리위원회**: 국회의원 윤리를 보다 독립적이고 중립적으로 판단할 수 있는 윤리특별위원회 설치가 요망된다. 국회의원 윤리의식 제고와 윤리심사 기능을 강화하기 위해 지난 정기개혁특위에서도 윤리위원회 기능을 강화하였다. 그러나 자문기구로 설치한 윤리심의위원회가 아무런 독립적인 조사기능도 가지도 있지 않아 허수아비로 전락할 요소가 많다. 윤리심의위원회가 제 역할을 하기 위해서는 강제적인 영향력을 위해 국회의원의 폭력과 비방행위, 뇌물수수 등 부적절할 행위가 발생할 경우에 윤리심의위원회가 그러한 사건을 직권 상정하고, 스스로 조사할 수 있는 권한을 부여해야 한다.

◇ **면책특권의 제한**: 선거법과 정치자금법 등 정치관계법과 뇌물수수, 알선수재 등 부패범죄의 경우 불체포특권을 허용해서는 안 된다. 불체포특권은 국회의원이 의정활동의 독립성을 보장하고 개

45) 경제정의실천시민연합이 조사한 설문에서 변호사와 법대 교수 등은 법조 비리 근절 대책으로 공수처 설치와 전관예우를 꼽았다. 세계일보, 2006년 11월 29일자.

개의 국회의원이 헌법기관으로서 그 대표성을 침해받지 않기 위한 특권이다. 그러나 과거 국회의원의 불체포특권은 자신의 금품수수나 뇌물 등의 범죄 행위에 따른 처벌을 피하기 위한 도구로 악용되는 측면이 강했다. 또한 정당의 불법행위를 감추기 위한 감싸기로 악용되기도 하였다.[46] 국회 정치개혁특위에서도 이런 관행을 없애기 위해 검찰의 체포동의안 처리절차를 개선안 국회법 개정안을 통과시켰으나 이것은 단지 절차상 문제점을 개선한 정도의 미흡한 것에 지나지 않는다. 불체포특권이 그 취지가 훼손되지 않도록 부패범죄에 관하여는 그 특권을 제한하는 개선한이 만들어져서 다시는 국회가 범죄를 조장하고 감싸는 곳이라는 오명을 벗어야 한다.

◇ **무기명투표의 제한**: 체포동의안 및 석방요구안의 전자투표에 의한 기록표결이 요망된다. 현재에는 인사에 관한 사항은 모두 무기명투표로 진행되고 있어 동료의원에 대한 사항에 대해 공정한 투표가 어렵게 되어 있다.

박○○ 전 의원 체포동의안 부결과정에서 국민으로부터 가장 큰 비난을 들은 것은 집권당인 열린우리당이었다. 인터넷을 중심으로 열린우리당 당원들의 반발이 빗발쳤다. 명백한 부패사범을 감싸고도는 것은 기존의 잘못된 '제 식구 감싸기' 이며 반개혁적인 사건이라는 비판이었다. 급기야 일부 당원들은 각 의원 웹사이트에 글을 남겨 비공개로 진행된 표결에 찬반 여부를 밝힐 것을 주장했다. 인사에

46) 1998년 9월 검찰의 중간수사결과로 밝혀진 세풍 사건의 피의자 ○○○의원에 대한 체포동의안을 1999년 4월 표결에서 부결시킬 때까지 7개월 동안 '방탄국회'가 5회 열면서 국회는 피의자 도피처로 이용되었다. 오마이뉴스, 2006년 3월 13일자.

관한 한 무기명투표로 한다는 국회법 절차에 따라 진행된 투표는 의원 고유 의사결정인데 이를 밝힐 것을 주장하는 것은 권한 침해라는 일부 의원들의 반발에도 불구하고 당시 열린우리당 의원들 중 대략 40여명에 이르는 의원이 표결 결과를 밝히는 상황까지 벌어졌다.[47]

이의 후폭풍은 열린우리당 지지도 하락과 정체성 논란을 불러왔고 의원들 간에 이러한 투표방식이 퇴행적 관행이라는 비판에 직면하였다. 정치개혁특위에서는 전자투표 결과 공표를 공개할 것을 논의했으나 여야간 이견으로 무산됐다. 금품수수와 뇌물사건과 같은 부패범죄에 해당하는 의원의 불체포특권을 제한하자는 의견과 더불어 무기명투표 제한의 문제가 재논의되어야 한다. 정치권은 이런 경우 기명투표를 실시함으로써 국민들의 정치인에 대한 신뢰와 정치인의 책임성을 높이는 계기로 삼아야 할 것이다.

◇ **로비제도의 개선**: 로비제도 투명화를 위한 로비스트 등록제 실시가 필요하다. 투명사회협약은 부패를 양산하는 불법청탁과 불법로비를 금지하고 투명한 로비문화를 정착시키기 위한 제도로서 로비스트 등록제를 실시할 것을 약속했다. 의사협회의 정치권 로비에서도 드러나듯 자금과 인맥을 동원한 불법로비는 부패의 온상이며 입법과정 전반은 물론 사회 전체에 막대한 해를 끼치고 있다. 정치풍토를 개선하여 공정한 정치문화를 만들기 위해 불법 로비 근절을 위한 대책이 마련되어야 할 것이다.

이상에서 보았듯이 선언적 제도만으로 개혁은 완성될 수 없

47) "'박○○ 체포' 반대의원 누구냐 與 당원들이 색출 나서 파문" 세계일보, 2004년 7월 8일.

으며, 잘못된 관행을 뜯어 고쳐야 한다. 행태를 강제할 수 있는 적절한 제도를 함께 만들어 내는 것이 합의와 토론에 따른 민주주의를 효과적으로 운영하는 방법이다. 고위 공직자비리조사를 위한 기구설치(공직자부패수사처)로 기존 검찰수사의 한계를 극복하고, 윤리특별위원회의 윤리심의위에 자문은 물론 심사기능도 부여해서 제 식구 감싸기로 일관하고 있는 현재의 윤리위원회를 개선해야 한다. 또한 선거법과 정치자금법 등 정치관계법과 뇌물수수, 알선수재 등 부패범죄의 경우 국회의원의 불체포특권 및 무기명투표를 불허하고, 로비제도 투명화를 위한 로비스트 등록제를 도입해야 한다.

5

여성의 정치참여

양성평등 정치

양성평등 정치(gender politics)란 정책을 결정할 때 갖는 권한의 성적 불평등, 여성의 정치적 과소대표성이라는 현실적 문제를 해결하기 위한 정치이다. 버지니아 울프는 《자기만의 방》에서 '여성은 이 모든 세기 동안 남성의 모습을 원래 크기보다 두 배로 부풀려주는 마술적이고도 입맛에 맞는 능력을 소유한 거울로 이바지해왔지요. 이 능력이 없다면 아마 이 지구는 여전히 늪과 정글 상태였을 것입니다' 라고 언급했는데 이는 정치영역에도 그대로 적용된다. 남성지배 사회에서 여성은 남성 정치인의 아래에서 남성을 보조하는 역할을 하는 운동원이나 보조자로서만 기능해 왔다.

여성이라는 화두는 20세기 정치, 사회, 문화, 예술에 대한 논의속에서 빠지지 않는다. 특히 여성과 정치에 대한 논의는 여성의 지위에 관한 논의와 가장 직접적으로 연관되어 있는 분야이다. 한국에서 여성은 정치 분야에서 그 높은 장벽을 넘어 가치 있는 도약을 이미 시작해 왔다. 양성평등정치는 여성과 남성 사이의 차별이 은폐되고 평등한 참여가 없는 형식적 민주주의를 실질적 민주주의로 변화시키

여성 국회의원들의 정치개혁 성과

는 정치, 즉 민주주의 실현을 위한 정치이다. 정치 영역에서 여성의 지위는 사회 전체 여성의 지위를 나타내는 바로미터이다. 이는 의사결정권한의 남녀평등이야말로 최종적으로 남녀평등을 달성할 수 있는 영역이기 때문이다.

정치는 가장 최고의 권력영역이며 기득권과 배분의 요구가 치열하게 부딪히는 장이기 때문에 의사결정권한의 남녀평등을 이루어 내지 않으면 정치적 평등을 달성할 수 없다. 종래에는 제도정치 내의 남성권력 분배가 곧 정치과정이었고 여성은 권력배분의 정치과정에서 소외되어 왔다. 이제 정치과정에서 소외된 여성들이 요구하는 것은 제도정치의 성별 권력구조의 변화이며, 남녀 간의 불평등한 권력의 분배구조를 바꾸는 것이다.

17대 국회의 여성 정치인

17대 여성 국회의원은 각 당 별로 다음과 같다. 열린우리당의 지역구 여성 의원으로는 지역구 김희선(서울 동대문갑), 이미경(서울 은평 갑), 한명숙(경기 고양 일산갑), 김선미(경기 안성), 조배숙(전북 익산을) 의원이 있으며, 비례대표 의원으로는 장향숙, 김명자, 이경숙, 홍미영, 박영선, 김현미, 김영주, 강혜숙, 이은영, 윤원호, 유승희, 장복심, 서혜석, 신명 의원이 있다.

한나라당 지역구 의원으로는 이혜훈(서울 서초갑), 김희정(부산 연제), 박근혜(대구 달성), 전재희(경기 광명을), 김영선(경기 고양 일산을) 의원이 있으며, 비례대표로는 김애실, 박찬숙, 송영선, 전여옥, 이계경, 나경원, 김영숙, 고경화, 진수희, 안명옥, 박순자, 문희 의원이 있다.

민주노동당 비례대표 의원으로는 심상정, 이영순, 최순영, 현애자 의원이 있으며, 민주당은 비례대표의 손봉숙, 이승희 의원이 있다.

이렇게 모두 41명(17대 출발 당시에는 39명이었음)의 여성 국회의원이 17대 국회에 진출했으며, 이들은 18대 국회와 광역, 지방자치단체 선거에서 더욱 많은 여성의원들이 진출할 수 있는 교두보를 마련하는 상징적인 자리에 위치해 있다.

2003년 5월 치러진 17대 총선에서는 정당법에서 정해진 바에 따라 비례대표 여성할당제가 채택되었고, 그 결과 여성의 정치참여가 대폭 확대되어 여성 국회의원이 처음으로 10%가 넘는 13%(39명)를 기록했었고 그 후 여성의원이 3명 증가하여 약 14%(41명)가 되었다(표 참조). 16대에서 5.86%를 차지했던 여성 국회의원이 17대에서 14%를 차지하게 된 것이다. 아시아 지역 여성 국회의원 평균비율이 14.9%, 세계 평균비율이 15.3%임을 볼 때, 한국은 여전히 평균보다 낮은 비율을 보이고 있으며 세계적으로 65위라는 낮은 순위를 기록하고 있다. 그러나 최근 여성의원의 급격한 증가추세는 한국에서 여성의 정치참여가 자발적이며 정책적으로 이어지고 있음을 보여주고 있다.

17대 국회가 시작하면서 성인 지적 교육을 위해서 국회의원을 대상으로 하는 성교육이 실시되었다. 그러나 보수적 정당에서 남성의원들이 계속해서 성추행과 성희롱의 불미스런 사건을 일으켜서 사회적인 물의를 빚었다. 많은 여성 정치인들이 국회로 진출했음에도 불구하고 남성의원들의 성추행사건으로 인해 17대 국회는 전반적으로 반여성적인 국회라고 평가될 수밖에 없다.

여성 정치할당제

국민의 대표성이 중요시되는 민주주의의 하에서는 여성의 정치참여를 독려하기 위한 방법으로서 여성 정치할당제가 실시된다. 여성할당제란 잠정적 우대조치로서 "여성에 대한 차별을 제거하기 위한 법적 정치적 수단으로서 여성참여의 몫이 일정한 비율에 도달할 때까지 여성이 일정한 요건 하에서 우선적으로 고려되는 조치"[48]이다. 이 조치는 사회체제와 관습에 남아 있는 성차별을 개선하기 위한 사실상의 평등을 위한 장치로, 차별 대상에 대한 일종의 보충적 장치이다. 이 조치를 통해 여성에게 폐쇄되었던 분야에 여성이 참여할 수

48) 잠정적 우대조치란, 현존하는 차별을 해소하기 위해 국가, 지방자치단체 또는 사업주가 잠정적으로 특정한 성을 우대하는 조치를 말한다. 여성발전기본법 제6조 참조.

한국의 국회 및 지방의회 여성의원 비율[49)]

연 도	국 회			광역의회			기초의회		
	전체	여성의원	비율(%)	전체	여성의원	비율(%)	전체	여성의원	비율(%)
1995	–	–	–	972	13	1.3	4,541	71	1.6
1998	299	11	3.6	690	41	5.8	3,490	56	1.4
2000	273	17	6.2	–	–	–	–	–	–
2001	273	15	5.5	–	–	–	–	–	–
2002	273	16	5.9	682	63	9.2	3,485	77	2.2
2004~	299	39	**13.4**	682	63	**9.2**	3,485	77	**2.2**

있게 되는 것이다.

대한민국의 양성 평등지수를 살펴보면, 1997년 유네스코 교육통계자료에 따르면 대한민국은 남녀 간 성취수준의 평등 정도인 성별 평등지수에서는 34위를 차지하였고, 전문직, 관리직 여성비율 및 의회의석의 여성점유율을 나타내는 성별 권한척도에서는 73위를 차지하였다. 이 통계는 당시 전체적으로 교육이나 국민소득이 높은 한국의 수준에 비해, 남녀평등의 수준이 현저히 낮음을 보여주고 있다.

이후 사회 각 분야의 양성 평등을 위한 노력이 이루어졌고, 정치영역에서도 2000년 16대 총선을 앞두고 국회의원 비례대표제 후보의 여성 공천할당 30%를 정당법에 명문화하게 되었다. 또한 2002년 3월 지방선거를 앞두고 광역의회의 비례대표에 여성 공천할당 50%(2인 중 1인 여성)와 지역구 대표에 여성 공천할당 30%를 정당법 제31조에 명문화하였다. 지역구 여성후보 30% 공천할당제는 노력사항으로 정하고 이를 지킨 정당에 대하여 인센티브로 정당에 주는 국

49) 자료 출처: 중앙선거관리위원회, 「선거통계자료」, 1995-2004.

고보조금을 지급하기로 결정하였다. 2004년 총선을 앞두고 여성단체들은 물론 주요 정당들과 정치개혁연대 등은 비례대표제 의원의 50%의 여성할당제를 제안하였다. 다른 한편 여성할당제가 여성의 대표성 확대와 여성지도자 육성이라는 긍정적인 측면도 있지만 할당률을 높게 할 경우 그 부작용이 있을 것으로 예상되었다. 역차별 논란이 제기될 가능성이 있다는 것이다. 여성 비례대표의원의 잠재적 인력풀이 제한되어 있는 현실에서 여성할당제가 비례대표의원의 전문성과 지위를 약화시킬 수 있다는 우려도 있었다.[50]

장래에는 국회에서 여성유권자의 대표가 30%에 미달하는 경우에는 비례대표의 확대 또는 다른 방법을 통해 여성국회의원의 수를 적어도 30% 이상으로 확보해야 할 것이다. 원래 비례대표제를 도입하는 취지가 각 영역에서 국민의 대표성을 확대하고자 하는 데에 있으므로 여성의원의 숫자를 확보하는 데에 가장 손쉬운 방법은 비례대표의 자리를 여성에게 주는 것이다. 그렇다고 해서 비례대표의 후보를 모두 여성으로 하는 것은 다른 영역의 대표자를 선출할 기회를 박탈하게 된다는 우려가 제기된다. 지역구에서 실질적으로 여성이 당선될 수 있도록 당선예상지역에의 공천을 배려하는 노력을 함께 병행하여 유럽의 국가에서처럼 여성의원이 30% 내지 40%에 이르도록 다양한 노력을 기울여야 할 것이다.

17대 국회에서 여성의원의 비율이 향상된 주된 이유는 비례대표에서 여성후보에게 홀수번호와 의석수의 50%를 할당하는 비례대표 여성할당제를 실시하였기 때문이다.[51] 열린우리당의 경우 여성후보에게 비례대표의 50%를 할당하였고 17대 국회에서 이 할당제를

50) 박세일 · 장훈, 정치개혁의 성공조건, 동아시아연구원, 2003, p.101

51) 2004년 총선 자료 출처: 김은미, 여성의 정치충원에 관한 연구(2005).

실시하여 비례대표의원의 41%를 여성 국회의원으로 탄생시켰다. 그러나 2002년 지방선거에서는 정당들이 경선제를 실시하면서 경선제와 여성할당제를 연계한 조치를 미리 마련하지 못했기 때문에 많은 여성 후보들이 공천과정에서 남성 중심의 정치 벽을 뚫지 못하고 좌절하였다.

민주노동당은 창당 초기부터 핵심적 성평등 정책으로 여성할당제를 실시하였다. '모든 선출직, 임명직에 여성당원 30% 이상 할당', '비례대표 국회의원 후보자 및 지방의회의원 후보자 여성 50% 할당', '여성에게 정당명부 홀수순번 부여'의 당헌당규가 제정되었고, 지역구 여성진출 확대를 위해 지난 2005년 '여성후보 진출 확대를 위한 2006년 지방선거 방침'과 지역구 여성할당 30%를 명시하는 당규를 개정하기도 하였다. 처음에는 여성할당제에 대해 우려가 제기되었고 역차별론, 자질론, 시기상조론 등 회의론이 제기되었지만, 당의 적극적 노력과 여성당원의 참여로 여성 할당제가 긍정적으로 안착되고 있다. 전체적으로 볼 때 여성 출마자 수가 늘어나고 여성할당이 지역구까지 확대되어, 2006년 지방선거에서 279명의 여성당원이 대거 출마하였다.

한나라당의 경우 여성할당제가 정당의 당헌 · 당규로 강제성을 띠지 않았고 초기에 명시한 여성 공천할당제에 대해 매우 미온적 태도를 보였다. 하지만 다른 정당들이 여성에 대한 진취적 태도를 보

정　　당	당선자
열린우리당	12 (41.4%)
한나라당	11 (37.9%)
민주노동당	4 (13.8%)
새천년민주당	2 (6.9%)
총　　합	29

이자 이러한 여성주의의 흐름에 편승하여 한나라당도 여성 후보자를 비례대표 후보에 50% 배치하였다.

각 정당에서 실시된 여성 공천할당제는 여성정치 진입의 장벽을 낮추어 여성의 정치 참여를 유인하고, 새로운 여성정치인을 발굴할 수 있는 계기가 되었다. 그러나 여성의 정치참여에는 아직도 다음과 같은 한계가 남아 있다. 첫째, 각 정당들이 비례대표제에서 50%의 여성할당제를 실시하였지만 교호순번제(홀수 또는 짝수를 여성으로 하는 것)를 법으로 명시하지는 않아 정당 차원에서만 진행되었다. 둘째, 여성 국회의원 후보가 비례대표에서 29명이 당선된 반면 지역구에서는 10명밖에 당선되지 못했다. 장래에는 여성이 지역구에서 많이 당선되도록 지역구 공천에서도 여성할당제가 실시되어야 한다는 과제를 남기고 있다.

국회 여성가족위원회로의 변천

국회에 여성특별위원회가 설치되었던 것은 여성주의의 성과라고 볼 수 있다. 1994년 6월 25일 『여성의 복지와 권익향상에 관한 사항』을 심사하기 위한 상설의 여성특별위원회 설치를 내용으로 하는 국회법 중 개정법률안이 의결되었고, 6월 28일 공포되어 시행되었다. 여성특별위원회는 상설 특별위원회로서 위원회에 회부된 여성관련 법률안 및 청원 등의 안건을 심사한 후, 그 의견을 소관 상임위원회에 제시함으로써 여성의 복지와 권익향상에 기여했다.

그 후 여성특별위원회는 여성위원회로 개편되었다. 2002년 3월 7일 국회법 개정에 의하여 기존의 여성특별위원회가 폐지되고 여성부를 소관으로 하는 상임위원회로서 여성위원회가 신설되었다. 이

후 2002년 4월 9일 위원장을 포함하여 16인의 위원(여성위원 9인, 남성위원 7인)으로 여성위원회가 구성되어, 상임위원회의 역할을 수행하였다.

2005년 7월 28일부터는 「여성위원회」가 「여성가족위원회」로 그 명칭이 개정되었다. 2006년 6월 20일 제17대 국회는 위원장을 포함하여 16인의 위원(여성위원 12인, 남성위원 4인)으로 여성가족위원회가 구성되었다.[52)]

여성가족위원회는 여성가족부 소관에 속하는 의안과 청원 등의 심사 및 기타 법률에서 정하는 직무를 수행한다.[53)] 여성가족위원회 위원은 타 위원회 위원과 겸임이 가능한 겸임위원회로 운영되고 있다.[54)] 여성가족위원회는 여성가족부와 관련된 모든 사안에 대해, 그리고 여성과 관련된 모든 법안에 대한 검토를 수행하는 국회의 상임위원회로 볼 수 있다.

여성가족위원회는 여성가족부와 연관된 업무를 진행하며, 주요업무로는 입법활동, 예결산 기금심사, 국정감사 등이 있다.

첫째, 입법활동으로는 여성가족위원회의 소관부처인 여성가족부가 집행하고 있는 법률안 및 청원을 심사 · 의결하는 업무를 위주로 하고 있다. 관련위원회로서 의견을 제시하고 여성가족위원회의 소관사항과 관련 있는 타 위원회의 소관 법률안이나 청원 등에 대하여도 관련위원회로서 심사한 후 여성가족위원회의 의견을 소관위원회에 제시하는 일을 맡는다.[55)]

52) http://women.na.go.kr/index.jsp 여성가족위원회 연혁 참조.

53) 국회법 제36조 및 제37조 제1항 제17호.

54) 국회법 제39조 제1항.

55) 국회법 제83조.

둘째, 여성가족부의 예산안 · 결산 및 여성발전기금에 대하여 예비심사를 진행한다.[56)]

셋째, 국정감사 및 국정조사의 업무로 소관부처에 대한 국정감사를 매년 정기국회 기간 중에 실시하며, 필요한 경우 특정사안에 대하여 국정조사를 실시한다.[57)]

넷째, 위원회 소관에 속하는 사항에 관하여 법률안, 결의안 및 건의안 등 기타 의안을 제출할 수 있으며,[58)] 여성가족위원회의 소관사항과 관련 있는 타 위원회의 소관 법률안이나 청원 등에 대하여도 관련위원회로서 심사한 후 여성가족위원회의 의견을 소관위원회에 제시할 수 있다.[59)]

기초자치단체에의 여성 진출

지방선거에서 정당공천제는 기초의원 비례대표제를 도입하여 여성과 장애인 등에게 정치참여의 길을 열어 줄 수 있는 기회를 만들어 주었다. 그리고 지방선거에서 중선거구제는 사표를 방지하고 소수정당의 의회 진출을 보장해 줄 수 있는 '균형의 원리' 를 보장하기 위해 도입되었다. 그러나 2006년 5.31 지방선거에서는 지방의원 유급제가 이러한 제도와 동시에 도입되었기 때문에 여성의 진출에 우호적인 환경이 되지 못했다. 정당공천제의 도입으로 중앙의 정치이슈와 정당 대결구도가 지방선거판을 완전히 압도해 버렸기 때문에 여성이

---

56) 국회법 제84조 및 제84조의 2.

57) 국회법 제127조 및 국정감사 및 조사에 관한 법률.

58) 국회법 제51조.

59) 국회법 제83조.

2006년 5.31 지방선거에서의 여성당선자 분포

	광역단체장	기초단체장	광역의원	기초의원
여성	0명	3명	89명(비례 57명)	437명(비례327명)
남성	16명	227명	644명(비례 21명)	2,451명(비례48명)
총수 (3,867명)	16명	230명	733명(비례 78명)	2,888명(비례375명)

진출할 여지를 남기지 않았다.

2006년 5.31 기초자치단체장 당선자의 성별·연령별 특성을 살펴보면, 선출된 3,867명 가운데 남성은 3,339명(86.3%), 여성 529명(13.7%)이었다. 여성 광역단체장은 선출되지 못했으며, 기초에서는 3명의 여성의원, 광역의원과 기초의원에서는 선거구가 아닌 비례대표에 의해 여성의원이 선출된 것이 특징이다.

여성전용선거구제의 제안

정당공천제의 폐해와 여성의원들의 지방의회 진출 부진이라는 5.31 지방선거의 결과에 따라, 2006년 9월 기초자치단체장 선거에서 정당공천제를 없애는 공직선거법 개정안이 의원입법으로 발의되었다. 이 개정안에는 여성 비례대표 후보자를 각 정당이 확보하는 방안 대신 여성전용선거구제를 제시하고 있다.[60)]

지방선거에서 정당공천제의 폐지 주장(이 책 '정당공천제의 개선방안' 참조)은 비례대표 후보의 50%를 여성으로 규정하는 정당법

60) 공직선거법 개정안, 기초단체장 및 의원정당공천제 폐지를 위한 토론회 자료집, 2006년 8월 28일, 국회의원 이시종 대표작성.

혹은 정당규정까지 없애는 결과로 되어버리기 때문에 여성의 입장에서는 신중한 검토가 필요하다. 여성의 정치참여가 확대될 수 있는 제도적 장치를 가지고 있었던 정당공천제를 폐지하게 된다면, 여성의 정치참여를 확대할 수 있는 또 다른 효과적인 방안이 모색되어야 할 필요가 있는 것이다. 여성은 인구의 51%를 차지하지만, 국회에서 정치적 대표성은 겨우 13%에 불과하다. 지방 선거 결과 여성의원의 비율은 525명으로 14.5%를 차지하고 있다. 2006년의 지방선거에서는 각 정당의 여성비례할당제 도입과 지역구여성 30% 공천 약속으로 지역사회에서 봉사활동을 하던 많은 여성들이 지방의회에 뜻을 품었다. 이들은 생활정치를 실현해 보겠다는 의지로 정치권에 뛰어들었으나, 지방정치의 벽은 아직 높다는 것을 절감해야 했다. 여성의 목소리를 대변할 여성 정치지망생이 지방자치제 선거를 통해 대거 정치영역에 진출할 것이라는 기대와 달리 그 결과는 기대에 훨씬 못 미쳤다.

지방자치선거에 여성전용선거구제를 도입하는 공직선거법 개정안에 따르면, 피선거권은 만 25세 이상의 관내거주여성[61]으로, "여성전용선거구 자치구 · 시 · 군 의원정수는 자치구 · 시 · 군의원 정수의 100분의 10으로 하되 단수는 1로 본다. 이 경우 하나의 자치구 · 시 · 군의 여성전용선거구 자치구 · 시 · 군 의원정수가 1인 때에는 1을 추가하여 여성전용선거구 자치구 · 시 · 군 의원 정수를 2로 하되, 추가된 정수 1은 제1항의 총 정수 및 제2항의 최소정수에 산입하지 아니하고, 별도 정수로 본다"고 규정하려 한다. 전체적으로 볼 때 여성전용선거구제 안은 1선거구별 1인을 선출하는 소선거구제를 원칙으로 해 전국적으로 현 비례대표 의원 수 375명 보다 117명을 증원

61) 공직선거법 제16조 3항 참조.

	1 안	2 안	3 안
총 정 수	2,888명 → 3,005명	2,888명 – 현행유지	2,888명 – 현행유지
최소정수	최소정수 7인지역 의원배분 1 : 6 → 2 : 6 = 8	최소정수 7인지역 의원배분 1 : 6 → 2 : 5 = 7	최소정수 7인지역 의원배분 1 : 6 → 2 : 5 = 7
차 이 점	• 시 · 군 · 구의원 정수의 100분의 10 • 1개 시 · 군 · 구의 정수가 1로 나올 경우 1을 추가하여 정수를 2로 조정 (現비례대표 1인 자치 단체수: 117) (現비례대표의원수 375+117= 492)	• 시 · 군 · 구의원 정수의 100분의 20 (現비례대표의원수 375+?= *?) 별도 세부산출 필요	• 시 · 군 · 구의원 정수의 100분의 10 • 1개 시 · 군 · 구의 정수가 1로 나올 경우 1을 추가하여 정수를 2로 조정 (現비례대표 1인 자치단체수: 117) (現비례대표의원수 375+117= 492)

시킬 수 있을 것으로 전망했다.[62)]

지방선거에서의 여성전용선거구제를 실시할 구체적인 제안으로서는, 첫째, 여성전용선거구제의 1안에 따라, 시 · 군 · 구 의원 정수의 10%를 정수로 하고, 최소 정수 7인인 지역에서 여성 1 대 남성 6의 비율이 되는 곳에서는 여성 2 대 남성 6의 비율로 조정하게 된다. 이럴 경우 지방자치의 의원의 총수가 현재 2,888명에서 3,005명으로 늘어나게 되며 별도의 예산비용이 소요된다. 둘째, 2안에 따르면 의원 최소정수가 7인인 지역에서 여성 1 대 남성 6의 비율을 여성 2: 남성 5의 비율로 조정하게 되는데, 이 경우는 역차별이라는 남성계의 반발이 예상되며, 기존 지역구 의원의 정수가 줄어들게 된다. 셋째, 여성 당선자를 비례대표제와 버금가도록 확보하는 방안도 제시되었다.

62) 앞의 토론회 자료집 참조.

각 안의 문제점으로는, 1안의 경우 여성계에서 더 많은 증원 요구를 할 수 있으며, 별도의 예산비용이 소요된다는 문제가 있다. 2안의 경우 기존 지역구 의원의 정수가 줄어들게 되어 지역구 의원 후보자들의 반발이 예상되며, 또한 남성계의 역차별 주장 반발이 일어날 수 있다. 3안의 경우 지역구 의원 정수가 줄어들게 되어 지역구 의원 후보자들의 반발 가능성이 있다. 여기에서 쟁점은 남성계의 반발과 지역구 의원의 선거구 획정이 곤란하다는 것이다.

외국의 경우 여성광역선거구제가 많이 사용되고 있다. 여성광역선거구제란, 전국을 광역선거구로 나누어 여성만 후보로 낸 뒤 최다 득표자 한 명씩을 선출하는 제도이다. 유엔여성차별 철폐 협약은 물론 세계 여러 나라의 차별 금지법에서는, 지금까지 차별을 받아온 여성의 실질적인 평등을 실현하기 위한 적극적인 조치는 (역)차별로 보지 않는다는 명문 규정을 갖고 있다. 프랑스에서는 지금도 남녀동수(同數) 공천제도를 도입하여 여성의 정치진출을 확대하고 있고, 인도는 3분의 1 규칙을 정해 무조건 3명 중 1명은 여성을 선출하는 의무조항을 두고 있다. 북유럽의 여러 나라도 여성 참여 확대를 위한 적극적인 조치를 채택하여 실시하고 있다. 차별을 개선하고 제거하기 위한 한시적인 특별조치는 역차별이 아니라 평등을 위한 제도적 보완이다.

정당공천제를 폐지하고 여성전용선거구제를 채택할 경우 여성전용선거구제를 실시하지 않는 지역에서도 역시 여성에 대한 편견 없는 선거 풍토가 자리를 잡아야 할 것이다. 2006년 5월 지방선거 후 선거과정에서 드러난 문제점을 깊이 있게 논의하는 자리가 많이 마련되었고, 그 결과 여성전용선거구제 이외에도 좋은 방안들이 제시되었다. 여성 후보들이 홍보물과 포스터를 공동으로 제작하는 등 선거비용을 대폭 낮추고 미디어를 통한 정책토론회 개최할 것, 깨끗하고 돈 안 드는 선거를 위한 여성 후보 서약운동 등을 펼침으로써 여성이 만드는 깨끗한 선거의 모범상을 만들어 나갈 것 등이다. 지난 지방선거에서 여성 후보들에 내놓은 선거 공약은 생활정치를 표방하는 지방자치에서 여성이 담당해야 할 역할이 무엇인지를 함께 생각할 수 있는 기회를 제공했다.

여성 정치인의 후원금

여성 정치인에게 어려운 일 중의 하나는 정치후원금을 모으는 일이다. 여성 국회의원이 모금한 후원금은 남성 국회의원에 비해 훨씬 적었다. 2006년 17대 여성 국회의원 후원회의 정치자금 현황을 통해, 여성 국회의원들의 정치적 활동의 행보를 가늠할 수 있다. '2006년도 국회의원 후원회 총 모금액 현황'과 '고액 기부자 명단'[63]에 따르면, 여성 의원 41명 가운데 가장 많은 후원금을 모금한 의원은 박근혜 한나라당 의원으로 지역구 의원 한도인 3억 원을 넘었다. 국회의원 301명 가운데 3억 원을 모금한 의원은 모두 11명으로, 이 가운데 여성 의원은 박근혜 의원이 유일했다. 열린우리당에서는 여성위원장인 김영주 의원이 비례대표 중 가장 많은 1억 8300만원을 모금했고, 심상정 민주노동당 의원이 1억 7300만원을 모금했다. 2006년 국회의원 301명의 후원회가 모금한 정치자금 평균 모금액은 1억 5017만원 이었으며 대다수 여성 국회의원 후원금은 이 모금액의 평균에도 못 미친다.

63) 우먼타임즈, "'17대 여성 국회의원 후원금 현황' 정치광장에서," 2007년 3월 22일자 참조.

2008년 18대 총선을 향해 뛰고 있는 여성 국회의원들은 지역구 준비를 위해 다양한 방법으로 후원금 모금활동에 나섰다. ARS, 우편, 전자메일은 기본이고 출판기념회, 사인회 등을 열어 기금을 모으고 있다. 현행 정치자금법에는 후원 행사를 통한 모금 활동이 금지되어 있다. 그래서 공식적 후원행사가 아닌 출판기념회나 토론회, 세미나 등을 통해 후원금 모금 활동을 하는 것이 17대 국회의원들의 후원금 모금 방식이기도 하다. 이러한 여성 국회의원들의 적극적인 소액 모금 활동은 소액 다수 정치자금 기부문화를 확산하는 데 기여하는 장점을 가진다. 여성 국회의원들은 나쁜 여건에도 불구하고 다음 선거에 출마하기 위해 후원금을 모금하기 위해 눈물겨운 활동을 하고 있다.

정당이 여성 정치활동을 위해 지원하는 여성정치발전비는 근래 감소하는 추세이다. 2006년 정당 후원금 가운데 여성정치발전비 지출 내역을 살펴보면 각 정당의 여성정치 발전을 위한 지원상황을 파악할 수 있다. 2007년 3월 13일 중앙선거관리위원회가 공개한 '2006년도 정당 국회의원 후원회 수입 지출 내역' 에 따르면, 2006년 총 정당 지출액 1,526억원 가운데 정책개발비는 76억원(5%)에 불과했다. 그 중 여성정책개발과 관련된 여성정치발전비는 2005년 4.7%(29억원)에서 2.2%(33억원)로 급격히 감소하였다. 정당별로 살펴본다면, 열린우리당 15억 9,000만원(2.8%), 한나라당 8억 5,000만원(1.8%), 민주당 3억 7,000만원(2.3%), 민주노동당 3억 5,000만원(1.4%), 국민중심당 1억 5,000만원(2.7%)에 그쳤다.[64)]

64) 2007년 3월 22일자, 우먼타임즈 참조. http://blog.naver.com/ womantimes?Redirect=Log&logNo=80036039236

여성 정치인의 이미지

정당을 통한 여성의 정치 진출이 조금씩 활발해 지면서 여성 정치인의 리더십과 그 이미지에 대한 논의가 활발하게 진행되고 있다. 열린우리당의 경우 한명숙, 강금실 등 여성성을 앞세운 정치인이 전면에 부상하였으며, 한나라당의 박근혜 대표는 이와 대비되는 리더십으로 평가되면서 여성정치인의 리더십이 강한 이미지를 갖고 부각되었다. 이러한 여성 정치인의 리더로서의 부각은 17대 국회의 특징이기도 하다.

여성 정치인이 정치의 전면에 당당히 드러나는 현상은 정치권의 여성 정치인의 행보 속에서 파악된다. '추다르크' 라는 별명을 가졌던 추미애 전 의원, '독설' 로 유명한 전여옥 의원은 남성과의 경쟁 속에서 성장한 대표적인 사례다. 열린우리당 김현미 의원, 김희선 의원, 박영선 의원 등도 정쟁 속에서 강한 이미지를 주는 인물로 평가받는다. 강한 이미지의 여성 정치인들은 남성보다 더 남성적인 정치적 태도를 보이기도 하여 여성운동계에서는 '성몰인지적' 여성정치인으로 분류되기도 했다. 이에 비해 한명숙 전 총리와 강금실 전 서울시장 후보는 여성운동이나 민변 여성위원회 활동 등을 통해 여성주의를 강조해온 전문영역 출신으로 자신의 여성성을 유지하면서 정치력을 스스로 키워온 것으로 평가되고 있다. 여성 정치인은 자신의 여성성을 부각시키면서 정치에 대한 새로운 시각을 제시해야 한다는 어려운 과제를 안고 있다.

여성 정치인의 여성성 강조의 한 흐름으로 옷차림 전략을 찾아볼 수 있다. 15대 국회에서 여성 의원은 치마정장을 입어야 한다는 불문율이 있었으며, 이에 반대하는 열린우리당 이미경 의원은 '여성

의원 바지정장 입기 운동’ 까지 벌이기도 하였다. 반면에 17대 여성 의원들은 바지 정장뿐만 아니라 생활한복(홍미영 의원)이나 아오자이 풍 차림(손봉숙 의원)까지 선보이는 등 여성성을 강조한 옷차림 차별화에 나서기도 했다. 이러한 여성성 강조가 여성 유권자의 표심을 잡기 위한 일시적인 전략에 불과하다는 분석도 있으며, 이미지 조작으로 그칠 수도 있다는 우려도 있다. 야당 총재, 총리 피지명자, 서울 시장 예비후보 등 거물 여성정치인의 등장이 마치 정치권이 양성평등하게 바뀌어 있는 듯한 착각에 빠지게 할 수 있다는 것이다. 아직도 정당에서는 여성에 대해 지역구 공천을 주기 꺼려하는 상황이라는 점을 상기할 때, 여성의 정치세력화는 아직 시작단계에 있으며, 그 먼 길의 첫 발을 뗀 것일 뿐이라고 생각해야 한다.

여성의 정치진출을 위한 다양한 노력이 그 동안 활발하게 진행되어 왔다. 이제는 더욱 체계적이고 합리적인 방향으로 여성 정치 진출의 과정과 목표를 정립해야 할 시점에 이르렀다. 여성에 대한 잠정적 조치로서의 여성할당제는 말 그대로 잠정적인 것에 그쳐야 한다. 장기적으로는 그러한 적극적 조치들이 없어지는 것이 진정한 양성평등을 이루어 내려는 여성 정치의 궁극적 목적이다. 그러기 위해서는 여성의 정치력을 향상시키고 선거에서 여성이 승리하는 길을 모색해야 한다.

필자는 전문직 교수로서 여성운동을 함께 해오면서, 여성의 정치운동뿐 아니라 여성 정치력 향상이 중요하다고 생각해 왔다. 아직도 여성의 정치인력은 많이 부족한 현실이다. 장래에는 국회와 지방의회 등 정치의 각 분야에 많은 여성들이 진출하고, 정당들은 여성의 정치 진출을 위한 교육 등 인프라를 구축하도록 노력하려 한다.

17대 국회에서 호주제가 폐지되고, 성폭력특별법과 가정폭

력방지법이 제정되었으며, 보육제도 개선을 위한 많은 정책들이 실행되고 있다. 국회 내의 여성 진출은 이러한 여성을 위한 정책으로 직접 연결된다. 아울러 예산 편성에 있어서도 역시 이러한 성인지적 예산 배분이 필요하다. 보육과 여성 교육을 위한 더 많은 예산 배분이야말로 국회 내에서 여성 정치인들이 추진해야 할 과제이다.

6

맺음말

제도만으로 정치행태를 바꿀 수 있을까? 대안을 고민하는 시점에서 정치인의 한 사람으로 스스로 묻게 되는 가장 근본적인 질문이다. 17대 국회는 그 어느 국회보다 가장 앞선 제도 개혁을 외쳤고 또 미흡하나마 그 성과를 어느 정도 이루었다고 자부했다. 그러나 17대 국회를 마감하는 시점에 와서 제도 개혁은 그 자체로 한계가 있었고 결국 제도를 운영하는 행태의 문제, 실제 정치인의 자질에 따라 제도 개혁의 성패가 엇갈린다는 결론에 도달했다. 한국 정치를 제도의 관점에서 혹은 행태적인 면에서 연구하는 학자들도 대다수 공감하는 부분일 것이다.[65)]

제도 만능주의에 빠져 좋은 제도만 있으면 정치가 갑자기 '앙시앙레짐' 의 틀을 벗고 선진화할 수 있다고 믿는 것은 신화에 가깝다. 정치인의 교체 혹은 대오각성만으로 정치행태가 질적으로 높아

65) "사실 제도개혁만으로 문제의 근원을 일소할 수는 없다. 이 글의 필자들도 모두 이 점에 공감한다. 아무리 좋은 제도를 도입해도 의원이나 대통령, 관료, 이익단체 지도자, 나아가 일반시민 등 정치행위자들의 의식과 행태에 근본적 문제가 있다면 만족스런 결과를 나올 수 없다."《한국 의회정치와 제도개혁》 서문 中 p.5, 한울아카데미, 2004.

져 정치가 사회 발전을 추동할 수 있다고 믿는 것은 차라리 허구이다. 적절한 조화가 필요하다는 불변의 진리를 새삼 강조하는 말은 일리가 있다. 그러나 제도와 행태가 적절히 버무려지는 것이 참다운 조화는 아니다. 정치인이 스스로 부패와 부조리를 절단해 내지 못하고 제스처에 그쳐버린 국회 개혁의 결과는 매우 수치스럽다. 진정한 정치 개혁은 잘못된 관습을 바꾸는 매개가 되어야 한다. 아울러 국민은 정치 개혁을 이해하고 실행할 수 있는 의식을 갖추어야 한다. 관행은 제도와 행태를 동시에 극복할 때에 깨질 수 있다.

정치권의 개혁은 누가 나서서 '제 목에 방울달기'를 하느냐에 달려 있다. 정치권이 국민적 요구를 반영하더라도 생색내기 혹은 면피용 개혁에 그친다면 정치 불신을 해소할 수 없다. 그런 의미에서 혹자는 "국회 개혁의 요체는 국회가 성공할 수 있는 조건을 충실하게 마련하는 것에 다름"이 아니며 "국회 개혁을 위해서는 그 자신의 활동목표, 덕목과 능력을 새로운 각오로써 정립하는 자기쇄신이 전제되어야 한다"고 말했다.[66)]

17대 국회의 기대어린 출발은 반쪽의 결과물로 막을 내리고 있다. 기대가 크면 실망도 큰 법인지라 많은 애정 어린 시선을 받으며 출발한 17대 국회에 냉소의 눈길을 보내고 있는 국민들이 많다. 철저한 자기반성문의 고백은 많을수록 좋다. 그러나 반성문은 용서를 구하는 것으로 충분하지 않다. 고백과 용서 다음에 어떻게 할 것인지를 보여주는 대안이 뒤따라야 한다. 미진한 제도 개선을 어떻게 실천할 것인지 도화지에 밑그림을 그리듯 차근차근 채워 넣어야 할 때이다.

66) 박찬욱 · 김병국 · 장훈 공편, 《국회의 성공조건 - 윤리와 정책》, 동아시아연구원, 2004년, p. 15.

Polictics of Custom

7

현실 정치를 말한다 – 보좌관 좌담회

좌담회일자: 2007년 6월 7일

참석자: 이은영(국회의원), 김수현, 김형준, 박기영, 윤지원,

이중현, 송창욱, 허동혁 (이상 보좌관, 가나다 순)

■ 책임감의 분산

이은영: 실패한 사람은 용서할 수 있어도 왜 실패했는지 모르는 사람은 용서할 수 없을 것입니다. 교수로서 정치에 입문하여 3년의 국회의원활동을 되돌아보며 국민에게 죄송하다는 생각과 함께 마음이 쓰렸습니다. 구태 정치의 개혁을 표방하여 창당한 열린우리당이 국민의 질책과 외면 속에서 그 존립마저 위태롭기 때문입니다. 처절한 반성과 자책 속에서 그 실패의 기록을 남기기로 마음먹고 이 책을 쓰기 시작한지 엊그제 같은 데 벌써 출간을 눈앞에 두고 있습니다. 제가 열성을 바쳐 일했던 17대 국회의 정치활동을 중심으로 근대 한국 정치의 현실과 눈에 보이지 않는 관습을 파헤쳐 보려는 의도에서 이 책을 기획했습니다. 지난 삼 년을 뒤돌아보며 한국 정치의 관습이라고 할 만한 것이 과연 무엇인가 찾아내려 노력했습니다. 나아가 한국 정치가 나아가야 할 방향과 대안을 제시해 보려는 시도도 했습니다. 저와 보좌진들이 이러한 공통의 문제의식을 갖고 토의를 정기적으로 해 온 것이 6개월이나 되었습니다. 이 책을 마무리하면서 각자 느낀 바가 있을 텐데… 말씀해 보시죠.

송창욱: 한국 정치는 그 틀을 이루는 제도와 그 안에서 정치를 펼치는

정치인으로 구성되어 있다고 봅니다. 한국 정치의 문제는 제도와 현실 정치 사이의 괴리에서 발생하는 것 같습니다.

김형준: 우리나라 법률은 아주 잘 갖추어진 편이지만 잘 지켜지지는 않는 것 같습니다. 법률과 관습 사이에 괴리가 큰 셈이지요. 헌법만 보아도 그렇습니다. 우수한 헌법이지만 국회보좌관으로 일하면서 실제 어떻게 작용되는지 보고 있으면 겉돌고 있구나 하는 생각이 들 때가 많습니다. 헌법이나 법률에 의해 보호를 받아야 할 국민의 입장에서 보면 매우 안타까운 현상이지요.

김수현: 여성이나 장애인 등 소수자들의 권리보호라는 측면에서는 법률이 제대로 힘을 발휘하지 못하고 있는 현실을 절실히 느낍니다. 아직도 한국의 정치권이나 사회는 남성 위주로 돌아가고 있습니다. 저는 국회보좌관으로 들어와서 처음에는 국회와 정당의 관습을 익히느라 고생했고, 어느 정도 익힌 후에는 그 관습에 대한 거부감을 소화해 내느라 힘들었습니다.

윤지원: 국회에서 일하기 전에는 관습, 관행이라는 것에 대해서는 별로 생각 안했습니다. 국회에 들어와 경험하면서 부딪치는 부조리에 대하여 이게 국회의 관습이라는 것까진 생각 못하고 원래 정치란 것이 그런 것인가 보다하고 넘겨버렸습니다. 하지만 이번에 책을 준비하면서 원칙과 괴리된 부분 또는 관습적으로 처리되는 부분이 꽤 많았던 것을 확인하였습니다.

박기영: 언론은 17대 국회의 활동을 진보와 보수의 전면 대립으로 보고 있지만 제가 실제로 정책을 만드는 과정에 참여해 보니 결국은 과거의 관행에 그대로 따라가는 부분이 많은 것을 발견했습니다. 어떤 면에서 과거와 별 차이가 없다고 할까요. 이 점이야 말로 한국 정치가 가지고 있는 가장 큰 한계가 아닐까요?

허동혁: 저는 한국 정치의 한계점을 또 다른 시각에서 보게 되었습니다. 누구나 한국 정치가 잘못되었다라든가 열린우리당은 실패했다고 손가락질하면서, 어디서부터 잘못된 것인지 그리고 어떻게 해야 고쳐지는 것인지에 대해 구체적인 분석과 대안제시가 없는 것이 안타까웠습니다. 혹시 '책임감의 분산' 이란 말을 들어 보셨습니까?

예전에 미국의 한 아파트단지 마당에서 일어난 살인사건에서 유래된 말로, 창문을 열고 내다본 목격자가 38명이나 되었는데도 아무도 경찰에 신고를 하지 않아 그 목격자들이 보는 앞에서 피해자가 무참히 살해된 것에 대하여 다수의 책임감이 오히려 아무도 책임을 지지 않는 현상을 일으키는 것을 의미합니다. 심리사회학자들 또는 최근엔 경영학에서 주로 이 의미를 차용을 하는데 저는 정치적으로도 의미가 있다고 봅니다.

이중현: 정치적 범죄행위나 과오가 버젓이 일어나고 있는데도 그것을 고발하고 대안을 내놓는 사람이 아무도 없다는 이야기이군요. 그리고 정치적으로 책임을 져야 할 사람들이 그 책임을 다하지 못하고 있다는 말도 되겠지요.

이은영: '책임감의 분산' 은 결국 정치인이나 국민들이나 무엇이 잘못되어 있는지 모두 알고 있지만 누군가 정의의 대변인이 나서서 바로 잡겠지 하고 방관하고 있는 한국의 정치 현실을 말해 주는 것 아닐까요? 아니면 우리 모두 그 관습에 푹 젖어서 고발할 생각조차 못했던 것일까요? 잘못된 행위인 줄 알면서도 너무나 많은 사람들이 그것을 관습으로 삼고 있어 그것을 고치고자 하는 목소리를 내야 할 사회적 책임을 다하지 못하고 있는 것을 꼬집는 것이겠지요.

■ 이념 갈등의 국회

이은영: 17대 국회는 출발부터 파행과 공전을 거듭했고 회의장 점거 등 창피스러운 과거의 모습에서 벗어나지 못했습니다. 개혁을 표방했음에도 불구하고 과거의 정치관습에서 벗어나지 못한 원인이 무엇일까요?

송창욱: 본회의장이나 상임위장에서 여전히 욕설이 난무하고 교섭단체의 횡포도 여전했습니다. 국회의원의 능력은 향상되었지만 정당이라는 집단은 과거의 수준에서 크게 벗어나지 못했습니다. 이념을 지키려다 보니 상생보다는 갈등이 고조되었고 갈등에 대처하는 방식이 과거의 관습을 벗어나지는 못한 것 같습니다.

김수현: 당리당략이나 정쟁을 따르지 말고 양심 있는 인간의 모습만이라도 보여주었더라면 하는 아쉬움이 있습니다. 스스로 올바로 선 의원들이 모여 국회를 운영해야 하지 않을까요?

허동혁: 정치적 입장 차이를 도덕적 우위의 문제로 다루려다 보니 극한대립으로 간 것입니다. 서로 상대방이 갈등을 조장했다고 비난하는 것도 문제입니다. 국가보안법을 놓고 여야가 싸우더라도 민생 법안은 합의로 처리해야 했습니다.

김형준: 현실에 관련된 사안은 이념을 떠나 정치적인 협의와 조정을 했어야 하는데 어떤 사안이든지 쟁점이 붙었다 하면 극단적 이념 대립으로 갔던 것이 상생의 정치를 못한 원인이었다고 봅니다.

박기영: 쟁점법안의 처리를 놓고 여야 간 갈등도 컸지만 이에 못지않게 열린우리당 내부의 갈등도 컸습니다. 국가보안법 폐지에 관하여 2004년 말에 1,000여 명이 단식을 할 정도로 지지하는 세력이 많았음에도 불구하고 열린우리당의 추진전략은 일관성이 없었습

니다. 처음에는 국보법을 폐지해야 한다고 주장하다가 여야 간 갈등이 고조되자 대체입법으로 타협할 듯하더니 다시 원래의 주장으로 돌아가는 등 우왕좌왕하는 모습을 보이다가는 결국 처리하지 못한 채 시기를 놓쳤습니다.

윤지원: 모든 갈등을 봉합하려고만 하는 것이 정치의 본래 모습은 아니라고 봅니다. 절대 타협할 수 없는 부분과 타협 가능한 부분이 있을 것입니다. 갈등이 나쁘다고 생각하는 것이 한국 정치의 실패 요인이라고 들은 적이 있습니다. 갈등을 인정하는 순간 대화와 타협이 가능하지만 갈등 자체가 나쁘다고 생각하면 갈등의 실재를 부정하게 되고 갈등을 해결하려는 대화와 타협으로 나아가지 못하게 됩니다. 지금도 '갈등은 나쁜 것' 이라는 인식이 있습니다.

■ 실험정당의 실패

이은영: 저는 17대에 생겨난 열린우리당에서 정치경험을 시작했는데, 종전 정당과는 다른 면도 많이 있었지만 점점 시간이 지나면서 처음의 참신성이나 개혁성은 사그라지고 구태의연한 모습으로 흐르는 것을 목격했습니다. 정권재창출이라고 하는 권력욕이 정당을 과거 모습으로 돌려놓는 것 같아 안타깝기만 합니다. 국민들은 새로운 정당의 출범과 새로운 정당문화에 대해 어떻게 생각을 하고 있을까요?

송창욱: 17대 국회에 국민적인 기대치가 높았던 이유는 스스로 구태의연하게 만연돼 있던 정치풍조를 일거에 타파하고 17대 국회를 개원하면서 새로운 패러다임의 정치구조, 정치문화를 도입하겠다고 주창했기 때문입니다. 그래서 열린우리당은 국민들의 과반수 이상이 지지했던 개혁노선이라는 화두를 가지고 야심차게 출

발을 했었는데, 문제는 이런 것들을 처음의 국민들의 기대치만큼 관철해 내지 못한 것입니다.

김형준: 저는 열린우리당이 이념정당으로서의 정착에 실패한 것이 매우 아쉽습니다. 이념정당이 가진 한계를 실패한 요리에 비유해 보겠습니다. 맛 있는 요리를 만들기 위해서는 요리법(레시피)을 생각해 두고 그에 맞는 재료를 준비해야 하는데, 재료를 너무 많이 준비했고 그 재료를 다 넣고 요리를 만들려니 이상한 요리가 되어 맛이 없어져 버린 것입니다. 열린우리당이 창당되고 총선을 치를 때까지 지지자들이 공감대를 이루었지만, 탄핵열풍으로 거대여당으로 탄생했을 때는 다른 정치이념을 가진 사람들까지 열린우리당의 이름으로 묶이게 되었고, 이 때문에 열린우리당의 초심을 잃어버리게 되었다고 봅니다.

김수현: 열린우리당은 당론통합도 못하고, 상대당과 타협도 못하고, 상황 주도도 못해서 결국 국가보안법 폐지안 등 주요 법안들을 유야무야시킨 것이 문제였다고 봅니다. 만약 열린우리당 내부에서부터 치열하게 토론해서 하나의 안으로 결론을 냈더라면 처리되었겠지요.

박기영: 정당을 만들기 위해서는 내용적으로 확고한 사상체계가 필요한데, 열린우리당은 단지 정치 개혁만을 존재가치로서 주장했다고 봅니다. 현실 정치에서 살아남아야 한다는 생각에 창당정신을 버리고 현실 정치에 융화했던 면도 있었습니다. 또한 정치적 스킬의 부족도 한 몫 했다고 봅니다.

윤지원: 우리나라 정치지형 상 오른쪽에 치우쳐 있는 상황에서 진보를 표방하는 정당이 같이 있어 주어야 제도정치 내에서의 갈등을 수용하고 해결할 수 있는 여지가 생길 것입니다.

김형준: 추진과정부터 개혁정당이라는 부분에서 자기모순에 빠졌던 행태에 원인이 있는 것 같습니다. 자기모순을 스스로 극복하지 못하고, 개혁과제들을 제대로 추진하지도 못했고, 그런 모습에 실망해서 지지세력이 이탈하고, 중간중간 있는 선거과정을 통해서 정당에 대한 평가도 계속 떨어지고, 공교롭게도 대통령이라고 하는 국정운영의 주체도 국민적인 지지를 얻지 못하는 이런 상황과, 개혁을 추진해가는 동력과 이를 지탱하는 지지 등 삼박자가 따로 놀고 있는 상황 속에서 점점 더 혼란과 무능과 시행착오가 악순환되며 지지율은 거침없이 빠지는 현상을 보이고 있다고 봅니다.

김수현: 어설픈 상향식 민주주의 도입으로 인한 실패라는 측면도 있습니다. 기간당원제의 도입 등 상향식 민주주의에 대한 열의는 높았지만 현실적인 한계가 있었습니다. 거대여당이 되면서부터 다양한 집단의 대표자들의 모임이 아니라 대표자들의 다양성만 남게 되었다고 봅니다.

허동혁: 열린우리당은 자신의 이념을 끝가지 지킬 용기가 없어서 어정쩡한 타협을 할 수밖에 없었던 것은 아닐까요? 당이 정권재창출 못하더라도 국회의원이 재선에 떨어지더라도 끝까지 처음의 주장을 포기하지 않았더라면 나았을텐데...

이중현: 그것은 한나라당도 마찬가지라고 봅니다. 국가발전을 위한다는 것은 대의명분일 뿐인데, 보수정당으로서 잃어버린 10년을 되찾아와야 한다는 절박감 속에서 세력을 공고히 하고 있는 상황이라고 봅니다.

■ 386과 이념의 수호를 위한 정치

이은영: 정당들은 많은 변천을 거쳐 정당 개혁을 추진해 왔습니다. 그

러나 현재 정당을 이끌어가는 정치지도자들 중에는 아직 구 지도자들이 많이 남아 있습니다. 민주투사나 시민운동가 등 386세대가 대거 정치권으로 들어오면서 권력에서의 물갈이는 된 것 같은데 예전이나 지금이나 국민들은 정당에 대해서든 정치인에 대해서든 고개를 흔들고 있습니다. 정당들의 개혁 노력이 국민들의 지지를 받지 못하는 이유는 무엇입니까? 특히 386 세대가 국민과 공감대를 형성하지 못한 것은 무엇 때문이라고 생각합니까?

이중현: 386세대가 가지고 있던 이념 중심의 독선적인 부분들이 국민들과 공감대를 이루지 못했던 것 같습니다.

박기영: 386세대 문제만 놓고 보면, 시간이 지나면서 자신이 누구의 지지를 받아 제도권에 진출했는지를 잊어버렸기 때문이라고 봅니다. 특히, 지지 기반에 대한 대표성이 모호해진 열린우리당은 누구의 이익을 대변할 것인가에 있어 내부적으로 한 목소리를 내지 못하고 있는 상황이었습니다.

송창욱: 그것은 열린우리당이 야당이 아니라 집권여당이었기에 생긴 문제가 아닐까요? 특정 지지 세력의 의견을 대변하기보다 사회의 여러 계층의 문제 조정, 국가전체의 경제발전이라는 임무수행을 위하다보니 그렇게 된 측면도 있다고 생각합니다.

윤지원: 자신의 특정 계층과 계급에 지지기반을 두고 있기 때문에 그 입장에 서서 이해관계가 다른 부분을 상호 조율하는 것은 문제라고 생각합니다. 전체를 아우른다는 핑계로 자신의 지지기반을 무너뜨리면서까지 갈등 해소에 치중하는 것은 문제라고 봅니다.

이은영: 당원 문제 또한 열린우리당이 처음에는 노사모(노무현을 사랑하는 모임), 국참(국민참여연대) 등등으로 국민과 정치를 연결하는 새로운 운동에서는 상당부분 성공했으나 거기서 더 나아가지 못

한 한계가 보였는데, 그 이유는 무엇일까요?

김형준: 노사모가 출발할 때는 국민들의 의지와 열망으로 출발했지만 시간이 지나면서 특정 세력으로 고착되어버린 것도 국민과 노사모, 국민과 열린우리당이 멀어지기 시작한 이유 중의 하나라고 봅니다.

허동혁: 17대 국회가 중반에 이르기 전부터 이미 정당 지지세력들의 변화가 시작되었던 것 같습니다. 박사모의 등장과 노사모의 변화 등 어떻게 보면 정당의 지지세력이 정치 개혁의 원동력이 아닌 특정 집단화되어버렸습니다.

김수현: 일반적으로 국민들은 선거가 끝나고 나면 이제는 뭔가 바뀌겠지 하는 기대를 가지는데, 그 기대에 부응하지 못했기 때문이 아닐까요?

송창욱: 1987년 민주화 이후 김대중 정권의 교체, 그 이후 한 번 더 정권 재창출하는 과정을 겪으면서 국민적 열정이 폭발하였고, 그 정점에 이른 것이 2002 대선이었다고 봅니다. 가히 혁명적인 분위기라고도 할 수 있었습니다. 이를 통해 국민들이 국가의 제도나 정치 등이 혁명적으로 변할 것이라 기대하게 된 것입니다. 물론 열린우리당의 창당 또한 혁명적 정당을 만들려는 시도였습니다. 그러나 사회구조나 분위기, 시스템, 정치적 성숙도는 그 속도로 따라오지 못했다고 봅니다. 유럽식 이념정당으로 급속도로 변화하려는 시도가 있었으나, 아직도 우리의 정치 현실은 미국식의 정치시스템과, 평균적 부의 배분보다는 이해관계가 충돌되는 성장위주의 사회구조시스템에서 못 벗어나고 있습니다. 이러한 괴리를 지닌 정당을 바라보며 국민들의 실망감이 커진 것 아닐까요?

이중현: 열린 우리당이 이념적 스펙트럼을 넓히기 위해 무가치적인

중도부터 장악해서 세력 넓히는 방법을 택한 것도 어떻게 보면 주먹구구식이었던 것 같습니다.

윤지원: 비현실적인 모델 제시가 현재의 열린우리당의 실패원인인 것 같습니다. 열린우리당의 실험정신이 반드시 실패했다고만은 볼 수 없고 과도기적인 시행착오를 겪었다 생각합니다. 현실에 맞도록 취약점을 부분을 보강해 나가다 보면 언젠가, 10~20년 후에는 열린우리당이 17대 국회에서 시도했던 것들이 한국 정치에서 실현되리라 봅니다.

김수현: 그러나 그때까지 살아남는 게 문제입니다. 국민 또한 어느 정당에 실망하면 그 정당을 개선하려는 것이 아니라 뒤엎기를 원하는 것도 문제 아닌가요?

송창욱: 열린우리당이 추구했던 정당모델은 시대적 가미점을 찾아간다면 언젠가는 이를 수 있을 것입니다. 지금 당장은 너무 앞서나간 측면이 있습니다. 다시 말해 목표와 기대치는 높은데 실천은 현실과 동떨어졌던 것이라고 평가됩니다.

■ 여성 정치인의 활동

이은영: 국회생활을 해보면 보수 성향을 띤 당의 여성 국회의원은 어려운 세파 속에서 커서 강하고 공격적인 반면에, 진보 성향의 여성 정치인은 이념 중심으로 정치세력화해서 그런지 오히려 부드러운 면이 있는 것 같습니다. 예를 들어 민주노동당의 여성 의원과 얘기를 나눠보면 의외로 부드러운 면이 많은 것 같습니다. 반면에 영국 보수당의 대처 총리는 강한 이미지로서 철의 여인이라 불렸습니다.

김형준: 지지 세력을 확대하기 위한 이미지 메이킹일 수도 있다고 봅

니다. 예를 들어 진보 진영과 페미니스트 운동이라고 하면 공격적이고 과격하게 현장에서 뛴다는 느낌이 강하지만 제도권에 들어왔을 때는 자기세력 확대를 위해 중도나 보수와 비슷하게 이미지를 맞춰갑니다. 제도권에서 현장으로 나가는 경우는 반대로 정치인으로서 권위있는 모습을 버리고 서민의 모습을 흉내 내려고 하는 것을 자주 볼 수 있습니다.

김수현: 얼마 전 있었던 프랑스 대선을 예를 들어 봐도 프랑스 국민들은 주 35시간의 노동시간 등 자신의 이해관계와 관련된 정책을 주의 깊게 보는 경향이 관찰되었습니다. 프랑스 대선에서 특이한 점은 후보들의 이미지 메이킹입니다. 예를 들어 보수 진영의 사르코지는 평소에 하얀 와이셔츠를 입는 샤프한 인상의 후보였는데, 대선 토론회 당일에는 그간의 이미지를 완화시키기 위해 회색 와이셔츠를 입었다고 합니다. 반면 진보 진영의 루아얄은 평소와 달리 흰 블라우스에 검은 정장으로서 부드럽고 우아한 모습으로 임했습니다. 그런데 왜 진보 진영의 여성이 굳이 우아함을 내세웠을까요?

송창욱: 일반적으로 진보 진영 하면 페미니즘 등의 영향으로 처음부터 강한 이미지를 드러내기 때문에 대중이 이에 대해 반감을 갖게 되는 경향이 많다고 봅니다. 자신이 표방하는 진보의 이미지를 외모로써 완화시키기 위해 오히려 우아함을 강조한 것 아닐까요?

윤지원: 내면의 성향을 일반대중에게 녹아낼 수 있도록 이미지메이킹 기법 상 중도로 좌표 이동시키는 것이라고 봅니다. 예를 들어 진보 진영의 사람은 일반적으로 거칠고 공격적인 이미지가 대중들에게는 형상화되어 있습니다. 그래서 시각적 효과로서 이미지를 중화시켜 중도가 가미된 안정적인 이미지 구축하려 한 것 같습니다.

이은영: 말이 나온 김에 17대 여성 국회의원들에 대한 이미지에 대해 평가를 해보는 것은 어떻습니까? 바깥에서 보다가 국회에 들어와 가까이에서 여성 의원을 본 느낌은 어때요?

허동혁: 여성 정치인 이미지라면 한명숙 총리, 박근혜 의원이 떠오릅니다. 여성 의원은 유하고 온화한 이미지가 강한 듯합니다. 남성 의원들에 비해 조금 더 합리적으로 보이구요.

이중현: 예전에는 여성 의원이 극소수라 바깥에서 보기에는 존재감이 미약해서 특정한 이미지가 있다고까지 말하기 힘들었는데 17대 국회에서는 여성 의원 중에 대중에게 강한 이미지를 주는 사람이 많아지는 등 아주 달라진 것 같습니다.

송창욱: 정치 활동평가에 있어서는 여성 의원이 인원수에 비해 성과가 없다는 비판도 있습니다. 자기 중심의 사고를 많이 한다는 것인데요, 그래서 조직 내 융화가 미약한 측면이 있고, 정책 제시에 있어서 전문성이 떨어진다는 얘기도 있습니다.

김형준: 인원수에 비해서 성과가 적은 것은 아니라고 봅니다. 남성의원들 중에는 성과가 거의 없는 사람이 많은데 활발히 활동하는 의원 중에 남성이 눈에 많이 띄다 보니 상대적으로 활동적인 여성의원이 적어 보이는 것입니다. 아직 국회가 남성 중심의 조직사회이기 때문에 여성 의원을 곁다리로 끼워놓고는 뒤돌아서 일을 잘못한다든가 성과가 없다고 말하는 것이 아닐까 생각합니다. 여성 의원이든 남성 의원이든 열심히 하는 사람은 나름대로 어떻게든 두각을 드러내고 있습니다.

윤지원: 여성 정치인이라고 이야기를 할 수 있을 만큼 중앙무대에서 지분을 가진 의원이 나온 것이 17대 국회가 처음 아닌가요? 비례대표 의원 중에서 여성이 40명 정도까지 늘어난 것도 17대 국회

가 처음이구요. 그간 여성 정치인의 이미지가 딱히 안 떠오르는 이유는 끼워 넣기 식으로 여성 의원이 국회에 진출했기 때문이라고 봅니다. 여성 정치인으로 실질적 활동을 하기보다 본인 인생의 훈장을 하나 붙였다 정도로만 생각한 경우도 많았습니다. 17대 국회에 들어 여성 의원 비율도 늘고 등원 후에도 다양한 분야에서 활동하려고 노력하는 등 많이 바뀐 것 같습니다.

박기영: 여성 의원이 국회에 들어와서 활동하는 것은 생물학적인 여성으로서의 정치가 아니라 사회적인 의미에서 여성과 정치가 결합된 영역이라고 생각합니다. 그렇다면 소수자 · 사회적 약자 입장에 서서 정치, 계층과 계급의 한 축이 되는 여성의 입장을 대변할 수 있는 여성 정치가 되어야 하는데, 오히려 제도권에 들어와서 스스로의 존재가치인 여성성을 버리고 남성화되는 경향을 많이 보이는 것 같습니다. 남성화한 여성만 남아 있는 거죠.

■ 21세기형 선진 한국으로 가는 개헌

이은영: 이제는 주제별로 압축하여 한국 정치가 가지고 있는 문제점에 대한 대안을 제시했으면 합니다. 우선 개헌에 대해 논의해 보고 싶습니다. 우리 의원실에서 그간 개헌에 관해 많은 연구와 준비를 했었고 토론회도 가진 적이 있는데, 21세기형 선진 한국으로 가기 위해 개헌을 한다면 어떤 내용을 담아야 할까요?

김형준: 과거의 헌법은 집권연장 수단으로 개정되었지만, 1987년 항쟁 이후에는 독재와 장기집권의 폐단을 고치는 데 초점이 맞춰져 있었다고 봅니다. 그런데 참여정부 시기로 넘어오면서 9차 개헌 헌법이 가지고 있는 문제점들이 지적되고 있습니다. 실제로 학계 · 시민단체 · 정치권에서 대통령의 개헌시안이 나오기 이전부

터 많은 논의가 있었구요. 제가 생각할 때는 글로벌 시대를 주도하는 국가로의 성장, 민주주의 발전 속도에 부응하는 정치시스템 구축, 한반도 평화통일시대 대비 등의 내용이 새로운 헌법 개정 때는 반영되었으면 합니다.

이은영: 국회에서 개헌논의가 되기 전에 이미 시민단체나 학계에서 충분하지는 않더라도 개헌논의가 있었고 헌법학회에서는 포괄적인 개헌안까지 나왔었습니다. 국회에서는 그 개헌안을 전부 받은 것이 아니고, 국회의 정치적 의도에 따라 부분적으로 논의하였습니다. 대통령은 나름대로의 정치적 의도에 의해서 개헌의견을 제시했다고 봅니다. 시민단체나 학계의 개헌논의는 순수하고 객관적이고 포괄적이었던 반면, 정치권의 논의는 다분히 정치적 의도를 담고 있었다고 보였습니다.

송창욱: 국회나 정치권에서는 각종 토론회나 심포지엄, 대정부질문 등을 통해서 개헌에 대한 논의를 계속 제기해 왔었습니다. 정치권의 주요 관심사는 4년 중임제, 권력구조, 정부형태에 대한 논의가 많았습니다. 반면에 학계나 시민단체에서는 다양하고 폭넓은 의미로 개헌에 접근하였습니다.

윤지원: 예전에는 진보나 개혁을 주장하는 쪽에서 개헌논의가 활발했으나, 17대 국회에서는 진보 보수 양쪽에서 권력구조 개편에 관한 논의가 활발하게 이루어졌습니다.

김수현: 대통령의 개헌발의는 갑작스레 이루어진 감이 있었습니다. 나중에 대통령이 원포인트 개헌안을 유보함에 따라 학술단체나 시민단체에서 준비했던 개정작업도 함께 뒤로 미루어졌습니다. 다음에 개헌논의를 할 때에는 권력구조나 통치구조만이 아니라 학계와 시민단체에서 제기했던 쟁점들이 모두 포함되었으면 합

니다.

이은영: 학자로서 정치권에 들어오기 전에 개헌문제를 바라볼 때는 무엇이 21세를 맞이해서 우리의 기본규범으로서 의미를 가질 것이냐, 무엇이 국가발전에 도움이 될 것이냐 하는 국익 차원에서 이 문제를 보았습니다. 국회의원이 되고 나서 매우 실망한 것은, 정치권이 개헌문제를 순전히 권력연장의 도구로 삼았다는 점입니다. 국민들의 요청에는 관심을 기울이지 않고 권력구조를 어떻게 바꿔서 자신의 권력을 안정화시킬 것인가 하는 문제에 더 집중했다는 사실에 실망했습니다. 또 하나는 그런 목적을 위해서 정치인들이 말바꾸기를 부끄러워하지 않고, 종전에 개헌 필요성을 주장하던 사람들이 개헌이 자기 세력에 불리하다 싶으면 개헌은 필요 없다는 식으로 정치적인 이해관계에 따라서 한 나라의 기본규범인 헌법을 보았다는 것입니다.

송창욱: 개헌의 중요성이 대두되고 있는 시점은 누구나 알듯이 자명합니다. 개헌논의의 한계는 일부 정치인들의 통치구조에만 집중되어 있고, 1987년의 모습과 2007년 현재 우리의 모습은 사회 · 경제 · 제도적으로 엄청난 변화를 겪었음에도 불구하고, 개발독재와 산업화로 대변되는 1987년 시대상의 한계를 그대로 지금 사회상으로 담아내기에는 부족한 헌법임에도 불구하고, 우리가 그 공간을 국가의 헌법의 모습으로서 가고 있기 때문에, 이런 사회적 혼란과 갈등과 계층적 모순과 분배적 혼란이 종식이 안 되는 상황입니다. 이제는 이 시대가 담아내야 하는 국민적 합의를 개헌으로 관철해 낼 때인데, 2007년에도 개헌이 불가능하고 차기 정권으로 공이 넘어간 상황입니다.

김형준: 실제로 참여정부 출범할 때 개헌이 대통령의 공약이었고, 17

대 국회가 꾸려지자마자 개헌논의가 집중적으로 나왔던 것이 사실입니다. 그때는 한나라당도 개헌이 필요하다는 입장이었습니다. 대통령의 원포인트 개헌도 그때 논의의 연장선인데 한나라당을 비롯한 야당은 이에 대해서 완전히 말바꾸기식 행동을 보였습니다. 공약을 못 지킨 게 대통령의 책임이라기보다 아전인수격으로 필요할 때는 갖다 쓰고 아닐 때는 반대하는 정치권의 행태 때문이고 이는 반드시 고쳐야 하는 관습 중 하나라고 생각합니다.

이은영: 17대 국회에 있으면서 헌법재판소에 의한 위헌판결로 헌법재판소의 정치적인 영향력이 높아지다 보니 헌법이라는 것에 대해 상당한 위력을 실감하면서 공포를 갖게 되었습니다. 그리고, 헌법을 개정하는 문제는 자칫하면 정치에 큰 영향을 줄 수 있다고 하는 측면에서 통치행위 이외의 기본권 부분에 대해서도 상당한 위기감을 갖게 되었습니다. 대통령이 제안한 원포인트 개헌은 결국은 대통령 선거가 임박했기에 중단되었지만, 대선이 끝나 새 대통령이 임명되면 다시 개헌논의는 처음부터 종합적으로 검토되어야 한다고 생각합니다. 이번 대통령 선거에서 "나를 대통령으로 당선시켜 주면 우리 헌법을 선진화하기 위해 바꾸고 저의 임기를 줄여서라도 개헌을 해 내겠습니다"는 공약이 나오리라 기대합니다.

■ 정당공천제의 개혁

이은영: 다음은 정당공천제에 대해 얘기를 해 봅시다. 정당공천제 자체의 문제보다는 공천을 계기로 사익을 추구하는 사례에 대해 대안이 필요한 것 같은데요.

김수현: 2007년 4월 25일 국회의원 재보궐선거에서 한나라당은 정당

지지율이 가장 높은 상황이었음에도 불구하고 경기 화성 한 군데에서만 승리하고 그 밖의 지역(경북 포함)에서는 예기치 못한 패배를 했습니다. 그 원인은 정당공천 비리에 있었습니다. 정당에서 선거에 출마할 후보를 추천하는 일은 국가의 중요 업무를 이끌어 나갈 최고 공직자를 선발하는 공익적 업무입니다. 당이 공직에 적합한 후보자를 추천하는 공천과정이 비리로 얼룩졌던 것입니다. 이는 17대 국회에서 미진한 정치개혁 중 하나입니다.

박기영: 하향식 밀실공천의 관습이 근절되지 않은 것은 큰 문제입니다. 공천이 정당지도자에 대한 충성심이나 정치자금에 의해 좌우되는 비민주적 절차가 아직도 온존하고 있습니다. 공직선거법 개정으로 2006년부터 지방의원의 선거에까지 정당공천제가 도입되면서 과거의 공천폐해가 기초의원 선거 수준에서도 나타나게 되었습니다. 지방의회가 정당 중심으로 형성될 경우 중앙의 정책을 고스란히 받아서 교조주의적으로 운용되는 문제가 있습니다. 중대선거구제 역시 4인 선거구가 줄어든 반면 3인 · 2인 선거구가 늘어나게 되면서 정당공천제와 함께 도입된 중대선거구제도 그 취지를 잃었습니다. 선관위나 시민단체 · 학계가 매니페스토 운동을 주장함에도 불구하고 정당공천제가 실시되면서 결국 정당의 입김이 지방선거를 지배하는 결과를 낳았고 정책은 먹히지 않게 되어 매니페스토 운동이 실효성을 거두지 못하고 있습니다.

김수현: 기초의회 수준의 정당공천제에 대해서는 존치냐 폐지냐 말들이 많습니다. 존치론의 입장에서는 정당정치의 활성화가 제일 중요한 근거입니다. 반대로 폐지론의 입장에서는 공천비리, 지역정치인의 불이익 적용 등의 폐단을 주장하고 있습니다. 유권자의 56%도 정당공천제 폐지에 찬성하고 있습니다. 대안으로서 선거

전에 정당가입 여부를 확인해서 정당가입을 하지 못하게 하는 방안, 다시 소선거구제로 복귀하는 방안, 광역선거와 기초선거를 분리 실시하는 대안이 제시되고 있습니다.

윤지원: 정당 개혁은 중앙집권적인 공천문화의 탈피 외에도 진성당원의 확보, 중앙당의 기존권한 축소 등 계속 변화되어야 할 사항이 많습니다.

이은영: 17대 국회의원이 되고 나서 초반에 선거법 위반으로 국회의원직을 상실하게 된 의원들이 많았습니다. 그때는 유권자에 대해서 법에 허용되지 않는 접대나 상대방 후보에 대한 비방이 주로 문제되었고 금전문제는 크게 거론되지 않았습니다. 그러나 지자체 선거를 앞두고 지자체 공천이 실시된 2005년 초부터 공천헌금을 받았다는 등의 문제가 보수정당을 중심으로 해서 많이 터져 나오고 공공연하게 언론에 보도되었습니다. 헌금 없이는 공천 받을 수 없다는 분위기가 지역에 쫙 깔리고, 지자체장으로 공천받기 위해서는 3억이면 떨어지고 5억이면 당선된다는 등의 이야기가 신문지상에 거론되었습니다. 결국 한나라당은 공천비리 문제를 자체조사를 통해 혐의자를 찾아내는 것으로 문제를 마무리 하려고 서둘렀습니다. 그 결과 의원 부인이 돈봉투를 받은 사례가 적발되는 등 공천을 매개로 한 뇌물사건이 터졌습니다. 지방자치 선거를 앞두고 공천비리 때문에 굉장히 시끄러웠고 그 과정 속에서 부정부패 척결이라는 2002년의 대선 이슈는 퇴색했습니다. 그 후 보궐선거를 거치면서 공천비리는 더욱 만연했습니다. 현재 정치 부문에서 가장 부패한 부분은 공천을 둘러싼 불법헌금의 문제입니다. 공천비리를 척결하지 않으면 정치는 깨끗해질 수 없습니다.

김형준: 공천은 정당으로서는 새로운 인물을 충원하거나 인재를 발굴

한다는 측면이 강한데, 공천비리는 조선시대 매관매직과 같은 것으로 민주주의 사회에서는 근절되어야 합니다. 앞으로는 정당이 인재양성 및 발굴 쪽으로 더욱 관심을 가져야 합니다.

송창욱: 정당공천의 폐해를 불식시키고 수정하는 한 축과 정당공천의 장점을 살려 정당 개혁과 정치 개혁 방향으로 나아가는 방향은 분리해서 볼 필요가 있습니다. 정당공천을 활성화하고 정당공천을 통해서 정책정당을 지향해 나가고 다양한 정당이 포진되어서 이 사회에 활력을 주는 것은 장기적으로 바람직한 상황입니다. 다만 그 상황으로 가는 과정 속에서 정당공천을 걸개로 매관매직 부패가 행해지고 있는 부분은 정당개혁을 통해서 불식시켜야 합니다. 비리사건 때문에 정당공천제 그 자체가 잘못이라는 시각은 지양해야 합니다.

이은영: 공천이라는 것은 정치지도자를 뽑는 과정에서 유권자가 모든 후보자를 평가하기 어려우므로 그 사람이 정당의 사전심사를 통해서 믿을 만한 정당의 후보라는 신뢰를 주는 제도입니다. 유력한 정당의 공천을 받으면 거의 당선으로 연결되기 때문에 공천절차에서 공직자를 뽑기 위해 필요한 검증절차를 거쳐야 합니다. 금품에 의해서 공천되는 것은 마치 부정으로 공무원시험에 합격하는 것과 마찬가지 아닌가요? 공천하기 위해서는 미리 검증이나 자격심사를 해야 하고 선발위원회가 구성되어서 선발위원회에서 어떤 사람이 우리나라 공직자로 적격인가를 심사해서 다수 심사위원의 투표로 결정하는 것이 필수적으로 요망됩니다.

김형준: 다만 기초의원 같은 경우는 정당 개혁만으로는 해결이 안 된다고 생각합니다. 지방자치의 정신을 살리기 위해 십여 년 동안 노력해 왔었는데 기초의원의 정당공천까지 도입하여 중앙 정치

에 대한 예속을 심화시킨 것은 부당합니다. 기초의원은 정당공천 없이 출마하도록 하는 게 낫지 않습니까?

이중현: 2005년의 기초의원 정당표방금지 위헌판결과 기초의원 공천제폐지와의 관계는 어떻게 되는 겁니까?

송창욱: 그 판결이 나기 전에 2002년 지방선거 때는 기초의원의 경우 공천제가 없었습니다. '내천'이라고 해서 내부적으로만 공천하는 실상이었어요. 사실상 공천이 이루어졌지만 소속 정당 표시는 달지 못하고 출마했습니다. 2005년에 위헌판결 받아 공천을 허용하는 법개정이 된 것입니다. 내천이라는 형태로 사실상 공천이 이루어지는 현실 때문에 정당공천제를 부활시키기로 한 것입니다.

허동혁: 유권자는 후보자를 선택할 때 후보의 인물도 보지만 소속정당도 중요하게 봅니다. 내각제 국가에서는 정당 선택 중심의 성향이 강하고 그렇지 않은 국가에서는 인물이 기준이 되는 경향이 강한데, 아직도 우리 선거활동에서는 당을 여러모로 보게 되는 것 같습니다. 그런 점에서 정당의 공천이라는 것은 유권자의 표를 얻는 데 있어 굉장히 중요한 과정입니다.

이중현: 공천제가 폐지되면 현실적으로 짧은 선거기간 내에 유권자들이 정당의 심사를 거치지 않은 일반 무소속 후보들에 대해서는 자세히 알기 힘들지 않을까요? 기초의원의 정당공천을 폐지하려면 그 대안을 먼저 강구해야 합니다.

김형준: 기초의원 부문에서 정당공천을 폐지하는 경우에는 후보에 대한 검증이라든가 시민감시단에 의한 자질심사제도가 보강되어야 합니다.

윤지원: 어떻게 해야 지방자치가 잘 실현될 것인가, 그리고 어떻게 하면 좀더 합당한 사람을 뽑을 것인가 하는 것을 고민해야 합니다.

사전검증 외에 사후검증제도도 강구해야 합니다.

김수현: 상향식 정당민주주의가 되면 지방마다 지역의 문제를 정책화하고 자기 지역의 인재를 추천하는 것이 가능하게 됩니다. 문제는 도당위원장에게 공천권을 주면 그 사람이 돈을 받는 지방부패의 전형적 사례가 재발한다는 것입니다. 중앙에서 공천하는 편이 공천비리가 줄어드는 현실이 안타깝습니다. 지방자치의 정신을 살리면서 지방부패를 없앨 수 있는 방안을 강구해야 할 것입니다.

■ 부패 추방 아직은 미완의 개혁

이은영: 시민들이 17대 국회에 대하여 우선적으로 요구했던 일이 공직자부패수사처의 신설과 투명사회협약의 체결 등 부패 추방이었습니다. 당시에는 야당이나 여당이나 모두 부패 추방의 기치를 높이 내걸고 무언가 큰 변화를 이루어 낼 듯이 설쳤습니다. 정치적 부패가 여전히 만연하고 불법 로비사건이 끊임없이 언론에 보도되는데도, 참여정권 말기에 들어서는 국민들이 부패 문제를 잊은 것은 아닌지 의심스러울 정도로 무관심합니다. 전 대통령들의 임기말기에 부패사건으로 대통령 본인과 측근이 감옥에 갔던 것과는 대조적입니다.

박기영: 투명사회협약에서 정치 부분의 과제는 저비용 고효율의 선진정치 도입, 불체포특권 제한, 국회 윤리위의 강화, 이해충돌방지장치 강화 등 이었습니다. 초기 정치권이 보여줬던 의지와는 달리 지금은 협약에 대해 무관심한 것이 사실입니다. 국회의 협약실천특별위원회는 1기 임기 도중에 흐지부지 되었고, 2기는 지금까지도 구성되지 않고 있습니다.

송창욱: 17대 국회에 들어와서 초기에는 부패에 대한 열망이 높았습

니다. 국회의원 자신의 청렴도에 대한 국민들의 욕구가 높아서 재산공개가 매우 엄격히 행해졌고 국민의 관심도 높아졌었습니다. 국회의원 재산 변동에 대해 소명요구를 할 수 있도록 공직자 윤리법도 통과되었습니다.

이중현: 부패를 척결할 수 있는 제도적 장치를 마련해야 된다는 요구도 높아서 공수처를 설치할 것인지가 논의되자 검찰이 그것을 피하기 위해서 검찰 내부에 공직자 부패수사를 하는 특별수사기구를 두고 외부의 독립기관을 설치하는 것을 매우 반대하기도 했습니다. 법사위에서는 검찰과 별도의 독립수사기구를 둘 것이냐가 쟁점이 되었고 시민단체의 요구도 매우 높았습니다.

김형준: 공직자부패수사처의 설치는 아쉽게도 아직 미해결인 채 입니다. 한 시민단체의 조사에서 변호사와 법대 교수는 법조비리의 근절대책으로 공수처 설치와 전관예우를 꼽았습니다. 고위공직자에 대한 기존 검찰수사의 한계를 넘기 위해서는 공수처가 필요합니다. 하지만 2004년 초반에 공수처 법안이 국회에 제안된 후 변변히 토의도 하지 못한 채 계류 중입니다.

김수현: 국회의 윤리특위를 보다 독립적이고 중립적으로 강화하는 것도 중요합니다. 국회의원들의 자율적 심사에는 한계가 있습니다. 윤리심사를 위해 자문기구를 만들었지만 독립적인 조사기능이 없다보니 형식적인 자문에 그치는 경우가 많았습니다. 자문기구에 직권상정 및 조사를 할 수 있는 권한을 부여하는 게 필요합니다.

윤지원: 국회 운영위원회의 제도 개선도 필요합니다. 운영위는 국회사무처를 피감기관으로 두는 상임위로서 국회 전반에 대한 감사기능을 가지고 있습니다. 하지만 국회의원에 관련된 예산의 집행을 얼마나 합리적으로 하고 있는가를 지적하지 않는다는 비판을

받고 있습니다. 운영위가 사실상 국회사무처를 둘러싼 운영 및 감사 기능을 하는 유일한 상임위인데, 교섭단체를 구성하는 당의 대표의 합의에 의해 국회운영의 전반이 결정되다보니 사실상 운영위의 예산 감독기능이 지지부진합니다.

허동혁: 국회에는 끊임없이 개보수나 정원공사 등이 있었습니다만 언론에서 예산낭비라는 지적이 많았습니다. 얼마 전 한 국회 보도 교체 공사도 일부 지자체가 멀쩡한 보도를 교체하는 것처럼 예산 낭비인 측면이 있었습니다.

송창욱: 국회개혁의 성공 조건은 자기 쇄신을 강제할 수 있는 제도가 끊임없이 만들어지는 것입니다. 17대 국회의 제도 개혁은 반쪽짜리 결과물이었습니다. 나머지 절반의 제도 개선은 더 힘든 과정이 될 것입니다만 반드시 이루어 내야 할 것입니다. 저는 보좌관으로 있으면서 로비활동을 투명화하고 불법로비를 없애도록 제도적 장치가 마련되어야 하겠다고 느꼈습니다.

이은영: 국회가 중반기를 접어들면서 각종 비리 부패사건이 터지자 국회의원 스스로가 부패문제에 대해서 조금 둔감해졌고 외부에서 감시하는 시민단체들도 날카로운 칼날이 무디어졌다고 봅니다. 그러면서 17대 후반기에 와서는 걷잡을 수 없이 부패사건이 터지고 부패에 대한 불감증이 생기고 공천비리가 생기고 하면서 지금의 시점에서 볼 때 17대 국회가 16대 국회보다 더 청렴해졌다고 말하기 어렵다고 봅니다. 부패문제는 초기의 개혁의지가 슬그머니 후퇴한 대표적 예입니다.

■ 정치는 국민을 위한 약속

이은영: 좌담회의 마지막 주제로 매니페스토가 어떻습니까? 정책선거

라든가 투명한 선거과정, 선거 이후의 이행 여부에 대해 문제제기는 항상 있었지만 이를 제도화하려는 시도는 최근에야 등장했습니다. 아직은 용어 자체도 생소하고 정치적으로 어떤 의미를 갖는지에 대해 인식도 낮은 것 같은데요.

윤지원: 2002년 대선의 경제성장률 공약은 상대편 것을 베껴 국민의 이목을 끌려고만 했던 포퓰리즘 공약의 대표적 사례였습니다. 후보자의 말은 선거를 통한 국민에 대한 약속이고, 지켜지지 않을 경우 사퇴까지 각오하는 책임의식을 보여야 합니다. 국민들이 공약에 대한 감시를 철저히 하고 어길 경우 그에 대한 책임을 묻는 사회 분위기가 만들어져야 한국형 매니페스토가 자리잡게 될 것입니다.

송창욱: 공약에 대해서 누가 책임을 져야 하는지 아직 정확하게 정리되지 않았습니다. 대선 후보나 총선 후보가 내세우는 공약이 그 후보의 공약인지 정당의 공약인지 구분이 되지 않습니다. 의원내각제 국가인 영국, 일본과는 사정이 다릅니다.

김형준: 약속을 지키지 않는 것에 관대한 사회분위기도 바꾸어야 합니다. 정치인들이 제시하는 정책이 그저 인사치레와 수사에 그쳐도 국민이 이를 용인하고 넘어가주고 있는데, 그래서는 안 됩니다.

박기영: 시민단체가 정치인들에게 압력을 가하기 위해 매니페스토운동을 시작했지만 아직 정착되지 못하고 있습니다. 지난 지방자치선거에서는 각 당이 협약문에 서명하였고 후보자들도 각급 선거구별로 모여 서약식을 거행했지만 선거운동기간 후반에는 흐지부지 되었습니다.

김수현: 지난 지자체 선거 이후에 선관위에서 평가해보니 후보자의 정책을 알고 있는 유권자가 20%에 불과했습니다. 아쉽게도 중앙

정치의 바람이 지방 선거에 너무 큰 영향을 주다보니 정책에 관심이 있었더라도 실제 투표에서는 당을 우선시했습니다.

허동혁: 대선을 앞두고 반값 아파트, 반값 등록금 등 서민이 솔깃해할 공약이 자꾸 나오는데 재원조달 방법이 뚜렷이 제시되지 않아 실효성이 의문스럽습니다. 정치인들이 유권자를 너무 가볍게 보는 경향이 있습니다. 언론이 기사거리로 쓸 수 있도록 밋밋하지 않고 자극적인 정책만 내세우다 보니 그런 경향이 나타납니다.

이중현: 아직도 선거는 바람몰이에 좌우되어 한 정당에게 표를 몰아주는 쏠림현상을 보여줍니다. 유권자들이 포퓰리즘에 휩싸이지 말고 차분하게 선거에 임해야 합니다. 이번 대선에서는 매니페스토 운동이 강하게 일어나서 유권자가 정책을 보고 후보자를 뽑았으면 합니다. 지금까지 상황을 보면 이번 대선도 기대하기 힘들겠구나 하는 생각이 듭니다.

윤지원: 부패 추방과 매니페스토는 누구나 필요하다고 얘기하지만 성취되기 어려운 과제입니다. 무엇보다 아쉬운 것은 계속해서 이런 운동을 끌고 나가는 시민단체의 동력이 약화되었다는 것입니다.

이은영: 보좌관으로서 자신의 정치 경험을 솔직히 털어놓아 주셔서 감사합니다. 이것으로 좌담회를 마치겠습니다. 모두들 이 책의 출간에 열정을 바쳤는데 많이 읽혔으면 좋겠습니다. 이 책은 제도와 현실 정치 사이의 괴리를 여실하게 드러내 주고 있습니다. 저는 이 책을 마무리지면서 앞으로 국회의원이 될 정치지망생, 국회 주변에서 활동하고 있는 정치부기자, 보좌관 지망생, 그밖에 정치권에 관심을 갖고 있는 모든 분들에 유용한 정치지침서가 될 것이라고 판단했습니다. 사실 정치의 실상을 밖에서 알기는 쉽지 않습니다. 어떤 사람은 정치판은 요지경 속과 같다고들 합니다.

보좌진
좌담회

국회, 정당, 선거와 같은 정치의 장을 지배하고 있는 보이지 않는 손이 바로 정치관습입니다. 이 책은 그런 그림자 같이 드러나지 않는 관습의 정체를 파헤쳐 정치권을 투명하게 만들려고 하였습니다. 현실 정치의 해부서인 만큼 정치지망생에게는 이보다 더 좋은 지침서는 없을 것입니다. 그리고 17대 국회에서 함께 활동하신 국회의원, 국회사무직, 행정공무원, 출입기자, 정치 컨설턴트에게도 꼭 읽어보라고 권하고 싶습니다. 아마 이 책을 읽으면 동시대의 정치참여자로서 공감하는 바가 클 것으로 기대합니다.

Polictics of
Custom

부 록

로비활동 공개 및 로비스트 등록에 관한 법률안
(이은영 의원 대표발의)

의안 번호	5143

발의연월일 : 2006. 10. 11.

발 의 자 : 이은영 · 김태홍 · 김혁규 · 김현미 · 민병두 박명광 · 박상돈 · 배기선 · 변재일 · 선병렬 신상진 · 심재덕 · 안병엽 · 우상호 · 우원식 유기홍 · 유승희 · 이경숙 · 이계안 · 이광철 이근식 · 이기우 · 이시종 · 황우여 · 이인영 김교흥 · 임종인 · 장복심 · 정봉준 · 정봉주 조일현 · 홍미영 · 홍창선의원(33인)

제안이유

이 법은 종래의 불법적 · 비윤리적 로비활동을 종식시키고, 국민여론을 정확히 국회 및 행정부에 전달하기 위한 건전하고 투명한 로비활동을 장려하기 위한 목적으로 발의되었음. 로비활동을 하기 위해서 우선 로비스트로서 등록하게 하고 그 로비스트의 로비활동을 보고토록 하여 투명하고 건전한 로비활동이 될 수 있도록 환경을 조성할 필요성이 있음.

현대 사회에서는 국가의 입법 · 예산이 경제사회 일반 및 국민생활 각 부문에 커다란 영향을 끼치게 되었으므로, 여러 종류의 단체가 국회나 지방의회가 개회될 때마다 의원에게 조직적인 진정이나 압력을 가하는 경우가 빈번하게 되었음. 이는 의원뿐만 아니라 정책을 입안하는 행정관청이나 행정관에 대하여도 마찬가지임. 로비활동이 탈법적이고 불법적으로 인식된 것은 이러한 압력이 비공개적인 장소에서 비공식적으로 이루어졌기 때문임.

미국의 경우 워싱턴주에 상주하는 로비스트 수만도 1944년에는 2만 명에 달하였으며 로비스트의 활동은 흔히 정치적 부패의 원천이 되었음. 이를 고려하여 루즈벨트 대통령 강력한 요망과 의회의 조사위원회의 권고로 1946년 '연방 로비 규제법' 이 제정되어 로비스트의 성명과 활동을 상 · 하 양원 사무국에 등록하도록 하였음.

우리나라의 경우에도 비공개적이고 비공식적으로 수많은 로비활동이 이루어지고 있는 것이 사실인바 이러한 병폐를 차단하기 위해서라도 로비활동의 투명성과 규제를 위한 입법이 필요한 실정임. 또한 로비활동은 여러 폐해도 있지만 국민의 여러 계층과 국회 · 관청 사이를 연결시켜 주는 구실을 하는 점에서는 오히려 적극적인 의미도 있을 것임.

주요내용

가. 로비활동의 윤리성과 투명성을 확보하며, 입법부 및 행정부의 의사결정 및 집행에 영향을 미치려는 로비스트의 등록을 의무화하고 그 활동을 공개함으로써 입법활동 및 행정작용의 투명성과 공정성을 확보하는 것을 목적으로 함(안 제1조).

나. 로비스트는 공공의 이익에 반하여서는 안 되며, 불법적인 로비를 위한 금품은 일절 수수하지 못하게 함(안 제3조 및 제7조).

다. 로비활동의 허용범위는 국회와 행정기관의 입법안 · 각종법규 · 행정계획 · 정책 · 입장의 수립, 수정, 채택 또는 정책의 실시 및 집행으로 한정함(안 제8조).

라. 로비활동의 방법은 연락 · 접촉 · 대화 · 토론 등을 통한 의견 전달, 정보 제공으로 함(안 제9조).

마. 현행 법령에 위반되는 방법을 통한 로비활동, 정당한 국가공권력의 행사를 저지 · 방해하기 위한 로비활동, 1회 5만원 또는 총계 20만원의 범위를 넘는 금품제공 · 향응제공 등을 금지함(안 제10조).

바. 로비활동을 개시하기 위해서는 국회사무처에 로비스트로서 등록하도록 함(안 제11조).

사. 불법적인 로비활동을 한 로비스트는 즉시 등록을 취소하고 3년간 재등록을 금지토록 제한규정을 두어 투명한 로비활동을 강조함(안 제13조 및 제14조).

아. 매년 2번씩 로비활동 내역과 지출한 비용, 수임한 비용 등의 내역을 담은 활동보고서를 국회사무처에 제출하도록 하고 이에 관련된 장부를 작성 · 보관할 의무를 부여함으로써 로비활동의 투명성을 확보함(안 제16조 및 제17조).

자. 국회사무처는 로비스트의 등록서류 및 활동보고서를 일반에게 공개토록 함(안 제18조).

차. 건전하고 투명한 로비활동을 전문적으로 행하기 위한 로비스트법인을 설립할 수 있도록 함(안 제19조).

카. 이 법을 위반하여 비윤리적이나 음성적인 로비활동을 하는 것을 금지하기 위해 엄중한 처벌규정을 둠으로써 불법적인 로비활동을 근절시킴(안 제35조 내지 제38조).

법률 제　　　호

로비활동 공개 및 로비스트 등록에 관한 법률안

제1장 총　칙

제1조(목적) 이 법은 로비활동의 윤리성과 투명성을 확보하며, 입법부 및 행정부의 의사결정 및 집행에 영향을 미치려는 로비스트의 등록을 의무화하고 그 활동을 공개함으로써 입법활동 및 행정작용의 투명성과 공정성을 확보하는 것을 목적으로 한다.

제2조(정의) 이 법에서 사용하는 용어의 정의는 다음과 같다.

1. "로비"라 함은 입법부 또는 행정부의 의사결정에 영향을 미치기 위하여 그 소속의 공무원 또는 정치인을 상대로 접촉하는 일체의 행위를 말한다.
2. "로비스트"라 함은 2회 이상 지속적으로 제1호의 행위를 포함하는 서비스의 제공에 대해 금전이나 기타의 경제적 이익을 보상받고 의뢰인에 의하여 고용된 자를 말한다.
3. "공무원"이라 함은「국가공무원법」,「지방공무원법」,「교육공무원법」등에 따른 공무원 그 밖의 다른 법률에 따라 그 자격 · 임용 · 교육훈련 · 복무 · 보수 · 신분보장 등에 있어서 공무원으로 인정된 자를 말한다.
4. "기관"이라 함은 기업, 단체, 행정기관 등을 포함하며 법인 여부를 불문한다.
5. "외국기관"이라 함은 외국인투자기업, 외국법에 의해 설립된 법인, 외국에 본부를 둔 단체, 외국정부의 행정기관을 말한다.
6. "의뢰인"이라 함은 당사자 또는 당해기관의 의사가 입법부나 행정부의 의사결정에 반영되도록 하기 위하여 로비스트를 고용하는 개인 또는 기관을 말한다.
7. "정치인"이라 함은 정당의 당원으로서 중앙당 또는 시도당의 직책을 보유하고 있는 자를 말한다.

제 2 장　로비스트의 임무

제 3 조(신의성실의무)　① 로비스트의 활동은 이 법의 규정 및 공공의 이익에 반하여서는 아니 된다.

② 입법부의 입법과정이나 행정부의 정책결정과정 등에 영향을 미치기 위한 로비스트의 일체의 활동은 신의에 좇아 성실히 하여야 한다.

제 4 조(신분표시) 로비스트는 로비활동을 함에 있어서 로비활동의 상대방에게 본인의 신분과 의뢰인이 누구인지를 미리 밝혀야 한다.

제 5 조(비밀누설금지) 로비스트 또는 로비스트이었던 자는 정당한 이유없이 업무상 알게 된 비밀을 누설하여서는 아니 된다. 다만, 이해관계자의 동의가 있거나 법률에 특별한 규정이 있는 경우에는 그러하지 아니하다.

제 6 조(이익충돌행위의 금지) ① 로비스트는 의뢰인의 의사에 반하는 로비활동을 하여서는 아니 된다.

② 로비스트는 복수의 개인 또는 기관 등을 위하여 로비활동을 할 수 있다. 다만, 동일한 로비활동에 관하여 개인 또는 기관 등 쌍방의 이해가 상반되는 경우에는 쌍방의 허락이 없으면 쌍방을 위하여 로비활동을 하지 못한다.

제 7 조(보수) ① 로비스트는 그 업무에 관하여 의뢰인으로부터 소정의 보수를 받을 수 있다.

②로비스트는 이 법에 의해 금지된 활동을 위하여 명목의 여하를 불문하고 의뢰인으로부터 금품을 받지 못한다.

제 3 장　로비활동의 윤리성 확보

제 8 조(로비활동의 허용범위) ① 로비스트는 다음 각 호의 어느 하나에 해당하는 목적을 위하여 로비활동을 할 수 있다.

1. 국회와 행정기관의 입법안의 수립·수정 또는 채택
2. 국회와 행정기관의 규칙·규정·행정명령·행정계획, 정책 또는 입장의 수립, 수정 또는 채택
3. 국회와 행정기관의 계획 또는 정책의 실시 및 집행

제 9 조(로비활동의 방법) 로비스트는 다음 각 호의 어느 하나에 해당하는 방법으로 로비활동을 할 수 있다.

1. 특정사안에 관하여 의뢰인을 위하여 일정한 의견을 전달하거나 알리는 행위
2. 특정사안에 관하여 의뢰인에게 불리한 의견이나 정보에 대해 반대의 의견이

나 정보를 제공하는 행위

3. 1호 및 2호의 목적을 달성하기 위하여 행정기관 또는 국회 공무원·정치인들과 연락·접촉·대화·토론하는 행위

4. 「정치자금에 관한 법률」이 정하는 범위 안에서 그리고 「정치자금에 관한 법률」이 정하는 방식에 따라 정치자금을 제공하거나 후원하는 행위

제10조(로비활동의 제한) 로비스트는 다음 각 호의 어느 하나에 해당하는 로비활동을 하여서는 아니 된다.

1. 현행 법령에 위반되는 방법에 의한 로비활동
2. 정당한 국가공권력의 행사를 저지 또는 방해하기 위한 로비활동
3. 1회에 5만원 이상의 선물, 금품의 제공이나 단순한 다과나 간소한 식사를 넘어서는 향응의 제공, 수 회에 걸쳐 그 총계가 20만원이 넘는 로비활동
4. 그 밖에 부적절한 로비활동이라 판단되는 것으로서 국회규칙으로 정하는 행위

제4장 로비스트의 등록

제11조(로비스트의 등록) ① 개인 또는 기관을 위한 로비활동을 위해서 고용되거나, 특정사안에 관한 로비활동의 위임·도급을 받은 자는 국회사무처에 등록하여야 한다.

② 제1항의 규정에 의한 등록을 하고자 하는 자는 다음 각 호의 사항을 기재한 등록신청서를 국회사무처에 제출하여야 한다.

1. 성명, 주소, 국적, 사무소 주소
2. 로비활동을 위한 고용 또는 도급, 위임의 당사자 및 그 계약의 주요 내용
3. 로비활동을 위하여 고용한 보조인의 성명·주소 및 보수
4. 로비활동을 의뢰한 개인 및 기관의 성명, 주소, 직업 및 주요사업
5. 그 밖에 대통령령이 정하는 사항

③ 국회사무처의 장은 국가안보 및 공공의 이익을 위하여 필요하다고 인정되는 경우에는 제2항의 등록서류 외에 보충자료를 요구할 수 있다.

④ 로비스트 등록신청서에 기재한 내용이 등록 후 변경된 경우에는 그 사유가 발생한 날로부터 10일 이내에 국회사무처의 장에게 그 변경사항을 신고하여야 한다.

⑤ 국회사무처의 장은 제2항의 등록신청서를 접수한 때에는 그 요건을 심사한 후 흠결이 없는 경우에는 지체없이 등록하고 등록신청인에게 등록증을 교부하여야 한다.

제12조(로비스트의 특례) ① 국회사무처는 국내에서 로비스트로 로비활동을 하고

자 하는 자가 외국인인 경우에는 법무부장관 및 노동부장관과 그 등록 및 취소 여부를 협의할 수 있다.

② 외국인의 등록사항은 제11조를 준용한다.

제13조(결격사유) 다음 각 호의 어느 하나에 해당하는 자는 로비스트로 등록할 수 없다.

1. 미성년자 · 한정치산자 · 금치산자 또는 파산자
2. 금고 이상의 실형의 선고를 받고 그 집행이 종료되거나 면제된 날로부터 3년이 경과되지 아니한 자
3. 금고 이상의 형의 집행유예선고를 받고 그 유예기간 중에 있는 자
4. 이 법에 위반하여 등록이 취소된 후 3년이 경과되지 아니한 자

제14조(등록취소) 국회사무처의 장은 로비스트가 다음 각 호의 어느 하나에 해당하는 때에는 로비스트의 등록을 취소하여야 한다. 이 경우 지체 없이 등록취소사유를 명시하여 등록이 취소되는 자에게 통지하여야 한다.

1. 사망한 때
2. 제13조의 결격사유에 해당하는 때
3. 이 법을 위반하여 금고 이상의 실형을 선고받거나 집행유예선고를 받은 자

제15조(등록의 말소) 로비스트로 등록한 자가 로비활동을 중단한 경우 또는 완료한 경우, 곧바로 국회사무처에 등록의 말소를 청구할 수 있다.

제5장 로비활동의 보고 및 공개

제16조(로비스트의 활동보고의무) ① 로비스트는 매년 1월 15일 및 7월 15일 두 번에 걸쳐 그 전 6개월간의 로비활동에 대하여 국회사무처의 장에게 다음 각 호의 어느 하나에 해당하는 사항에 대한 활동보고서를 제출하여야 한다.

1. 로비스트가 로비활동을 벌인 법안, 의회결의, 행정조치와 같은 로비활동의 대상과 목적 및 의뢰인의 주요 인적사항
2. 로비스트가 의뢰인을 위하여 접촉한 국회 및 행정기관에 대한 진술
3. 로비스트가 의뢰인을 위하여 벌인 로비활동의 내용
4. 로비스트가 의뢰인으로부터 로비활동과 관련하여 받은 비용과 소득의 내역
5. 로비스트가 로비활동과 관련하여 지출한 비용의 지출내역. 다만, 의뢰인이 복수인 경우에는 의뢰인별 지출 내역
6. 로비스트가 행정기관 및 국회 소속 공무원과 정치인에게 제공한 「정치자금에 관한 법률」에 따른 정치자금 및 기부금 내역(이 기부금에는 현금뿐만 아니라

일체의 금품과 향응을 포함한다.)

② 국회사무처의 장은 등록자가 제출한 보고서의 내용에 흠결이 있거나 부족한 부분이 있다고 판단되는 경우 보완을 요구할 수 있고 의문되는 사항에 대해서는 해명을 요구할 수 있다.

제17조(장부의 작성 · 보관) ① 로비스트는 로비활동에 관한 장부를 작성하고, 이를 보관하여야 한다.

② 제1항의 규정에 의한 장부의 기재내용 · 보관방법 · 보관기간 그밖에 필요한 사항은 국회규칙으로 정한다.

제18조(정보의 공개) 국회사무처는 로비스트의 등록서류 및 로비스트가 제출한 로비활동에 관한 보고서를 일반에게 공개한다. 다만, 그 공개로 국익에 현저한 침해가 발생할 우려가 있거나, 개인 또는 기관의 명예를 훼손할 우려가 있는 경우에는 공개의 방법과 시기 등을 제한 할 수 있다.

제6장 로비스트법인

제19조(로비스트법인의 설립) 로비스트는 그 직무를 조직적 · 전문적으로 행하기 위하여 로비스트법인을 설립할 수 있다.

제20조(설립절차) 로비스트법인을 설립하고자 할 때에는 구성원이 될 로비스트가 정관을 작성하여 국회사무처의 장의 인가를 받아야 한다. 정관을 변경할 때에도 또한 같다.

제21조(정관의 기재사항) 로비스트법인의 정관에는 다음 각호의 사항을 기재하여야 한다.

1. 목적 · 명칭 · 주사무소 및 분사무소의 소재지
2. 구성원의 성명 · 주민등록번호 및 로비스트법인을 대표할 구성원의 주소
3. 출자의 종류와 그 가액 또는 평가의 기준
4. 구성원의 가입 · 탈퇴 그 밖의 변경에 관한 사항
5. 구성원의 회의에 관한 사항
6. 로비스트법인의 대표에 관한 사항
7. 자산 및 회계에 관한 사항
8. 존립시기 또는 해산사유를 정한 때에는 그 시기 또는 사유

제22조(등기) ① 로비스트법인의 설립인가가 있는 때에는 2주일 이내에 설립등기를 하여야 한다. 등기사항의 변경이 있는 때에도 마찬가지이다.

② 제1항의 등기사항은 다음 각 호와 같다.

1. 목적 · 명칭 · 주사무소 및 분사무소의 소재지
2. 구성원의 성명 · 주민등록번호 및 로비스트법인을 대표할 구성원의 주소
3. 출자의 종류와 그 가액 · 평가 및 이행부분
4. 로비스트법인의 대표에 관한 사항
5. 수 인의 구성원이 공동으로 로비스트법인을 대표할 것을 정한 때에는 그 규정
6. 존립시기 또는 해산사유를 정한 때에는 그 시기 또는 사유
7. 설립인가의 연월일

제23조(명칭) 로비스트법인은 그 명칭 중에 로비스트법인이라는 문자를 사용하여야 한다.

제24조(구성원) ① 로비스트법인의 구성원은 5인 이상이어야 한다.

② 구성원의 결격사유는 제13조에 준용한다.

제25조(구성원의 가입 및 탈퇴) ① 로비스트법인은 구성원의 가입사실을 국회사무처의 장에게 신고하여야 한다.

② 구성원은 임의로 탈퇴할 수 있다.

③ 구성원은 다음 각 호의 어느 하나에 해당하는 사유가 있는 때에는 당연 탈퇴한다.

1. 사망한 때
2. 제14조의 규정에 의하여 등록이 취소된 때
3. 정관에 정한 사유가 발생한 때

④ 로비스트법인은 제2항 및 제3항의 규정에 의하여 구성원이 탈퇴한 때에는 지체 없이 국회사무처의 장에게 이를 보고하여야 한다.

제26조(구성원이 아닌 로비스트) 로비스트법인은 구성원이 아닌 소속 로비스트를 둘 수 있다.

제27조(사무소) ① 로비스트법인은 분사무소를 둘 수 있다. 분사무소의 설치기준에 대해서는 국회규칙을 정한다.

② 로비스트법인이 개업 또는 사무소를 이전하거나 분사무소를 둔 때에는 국회사무처의 장에게 이를 신고하여야 한다.

③ 로비스트법인의 구성원과 구성원이 아닌 소속 로비스트는 로비스트법인 외에 따로 분사무소를 둘 수 없다.

제28조(업무집행방법) 로비스트법인은 법인명의로 업무를 행하며 그 업무를 담당할 자를 지정하여 국회사무처에 등록하도록 하여야 한다. 다만, 구성원이 아닌 소속 로비스트에 대하여는 구성원과 공동으로 지정하여야 한다.

제29조(구성원등의 업무제한) ① 로비스트법인의 구성원 및 구성원이 아닌 소속로비스트는 자기 또는 제3자의 계산으로 로비스트의 업무를 행할 수 없다.

② 로비스트법인의 구성원이었거나 구성원이 아닌 소속로비스트이었던 자는 그 법인이 담당하였던 로비에 관한 업무를 행할 수 없다.

제30조(인가취소) 국회사무처의 장은 로비스트법인이 다음 각호의 1에 해당하는 때에는 그 설립인가를 취소할 수 있다.

1. 제24조의 규정을 위반하여 구성원을 보충하지 아니한 때
2. 제25조의 규정을 위반하여 구성원의 가입사실을 신고하지 아니한 때
3. 업무집행에 관하여 법령에 위반한 때

제31조(해산) ① 로비스트법인은 다음 각 호의 어느 하나에 해당하는 사유가 있는 때에는 해산한다.

1. 정관에 정한 해산사유가 발생한 때
2. 구성원 전원의 동의가 있는 때
3. 합병한 때
4. 파산한 때
5. 설립인가가 취소된 때

제7장 보 칙

제32조(고발) 국회사무처의 장은 등록의무와 활동보고의무를 이행하지 않거나 허위로 또는 불성실하게 공개하는 자를 수사기관에 고발하여야 한다.

제33조(유사명칭 사용금지) 로비스트가 아니거나 로비스트법인이 아닌 자는 로비스트, 로비스트법인 또는 이와 유사한 명칭을 사용하지 못한다.

제34조(위임규정) 이 법을 시행함에 있어 필요한 사항은 국회의 규칙으로 정한다.

제8장 벌 칙

제35조(벌칙) 다음 각호의 1에 해당하는 자는 3년 이하의 징역 또는 5천만원 이하의 벌금에 처하거나 이를 병과할 수 있다.

1. 제6조를 위반하여 의뢰인의 의사에 반하는 로비활동을 한 자 또는 이해가 상반되는 쌍방의 허락 없이 쌍방을 위하여 로비활동을 한 자
2. 제7조의 규정을 위반하여 의뢰인으로부터 금품을 받은 자
3. 제10조의 로비활동의 제한을 위반하여 로비활동을 한 자
4. 제16조의 활동보고의무를 이행하지 아니하거나 허위로 보고한 자

5. 제17조의 장부를 작성하지 아니하거나 이를 보관하지 아니한 자

6. 제29조의 업무제한의 규정에 위반하여 로비활동을 한 자

제36조(벌칙) 다음 각 호의 어느 하나에 해당하는 사람은 1년 이하의 징역 또는 3천만원 이하의 벌금에 처하거나 이를 병과할 수 있다.

1. 제11조 또는 제12조에 따라 등록 또는 변경신고를 아니하고 로비활동을 한 자
2. 제14조에 따라 등록이 취소되었음에도 불구하고 로비활동을 한 자
3. 제20조의 국회사무처의 장의 인가를 받지 아니하고 로비스트법인을 설립한 자
4. 제31조의 해산사유가 발생하였음에도 불구하고 해산하지 아니하고 계속하여 로비활동을 한 자
5. 제33조의 규정을 위반하여 명칭 또는 유사명칭을 사용한 자

제37조(과태료) 다음 각 호의 어느 하나에 해당하는 자는 5백만원 이하의 과태료에 처한다.

1. 제4조에 규정한 신분 표시를 하지 아니하고 로비활동을 한 자
2. 제25조의 구성원의 가입 및 탈퇴를 신고하거나 보고하지 아니한 자

제38조(양벌규정) ① 법인의 대표자, 법인 또는 개인의 대리인·사용인 기타 종업원이 그 법인 또는 개인의 업무에 관하여 제35조의 위반행위를 한 때에는 행위자를 벌하는 외에 당해 법인 또는 개인을 5천만원 이하의 벌금에 처한다.

② 법인의 대표자, 법인 또는 개인의 대리인·사용인 기타 종업원이 그 법인 또는 개인의 업무에 관하여 제36조의 위반행위를 한 때에는 행위자를 벌하는 외에 당해 법인 또는 개인에 대하여도 해당 조의 벌금형을 과한다.

부 칙

이 법은 공포 후 6개월이 경과한 날부터 시행한다.

주요 참고문헌

단 행 본

강원택.《한국의 선거 정치: 이념, 지역, 세대와 미디어》, 푸른길, 2003.

강원택.《한국의 정치개혁과 민주주의》, 인간사랑, 2005.

강준만,《나의 정치학 사전》, 인물과 사상사, 2005.

고경민,《현대 정치과정의 동학》. 인간사랑. 2005.

고영직,《우리나라의 정치마케팅전략에 관한 실증적 연구: 국회의원선거의 정치마케팅전략에 관한 상황론적 접근방법을 중심으로》. 고려대학교 대학원 박사학위논문. 1994.

국회사무처 섭외국.《주요국(독일, 덴마크, 영국, 미국)의회 연구시찰보고서》. 국회사무처 섭외국. 1993.

국회법제사법위원회.《국회 감사기능 제고를 위한 제도개선》. 국회법제사법위원회. 2005.

국제법제사법위원회.《선진한국에 적합한 정부형태에 관한 연구》. 국회법제사법위원회. 2005.

권세기 외.《독일의 대의제 민주주의와 정당정치》. 세계문화사. 1999.

김광수.《선거와 정당》. 박영사. 2002.

김민전. "원내파행 방지와 민주적 국정운영을 위한 개선방향".《국회파행 방지와 국회의정활동 활성화를 위한 토론회》. 참여연대. 2005.

김병국 외.《한국의 보수주의》. 인간사랑. 1999.

김영래 외. 한국정치학회 편.《한국 의회정치와 제도개혁》. 한울아카데미. 2004.

김영철.《선거운동전략: 후보자와 선거운동원을 위한 실무 전략서》. 삶과꿈. 2002.

김용호 외. 한국정치학회 편.《17대 총선 현장 리포트: 13인 정치학자의 참여관찰》. 푸른길. 2004.

김유남.《의회정치론: 비교의회연구》. 삼영사. 2000.

김진원.《로비&로비스트》. 어드북스. 2005.

김 혁 외. 한국정치학회 편.《한국사회의 변화와 헌법 개정의 필요성》. 한국정치학회. 2006.

김형성.《헌법개정의 과제와 전망》. 한국헌법학회. 2006.

노동일. “국회헌법연구회 발표를 위한 시론”. 《바람직한 개헌의 방향은? : 원포인트 개헌의 문제점》. 국회의원 연구단체 ‘권력구조와 정부형태에 관한 헌법연구회’. 2007.
도미니크 노라. 전경훈 옮김. 《주식회사 일본 세계시장 침략》. 현대경영. 1992.
딕 모리스. 홍대운 옮김. 《신군주론》. 아르케. 1999.
로비제도연구회. 《로비활동의 공개화에 관한 연구》. 로비제도연구회. 2002.
미래한국재단. 《헌법개정의 필요성과 방향》. 미래한국재단. 2006.
미셸 클라맹. 국경복 옮김. 《로비활동의 기법》. 여강출판사. 2002.
민만식 외. 《현대 미국정치의 쟁점과 과제》. 전예원. 1996.
박세일. 《대한민국 선진화 전략: 누가 선진화를 이끌 것인가?》. 북이십일. 2006.
박세일 · 장훈 공편. 《정치개혁의 성공조건: 권력투쟁에서 정책경쟁으로》. 동아시아연구원. 2003.
반찬욱, 《제17대 국회의원 총선거 분석》, 푸른길, 2005.
박찬욱 · 김병국 · 장훈. 《국회의 성공조건》. 동아시아연구원. 2004.
박찬표. 《한국의회정치와 민주주의》. 오름. 2002.
박재창. 《한국의회정치론》. 오름. 2003.
백영철 외. 한국정치학회 편. 《한국의회정치론》. 건국대학교출판부. 1999.
사회와 철학 연구회. 《진보와 보수》. 이학사. 2002.
서정환. 《선거마케팅》. 다른우리. 2006.
송의달. 《세계를 움직이는 미국 의회》. 한울아카데미. 2000.
신 진. 《정당과 선거제도 개혁》. 충남대학교출판부. 2004.
심지연 편저. 《현대 정당정치의 이해》. 백산서당. 2003.
안창시, 《한국 정치자금제도(문제와 개선 방안)》. 서울대학교 출판부, 2003.
안희수. 《한국정당정치론》. 나남. 1995.
양재인. 《한국의 현대정치: 권력엘리트, 선거, 투표행태》. 경남대학교 출판부. 2005.
연시중. 《한국 정당정치 실록》. 지와 사랑. 2001.
열린정책연구원. 《주요개헌쟁점 자료집》. 열린정책연구원. 2006.
유팔무. 《한국의 시민사회와 새로운 진보》. 논형. 2004.
윤대규. 《왜 개헌인가》. 한울. 2005.
윤형섭 · 김영래 · 이완범. 《한국정치 어떻게 볼 것인가》. 박영사. 2006.
이동인. 《(디지털시대)선거전략: 지방자치, 국회의원, 대통령선거 전략의 이론과 실제》. 대명. 2005.

이동인 · 한승두. 《선거 차별화 전략: 승리의 비결-전략기획서》. 일신출판사. 2004.
이민호, 《부정부패는 가라》, 한국능률협회, 1999.
이상경 외. 《바람직한 개헌의 방법과 방향》. 국회의원 이상경 헌법문제 간담회 자료집. 2006.
이윤정 편. 《정치개혁과 국회개혁: 현장에서의 회고와 전망》. 동아시아연구원. 2003.
이은영 외. 《부정부패의 사회학》. 나남출판. 1997.
이은영 · 백원순 공저. 《부패추방 어떻게 하나》. 나남출판. 2002.
이은영 · 정성진 외. 《한국의 부정부패와 반부패 정책》. 한울아카데미. 2002
이정희 편저. 《마음의 정치: 현대 정치심리학의 이해》. 한국외국어대학교 출판부. 2005.
이정희. "외국로비의 성장과 규제". 《현대 미국정치의 쟁점과 과제》. 민만식 외 공저. 전예원. 1996.
이정희 외. 미네르바정치연구회 편. 《정치학이란》. 인간사랑. 2005.
정영국. 《한국의 정치과정: 정당 · 선거 · 개혁》. 백산서당. 2003.
조승민. 《로비의 제도화》. 삼성경제연구소. 2005.
조지 레이코프. 유나영 옮김. 《코끼리는 생각하지마: 미국의 진보 세력은 왜 선거에서 패배하는가》. 삼인. 2006.
주용중. 《미국정치 현장파일》. 나남. 1999.
중앙선거관리위원회. 《한국형 매니페스토의 정착과 확산》. 중앙선거관리위원회. 2006.
진영재 편. 《한국의 선거제도 I 》. 한국사회과학데이터센터. 2002.
진 정 외. 한상진 편. 《386세대, 그 빛과 그늘: 암울했던 80년대 대학생들의 순수와 열정과 방황의 기록》. 문학사상사. 2003.
최장집. 《민주와 이후의 민주주의: 한국 민주주의의 보수적 기원과 위기》. 후마니타스. 2005.
팻 초오트. 박봉원 옮김. 《일본의 미국경제 침략사》. 버팀목. 1995.
함께하는 시민행동 편. 《헌법 다시 보기: 87년 헌법, 무엇이 문제인가》. 창비. 2007.
헌법을 연구하는 국회의원 모임 편. 《' 헌법개정' 은 시대정신의 반영입니다》. 하나출판사. 2005.
현승윤. 《보수 · 진보의 논쟁을 넘어서》. 삼성경제연구소. 2005.

저　널

강원택. “한국의 이념 갈등과 진보 · 보수의 경계”. 한국정당학회. 《한국정당학회보》 제4권 제2호 통권 7호(2005.8). 2005.

이관희. “기초자치단체 정당공천 철회해야”. 미래한국재단. 《지방자치》 통권 209호(2006.2). 2

이내영. “세대와 정치이념”. 《사상》 제14권 제3호 통권 54호(2002 가을).

이정희. “미국에서의 중동로비: AWACS 판매를 중심으로”. 경남대학교 극동문제연구소. 《한국과 국제정치》 14(1991.12).

임동욱 · 함성득. “원내교섭단체 요건 및 지위의 변화 필요성과 실천전략: 의석수와 정당득표율을 중심으로”. 《사회과학연구》 제13집 1호(2005.2). 서강대학교사회과학연구소.

찾아보기

ㅅ

ㅇ

ㅈ

■ 저자약력 ■

서울대 법대, 동 대학원 졸 / 독일 튀빙겐대 법학박사
동경대, 하버드대 객원연구원 역임 / 한국외국어대 법대 정교수(법대 학장 역임)
한국민사법학회장 역임 / 대통령직속 정책기획위원, 반부패특별위원
대법원 사법개혁위원 / 참여연대 맑은사회만들기 운동본부장
한국여성연구회 투명성 포럼 공동대표
현 국회의원
법제사법위원회 / 교육위원회 위원(현) / 윤리특위 위원(현)
남북관계발전특위 / 예산결산특위 / 기후변화협약대책특위
열린정책연구원 부원장 역임
열린우리당 제1정책 조정위원장 / 제6정책 조정위원장 역임
열린우리당 국제협력위원장(현)

● 저서 ●

Bewohnung eines Wohnraums(Tübingen Uni. 1977)
민법총칙(제4판, 박영사, 2005), 물권법(제4판, 박영사, 2006)
채권총론(제3판, 박영사, 2006), 채권각론(제5판, 박영사, 2005)
약관규제론(박영사, 1984), 약관규제법(박영사, 1994)
민법 I(제5판, 박영사, 2007), 민법 II(제5판, 박영사, 2005)
법여성학 강의(제2판, 박영사, 2004)

● 공저 ●

독일법(박영사, 1987), 부정부패의 사회학(나남출판, 1997)
한국의 부패와 반부패 정책(한울아카데미, 2000)
부패추방 어떻게 하나(나남출판, 2002)
행정개혁과 국가경쟁력(나남출판, 2003)

관습의 정치 - 한국 정치의 해부와 대안 -

2007年 8月 20日 初版印刷
2007年 8月 25日 初版發行

著 者 이 은 영
發行人 安 鍾 萬
發行處 博 英 社
서울特別市 鍾路區 平洞 13-31番地
電話 (733) 6771 FAX (736)4818
登錄 1952. 11. 18. 제1-171호(倫)

www.pakyoungsa.co.kr e-mail: pys@pakyoungsa.co.kr

破本은 바꿔 드립니다. 本書의 無斷複製行爲를 禁합니다.

定 價 20,000원 ISBN 978-89-10-40155-1

박영사